STAP

*En partie Originale*

POÉSIES COMPLÈTES

DE

# SAINTE-BEUVE.

## *Bibliothèque-Charpentier.*

A MEILLEUR MARCHÉ QUE LES CONTREFAÇONS BELGES.

# COLLECTION DES MEILLEURS OUVRAGES

Français et Étrangers, Anciens et Modernes,

publiée dans le format anglais, par CHARPENTIER, éditeur.

MADAME DE STAEL. CORINNE, avec une préface de M. Sainte-Beuve, 1 vol. 3 50
— DELPHINE, avec une préface de M. Sainte-Beuve, 1 vol............. 3 50
— DE L'ALLEMAGNE, avec une préface de M. X. Marmier. 1 vol........ 3 50
XAVIER DE MAISTRE. OEUVRES COMPLÈTES, Voyage autour de ma Chambre. — Expédition nocturne. — Le Lépreux. — Les Prisonniers du Caucase. — La Jeune Sybérienne, 1 vol..................... 3 50
GOETHE. THÉATRE, traduction nouvelle, avec une préface et des notes, par M. X. Marmier, 1 vol............................................ 3 50
— WERTHER, traduction de M. P. Leroux; suivi de Hermann et Dorothée, traduction de M. X. Marmier, avec des préfaces de ces deux écrivains, 1 vol................................................. 3 50
M. DE BALZAC. EUGÉNIE GRANDET, 1 vol................................. 3 50
— PHYSIOLOGIE DU MARIAGE, 1 vol...................................... 3 50
— LE MÉDECIN DE CAMPAGNE, 1 vol...................................... 3 50
— SCÈNES DE LA VIE PRIVÉE, première série, 1 vol..................... 3 50
— LES MÊMES, deuxième série, 1 vol.................................... 3 50
— SCÈNES DE LA VIE DE PROVINCE, première série, 1 vol................ 3 50
— — LES MÊMES, deuxième série, 1 vol.................................. 3 50
— SCÈNES DE LA VIE PARISIENNE, première série, 1 vol................. 3 50
— — LES MÊMES, deuxième série, 1 vol.................................. 3 50
— LA RECHERCHE DE L'ABSOLU, 1 vol..................................... 3 50
— LE PÈRE GORIOT, 1 vol................................................ 3 50
— LA PEAU DE CHAGRIN, 1 vol........................................... 3 50
— LE LYS DANS LA VALLÉE, 1 vol........................................ 3 50
— CÉSAR BIROTTEAU, 1 vol.............................................. 3 50
— HISTOIRE DES TREIZE, 1 vol.......................................... 3 50
BRILLAT-SAVARIN. PHYSIOLOGIE DU GOUT, nouvelle édition, précédée d'une notice sur l'auteur, par M. le baron Richerand; suivie d'un appendice, par M. de Balzac, 1 vol..................................... 3 50
L'ABBÉ PRÉVOST. MANON LESCAUT, nouvelle édition, précédée d'un travail sur Prévost, par M. Sainte-Beuve, et suivie d'un Essai sur Manon Lescaut, par M. Gustave Planche, 1 vol............................... 3 50
ALFIERI. SES MÉMOIRES, écrits par lui-même, traduction de M. A. de Latour, 1 vol........................................................ 3 50
BENJAMIN CONSTANT. ADOLPHE, suivi de deux autres ouvrages du même écrivain, et d'un Essai sur Adolphe, par M. Gustave Planche, 1 vol. 3 50
GOLDSMITH. LE VICAIRE DE WAKEFIELD, traduction nouvelle, par madame Louise Belloc; précédée d'une notice sur la vie et les ouvrages de Goldsmith, par sir Walter Scott, 1 vol..................... 3 50

**Chaque ouvrage en un seul volume.**

*Chaque volume : 3 fr. 50 c.*

Imprimé par BÉTHUNE et PLON.

# POÉSIES COMPLÈTES

DE

# SAINTE-BEUVE.

—◦✦◦—

*Hos inter si me ponere fama volet.*
PROPERCE.

—◦✦◦—

**Joseph Delorme.**
**Les Consolations.**
**Pensées d'Août.**

PARIS,
CHARPENTIER, LIBRAIRE-ÉDITEUR,
29, RUE DE SEINE
—
1840.

# PRÉFACE.

On trouvera ici réunies toutes les poésies que j'ai publiées en volumes jusqu'à ce jour, augmentées du petit nombre de celles qui me restaient à recueillir. Elles forment un ensemble qui se complète assez bien, et auquel j'aurai désormais très-peu à ajouter. Je suis trop rapproché encore des moments où elles naquirent, pour me permettre moi-même de les juger. De mes divers recueils, le public (je dois l'avouer) n'a paru accueillir d'une manière un peu marquée que celui des *Consolations;* je continuerai d'espérer du moins qu'on voudra bien réserver quelque attention aux autres parties comme à des études sérieuses et franches, et à des tentatives d'art sévère en des cadres limités. Je les reproduis dans leur forme toute première sans me hasarder à des corrections presque toujours impossibles et qui ne feraient que surcharge sur les défauts. En publiant ces poésies complètes et en les donnant comme un dernier mot, je ne prétends pas renoncer à la poésie sans doute; mais je compte désormais la contenir de plus en plus et, pour ainsi dire, la réduire en moi au strict nécessaire du cœur. Je n'aurais d'ailleurs rien de nouveau, je le sens, à présenter au public, et je ne pourrais que multiplier des variantes fastidieuses des mêmes essais. Je dirai donc à la Muse, en la congédiant plus qu'à demi, ce que lui disait Virgile (car j'aime à croire que ces vers qu'on lui attribue sont de lui), et je le dirai avec bien plus de certitude de le tenir :

Ite hinc, Camenæ ; vos quoque ite, primo ævo
Dulces Camenæ ; nam fatebimur verum,
Dulces fuistis. Et tamen meas chartas
Revisitote ; sed pudenter et raro.

S.-B.

# VIE
## POÉSIES ET PENSÉES
DE
## JOSEPH DELORME.

> *Sic ego eram illo tempore, et flebam amarissimè, et requiescebam in amaritudine.*
> Saint Augustin. *Confess.*, liv. IV.

> Je l'ai vu, je l'ai plaint; je le respectais; il était malheureux et bon. Il n'a pas eu des malheurs éclatants; mais, en entrant dans la vie, il s'est trouvé sur une longue trace de dégoûts et d'ennuis; il y est resté, il y a vécu, il y a vieilli avant l'âge, il s'y est éteint.
> Senancour, *Oberman.*

# VIE DE JOSEPH DELORME.

L'ami dont nous publions en ce moment les œuvres nous a été enlevé bien jeune, il y a environ cinq mois. Peu d'heures avant de mourir, il a légué à nos soins un journal où sont consignées les principales circonstances de sa vie, et quelques pièces de vers consacrées presque toutes à l'expression de douleurs individuelles. En parcourant ces pages mélancoliques, dont la plupart nous étaient inconnues (car notre pauvre ami observait même avec nous la pudeur discrète qui sied à l'infortune), en suivant avec une curiosité mêlée d'émotion les épanchements de chaque jour dans lesquels s'en allait obscurément une sensibilité si vive et si tendre, il nous a semblé que nous devions à la mémoire de notre ami de ne pas laisser périr tout-à-fait ces soupirs de découragement, ces cris de détresse, qui étaient devenus des chants de poète; ces consolations pleines de larmes, qui s'étaient passées dans la solitude, entre la Muse et lui. Et comme les poésies seules, sans l'histoire des sentiments auxquels elles se rattachent, n'eussent été qu'une énigme à demi comprise, nous avons essayé de tracer une description fidèle de cette vie tout intérieure à laquelle nous avions assisté durant le cours d'une liaison bien chère, et dont nous-même avions surveillé les crises avec tant de sollicitude et d'angoisses. Dans ce travail délicat, le journal est resté constamment sous nos yeux, et nous n'avons fait souvent que le transcrire. A toute époque, et à la nôtre en particulier, une publication de cette nature ne s'adresse, nous le savons, qu'à une classe déterminée de lecteurs, qu'un goût invincible pour la rêverie, et d'ordinaire une conformité douloureuse d'existence, intéressent aux peines de cœur harmonieusement déplorées. Mais si ce petit nombre perdu dans la foule ne reste pas insensible aux accents de notre ami, si ces pages empreintes de tristesse vont soulager dans leur retraite quelques-unes des ames, malades comme la sienne, qu'un génie importun dévore, que la pauvreté comprime, que le désappointement a brisées, ce sera pour lui plus de bonheur et de gloire qu'il n'en eût osé espérer durant sa vie, et pour nous ce sera la plus douce récompense de notre mission pieuse.

Joseph Delorme naquit, vers le commencement du siècle, dans un gros bourg voisin d'Amiens. Fils unique, il perdit son père en bas âge, et fut élevé avec beaucoup de soin par sa mère et une tante du côté paternel. Sa condition était des plus médiocres par la fortune, quoique honnête par la naissance. De bonne heure imbu de préceptes moraux, et formé aux habitudes laborieuses, il se fit remarquer par son application à l'étude et par des succès soutenus. Mais déjà en secret sa jeune imagination allumait la flamme qui devait lui être si fatale un jour. Lui-même aimait à nous raconter et à nous peindre ses premières rêveries, fraîches, riantes et dorées, comme un poète les a dans l'enfance. Élevé au bruit des miracles de l'Empire, amoureux de la splendeur militaire, combien de longues heures il passait à l'écart, loin des jeux de son âge, le long d'un petit sentier, dans des monologues imaginaires, se créant à plaisir mille aventures périlleuses, séditions, batailles et siéges, dont il était le héros ! Au fond de la scène, après bien des prouesses, une idée vague de femme et de beauté se glissait quelquefois, et prenait à ses yeux un corps. Il lui semblait, au milieu de ses triomphes, que sur un balcon pavoisé, derrière une jalousie entr'ouverte, quelque forme ravissante de jeune fille à demi-voilée, quelque longue et gracieuse figure en blanc, se penchait d'en haut pour saluer le vainqueur au passage et pour lui sourire. C'était aux champs surtout que les dispositions romanesques de Joseph se développaient avec le plus de liberté et de charme. Il allait tous les ans passer deux mois de vacances au château d'un vieil ami de son père. Une jeune fille du voisinage, blonde, timide, et rougissant chaque année à son retour, entretenait en lui des mouvements inconnus qu'il réprimait aux yeux de tous, mais auxquels il s'abandonnait avec délices durant ses promenades aux bois. Là, il s'asseyait contre un arbre, les coudes sur les genoux,

et le front dans les mains; tout entier à ses pensers, à ses
souvenirs, et aux innombrables voix intérieures, plaintes
sourdes et confuses, vagissements mystérieux d'une ame qui
s'éveille à la vie ; on aurait dit le sauvage couché sur le sable, prêtant l'oreille tout le jour au murmure immense et incompréhensible des mers ; — et, quand on le cherchait le
soir, à l'heure du repas (car il l'oubliait souvent), on le trouvait immobile à la même place qu'au matin, et le visage
noyé de pleurs. Vers ce temps, une piété fervente qui s'était
emparée de lui mêlait quelque chose de grave et d'innocent à
ces émotions précoces, et empêchait ce cœur enfant de se
laisser trop vite amollir aux tendresses humaines. Joseph,
en effet, consacra bientôt aux offices de l'église presque toutes ses heures de loisir, et il s'imposait soir et matin de longues prières qui le rendaient calme et fort.

Il demeura dans ces dispositions heureuses jusqu'à l'âge
de quatorze ans environ. C'est alors qu'il vint à Paris pour
y achever ses études. Ses succès furent rapides et brillants
comme à l'ordinaire ; mais de grands changements se pas-
sèrent en lui, qui décidèrent de son avenir. Si, au sortir du
collége, plus insouciant et moins raisonneur, il se fût sans
remords livré à ses penchants littéraires et poétiques, nul
doute, selon nous, qu'il n'eût réussi à souhait, et qu'après
quelques obstacles vivement franchis, quelques amertumes
bien vite épuisées, il n'eût trouvé dans son ame vierge assez
d'énergie pour suffire à tout : ce nom si obscur se rattache-
rait aujourd'hui à plus d'une œuvre. Il en arriva tout autrement. La raison de Joseph, fortifiée dès l'enfance par des
habitudes sérieuses, et soutenue d'une immense curiosité
scientifique, s'éleva d'elle-même contre les inclinations du
poète pour les dompter. Elle lui parla l'austère langage d'un
père, lui représenta les illusions de la gloire, les vanités de
l'imagination, sa propre condition, si médiocre et si précaire,
l'incertitude des temps, et de toutes parts, autour de lui, des
menaces de révolutions nouvelles. Que faire d'une lyre en
ces jours d'orages ? la lyre fut brisée. Joseph ne conserva
même aucunes poésies de cette première époque. Sa vocation
pour la philosophie et pour les sciences semblait se pronon-
cer de plus en plus ; il s'y poussait avec toute l'ardeur d'un
converti de la veille et tout l'orgueil d'un sage de dix-huit
ans. Abjurant les simples croyances de son éducation chré-

tienne, il s'était épris de l'impiété audacieuse du dernier siècle, ou plutôt de cette adoration sombre et mystique de la nature, qui, chez Diderot et d'Holbach, ressemble presque à une religion. La morale bienveillante de d'Alembert réglait sa vie. Il se serait fait scrupule de mettre le pied dans une église, et, en rentrant le dimanche soir, il aurait marché une lieue pour aller jeter dans le chapeau d'un pauvre le produit des épargnes de la semaine. Un amour infini pour la portion souffrante de l'humanité, et une haine implacable contre les puissants de ce monde, partageaient son cœur : l'injustice le suffoquait, et faisait bouillir son sang. Voici quelques lignes d'un écrit daté de 1817, où il se rend compte à lui-même de ses motifs dans le choix d'une profession utile. On excusera le ton un peu solennel du morceau ; c'est l'accent vrai d'une jeune conviction.

« . . . . . . . . Éloigné par la médiocrité de ma
» condition et de ma fortune de cette carrière politique qui
» embrasse l'avenir comme le présent, prépare le bonheur
» de la postérité dans celui des contemporains, et d'où l'in-
» dividu répand de vastes bienfaits sur les masses, je me
» suis tourné vers ces deux professions indépendantes et in-
» violables, auxquelles les hommes remettent le soin de ce
» qu'ils ont de plus cher, la santé, ou l'honneur et la fortune.
» Entre ces deux carrières, il m'a fallu opter. L'une d'abord,
» celle du barreau, me parut plus brillante et non moins
» utile que l'autre. Il est vrai que je venais d'admirer le *Ma-*
» *noury* dont Diderot parle dans sa *Religieuse*, et que j'étais
» plein de ses vertus. Mais je compris bientôt que ces occasions
» bienheureuses de rendre de grands services à la faiblesse et
» à l'innocence se présentent rarement, et sont comme étouf-
» fées par les épineuses chicanes qui dessèchent et déchirent.
» Je compris aussi que les hautes questions de droit naturel,
» de droit public, appartiennent au philosophe et au législa-
» teur bien plus qu'à l'avocat, et que le domaine de celui-ci
» se borne souvent aux champs stériles du droit civil, droit
» barbare, local, arbitraire.

» Ces inconvénients ne se rencontraient pas dans la mé-
» decine ; je me décidai pour elle. Elle est de tous les temps
» et de tous les lieux. Véritablement utile aux hommes, lors-
» qu'on l'exerce avec zèle et intelligence, souvent elle leur
» donne plus que la santé, elle leur rend le bonheur ; car

» tant de maladies viennent de l'ame, et la consolation mo-
» rale en est le meilleur remède. L'argent d'ailleurs qu'on
» gagne auprès des riches permet non-seulement de n'en pas
» exiger des pauvres, mais de partager le sien avec eux ; de
» recevoir des uns pour rendre aux autres ; d'être un lien
» actif entre les conditions les plus opposées, et de réparer,
» en quelque sorte, cette inégalité que la société consacre et
» que désavoue la nature. . . . . . . . . . »

Joseph se mit en devoir de tenir les promesses qu'il s'était faites à lui-même, et, dans ce but, les sacrifices d'aucun genre ne lui coûtèrent. Il cessa brusquement de visiter une jeune personne charmante avec laquelle il pouvait espérer, au bout de quelques années, une union assortie. Mais sa philanthropie un peu farouche craignait de s'emprisonner à tout jamais dans des affections trop étroites, et, comme on l'a dit, dans un *égoïsme en deux personnes*. D'ailleurs il s'était créé en perspective je ne sais quel idéal de mariage, dans lequel le sacrement n'entrait pour rien ; il lui fallait une mademoiselle Lachaux, une mademoiselle l'Espinasse ou une Lodoïska. Son premier amour pour la poésie se convertit alors en une aversion profonde. Il se sevrait rigoureusement de toute lecture enivrante pour être plus certain de tuer en lui son inclination rebelle. Il en voulait misérablement aux Byron, aux Lamartine, comme Pascal à Montaigne, comme Malebranche à l'imagination, parce que ces grands poètes l'attaquaient par son côté faible. Mille fois nous avons gémi de ces accès d'aigreur, qui décelaient dans les résolutions de notre ami moins de calme et de sécurité qu'il ne s'efforçait d'en faire paraître ; mais les conseils eussent été inutiles, et Joseph n'en demandait jamais.

Ce qu'il souffrit pendant deux ou trois années d'épreuve continuelle et de lutte journalière avec lui-même ; quel démon secret s'acharnait à lui et corrompait ses études présentes en lui retraçant les anciennes ; quel tressaillement douloureux il ressentait à chaque triomphe nouveau de ses jeunes contemporains, et cette conscience de sa force qui lui retombait sur le cœur comme un rocher éternel, et ses nuits sans sommeil, et ses veilles sans travail, et son livre ou son chevet trempé de pleurs : c'est ce que lui seul a pu savoir, et ce que nous révèle en partie le journal auquel sa mélancolie croissante le ramenait plus souvent. Presque toutes les pages en sont datées de nuit, comme les *prières* du docteur Johnson et les poësies du malheureux Kirke White. On y apprend que la santé de Joseph s'était assez profondément altérée, et que ses facultés sans expansion avaient engendré à la longue, dans ses principaux organes, un malaise inexprimable. L'idée d'une infirmité mortelle se joignait donc à ses autres peines pour l'accabler. A part les besoins de ses études, il sortait peu, ne voyait intimement personne, et, à la rencontre, ses amis prenaient pour un sourire de paix et de contentement ce qui n'était que le sourire doux et gracieux de la douleur.

Un jour, c'était un dimanche, le soleil luisait avec cet éclat et cette chaleur de printemps qui épanouissent la nature et toutes les ames vivantes. Au réveil, Joseph sentit pénétrer jusqu'à lui un rayon de l'allégresse universelle, et naître en son cœur comme une envie d'être heureux ce jour-là. Il s'habilla promptement, et sortit seul pour aller s'ébattre et rêver sous les ombrages de Meudon. Mais, au détour de la première rue, il rencontra deux amants du voisinage qui sortaient également pour jouir de la campagne, et qui, tout en regardant le ciel, se souriaient l'un à l'autre avec bonheur. Cette vue navra Joseph. Il n'avait personne, lui, à qui il pût dire que le printemps était beau, et que la promenade, en avril, était délicieuse. Vainement il essaya de secouer cette idée, et de continuer quelque temps sa marche : le charme avait disparu ; il revint à la hâte sur ses pas, et se renferma tout le jour.

Les seules distractions de Joseph, à cette époque, étaient quelques promenades, à la nuit tombante, sur un boulevard extérieur près duquel il demeurait. Ces longs murs noirs, ennuyeux à l'œil, ceinture sinistre du vaste cimetière qu'on appelle une grande ville ; ces haies mal closes laissant voir, par des trouées, l'ignoble verdure des jardins potagers ; ces tristes allées monotones, ces ormes gris de poussière, et, au-dessous, quelque vieille accroupie avec des enfants au bord d'un fossé ; quelque invalide atardé regagnant d'un pied chancelant la caserne ; parfois, de l'autre côté du chemin, les éclats joyeux d'une noce d'artisans, cela suffisait, durant la semaine, aux consolations chétives de notre ami ; depuis, il nous a peint lui-même ses soirées du dimanche dans la pièce des *Rayons jaunes*. Sur ce boulevard, pendant des heures entières, il cheminait à pas lents, *voûté comme un aïeul*, perdu en de vagues souvenirs, et s'affaissant de plus en plus dans le sentiment indéfinissable de son existence manquée. Si quelque méditation suivie l'occupait, c'était d'ordinaire un problème bien abstrus d'idéologie condillacienne ; car, privé de livres qu'il ne pouvait acheter, sevré du commerce des hommes, d'où il ne rapportait que trouble et regret, Joseph avait cherché un refuge dans cette science des esprits taciturnes et pensifs. Son intelligence avide, faute d'aliment extérieur, s'attaquait à elle-même, et vivait de sa propre substance comme le malheureux affamé qui se dévore.

Cependant, au milieu de ces tourments intérieurs, Joseph poursuivait avec constance les études relatives à sa profession. Quelques hommes influents le remarquèrent enfin; et parlèrent de le protéger. On lui conseilla trois ou quatre années de service pratique dans l'un des hôpitaux de la capitale, après quoi on répondait de son avenir. Joseph crut alors toucher à une condition meilleure : c'était l'instant critique ; il rassembla les forces de sa raison et se résigna aux dernières épreuves. S'il parvenait à les surmonter, et si, au sortir de là, comme on le lui faisait entendre, un patronage honorable et bienveillant l'introduisait dans le monde, sa destinée était sauve désormais ; des habitudes nouvelles commençaient pour lui et l'enchaînaient dans un cercle que son imagination était impuissante à franchir ; une vie toute de devoir et d'activité, en le saisissant à chaque point du temps, en l'étreignant de mille liens à la fois, étouffait en son ame jusqu'aux velléités de rêveries oisives ; l'âge arrivait d'ailleurs pour l'en guérir, et peut-être un jour, parvenu à une vieillesse pleine d'honneur, entouré d'une postérité nombreuse et de la considération universelle, peut-être, il se serait rappelé avec charme ces mêmes années si sombres ; et, les revoyant dans sa mémoire à travers un nuage d'oubli, les retrouvant humbles, obscures et vides d'événements, il en aurait parlé à sa jeune famille attentive, comme des années les plus heureuses de sa vie. Mais la fatalité qui poursuivait Joseph tournait tout à mal. A peine eut-il accepté la charge d'une fonction subalterne, et se fut-il placé, à l'égard de ses protecteurs, dans une position dépendante, qu'il ne tarda pas à pénétrer les motifs d'une bienveillance trop attentive pour être désintéressée. Il avait compté être protégé, mais non exploité par eux ; son caractère noble se révolta à cette dernière idée. Pourtant des raisons de convenance l'empêchaient de rompre à l'instant même et de se dégager brusquement de la fausse route où il s'était avancé. Il jugea donc à propos de temporiser trois ou quatre mois, souffrant en silence et se ménageant une occasion de retraite.

Ces trois ou quatre mois furent sa ruine. Le désappointement moral, la fatigue de dissimuler, des fonctions pénibles et rebutantes, la disette de livres, un isolement absolu, et, pourquoi ne pas l'avouer? une vie misérable, un galetas au cinquième et l'hiver, tout se réunissait cette fois contre notre pauvre ami, qui, par caractère encore, n'était que trop disposé à s'exagérer sa situation. C'est lui-même, au reste, qu'il faut entendre gémir. Le morceau suivant, que nous tirons de son journal, est d'un ton déchirant. Quand son imagination malade se serait un peu grossi les traits du tableau, faudrait-il moins compatir à tant de souffrances?

Ce vendredi 14 mars 1820, 10 heures et demie du matin.

« Si l'on vous disait : Il est un jeune homme, heureuse-
» ment doué par la nature et formé par l'éducation; il a ce
» qu'on appelle du talent, avec la facilité pour le produire
» et le réaliser; il a l'amour de l'étude, le goût des choses
» honnêtes et utiles, point de vices, et, au besoin, il se sent
» capable de déployer de fortes vertus. Ce jeune homme est
» sans ambition, sans préjugés. Quoique d'un caractère in-
» flexible et d'airain, il est, si on ne l'atteint pas au fond,
» doux, tolérant, facile à vivre, surtout inoffensif; ceux qui
» le connaissent veulent bien l'aimer, ou, du moins, s'inté-
» resser à lui; tout ce qu'ils lui peuvent reprocher, c'est
» d'être excessivement timide, peu parleur et triste. Il entre
» aisément dans les idées de tout le monde, et pourtant
» il a des idées à lui, auxquelles il tient et avec raison. Ce
» jeune homme a toujours, depuis qu'il se connaît, reçu des
» éloges et des espérances : enfant, il a grandi au milieu
» d'encouragements flatteurs et de succès mérités ; depuis, il
» n'a jamais dérogé à sa conduite première, et il est resté
» irréprochable. Sa pureté est même austère par moments,
» quoique pleine d'indulgence envers autrui. Ce jeune homme

» a gardé son cœur, et il a près de vingt ans, et ce cœur
» est sensible, aimant; c'est le cœur d'un poète. Il respecte
» les femmes; il les adore, quand elles lui paraissent esti-
» mables; il ne demande au ciel qu'une jeune et fidèle amie
» avec laquelle il s'unisse saintement jusqu'au tombeau. Ce
» jeune homme a de modestes besoins; le froid, la fatigue,
» la faim même, l'ont déjà éprouvé, et le plus étroit bien-
» être lui suffit. Il méprise l'opinion ou plutôt la néglige; et
» sait surtout que le bonheur vient du dedans. Il a une mère
» tendre, enfin. Que lui manque-t-il? Et si l'on ajoutait : Ce
» jeune homme est le plus malheureux des êtres. Depuis
» bien des jours, il se demande s'il est une seule minute où
» l'un de ses goûts ait été satisfait, et il ne la trouve pas. Il
» est pauvre, et, jusqu'aux livres de son étude, il s'en passe,
» faute de quoi. Il est lancé dans une carrière qui l'éloigne
» du but de ses vœux, et, dans cette carrière même, il s'é-
» gare plutôt qu'il n'avance, dénué qu'il est de ressources et
» de soutien. Sa mère, pour lui, s'épuise, et ne peut faire
» davantage. Lui, travaille, mais travaille à peu de lucre,
» à peu de profit intellectuel, à nul agrément. Ses forces
» portent à vide; la matière leur manque; elles se consu-
» ment et le rongent. Les encouragements superficiels du
» dehors le replongent dans l'idée de sa fausse situation et
» le navrent. La vue de jeunes et brillants talents qui s'épa-
» nouissent lui inspire, non pas de l'envie, il n'en eut jamais!
» mais une tristesse resserrante. S'il va un jour dans ce
» monde qui lui sourit, mais où il sent qu'il ne peut se faire
» une place, il est en pleurs le lendemain; et, s'il se résigne,
» car il le faut bien, c'est la douleur dans l'ame, et en bais-
» sant la tête. Qu'on ne lui parle pas de protecteurs, ils se
» ressemblent tous, plus ou moins; ils ne donnent que pour
» qu'on leur rende, ou, s'ils donnent gratuitement, c'est
» qu'il ne leur en coûte nulle peine; leur indifférence n'irait
» pas jusque-là. Sa fierté, à lui, honorable et vertueuse,
» s'accommoderait mal de ces transactions coupables ou
» de ces méprisantes légèretés. Oh! qui ne le plaindrait ce
» jeune et malheureux cœur, si on y lisait ce qu'il souf-
» fre! qui ne plaindrait cet homme de vingt ans (car on
» est homme à vingt ans quand on est resté pur), en le
» voyant, sous la tuile, mendier dans l'étude une vaine
» et chétive distraction; non pas dans une étude profonde,

» suivie, attachante, mais dans une étude rompue, par hail-
» lons et par miettes, comme la lui fait le denier de la pau-
» vreté! Qui ne le plaindrait de cette cruelle impuissance où
» il est d'atteindre à sa destinée! et quel être heureux, s'il
» n'avait souffert lui-même, ne sourirait de pitié à ces pe-
» tites joies que l'infortuné se fait en consolation d'une jour-
» née d'ennui et de marasme; joies niaises à qui n'a point
» passé par là, et que dédaignerait même un enfant : *prendre*
» *dans la rue le côté du soleil; s'arrêter, à quatre heures*
» *sur le pont du canal, et, durant quelques minutes,*
» *regarder couler l'eau, etc., etc.* Quant à ce besoin d'aimer
» qu'on éprouve à vingt ans.... Mais moi, qui écris ceci, je me
» sens défaillir; mes yeux se voilent de larmes, et l'excès de
» mon malheur m'ôte la force nécessaire pour achever de le
» décrire.... *miserere !* »

On voit, par quelques mots de cette méditation, que la vieille colère de Joseph contre la poésie s'était déjà beaucoup apaisée; il s'y glorifie d'avoir un *cœur de poète;* et, en effet, durant ses heures d'agonie, la Muse était revenue le visiter. Un soir qu'il avait par hasard entendu un opéra à Feydeau, et qu'il s'en retournait lentement vers son réduit, à la clarté d'une belle lune de mars, la fraîcheur de l'air, la sérénité du ciel, la teinte frémissante des objets, et les derniers échos d'harmonie, qui vibraient à son oreille, agirent ensemble sur son ame, et il se surprit murmurant des plaintes cadencées qui ressemblaient à des vers. Ce fut pour lui comme un rayon de lumière saisi au passage, à travers des barreaux. Dans ses longs tête-à-tête avec lui-même, sa morgue philosophique était bien tombée. Il avait compris que tout ce qui est humain a droit au respect de l'homme, et que tout ce qui console est bon au malheureux. Il avait relu avec candeur et simplicité ces mélodieuses lamentations poétiques dont il avait autrefois persiflé l'accent. L'idée de s'associer aux êtres élus qui chantent ici-bas leurs peines, et de gémir harmonieusement à leur exemple, lui sourit au fond de sa misère et le releva un peu. L'art, sans doute, n'entrait pour rien dans ces premiers essais. Joseph ne voulait que se dire fidèlement ses souffrances, et se les dire en vers. Mais il y a dans la poésie, même la plus humble, pourvu qu'elle soit vraie, quelque chose de si décevant, qu'il fut, par degrés, entraîné beaucoup plus loin qu'il n'avait cru d'abord. Pour le moment, son importante affaire était de recouvrer sa liberté ; après quatre mois de silence, il n'hésita plus ; un mot la lui rendit. Cela fait, incapable de rien poursuivre, renonçant à tout but, s'enveloppant de sa pauvreté comme d'un manteau, il ne pensa qu'à vivre chaque jour en condamné de la veille qui doit mourir le lendemain, et à se bercer de chants monotones pour endormir la mort.

Il reprit un logement dans son ancien quartier, et s'y confina plus étroitement que jamais, n'en sortant qu'à la nuit close. Là, commença de propos délibéré, et se poursuivit sans relâche, son lent et profond suicide ; rien que des défaillances et des frénésies, d'où s'échappaient de temps à autre des cris ou des soupirs ; plus d'études suivies et sérieuses ; parfois, seulement, de ces lectures vives et courtes qui fondent l'ame ou la brûlent ; tous les romans de la famille de *Werther* et de *Delphine ; le Peintre de Saltzbourg, Adolphe, René, Édouard, Adèle, Thérèse Aubert* et *Valérie ;* Sénancour, Lamartine et Ballanche ; Ossian, Cowper et Kirke White.

A cette heure, la raison avait irrévocablement perdu tout empire sur l'ame du malheureux Joseph. Pour nous servir des propres expressions de son journal, « le roc aride, auquel il s'était si long-temps cramponné, avait fui comme » une eau sous sa prise, et l'avait laissé battu de la vague » sur un sable mouvant. « Nul précepte de vie, nul principe de morale, ne restait debout dans cette ame, hormis quelques débris épars çà et là qui achevaient de crouler à mesure qu'il y portait la main. Du moins, si, en se retirant de lui, la raison l'eût sans retour livré en proie aux égaremens d'une sensibilité délirante, il eût pu s'étourdir dans ce mouvement insensé, et l'enivrement du vertige lui eût sauvé les brisures de la chute. Mais il semblait qu'un bourreau capricieux eût attaché au corps de la victime un lien qui la retenait par moments, pour qu'elle tombât avec une sorte de mesure. La Raison morte rôdait autour de lui comme un fantôme, et l'accompagnait à l'abîme qu'elle éclairait d'une lueur sombre. C'est ce qu'il appelait avec une effrayante énergie, « se noyer » la lanterne au cou. » En un mot, l'ame de Joseph ne nous offre plus désormais qu'un inconcevable chaos, où de monstrueuses imaginations, de fraîches réminiscences, des fantaisies criminelles, de grandes pensées avortées, de sages prévoyances suivies d'actions folles, des élans pieux après des blasphêmes, jouent et s'agitent confusément sur un fond de désespoir.

Mais le désespoir lui-même, pour peu qu'il se prolonge, devient une sorte d'asile dans lequel on peut s'asseoir et reposer. L'oiseau de mer, dont l'aile est brisée par l'orage, se laisse quelque temps bercer au penchant de la lame qui finit par l'engloutir. Joseph trouva bientôt ainsi des intervalles de calme, pendant lesquels son mal allait plus lentement, et qui lui rendirent tolérables ses dernières années. Lorsque toute illusion s'est évanouie, et que, le premier assaut une fois essuyé, on a pris son parti avec le malheur, il en résulte dans l'âme, du moins à la surface, un grand apaisement. La faculté de jouir, que glaçait l'inquiétude, se relève et reverdit pour un jour. On sait qu'on mourra demain, ce soir peut-être; mais, en attendant, on se fait porter à midi, au soleil, sur le banc tapissé de chèvrefeuilles, ou sous le pommier en fleurs. Joseph ne vivait plus aussi que de chaleur et de soleil, d'effets de lumière au soir sur les nuages groupés au couchant, et des mille aspects d'un vert feuillage clairsemé dans un horizon bleu. Plusieurs amis, que le Ciel lui envoya vers cette époque, amis simples et bons, cultivant les arts avec honneur, et quelques-uns avec gloire, l'arrachèrent souvent à une solitude qui lui était mauvaise, et, par un admirable instinct familier aux nobles ames, le consolèrent, sans presque savoir qu'il souffrait. Joseph ne mourait pas moins à chaque instant, atteint d'une plaie incurable; mais il mourait plus doucement, et il y avait des chants autour de lui aux abords de la tombe. Sa lyre, à lui-même, grâce à de précieux secours, s'était montée plus complète et plus harmonieuse; ses plaintes y résonnaient avec plus d'abondance et d'accent. Nous l'avons beaucoup vu en ces derniers temps; il était, en apparence, fort paisible, assez insouciant aux choses de ce monde, et, par moments, d'une gaîté fine qu'on aurait crue sincère. Sa mélancolie ne transpirait guère que dans ses confidences poétiques; et, encore, à sa manière courante de réciter ses vers entre amis, on aurait dit qu'il ne les prenait pas au sérieux; quelque sombre que fût l'idée, il ne disait jamais les derniers mots de la pièce qu'en souriant; plus d'une fois il nous arriva de le plaisanter là-dessus. Joseph avait pour principe de ne pas *étaler son ulcère*, et, sans le journal qu'il a laissé, nous n'en aurions jamais soupçonné tout le ravage. Quoi qu'il en soit, ses poésies suffisent pour faire comprendre les sentiments actifs qui le rongeaient alors. Nous y renvoyons le lecteur, n'empruntant ici du journal qu'un court passage qui jette un dernier jour sur le cœur de notre ami. Ce passage paraît avoir été écrit seulement peu de semaines avant sa mort, et ne se rattache à rien de ce qui précède. Nous n'avons pu nous procurer aucun renseignement qui le complétât.

Lundi 2 heures du matin.

« Que faire? à quoi me résoudre? faut-il donc la laisser
» épouser à un autre? — En vérité, je crois qu'elle me préfère. Comme elle rougissait à chaque instant, et me regardait avec une langueur de vierge amoureuse, quand sa
» mère me parlait de l'épouseur qui s'était présenté et tâchait
» de me faire expliquer moi-même! Comme son regard semblait se plaindre et me dire : O vous que j'attendais, me
» laisserez-vous donc ravir à vos yeux, lorsqu'un mot de
» votre bouche peut m'obtenir! — Aussi, qu'allais-je y faire
» durant de si longs soirs, depuis tant d'années? Pourquoi
» ces mille familiarités de frère à sœur, chaque parure nouvelle étalée par elle avec une vanité enfantine, admirée de
» moi avec une minutieuse complaisance, ces gants, ces anneaux essayés et rendus, et ces lectures d'hiver, au coin
» du feu, en tête-à-tête avec elle, près de sa mère sommeillante? C'était un enfant d'abord; mais elle a grandi : je la
» trouvais peu belle, quoique gracieuse, et pourtant j'y revenais toujours. Ce n'était de ma part, je l'imaginais du
» moins, que vieille amitié, désœuvrement, habitude. Mais
» les quinze ans lui sont venus, et voilà que mon cœur saigne
» à se séparer d'elle. — Et qui m'empêcherait de l'épouser?
» Suis-je ruiné, corps et ame, sans espoir? Son jeune sang,
» peut-être, rafraîchirait le mien ; ses étreintes aimantes
» m'enchaîneraient à la terre; je recommencerais mon existence ; je travaillerais, je suerais à vivre; je serais homme.
» —Délire! et les dégoûts du lendemain, et les tracasseries de
» la gêne, et mes incurables besoins de solitude, de silence

» et de rêves! elle serait malheureuse avec moi; la misère
» m'a dépravé à fond; il pourrait survenir, Dieu m'en garde!
» d'horribles moments où je serais tenté.... Nos enfants,
» d'ailleurs, nous paieraient-ils nos peines? les filles seraient-
» elles sages et belles, les fils honnêtes et laborieux? Se-
» raient-ils tous, envers nous, enfants respectueux et ten-
» dres? l'ai-je toujours été moi-même? — Non, une main
» invisible m'a retranché du bonheur; j'ai comme un signe
» sur le front, et je ne puis plus ici-bas m'unir avec une ame.
» Allez dire à la feuille arrachée, qui roule aux vents et aux
» flots, de prendre racine en terre dans la forêt, et de devenir
» un chêne. Moi, je suis cette feuille morte; je roule quelque
» temps encore, et l'automne va me pourrir. — Mais elle
» pleurera, elle, à ton silence; passée aux bras d'un autre,
» elle te regrettera toute sa vie, et tu auras corrompu sa
» destinée. Oui, elle pleurera, durant huit jours, d'un regret
» mêlé de dépit; elle rougira et pâlira tour à tour à mon
» nom; elle soupirera même, sans le vouloir, à la première
» nouvelle de ma mort. Mais, dès la seconde pensée, elle se
» félicitera d'en avoir épousé un qui vit; chaque enfant de
» plus l'attachera à sa condition nouvelle; elle y sera heu-
» reuse, si elle doit l'être; et, arrivée un jour au terme
» de l'âge, à propos d'une scène d'enfance racontée un soir
» à la veillée, elle se souviendra de moi par hasard, comme
» de quelqu'un qui s'y trouvait présent et qu'elle aura autre-
» fois connu. »

Joseph s'était retiré, l'été dernier, à un petit village voisin de Meudon; il y mourut, dans le courant d'octobre, d'une phthisie pulmonaire compliquée, à ce qu'on croit, d'une affection de cœur. Une triste consolation se mêle pour nous à l'idée d'une fin si prématurée. Si la maladie s'était prolongée quelque temps encore, il était à craindre qu'il n'en eût pas attendu l'effet; du moins, à la lecture du recueil, on ne peut guère douter qu'il n'ait secrètement nourri une pensée sinistre.

En nous efforçant d'arracher cette humble mémoire à l'oubli, et en risquant aujourd'hui, au milieu d'un monde peu rêveur, ces poésies mystérieuses que Joseph a confiées à notre amitié, nous avons dû faire un choix sévère, tel, sans doute, qu'il l'eût fait lui-même s'il les avait mises au jour de son vivant. Parmi les premières pièces qu'il composa, et dans lesquelles se trahit une grande inexpérience, nous ne prenons qu'un seul fragment, et nous l'insérons ici parce qu'il nous donne occasion de noter un fait de plus dans l'histoire de cette ame souffrante. Après avoir essayé de retracer l'enivrement d'un cœur de poète à l'entrée de la vie, Joseph continue en ces mots :

> Songe charmant, douce espérance!
> Ainsi je rêvais à quinze ans;
> Aux derniers reflets de l'enfance,
> A l'aube de l'adolescence,
> Se peignaient mes jours séduisants.
>
> Mais la gloire n'est pas venue;
> Mon amante auprès d'un époux
> De moi ne s'est plus souvenue,
> Et de ma folie inconnue
> Ma mère se plaint à genoux.
>
> Moi, malheureux, je rêve encore,
> Et, poète désenchanté,
> A l'autel du Dieu que j'adore
> Sous la cendre je me dévore,
> Foyer que la flamme a quitté.
>
> Avez-vous vu, durant l'orage,
> L'arbre par la foudre allumé?
> Long-temps il fume; en long nuage
> Sa verte sève se dégage
> Du tronc lentement consumé.
>
> Oh! qui lui rendra son jeune âge?
> Qui lui rendra ses jets puissants,
> Les nids bruyants de son feuillage,
> Les rendez-vous sous son ombrage,
> Ses rameaux, la nuit gémissants?
>
> Qui rendra ma fraîche pensée
> A son rêver délicieux?
> Quel prisme à ma vue effacée
> Repeindra la couleur passée
> Où nageaient la terre et les cieux?
>
> Était-ce une blanche atmosphère,
> Le brouillard doré du matin,
> Ou du soir la rougeur légère,
> Ou cette pâleur de bergère
> Dont Phébé nuance son teint?
>
> Était-ce la couleur de l'onde
> Quand son cristal profond et pur
> Réfléchit le dôme du monde?
> Ou l'œil bleu de la beauté blonde
> Luisait-il d'un si tendre azur?

Mais bleue encore est la prunelle ;
Mais l'onde encore est un miroir ;
Phébé toujours luit aussi belle ;
Chaque matin l'aube est nouvelle,
Et le ciel rougit chaque soir.

Et moi, mon regard est sans vie ;
Dans l'univers décoloré
Je traîne l'inutile envie
D'y revoir la lueur ravie
Qui d'abord l'avait éclairé.

Je soulève en vain la paupière ;
Sans l'œil de l'ame, que voit-on?
O Ciel, ôte-moi ta lumière ;
Mais rends-moi ma flamme première ;
Aveugle-moi comme Milton !

Enfant, je suis Milton ! relève ton courage ;
N'use point ta jeunesse à sécher dans le deuil ;
Il est pour les humains un plus noble partage
 Avant de descendre au cercueil !

Abandonne la plainte à la vierge abusée,
Qui, sur ses longs fuseaux se pâmant à loisir,
Dans de vagues élans se complaît, amusée
 Au récit de son déplaisir.

Brise, brise, il est temps, la quenouille d'Alcide ;
Achille, loin de toi cette robe aux longs plis !
Renaud, ne livre plus aux guirlandes d'Armide
 Tes bras trop long-temps amollis.

Tu rêves, je le sais, le laurier des poëtes ;
Mais Pétrarque et le Dante ont-ils toujours rêvé
En ces temps où luisoit, dans leurs nuits inquiètes,
 Des partis le glaive levé?

Et moi, rêvais-je alors qu'Albion en colère,
Pareille à l'Océan qui s'irrite et bondit,
Loin d'elle rejetait la race impopulaire
 Du tyran qu'elle avait maudit?

Il fallut oublier les mystiques tendresses,
Et les sonnets d'amour, dits à l'écho des bois ;
Il fallut, m'arrachant à mes douces tristesses,
 Corps à corps combattre les rois.

Éden, suave Éden, berceau des frais mystères,
Pouvais-je errer en paix dans tes bosquets pieux,
Quand Albion pleurait, quand le cri de mes frères
 Avec leur sang montait aux cieux?

Je croyais voir alors l'Ange à la torche sainte :
Terrible, il me chassait du divin paradis,
Et, debout à la porte, il en gardait l'enceinte,
  Ainsi qu'il la garda jadis.

Sur moi, quand je fuyais, il secoua sa flamme ;
Sion, quel chaste amour en moi fut allumé !
Dans tes embrassements je répandis mon âme,
  De Sion enfant bien-aimé.

Sur Sion qui gémit la voix du Seigneur gronde ;
Il vient la consoler par ces terribles sons :
Silence aux flots des mers, aux entrailles du monde !
  Silence aux profanes chansons !

Non, la lyre n'est pas un jouet dans l'orage ;
Le poète n'est pas un enfant innocent,
Qui bégaie un refrain et sourit au carnage
  Dans les bras de sa mère en sang.

Avant qu'à ses regards la patrie immolée
Dans la poussière tombe, elle l'a pour soutien :
Par le glaive il la sert, quand sa lyre est voilée ;
  Car le poète est citoyen.

— Ainsi parlait Milton ; et ma voix plus sévère,
Par degrés élevant son accent jusqu'au sien,
Après lui murmurait : « Oui, la France est ma mère,
  Et le poète est citoyen. »

Tout ce discours de Milton révèle assez quelle fièvre patriotique fermentait au cœur de Joseph, et combien les souffrances du pays ajoutèrent aux siennes propres, tant que la cause publique fut en danger. C'était le seul sentiment assez fort pour l'arracher aux peines individuelles, et il en a consacré, dans quelques pièces, l'expression amère et généreuse. Plus d'un motif nous empêche, comme bien l'on pense, d'être indiscrets sur ce point. A une époque, d'ailleurs, où les haines s'apaisent ; où les partis se fondent, et où toutes les opinions honnêtes se réconcilient dans une volonté plus éclairée du bien [*], les réminiscences de colère et d'aigreur seraient funestes et coupables, si elles n'étaient, avant tout, insignifiantes. Joseph le sentait mieux que personne. Il vécut assez pour entrevoir l'aurore de jours meilleurs, et pour espérer en l'avenir politique de la France. Avec quel attendrissement grave, et quel coup d'œil mélancolique jeté sur l'humanité, sa mémoire le reportait alors aux orages des derniers temps ! En nous parlant de cette révolution dont il

[*] Ceci s'écrivait sous le ministère Martignac.

adorait les principes et dont il admirait les hommes, combien de fois il lui arrivait de s'écrier avec lord Ormond dans *Cromwell* :

> Triste et commun effet des troubles domestiques!
> A quoi tiennent, mon Dieu, les vertus politiques?
> Combien doivent leur faute à leur sort rigoureux,
> Et combien semblent purs qui ne furent qu'heureux!

Et qu'il enviait un divin poète d'avoir pu dire, parlant à sa lyre tant chérie :

> Des partis l'haleine glacée
> Ne t'inspira point tour à tour :
> Aussi chaste que la pensée,
> Nul souffle ne t'a caressée,
> Excepté celui de l'amour!

Par ses goûts, ses études et ses amitiés, surtout à la fin, Joseph appartenait, d'esprit et de cœur, à cette jeune école de poésie qu'André Chénier légua au dix-neuvième siècle du pied de l'échafaud, et dont Lamartine, Alfred de Vigny, Victor Hugo, Émile Deschamps, et dix autres après eux, ont recueilli, décoré, agrandi le glorieux héritage. Quoiqu'il ne se soit jamais essayé qu'en des peintures d'analyse sentimentale et des paysages de petite dimension, Joseph a peut-être le droit d'être compté à la suite, loin, bien loin de ces noms célèbres. S'il a été sévère dans la forme, et pour ainsi dire religieux dans la facture; s'il a exprimé au vif et d'un ton franc quelques détails pittoresques ou domestiques jusqu'ici trop dédaignés; s'il a rajeuni ou refrappé quelques mots surannés ou de basse bourgeoisie exclus, on ne sait pourquoi, du langage poétique; si enfin il a constamment obéi à une inspiration naïve et s'est toujours écouté lui-même avant de chanter, on voudra bien lui pardonner peut-être l'individualité et la monotonie des conceptions, la vérité un peu crue, l'horizon un peu borné de certains tableaux; du moins son passage ici-bas dans l'obscurité et les pleurs n'aura pas été tout-à-fait perdu pour l'art : lui aussi, il aura eu sa part à la grande œuvre; lui aussi, il aura apporté sa pierre toute taillée au seuil du temple; et peut-être sur cette pierre, dans les jours à venir, on relira quelquefois son nom.

Paris, février 1829.

# POÉSIES.

## PREMIER AMOUR.

> Un autre plus heureux va unir son sort à celui de mon amie. Mais, quoiqu'elle trompe ainsi mes plus chères espérances, dois-je la moins aimer?
>
> MACKENSIE, *l'Homme sensible.*

Printemps, que me veux-tu? pourquoi ce doux sourire,
Ces fleurs dans tes cheveux et ces boutons naissants?
Pourquoi dans les bosquets cette voix qui soupire,
Et du soleil d'avril ces rayons caressants?

Printemps si beau, ta vue attriste ma jeunesse;
De biens évanouis tu parles à mon cœur;
Et d'un bonheur prochain ta riante promesse
M'apporte un long regret de mon premier bonheur.

Un seul être pour moi remplissait la nature;
En ses yeux je puisais la vie et l'avenir;
Au souffle harmonieux de sa voix calme et pure,
Vers un plus frais matin je croyais rajeunir.

Oh! combien je l'aimais! et c'était en silence!
De son front virginal arrosé de pudeur,
De sa bouche où nageait tant d'heureuse indolence,
Mon souffle aurait terni l'éclatante candeur.

Par instants j'espérais. Bonne autant qu'ingénue,
Elle me consolait du sort trop inhumain;
Je l'avais vue un jour rougir à ma venue,
Et sa main par hasard avait touché ma main.

Que de fois, étalant une robe nouvelle,
Naïve, elle appela mon regard enivré;
Et sembla s'applaudir de l'espoir d'être belle,
Préférant le ruban que j'avais préféré!

Ou bien, si d'un pinceau la légère finesse
Sur l'ovale d'ivoire avait peint ses attraits,
Le velours de sa joue, et sa fleur de jeunesse,
Et ses grands sourcils noirs couronnant tous ses traits ;

Ah ! qu'elle aimait encor, sur le portrait fidèle
Que ses doigts blancs et longs me tenaient approché,
Interroger mon goût, le front vers moi penché,
Et m'entendre à loisir parler d'elle près d'elle !

Un soir, je lui trouvai de moins vives couleurs :
Assise, elle rêvait : sa paupière abaissée
Sous ses plis transparents dérobait quelques pleurs ;
Son souris trahissait une triste pensée.

Bientôt elle chanta ; c'était un chant d'adieux.
Oh ! comme, en soupirant la plaintive romance,
Sa voix se fondait toute en pleurs mélodieux,
Qui, tombés en mon cœur, éteignaient l'espérance !..

Le lendemain un autre avait reçu sa foi.
Par le vœu de ta mère à l'autel emmenée,
Fille tendre et pieuse, épouse résignée,
Sois heureuse par lui, sois heureuse sans moi !

Mais que je puisse au moins me rappeler tes charmes ;
Que de ton souvenir l'éclat mystérieux
Descende quelquefois au milieu de mes larmes,
Comme un rayon de lune, un bel ange des cieux !

Qu'en silence adorant ta mémoire si chère,
Je l'invoque en mes jours de faiblesse et d'ennui ;
Tel en sa sœur aînée un frère cherche appui,
Tel un fils orphelin appelle encor sa mère.

## A LA RIME.

C'est de la pièce suivante que date la conversion de Joseph à une facture plus sévère. Cette pièce a déjà été publiée ailleurs, comme l'ouvrage d'un ami qui s'est prêté en cela au caprice et à la modestie du poète, mais qui se croit aujourd'hui obligé de faire restitution sur sa tombe.

Rime, qui donnes leurs sons
  Aux chansons,
Rime, l'unique harmonie
Du vers, qui, sans tes accents
  Frémissants,
Serait muet au génie;

Rime, écho qui prends la voix
  Du haut-bois
Ou l'éclat de la trompette,
Dernier adieu d'un ami
  Qu'à demi
L'autre ami de loin répète;

Rime, tranchant aviron,
  Éperon
Qui fends la vague écumante;
Frein d'or, aiguillon d'acier
  Du coursier
A la crinière fumante;

Agrafe, autour des seins nus
  De Vénus,
Pressant l'écharpe divine,
Ou serrant le baudrier
  Du guerrier
Contre sa forte poitrine;

Col étroit, par où saillit
  Et jaillit
La source au ciel élancée,
Qui, brisant l'éclat vermeil
  Du soleil,
Tombe en gerbe nuancée;

Anneau pur de diamant
  Ou d'aimant,
Qui, jour et nuit, dans l'enceinte
Suspends la lampe, ou le soir
  L'encensoir
Aux mains de la vierge sainte ;

Clef, qui, loin de l'œil mortel,
  Sur l'autel
Ouvres l'arche du miracle ;
Ou tiens le vase embaumé
  Renfermé
Dans le cèdre au tabernacle ;

Ou plutôt, fée au léger
  Voltiger,
Habile, agile courrière,
Qui mènes le char des vers
  Dans les airs
Par deux sillons de lumière ;

O Rime ! qui que tu sois,
  Je reçois
Ton joug ; et long-temps rebelle,
Corrigé, je te promets
  Désormais
Une oreille plus fidèle.

Mais aussi devant mes pas
  Ne fuis pas ;
Quand la Muse me dévore,
Donne, donne par égard
  Un regard
Au poète qui t'implore !

Dans un vers tout défleuri,
  Qu'a flétri
L'aspect d'une règle austère,
Ne laisse point murmurer,
  Soupirer,
La syllabe solitaire.

Sur ma lyre, l'autre fois,
    Dans un bois,
Ma main préludait à peine :
Une colombe descend,
    En passant,
Blanche sur le luth d'ébène.

Mais au lieu d'accords touchants,
    De doux chants,
La colombe gémissante
Me demande par pitié
    Sa moitié,
Sa moitié loin d'elle absente.

Ah ! plutôt, oiseaux charmants,
    Vrais amants,
Mariez vos voix jumelles ;
Que ma lyre et ses concerts
    Soient couverts
De vos baisers, de vos ailes ;

Ou bien, attelés d'un crin
    Pour tout frein
Au plus léger des nuages,
Traînez-moi, coursiers chéris
    De Cypris,
Au fond des sacrés bocages.

## AU LOISIR.

Loisir, où donc es-tu ? le matin, je t'implore ;
Le jour, ton charme absent me trouble et me dévore ;
    Le soir vient, tu n'es pas venu ;
La nuit, j'espère enfin veiller à ta lumière ;
Mais déjà le sommeil a fermé ma paupière,
    Avant que mes yeux t'aient connu.

Loisir, es-tu couché sur quelque aimable rive,
Au bord d'un antre frais, près d'une onde plaintive?
  Te montres-tu sous le soleil?
Ou de jour, abusant Psyché qui se lamente,
Ne descends-tu jamais aux bras de ton amante
  Que sur les ailes du Sommeil?

Sylphe léger, ton vol effleure-t-il la terre,
A l'heure de silence, où Phébé solitaire
  Visite un berger dans les bois?
As-tu fui pour toujours par-delà les nuages?
Et dans les cœurs épris de tes vagues images
  N'es-tu qu'un rêve d'autrefois?

Loisir, entends mes vœux : sur le lac de la vie
Errant depuis un jour, et déjà poursuivie
  Des flots et des vents courroucés,
Au milieu des écueils, sans timon, sans étoiles,
Ma nef m'emporte et fuit ; j'entends crier mes voiles,
  Et mes jeunes bras sont lassés.

Mais, si tes yeux d'en haut s'abaissaient sur ma tête,
A ton regard serein céderait la tempête,
  Et je verrais le ciel s'ouvrir ;
Les vents m'apporteraient une fraîcheur nouvelle,
Et la vague apaisée, autour de ma nacelle,
  En la berçant viendrait mourir.

Moi, le front appuyé sur la rame immobile,
J'aimerais savourer la volupté tranquille
  D'un éternel balancement ;
Ou j'aimerais, la tête en arrière étendue,
L'œil entr'ouvert, mêler mon ame répandue
  Aux flots d'azur du firmament.

Et puis, je chanterais le Loisir et ses charmes,
Ses souris nonchalants, la douceur de ses larmes,
  Larmes sans cause et sans douleurs ;
Ses accents qu'accompagne une lyre d'ivoire ;
Sur son front, le plaisir couronné par la gloire,
  Et le laurier parmi des fleurs.

Mais le Loisir a fui, tandis que je l'appelle,
Comme au cri du chasseur l'alouette rebelle,
  Comme une onde qu'on veut saisir ;
Le Temps s'est réveillé ; ma tâche recommence :
Adieu besoins du cœur, solitude, silence,
  Adieu Loisir, adieu Loisir !

---

## SONNET.

> To labour doom'd and destin'd to be poor.
> PENROSE.

### I.

Quand l'avenir pour moi n'a pas une espérance,
Quand pour moi le passé n'a pas un souvenir,
Où puisse, dans son vol qu'elle a peine à finir,
Un instant se poser mon Ame en défaillance ;

Quand un jour pur jamais n'a lui sur mon enfance,
Et qu'à vingt ans ont fui, pour ne plus revenir,
L'Amour aux ailes d'or, que je croyais tenir,
Et la Gloire emportant les hymnes de la France ;

Quand la Pauvreté seule, au sortir du berceau,
M'a pour toujours marqué de son terrible sceau,
Qu'elle a brisé mes vœux, enchaîné ma jeunesse,

Pourquoi ne pas mourir ? de ce monde trompeur
Pourquoi ne pas sortir sans colère et sans peur,
Comme on laisse un ami qui tient mal sa promesse.

## SONNET.

### II.

Pauvre enfant, qu'as-tu fait? qu'avais-tu pour mourir?
Te fallait-il de l'or pour te plaire à la vie?
Quoi! d'un pareil regret ton ame poursuivie
Sous la pourpre et la soie espérait moins souffrir!

— Non ; la pourpre et la soie auraient pu me couvrir
Sans prendre à leur réseau ma vanité ravie ;
Par de meilleurs zéphyrs ma jeunesse servie,
Loin d'un soleil pompeux, aurait aimé fleurir.

Il ne m'aurait fallu, sur un coin de la terre,
Qu'un loisir innocent, un chaume solitaire ;
Les trésors de l'étude à côté d'un ami ;

Et, vers l'heure où le jour fuit sous l'ombre naissante,
Une main pour répondre à ma main frémissante,
Un sein où me pencher, les yeux clos à demi.

---

## RÊVERIE.

### A MON AMI V. P.

Il est soir : la lune s'élance
Sur son trône mystérieux ;
Les astres roulent en silence ;
Comme un lac immobile, immense,
Mon ame réfléchit les cieux.

Dans les ondes de la penséé,
Dans ce beau lac aux sables d'or,
La voûte des cieux balancée
A mes yeux se peint, nuancée
De couleurs plus molles encor.

Amoureux de la grande image,
D'abord j'en jouis à loisir;
Bientôt désirant davantage,
Poète avide, enfant peu sage,
J'étends la main pour la saisir.

Adieu soudain voûte étoilée,
Blanche lumière, éclat si pur!
Au sein de mon ame ébranlée,
Phébé tremblante s'est voilée;
L'image a perdu son azur.

Phébé, ne voile plus ta face!
Je renonce à mon fol espoir.
Lors, par degrés, le flot s'efface,
L'ame s'apaise, et sa surface
Des cieux redevient le miroir.

Irai-je, pour saisir l'image,
De l'onde encor troubler le cours?
Non; mais penché sur le rivage,
Puisque la nuit est sans nuage,
Je veux rêver, rêver toujours.

## LE SUICIDE*.

Quand Platon autrefois saisi d'une ardeur sainte,
Du haut du Sunium, et par-delà l'enceinte
    De l'immense horizon,
Aux disciples, en cercle assemblés pour l'entendre,
Montrait du doigt ce monde, où notre ame doit tendre
    Et que voit la Raison,

L'un d'eux, tout enivré des paroles du maître,
Désormais ne pouvant du terrible *peut-être*
    Porter l'anxiété,
Pour finir un tourment que chaque instant prolonge
Monte sur un rocher, s'en précipite et plonge
    Dans l'immortalité.

Par un désir moins pur, par un moins beau délire,
Désenchanté de vivre, et fatigué de lire
    Au livre d'ici bas,
Charles, sans espérer là-haut un meilleur monde,
Gravissait, pour mourir, un roc, que l'air et l'onde
    Minent de leurs combats.

Sous mille traits charmants il s'était peint la vie
Aux jours où la jeunesse en songes est ravie ;
    Mais ces jours sont passés ;
Mais il comprend enfin, il raille sa chimère,
Et, prêt à la briser, il tient la coupe amère,
    En disant : C'est assez.

---

* Cette pièce s'est trouvée depuis insérée (sans qu'on s'explique comment) dans les *Poésies* posthumes d'Imbert Galloix (Genève, 1834) : nous la maintenons à Joseph Delorme. Il suffirait d'en remarquer les rimes scrupuleuses et presque superstitieuses d'exactitude pour y reconnaître le nouveau converti *à la rime;* Galloix n'a pas du tout le même système. Une strophe, chez lui, a été altérée; c'est celle où *Charle* est à la fin du vers. Comme, dans sa version, le nom d'*Arthur* a été substitué partout à celui de *Charles*, il lui a fallu changer à cet endroit deux vers, et, si l'on compare, il est évident, par la faiblesse et l'impropriété des termes, que l'altération est de son côté. Le nom de *Charles* qui se trouve dans la pièce de Joseph Delorme n'est autre que le nom même du très-humble éditeur. On insiste à regret; mais il faut se mettre en garde contre les injurieux soupçons des *Saumaise futurs :* cette pauvre madame Des Houlières a bien été accusée d'avoir volé ses *Moutons.*.

Sa main, du bien, du mal, n'a point pesé la somme :
L'œil bon de l'Éternel, veillant d'en haut sur l'homme
    Comme sur un enfant,
N'est pour lui qu'un œil morne, une éteinte prunelle
Où jamais n'a brillé de l'ame paternelle
    Un rayon échauffant.


Il n'a point de son être entendu le mystère ;
Et dès-lors en son cœur une voix solitaire,
    Implacable remord,
Sphynx caché qui punit une erreur comme un crime,
Pour un sens mal compris le condamne à l'abîme
    Et le pousse à la mort.


Il y va ; mais, du roc près d'atteindre la crête,
Il se tourne pour voir, monte encor, puis s'arrête,
    Jette encore un regard :
En ces lieux tant maudits un charme se révèle ;
Ils ont pris à ses yeux une teinte nouvelle
    A l'heure du départ.


Derrière un voyageur, s'arrondit et s'incline
Par un penchant plus doux, et se change en colline
    Un aride coteau ;
Après qu'on l'a franchi, l'âpre sentier s'efface,
Et le sol en fuyant semble voiler sa face
    Sous un plus vert manteau.


L'aspect du mal souffert repose l'âme usée ;
La sueur de midi nous retombe en rosée,
    Quand le jour va finir ;
Le passé s'adoucit aux yeux de la souffrance,
Autant qu'aux jeunes yeux où reluit l'espérance
    S'embellit l'avenir.


Un ciel plus pur déjà s'est entr'ouvert pour Charle ;
Sur son chemin de mort tout s'anime et lui parle
    De bonheur et d'amour ;
L'autan fougueux n'est plus qu'un zéphyr qui caresse ;
Le roc à peine fend la vague qui le presse
    Et qui meurt alentour.

Un Génie a passé sur ce désert sauvage ;
Des bouquets d'orangers aux sables du rivage
    Mêlent leurs rameaux verts ;
L'Océan au soleil se dore d'étincelles,
Et d'écume il blanchit sous les mille nacelles
    Dont ses bords sont couverts.

Mais Charles toujours monte et s'avance à l'abîme ;
Il y touche : devant ce spectacle sublime,
    La mer, les cieux, les bois,
Il hésite un moment ; puis, s'asseyant au faîte,
Avant de s'en aller, il veut voir une fête
    Pour la dernière fois.

Ce n'est pas un regret, un espoir qui l'enchaîne ;
C'est pur désir de voir, curiosité vaine,
    Qui le retarde encor.
Le cygne va partir ; son aile se déploie ;
Rien qu'un frêle ruban, un léger fil de soie,
    Ne retient son essor.

La brise, recueillant les trésors de la plage,
Lui porte des parfums confondus en nuage
    Avec des bruits charmants ;
Et devant lui, pareils à des ombres chéries,
Glissent sur des flots d'or en des barques fleuries
    D'heureux couples d'amants.

Plus d'un, près du rocher, tout en passant, l'appelle,
Et, d'en bas lui lançant une gaîté cruelle,
    Le convie au bonheur...
Jouissez du bonheur, vous que le Ciel protége,
Qu'il aime, et dont jamais un rêve sacrilége
    N'a traversé le cœur !

Il est pour les humains d'effroyables pensées ;
Les ames qu'en tombant ces flèches ont blessées
    Ne sauraient en guérir ;
La vie en est gâtée, et chaque heure trop lente
Y laisse en s'écoulant une trace sanglante :
    On n'a plus qu'à mourir.

Charles sourit d'en haut à la folie humaine ;
Ineffable sourire ! oh ! qu'il est pur de haine,
   Qu'il est plein de douceur !
Telle une sœur mourante, à l'agonie en proie,
Sourit aux jeux naïfs, à l'innocente joie
   De sa plus jeune sœur.

Cependant, à la fin, quelque vapeur légère,
Quelque nuage errant, d'une ombre passagère
   Couvrira le tableau ;
Le soleil un instant voilera son visage,
Et sans la rallumer laissera son image
   S'éteindre au fond de l'eau.

Ce sera l'heure alors... Et quand, d'un flot docile
Mollement ramenés vers un retour facile,
   Et poussés par le flux,
Les joyeux promeneurs regagneront la terre,
Celui que, le matin, ils virent solitaire,
   Ils ne le verront plus.

---

## LE SONGE.

Quand autrefois dans cette arène,
Où tout mortel suit son chemin,
En coureur que la gloire entraîne,
Je m'élançais, l'ame sereine,
Un flambeau brillant à la main ;

Des Muses belliqueux élève,
Quand je rêvais nobles assauts,
Couronne et laurier, lyre et glaive,
Étendards poudreux qu'on enlève,
Baisers cueillis sous des berceaux ;

Partout vainqueur, amant, poète,
Pensais-je, hélas! que mon flambeau,
Au lieu de triomphe et de fête,
N'éclairerait que ma défaite
Et mes ennuis jusqu'au tombeau?

La destinée à ma jeunesse
Semblait sourire avec amour;
J'aimais la vie avec ivresse,
Ainsi qu'on aime une maîtresse
Avant la fin du premier jour.

Il a fui, mon rêve éphémère...
Tel, d'un sexe encore incertain,
Un bel enfant près de sa mère
Poursuit la flatteuse chimère
De son doux rêve du matin.

Tout s'éveille, et, lui, dort encore;
Déjà pourtant il n'est plus nuit;
L'aube blanchit devant l'Aurore;
Sous l'œil du Dieu qui la dévore,
L'Aurore rougit et s'enfuit.

Il dort son sommeil d'innocence;
Avec l'aube son front blanchit;
Puis par degrés il se nuance
Avec l'Aurore qui s'avance
Et qui bientôt s'y réfléchit.

Un voile couvre sa prunelle
Et cache le ciel à ses yeux;
Mais un songe le lui révèle;
En songe, son ame étincelle
Des rayons qui peignent les cieux.

O coule, coule, onde nouvelle,
Suis mollement ton cours vermeil!
Peux-tu jamais couler plus belle
Que sous la grotte maternelle,
Aux premiers rayons du soleil?

Que j'aime ce front sans nuage,
Qu'arrose un plus frais coloris !
Bel enfant, quel charmant présage
Parmi les fleurs de ton visage
Fait soudain éclore un souris ?

Dans la vie encore ignorée
As-tu cru voir un bonheur pur ?
Un ange te l'a-t-il montrée
Brillante, sereine, azurée,
A travers ses ailes d'azur ?

Ou quelque bonne fée Urgèle,
Promettant palais et trésor
Au filleul mis sous sa tutèle,
Pour te promener t'aurait-elle
Ravi sur son nuage d'or ?

Mais le soleil suit sa carrière,
Et voilà qu'un rayon lancé
De l'enfant perce la paupière ;
Ses yeux s'ouvrent à la lumière ;
Il pleure... le songe est passé !

## LE DERNIER VOEU.

> Vous le savez, j'ai le malheur de ne pouvoir être jeune.
> SENANCOUR, *Oberman.*

Vierge long-temps rêvée, amante, épouse, amie,
Charmant fantôme, à qui mon enfance endormie
    Dut son premier réveil ;
Qui bien des fois mêlas, jeune et vive Inconnue,
A nos jeux innocents la caresse ingénue
    De ton baiser vermeil ;

Qui depuis, moins folâtre et plus belle avec l'âge,
De loin me souriais dans l'onde de la plage,
   Dans le nuage errant ;
Dont j'entendais la voix, de nuit, quand tout repose,
Et dont je respirais sur le sein de la rose
   Le soupir odorant ;

Étoile fugitive et toujours poursuivie ;
Ange mystérieux, qui marchais dans ma vie,
   Me montrant le chemin,
Et qui, d'en haut, penchant ton cou frais de rosée,
Un doigt vers l'avenir, à mon ame épuisée
   Semblais dire : *Demain !* —

*Demain* n'est pas venu ; je n'ose plus l'attendre.
Mais si pourtant encor, fantôme doux et tendre,
   Demain pouvait venir ;
Si je pouvais atteindre ici-bas ton image,
D'un cœur rempli de toi mettre à tes pieds l'hommage,
   O vierge, et t'obtenir !...

Ah ! ne l'espère point ;... ne crains point que je veuille
Entre tes doigts fleuris sécher la verte feuille
   Du bouton que tu tiens,
Verser un souffle froid sur tes destins rapides,
Un poison dans ton miel, et dans tes jours limpides
   L'amertume des miens.

Un mal long-temps souffert me consume et me tue ;
Le chêne, dont toujours l'enfance fut battue
   Par d'affreux ouragans,
Le tronc nu, les rameaux tout noircis, n'est pas digne
D'enlacer en ses bras et d'épouser la vigne
   Aux festons élégants.

Non ; c'en est fait, jamais ! ni son regard timide,
Où de l'astre d'amour tremble un rayon humide,
   Ni son chaste entretien,
Propos doux comme une onde, ardents comme une flamme,
Serments, soupirs, baisers, son beau corps, sa belle ame,
   Non, rien, je ne veux rien !

Rien, excepté l'aimer, l'adorer en silence;
Le soir, quand le zéphir plus mollement balance
    Les rameaux dans les bois,
Suivre de loin ses pas sur l'herbe défleurie,
Épier les détours où fuit sa rêverie,
    L'entrevoir quelquefois;

Et puis la saluer, lui sourire au passage,
Et, par elle chargé d'un frivole message,
    Obéir en volant;
Dans un mouchoir perdu retrouver son haleine,
Baiser son gant si fin ou l'amoureuse laine
    Qui toucha son cou blanc;

Mais surtout, cher objet d'une plainte éternelle,
Autour de toi veiller, te couvrir de mon aile,
    Prier pour ton bonheur,
Comme, auprès du berceau d'une fille chérie,
Une veuve à genoux veille dans l'ombre et prie
    La mère du Seigneur!

Ce sont là tous mes vœux, et j'en fais un encore:
Qu'un jeune homme, à l'œil noir, dont le front se décore
    D'une mâle beauté;
Qui rougit en parlant; au cœur noble et fidèle;
Le même que souvent j'ai vu s'asseoir près d'elle
    Et lire à son côté;

Qu'un soir il la rencontre au détour d'une allée,
Surprise, et cachant mal l'émotion voilée
    De son sein palpitant;
Qu'alors un regard vienne au regard se confondre,
Écho parti d'une ame et pressé de répondre
    A l'ame qui l'attend!

Aimez-vous, couple heureux, et profitez de l'heure;
Pour plus d'un affligé qui souffre seul et pleure
    Ce soir semblera long;
Allez; l'ombre épaissie a voilé la charmille,
Et les sons de l'archet appellent la famille
    Aux danses du salon.

Confiez vos soupirs aux forêts murmurantes,
Et, la main dans la main, avec des voix mourantes
  Parlez long-temps d'amour;
Que d'ineffables mots, mille ardeurs empressées,
Mille refus charmants gravent dans vos pensées
  L'aveu du premier jour!

Et moi, qui la verrai revenir solitaire,
Passer près de sa mère, et rougir, et se taire,
  Et n'oser regarder;
Qui verrai son beau sein nager dans les délices,
Et de ses yeux brillants les humides calices
  Tout prêts à déborder;

Comme un vieillard, témoin des plaisirs d'un autre âge,
Qui sourit en pleurant et ressent moins l'outrage
  De la caducité,
Me laissant, un instant, ravir à son ivresse,
J'adoucirai ma peine et noierai ma tristesse
  En sa félicité.


## ADIEUX A LA POÉSIE.

 Rivage où ma frêle carène
 Avait fui pour ne plus sortir,
 Au large le flot me rentraîne;
 Mon penchant sur tes bords m'enchaîne;
 Faut-il rester? faut-il partir?

 Un soir (à peine, ô doux rivage,
 Deux printemps sont depuis passés),
 Tu me recueillis du naufrage,
 Errant sans voile, et sous l'orage
 Ramant avec des bras lassés.

Oh ! qu'alors défaillait mon ame !
Combien de fois en ces moments
Je souhaitai laisser la rame,
Et roulant au gré d'une lame
Rendre ma vie aux éléments !

Mais l'Espérance aux vœux timides
Me tendit la main près du bord ;
Je baisais les sables humides,
J'embrassais les rochers arides,
Heureux de vivre et d'être au port.

Moins doux est à la jeune épouse
Le lit où vont couler ses pleurs ;
Moins douce est la verte pelouse
Qui, loin de la foule jalouse,
Cache deux amants sous les fleurs.

Pourtant ce n'est pas une plage
Où croît le myrte, l'oranger ;
Ce n'est pas l'onde avec l'ombrage,
Des colombes dans le feuillage,
Des alcyons qu'on voit nager ;

Ni l'aspect gracieux de l'anse
Qui prête son charmant abri
A la nacelle où se balance,
De longues heures, en silence,
Baïa, ton poète chéri.

Mais, au lieu d'une tiède brise,
Des vents l'orageuse rumeur
Bat des rochers à tête grise,
Et de la vague qui se brise
Gémit l'éternelle clameur.

Sur une grève désolée,
Pour tromper mes ennuis amers,
Tout le jour, ma lyre exilée
Répétait sa plainte mêlée
Au bruit monotone des mers.

Si parfois, après la tempête,
Un rayon perçant le brouillard
Donnait au jour un air de fête,
Et, tombé d'en haut sur ma tête,
Me réchauffait comme un vieillard,

Ma bouche alors aimait redire
Un reste de songe amoureux ;
Sur ma lèvre errait un sourire ;
Un chant s'échappait de ma lyre,
Comme un écho des temps heureux.

Lieux de repos et de tristesse
Où j'espérais bientôt mourir,
De vous laisser qui donc me presse?
Quelle voix me parle sans cesse
Et de lutter et de souffrir?

C'est qu'on n'a pas pour tout partage
De soupirer et de rêver ;
Que sur l'Océan sans rivage
Il faut poursuivre son voyage,
Dût-on ne jamais arriver.

Qu'importe que pour ma nacelle
Ne batte aucun cœur virginal?
Qu'aucune main chère et fidèle
Au haut du phare qui m'appelle
N'attache en tremblant le fanal?

Qu'un soir, où ma voile attendue
N'aura point blanchi sur les flots,
Jamais une amante éperdue,
Près de mon cadavre étendue,
Ne le soulève avec sanglots ;

Et puis de sa tête baissée
Tirant son long voile de deuil
N'en couvre ma tête glacée,
Et long-temps baisée et pressée
Ne la pose dans le cercueil?

Qu'importe? il faut rompre le cable;
Il faut voguer, voguer toujours,
Ramer d'un bras infatigable,
Comme vers un port secourable,
Vers le gouffre où tombent nos jours;

Où s'abîment tristesse et joie,
Amer et riant souvenir;
Où, paré de crêpe et de soie,
Notre mât s'agite, tournoie
Et s'engloutit sans revenir.

Adieu donc, ô grève chérie;
Un instant encore, et je pars;
Adieu plage toujours meurtrie
Des flots et des vents en furie,
Désert si doux à mes regards!

Adieu douleur longue et profonde;
Adieu tant de jours écoulés
A contempler l'écume et l'onde,
A méditer le vent qui gronde,
A pleurer les biens envolés!

Souvent, quand la brume abaissée
Obscurcira le ciel couvert,
Tu brilleras à ma pensée,
Étoile dans ma nuit placée,
O souvenir du mal souffert;

Et durant sa course nouvelle,
Mon ame prête à s'épuiser,
Vers le passé tournant son aile,
Comme une colombe fidèle,
Sur toi viendra se reposer.

## A MON AMI V. H.

Entends-tu ce long bruit doux comme une harmonie,
Ce cri qu'à l'univers arrache le génie
  Trop long-temps combattu,
Cri tout d'un coup sorti de la foule muette,
Et qui porte à la gloire un nom de grand poète,
  Noble ami, l'entends-tu ?

A l'étroit en ce monde où rampent les fils d'Ève,
Tandis que, l'œil au ciel, tu montes où t'enlève
  Ton essor souverain,
Que ton aile se joue aux flancs des noirs nuages,
Lutte avec les éclairs, ou qu'à plaisir tu nages
  Dans un éther serein ;

Poussant ton vol sublime et planant, solitaire,
Entre les voix d'en haut et l'écho de la terre,
  Dis-moi, jeune vainqueur,
Dis-moi, nous entends-tu ? la clameur solennelle
Va-t-elle dans la nue enfler d'orgueil ton aile
  Et remuer ton cœur ?

Ou bien, sans rien sentir de ce vain bruit qui passe,
Plein des accords divins, le regard dans l'espace
  Fixé sur un soleil,
Plonges-tu, pour l'atteindre, en des flots de lumière,
Et bientôt, t'y posant, laissés-tu ta paupière
  S'y fermer au sommeil ?

Oh ! moi, je l'entends bien ce monde qui t'admire.
Cri puissant ! qu'il m'enivre, ami ; qu'il me déchire !
  Qu'il m'est cher et cruel !
Pour moi, pauvre déchu, réveillé d'un doux songe,
L'aigle saint n'est pour moi qu'un vautour qui me ronge
  Sans m'emporter au ciel !

Comme, un matin d'automne, on voit les hirondelles
Accourir en volant au rendez-vous fidèles,
  Et sonner le départ ;
Aux champs, sur un vieux mur, près de quelque chapelle,
On s'assemble, et la voix des premières appelle
  Celles qui viennent tard.

Mais si, non loin de là, quelque jeune imprudente,
Qui va rasant le sol de son aile pendante,
  S'est prise dans la glu,
Captive, elle entend tout : en bruyante assemblée
On parle du voyage, et la marche est réglée
  Et le départ conclu ;

On s'envole ; ô douleur ! adieu plage fleurie ;
Adieu printemps naissant de cette autre patrie
  Si belle en notre hiver !
Il faut rester, subir la saison de détresse,
Et l'enfant sans pitié qui frappe et qui caresse,
  Et la cage de fer.

C'est mon emblème, ami ;... mais si, comme un bon frère,
Du sein de ta splendeur à mon destin contraire
  Tu veux bien compatir ;
Si tu lis en mon cœur ce que je n'y puis lire,
Et si ton amitié devine sur ma lyre
  Ce qui n'en peut sortir ;

C'est assez, c'est assez : jusqu'à l'heure où mon ame,
Secouant son limon et rallumant sa flamme
  A la nuit des tombeaux,
Je viendrai, le dernier et l'un des plus indignes,
Te rejoindre, au milieu des aigles et des cygnes,
  O toi l'un des plus beaux !

## SONNET.

Enfant, je m'étais dit et souvent répété :
« Jamais, jamais d'amour; c'est assez de la gloire;
» En des siècles sans nombre étendons ma mémoire,
» Et semons ici-bas pour l'immortalité. »

Plus tard je me disais : « Amour et volupté,
» Allez, et gloire aussi! que m'importe l'histoire?
» Fantôme au laurier d'or, vierges au cou d'ivoire,
» Je vous fuis pour l'étude et pour l'obscurité. »

Ainsi, jeune orgueilleux, ainsi long-temps disais-je;
Mais comme après l'hiver, en nos plaines, la neige
Sous le soleil de mars fond au premier beau jour,

Je te vis, blonde Hélène, et dans ce cœur farouche,
Aux rayons de tes yeux, au souffle de ta bouche,
Aux soupirs de ta voix, tout fondit en amour.

## RETOUR A LA POÉSIE.

En vain j'ai fui la plage oisive;
En vain ma rame avec effort
Fatigue la vague plaintive;
Toujours ma nacelle dérive,
Et je reviens toujours au bord.

Pourtant je m'étais dit : « Courage!
» Osons vivre, sachons souffrir;
» Soyons homme, et si vient l'orage,
» Tant mieux, luttons, dût sous sa rage
» L'esquif en éclats s'entr'ouvrir. »

Projets d'enfant ! sagesse antique !
J'ai beau dans ma simplicité
Jurer Mentor et le Portique ;
Sans cesse une ombre fantastique
Me rend ce bord que j'ai quitté.

De nuit, ô Phébé, quand tu n'oses
Éclairer qu'à demi les flots,
Comme une corbeille de roses
Au berceau d'Aphrodite écloses,
Je crois voir nager ma Délos.

Ces mêmes plages mensongères
Reviennent encor voltigeant,
Phébé, dans ces vapeurs légères,
Qui parfois semblent des bergères
Dansant à ton autel d'argent.

Parmi les rougeurs de l'aurore
Chaque matin je crois les voir ;
Le soleil me les montre encore
Dans ces nuages que lui dore
Au couchant la pourpre du soir.

A ma vision point de trêve !
Jusque sous des cieux obscurcis,
A travers la brume, je rêve
Au lieu de bosquets quelque grève
Triste, bruyante, aux flancs noircis.

Ile sauvage ou fortunée,
Toujours la même, ô lieu charmant,
Vers toi ma boussole est tournée ;
Vers toi ma proue est ramenée
Par un secret enchantement !

Toujours j'y reviens, soit que l'onde
Grondant sous moi, pauvre nocher,
Du sein d'une lame profonde
Me jette comme une algue immonde
Sur quelque débris de rocher ;

Soit que plus molle et sans secousse,
N'enflant ma voile qu'à demi,
Elle me berce, elle me pousse
Et me dépose dans la mousse
Comme un alcyon endormi.

Restons-y donc : un Dieu l'ordonne;
Écoutons la plage gémir,
Le flot qui bat, le ciel qui tonne,
Et sous la brise monotone
Écoutons mon ame frémir.

Trop long-temps incomplet génie,
Distrait jusqu'au pied de l'autel,
J'ai senti comme une agonie
La lutte entre mon harmonie
Et les bruits d'un monde mortel.

L'ame ressemble au lac immense
De rocs sublimes entouré;
Dessus, autour, ombre et silence;
Mais que le prêtre vienne et lance
Un regard sur le flot sacré,

Que d'éclat derrière cette ombre,
Et quel beau firmament reluit!
Plus l'œil plonge sous le flot sombre,
Plus il voit d'étoiles sans nombre
Dans ce qui lui semblait la nuit.

On emporte de ce rivage
Un saint effroi mêlé d'amour.
Pour l'œil tout plein de cette image
Le soleil n'est plus que nuage,
Et pâle est la lueur du jour.

Souvent à des festins de joie,
Convive malgré moi venu,
Assis sur des coussins de soie,
La coupe en main, je suis en proie
Au souci d'un mal inconnu.

Si le contagieux délire
Effleure mon front moins obscur,
Soudain au milieu d'un sourire,
Pareil à ce Roi, je crois lire
Des mots étranges sur un mur.

Les roses tombent de ma tête,
De ma main les gâteaux de miel ;
Adieu le festin et la fête !
Je vais consulter le prophète :
O Daniel ! ô Daniel !

Ineffaçable caractère
Que je trouve écrit en tout lieu !
Cruel et sublime mystère
Qui corrompt les dons de la terre
Et cache l'énigme de Dieu !

La foule riante et sereine
Ne voit rien ou regarde ailleurs ;
L'élu que le génie entraîne
Est toujours, sans qu'on le comprenne,
En butte aux profanes railleurs.

De nuit, sur une tour obscure,
Et sous la bise qui sifflait,
Lorsqu'un fantôme à lourde armure,
Poussant un lugubre murmure,
Fit trois fois signe au jeune Hamlet ;

D'abord Hamlet, hors de lui-même,
Recule, puis, le glaive en main,
Revient et suit, hagard et blême,
Ce spectre qu'il craint et qu'il aime,
Et qui lui montre son chemin ;

Il le suit le long des murailles,
Entre avec lui dans la forêt,
Arrive au champ des funérailles,
Et là s'émurent ses entrailles
En entendant l'affreux secret.

Le matin, sa face pâlie
Marquait un sinistre tourment ;
Chacun déplora sa folie,
Et la désolée Ophélie
Ne reconnut plus son amant.

Tel est le destin du poète :
Errer ici-bas égaré ;
Invoquer le grand interprète ;
Écouter la harpe secrète,
Et se mirer au lac sacré !

---

## SONNET.

Sur un front de quinze ans les cheveux blonds d'Aline,
Débordant le bandeau qui les voile à nos yeux,
Baignent des deux côtés ses sourcils gracieux :
Tel un double ruisseau descend de la colline.

Et sa main, soutenant ce beau front qui s'incline,
Aime à jouer autour, et dans les flots soyeux
A noyer un doigt blanc, et l'ongle curieux
Rase en glissant les bords où leur cours se dessine.

Mais, au sommet du front, où le flot séparé
Découle en deux ruisseaux et montre un lit nacré,
Là, je crois voir Amour voltiger sur la rive ;

Nager la Volupté sur deux vagues d'azur ;
Ou sur un vert gazon, sur un sable d'or pur,
La Rêverie assise, aux yeux bleus et pensive.

## BONHEUR CHAMPÊTRE.

### A MON AMI E. T.

Lorsqu'un peu de loisir me rend à la campagne,
Et qu'un beau soir d'automne, à travers champs, je gagne
  Les grands bois jaunissants ;
Que le bruit de mes pas sur les feuilles séchées,
Réveillant mille voix en mon ame cachées,
  Berce et calme mes sens ;

Que je songe au bonheur, à ce flottant nuage
Qu'un rayon de soleil de loin dore au passage
  Et qu'emporte le vent ;
Que je songe à la vie, à ces jeunes années
Si fraîches d'espérance et si vite fanées ;
  Souvent, alors, souvent,

Las de m'être égaré de clairière en clairière,
Et d'avoir du long bois côtoyé la lisière,
  Si soudain au détour
J'aperçois, sur le seuil d'une cabane blanche,
A table, un vigneron, joyeux comme au dimanche,
  Et ses fils à l'entour,

Je me dis : O bonheur ! pourtant j'en étais digne !
A l'ombre d'un pommier, au pied de cette vigne,
  Et sous ce petit mur,
Quelques amis, l'étude, à mon ame calmée
Suffisaient ; oui, c'est là près d'une épouse aimée
  Qu'il fallait vivre obscur.

Je dis, et tout marchant je caresse mon rêve :
Ma femme est jeune et belle, et son amour m'élève
  Des fils qui me sont chers ;
Ma maison au hameau, parmi toutes, est celle
Où vous voyez un toit dont l'ardoise étincelle,
  Et des contrevents verts.

Les matins de printemps, quand la rosée enivre
Le gazon embaumé, je sors avec un livre
  Par la porte du bois ;
Les soirs d'hiver, autour du foyer qui pétille,
A haute voix je lis à ma jeune famille
  Les récits d'autrefois.

Les champs, l'obscurité, des enfants, une femme,
Nul regret du passé, nul désir en mon ame.....
  Ainsi je vais rêvant...
Mais j'ai vu du faubourg fumer les cheminées ;
J'ai regagné la ville aux nuits illuminées
  Et le pavé mouvant.

Adieu l'illusion ! qu'elle était vaine et folle !
Ce souffle matinal, ce parfum qui s'envole,
  Ce gazon du chemin,
Cette main à baiser, à presser dans la mienne,
Tout cela, pour un jour, c'est enivrant ; mais vienne,
  Vienne le lendemain !

L'amour passe, et la fleur, où d'abord l'œil se pose,
Pâlit sous le regard et n'est plus une rose ;
  Le calice a jauni.
Et puis, quand l'homme est seul, loin du bruit et du monde,
Du profond de son cœur plus haut s'élève, et gronde
  La voix de l'infini.

Parle, que nous veux-tu, voix puissante et bizarre ?
Tantôt c'est un soupir, tantôt une fanfare,
  Un chant, un cri de nuit ;
Tantôt j'entends des chars emportés par des fées,
Et tantôt c'est la Gloire agitant des trophées
  Qui passe et qui s'enfuit.

L'enclos qu'on aimait tant devient triste ; on dessine
Un palais fantastique, et, comme aux jours d'Alcine,
  Des lieux d'enchantement ;
Et bientôt, pour saisir la proie insaisissable,
En idée on franchit monts et plaines de sable
  Sur un coursier fumant.

On s'élance, on retombe, on brûle sous l'ombrage ;
Le cœur saigne et gémit ; en lui-même est l'orage
　　　　Dont les coups l'ont blessé.
La nuit, point de sommeil ; et l'épouse inquiète,
Passant sa douce main sur le front du poète,
　　　　Lui dit : T'ai-je offensé ?

Parfois en un vallon où règne le silence,
Où l'ardeur qu'à midi d'aplomb le soleil lance
　　　　Meurt sur un vert rideau,
L'on voit du sein d'un roc, qui s'ouvre en grotte obscure,
Parmi la mousse et l'herbe, avec un long murmure
　　　　Jaillir un courant d'eau.

Pourtant jamais aux bords de l'onde murmurante,
Malgré le poids du jour et la soif dévorante,
　　　　Ne boit le voyageur ;
Jamais un front de vierge, incliné sur la rive,
N'y mire, en se lavant, sa parure naïve
　　　　Et sa chaste rougeur.

Car, qu'importe la mousse, et l'ombre, et le silence,
Et qu'en effleurant l'onde un souffle frais balance
　　　　Les rameaux sur son cours ?
Cette onde dans sa source est comme du bitume ;
Elle brûle et dévore, et toujours elle écume
　　　　Et bouillonne toujours.

# SONNET.

## A MADAME ***.

> La fine del mio amore fu già il saluto di questa donna, ed in quello dimorava la beatitudine del fine di tutti i miei desideri.
>
> DANTE. *Vita nuova.*

### I.

O laissez-vous aimer !... ce n'est pas un retour,
Ce n'est pas un aveu que mon ardeur réclame ;
Ce n'est pas de verser mon ame dans votre ame,
Ni de vous enivrer des langueurs de l'amour ;

Ce n'est pas d'enlacer en mes bras le contour
De ces bras, de ce sein ; d'embraser de ma flamme
Ces lèvres de corail si fraîches ; non, madame,
Mon feu pour vous est pur, aussi pur que le jour.

Mais seulement, le soir, vous parler à la fête,
Et tout bas, bien long-temps, vers vous penchant la tête,
Murmurer de ces riens qui vous savent charmer ;

Voir vos yeux indulgents plus mollement reluire ;
Puis prendre votre main, et, courant, vous conduire
A la danse légère..... ô laissez-vous aimer !

---

# SONNET.

## A MADAME ***.

### II.

Madame, il est donc vrai, vous n'avez pas voulu,
Vous n'avez pas voulu comprendre mon doux rêve ;
Votre voix m'a glacé d'une parole brève,
Et vos regards distraits dans mes yeux ont mal lu.

Madame, il m'est cruel de vous avoir déplu :
Tout mon espoir s'éteint et mon malheur s'achève ;
Mais vous, qu'en votre cœur nul regret ne s'élève,
Ne dites pas : « Peut-être il aurait mieux valu... »

Croyez avoir bien fait ; et, si pour quelque peine
Vous pleurez, que ce soit pour un peigne d'ébène,
Pour un bouquet perdu, pour un ruban gâté !

Ne connaissez jamais de peine plus amère ;
Que votre enfant vermeil joue à votre côté,
Et pleure seulement de voir pleurer sa mère !

---

## CAUSERIE AU BAL.

### A MADAME ***.

Et je vous ai revue, et d'espérance avide
J'ai rougi ; près de vous un fauteuil était vide ;
Et votre œil sans courroux sur moi s'est reposé,
Et je me suis assis, et nous avons causé :
« — Que le bal est brillant, et qu'une beauté blonde,
» Nonchalamment bercée au tournant d'une ronde,
» Me plaît ! sa tête penche ; elle traîne ses pas.
» — Vous, madame, ce soir, vous ne dansez donc pas ?
» — Oui, j'aime qu'en valsant une tête s'incline ;
» J'aime sur un cou blanc la rouge cornaline,
» Des boutons d'oranger dans des cheveux tout noirs,
» Les airs napolitains qu'on danse ici, les soirs ;
» Surtout j'aime ces deux dernières barcaroles ;
» Hier on me les chantait, et j'en sais les paroles.
» — Qu'un enfant de quatre ans, n'est-ce pas ? dans un bal
» Est charmant, quand, tout fier, et d'un pas inégal
» Il suit une beauté qui par la main le guide,
» Et qui le baise après, rayonnant et timide.
» — Au milieu de ce bruit, comme votre enfant dort,
» Madame ! ses cheveux sont, au soir, d'un blond d'or.

» Il sourit ; en rêvant, lui passe une chimère ;
» Il entr'ouvre un œil bleu : c'est bien l'œil de sa mère. »
— Et mille autres propos. Mais qu'avez-vous déjà ?
J'ai cru revoir l'air froid qui souvent m'affligea.
Avons-nous donc fait mal ? d'une voix qui soupire
Ai-je effrayé ce cœur, ou d'un trop long sourire ?
Ai-je parlé trop bas ? ai-je d'un pied mutin
Agacé sous la robe un soulier de satin ?
Saisi trop vivement un éventail qui glisse ?
Serré la main qui fuit, au bord de la pelisse ?
Ai-je dit un seul mot de regrets et d'amours ?....
Mais qu'au moins nous causions et long-temps et toujours !

## LE CÉNACLE.

*Quand vous serez plusieurs réunis en mon nom, je serai avec vous.*

En ces jours de martyre et de gloire, où la hache
Effaçait dans le sang l'impur crachat du lâche
    Sur les plus nobles fronts ;
Où les rhéteurs d'Athène et les sages de Rome
Raillaient superbement les fils du Dieu fait homme
    Qu'égorgeaient les Nérons ;

Quelques disciples saints, les soirs, dans le cénacle
Se rassemblaient, et là parlaient du grand miracle,
    A genoux, peu nombreux,
Mais unis, mais croyants, mais forts d'une foi d'ange ;
Car des langues de feu voltigeaient, chose étrange !
    Et se posaient sur eux.

Moins mauvais sont nos jours. Pourtant on y blasphême,
Et des railleurs encor lancent leur anathême
    Au Dieu qu'on ne voit pas.
Si le poète saint, apôtre du mystère,
Descend, portant du ciel quelque chose à la terre :
    « Où court-il de ce pas ?

» Que nous veut ce chanteur dans sa fougue insensée ? »
Et voilà qu'un mépris fait rentrer la pensée
    Au cœur qui la cachait,
Comme au penchant des monts l'hiver qui recommence
Suspend l'onde lancée et la cascade immense
    Qui déjà s'épanchait.

Que faire alors ? se taire ?... oh ! non pas, mais poursuivre,
Mais chanter, plein d'espoir en celui qui délivre,
    Et marcher son chemin ;
Puis les soirs quelquefois, loin des moqueurs barbares,
Entre soi converser, compter les voix trop rares
    Et se donner la main ;

Et là, le fort qui croit, le faible qui chancelle,
Le cœur qu'un feu nourrit, le cœur qu'une étincelle
    Traverse par instants ;
L'ame qu'un rayon trouble et qu'une goutte enivre,
Et l'œil de chérubin qui lit comme en un livre
    Aux soleils éclatants ;

Tous réunis, s'entendre, et s'aimer, et se dire :
Ne désespérons point, poètes, de la lyre,
    Car le siècle est à nous. —
Il est à vous ; chantez, ô voix harmonieuses,
Et des humains bientôt les foules envieuses
    Tomberont à genoux.

Parmi vous un génie a grandi sous l'orage,
Jeune et fort ; sur son front s'est imprimé l'outrage
    En éclairs radieux ;
Mais il dépose ici son sceptre et le repousse ;
Sa gloire sans rayons se fait aimable et douce
    Et rit à tous les yeux.

Oh ! qu'il chante long-temps ! car son luth nous entraine,
Nous rallie et nous guide, et nous tiendrons l'arène
    Tant qu'il retentira ;
Deux ou trois tours encore, aux sons de sa trompette,
Aux éclats de sa voix que tout un chœur répète,
    Jéricho tombera !

Et toi, frappé d'abord d'un affront trop insigne,
Chantre des saints amours, divin et chaste cygne,
  Qu'on osait rejeter,
Oh! ne dérobe plus ton cou blanc sous ton aile ;
Reprends ton vol et plane à la voûte éternelle
  Sans qu'on t'ait vu monter.

Un jour plus pur va luire, et déjà c'est l'aurore ;
Poètes, à vos luths !... pourquoi tarder encore,
  O vous, le plus charmant ?
Sous quels doigts merveilleux la mélodie a-t-elle
Ou tissus plus soyeux, ou plus riche dentelle,
  Ou plus fin diamant ?

Fuyez des longs loisirs la molle enchanteresse ;
La gloire est là (partez!) qui du regard vous presse
  Et vous convie au jour :
Hâtez-vous ; quelle voix plus tendrement soupire,
Et mêle dans nos yeux plus de pleurs au sourire
  Quand vous chantez l'amour ?

Mais un jeune homme écoute, à la tête pensive,
Au regard triste et doux, silencieux convive,
  Debout en ces festins ;
Il est poète aussi ; de sa palette ardente
Vont renaître en nos temps Michel-Ange avec Dante
  Et les vieux Florentins.

Fraternité des arts ! union fortunée !
Soirs, dont le souvenir même après mainte année
  Charmera le vieillard !
Lorsqu'enfin tariront ces délices ravies,
Que le sort, s'attaquant à de si chères vies,
  (Oh ! que ce soit bien tard !)

Aura mis à son rang le grand homme qui tombe.
Et fait, comme toujours, un autel de sa tombe,
  Alors, si l'un de nous,
Le dernier, le plus humble en ces banquets sublimes
(Car le sort trop souvent aux plus nobles victimes
  Garde les premiers coups),

S'il survit, seul assis parmi ces places vides,
Lisant des jeunes gens les questions avides
  Dans leurs yeux ingénus,
Et des siens essuyant une larme qui nage,
Il dira tout ému des pensers du jeune âge :
  « Je les ai bien connus ;

» Ils étaient grands et bons. L'amère jalousie
» Jamais chez eux n'arma le miel de poésie
  » De son grêle aiguillon,
» Et jamais dans son cours leur gloire éblouissante
» Ne brûla d'un dédain l'humble fleur pâlissante,
  » Le bluet du sillon. »

Est-il besoin de faire remarquer que dans son *Cénacle* Joseph n'a introduit que quelques poètes et un jeune et grand peintre réellement unis entre eux et avec lui par des rapports intimes d'amitié et de voisinage ? Il n'a pu prétendre exclure d'un *Cénacle* idéal plus vaste et plus complet tant d'autres artistes qu'il ne nomme pas.

*(Note de l'Éditeur.)*

---

# POUR UN AMI,

### LA VEILLE DE LA PUBLICATION D'UN PREMIER OUVRAGE.

C'est demain, c'est demain qu'on lance,
Qu'on lance mon navire aux flots ;
L'onde en l'appelant se balance
Devant la proue ; amis, silence !
Ne chantez pas, gais matelots !

Demain je quitte le rivage
Où dormit long-temps mon radeau ;
Là-bas m'attend plus d'un orage,
Plus d'un combat, quelque naufrage
Sur un banc de sable à fleur d'eau.

Oui, le naufrage ! on touche, on sombre ;
L'ouragan seul entend vos cris ;
Puis le matin vient chasser l'ombre ;
Sur le ciel bleu pas un point sombre,
Sur l'abîme pas un débris.

Ne chantez pas ! quand même encore,
Sur mainte mer, sous maint climat,
Aux feux du soleil qui le dore,
Battu de la brise sonore,
Mon pavillon, au haut du mât

Déployant sa flamme azurée
Et ses immortelles couleurs,
Recevrait de chaque contrée,
En passant, la perle nacrée,
L'ivoire, l'encens ou des fleurs ;

Quand, ma voile au loin reconnue,
On verrait la foule à grands pas
S'agiter sur la grève nue,
Les forts saluer ma venue,
O mes amis, ne chantez pas !

Cela vaut-il ce que je laisse,
Tant de silence, et tant d'oubli ;
Et ce gazon où la tristesse,
De mon ame éternelle hôtesse,
Inclinait un front recueilli ;

Alors que mon mât de misaine,
De la hache ignorant les coups,
Dans les grands bois était un chêne,
Et qu'au bruit de l'onde prochaine
Tout le jour je rêvais dessous ?

Oh ! j'y versai plus d'une larme ;
Mais les larmes ont leur douceur ;
Mais la tristesse a bien son charme ;
Son front à la fin se désarme,
Et c'est pour nous comme une sœur.

Point de crainte alors ; sous la branche
Point d'œil profane ; et si parfois
D'un lac frais la surface blanche,
Où d'en haut la lune se penche,
M'arrachait au gazon des bois ;

Si dans une barque d'écorce,
Ou de glaïeul, ou de roseau,
Ou de liane trois fois torse,
A ramer j'essayais ma force
Comme dans l'air un jeune oiseau ;

Nul bruit curieux sur la rive
Ne troublait mon timide essor,
Sinon quelque nymphe furtive ;
Mon ame n'était plus oisive,
Et c'était du repos encor.

Mais, depuis, l'orgueil en délire
A pris mon cœur comme un tyran ;
Je ne sais plus à quoi j'aspire ;
Ma nacelle est un grand navire,
Et me voilà sur l'Océan.

C'est demain, c'est demain qu'on lance,
Qu'on lance mon navire aux flots ;
L'onde en l'appelant se balance
Devant la proue ; amis, silence !
Ne chantez pas, gais matelots !

## SONNET.

### A RONSARD,

POUR UN AMI QUI PUBLIAIT UNE ÉDITION DE CE POÈTE.

A toi, Ronsard, à toi, qu'un sort injurieux
Depuis deux siècles livre aux mépris de l'histoire,
J'élève de mes mains l'autel expiatoire
Qui te purifiera d'un arrêt odieux.

Non que j'espère encore, au trône radieux
D'où jadis tu régnais, replacer ta mémoire ;
Tu ne peux de si bas remonter à la gloire :
Vulcain impunément ne tomba point des cieux.

Mais qu'un peu de pitié console enfin tes mânes ;
Que, déchiré long-temps par des rires profanes,
Ton nom, d'abord fameux, recouvre un peu d'honneur !

Qu'on dise : Il osa trop, mais l'audace était belle ;
Il lassa, sans la vaincre, une langue rebelle,
Et de moins grands, depuis, eurent plus de bonheur.


## LES RAYONS JAUNES.


Les dimanches d'été, le soir, vers les six heures,
Quand le peuple empressé déserte ses demeures
    Et va s'ébattre aux champs,
Ma persienne fermée, assis à ma fenêtre,
Je regarde d'en haut passer et disparaître
    Joyeux bourgeois, marchands,

Ouvriers en habits de fête, au cœur plein d'aise ;
Un livre est entr'ouvert, près de moi, sur ma chaise :
    Je lis ou fais semblant ;
Et les jaunes rayons que le couchant ramène,
Plus jaunes ce soir-là que pendant la semaine,
    Teignent mon rideau blanc.

J'aime à les voir percer vitres et jalousie ;
Chaque oblique sillon trace à ma fantaisie
    Un flot d'atomes d'or ;
Puis, m'arrivant dans l'ame à travers la prunelle,
Ils redorent aussi mille pensers en elle,
    Mille atomes encor.

Ce sont des jours confus dont reparaît la trame,
Des souvenirs d'enfance, aussi doux à notre ame
      Qu'un rêve d'avenir :
C'était à pareille heure (oh ! je me le rappelle)
Qu'après vêpres, enfants, au chœur de la chapelle,
      On nous faisait venir.

La lampe brûlait jaune, et jaune aussi les cierges ;
Et la lueur glissant aux fronts voilés des vierges
      Jaunissait leur blancheur ;
Et le prêtre vêtu de son étole blanche
Courbait un front jauni, comme un épi qui penche
      Sous la faux du faucheur.

Oh ! qui dans une église, à genoux sur la pierre,
N'a bien souvent, le soir, déposé sa prière,
      Comme un grain pur de sel ?
Qui n'a du crucifix baisé le jaune ivoire ?
Qui n'a de l'Homme-Dieu lu la sublime histoire
      Dans un jaune missel ?

Mais où la retrouver, quand elle s'est perdue,
Cette humble foi du cœur, qu'un ange a suspendue
      En palme à nos berceaux ;
Qu'une mère a nourrie en nous d'un zèle immense ;
Dont chaque jour un prêtre arrosait la semence
      Aux bords des saints ruisseaux ?

Peut-elle refleurir lorsqu'a soufflé l'orage,
Et qu'en nos cœurs l'orgueil, debout, a dans sa rage
      Mis le pied sur l'autel ?
On est bien faible alors, quand le malheur arrive,
Et la mort.... faut-il donc que l'idée en survive
      Au vœu d'être immortel !

J'ai vu mourir, hélas ! ma bonne vieille tante,
L'an dernier ; sur son lit, sans voix et haletante,
      Elle resta trois jours,
Et trépassa. J'étais près d'elle dans l'alcôve ;
J'étais près d'elle encor, quand sur sa tête chauve
      Le linceul fit trois tours.

Le cercueil arriva, qu'on mesura de l'aune ;
J'étais là.... puis, autour, des cierges brûlaient jaune,
    Des prêtres priaient bas ;
Mais en vain je voulais dire l'hymne dernière ;
Mon œil était sans larme et ma voix sans prière,
    Car je ne croyais pas.

Elle m'aimait pourtant...; et ma mère aussi m'aime,
Et ma mère à son tour mourra ; bientôt moi-même
    Dans le jaune linceul
Je l'ensevelirai ; je clouerai sous la lame
Ce corps flétri, mais cher, ce reste de mon ame ;
    Alors je serai seul ;

Seul, sans mère, sans sœur, sans frère et sans épouse ;
Car qui voudrait m'aimer, et quelle main jalouse
    S'unirait à ma main ?...
Mais déjà le soleil recule devant l'ombre,
Et les rayons qu'il lance à mon rideau plus sombre
    S'éteignent en chemin...

Non, jamais à mon nom ma jeune fiancée
Ne rougira d'amour, rêvant dans sa pensée
    Au jeune époux absent ;
Jamais deux enfants purs, deux anges de promesse
Ne tiendront suspendu sur moi, durant la messe,
    Le poêle jaunissant.

Non, jamais, quand la mort m'étendra sur ma couche,
Mon front ne sentira le baiser d'une bouche,
    Ni mon œil obscurci
N'entreverra l'adieu d'une lèvre mi-close !
Jamais sur mon tombeau ne jaunira la rose,
    Ni le jaune souci !

— Ainsi va ma pensée, et la nuit est venue ;
Je descends, et bientôt dans la foule inconnue
    J'ai noyé mon chagrin :
Plus d'un bras me coudoie ; on entre à la guinguette,
On sort du cabaret ; l'invalide en goguette
    Chevrotte un gai refrain.

Ce ne sont que chansons, clameurs, rixes d'ivrogne,
Ou qu'amours en plein air, et baisers sans vergogne,
  Et publiques faveurs ;
Je rentre : sur ma route on se presse, on se rue ;
Toute la nuit j'entends se traîner dans ma rue
  Et hurler les buveurs.

---

## LE SOIR DE LA JEUNESSE.

### A MON AMI ***.

Oui, vous avez franchi la jeunesse brûlante ;
Vous avez passé l'âge où chaque heure est trop lente,
Où, tout rêvant, on court le front dans l'avenir,
Et déjà s'ouvre à vous l'âge du souvenir.
Oui, l'amour a pour vous mêlé joie et souffrance ;
Vous l'avez ressenti souvent sans espérance,
Vous l'avez quelquefois inspiré sans bonheur ;
Vos lèvres ont tari le philtre empoisonneur.
Oui, bien des fois, les nuits, errant à l'aventure
Sur vos grands monts, au sein de la verte nature ;
Suivant, sous les pins noirs, les sentiers obscurcis,
Au bord croulant d'un roc vous vous êtes assis,
Et vous avez tiré des plaintes de votre ame,
Comme au bord de l'abîme un cerf en pleurs qui brame.
Oui, vous avez souvent revu, depuis, ces lieux,
Les mêmes qu'autrefois, mais non plus à vos yeux,
Car vous n'étiez plus seul ; et la nuit étoilée,
Et la sèche bruyère encore échevelée,
Les longs sapins ombreux, les noirs sentiers des bois,
Tout prenait sous vos pas des couleurs et des voix ;
Et lorsqu'après avoir marché long-temps ensemble,
Elle attachée à vous comme la feuille au tremble,
Vous tombiez sous un arbre, où la lune à l'entour
Répandait ses rayons comme des pleurs d'amour,

Et qu'elle vous parlait de promesse fidèle
Et de s'aimer toujours l'un l'autre ; alors, près d'elle,
Sentant sur votre front ses beaux cheveux courir,
Vous avez clos les yeux et désiré mourir.
Oui, vous avez goûté les délices amères ;
Et quand il a fallu rompre avec ces chimères,
Votre cœur s'est brisé, mais vous avez vaincu ;
La raison vigilante au rêve a survécu ;
Et maintenant, debout, à votre ame enfin libre
Dans la région calme assurant l'équilibre,
Et sur un axe fixe aux cieux la balançant,
Vous lui tracez sa marche avec un doigt puissant ;
Vous lui dites d'aller où vont les nobles astres,
En cet Océan pur, serein et sans désastres,
Où Kant, Platon, Leibnitz, enchaînant leur essor,
Aux pieds de l'Éternel roulent leurs sphères d'or ;
Et vous ne craignez pas que cette flamme esclave,
Ce volcan mal éteint qui couve sous la lave,
Ne s'éveille en sursaut, et comme un noir torrent
N'inonde l'astre entier de son feu dévorant ?

C'est bien, et je vous crois ; mais prenez garde encore,
Veillez sur vous, veillez, de la nuit à l'aurore,
De l'aurore à la nuit. — Mais si parfois, le soir,
Sous les blancs orangers vous aimez vous asseoir,
Oh ! ne promenez pas votre ame curieuse
De la blonde aux yeux bleus à la brune rieuse ; —
Mais ne prolongez pas le frivole entretien,
Quand, près d'un doux visage et votre œil sous le sien,
Votre haleine mêlée aux parfums de sa bouche,
Votre main effleurant la martre qui vous touche,
Oubliant à loisir le Portique et Platon,
Vous causez d'un bijou, d'un bal ou d'un feston ; —
Mais, rarement au soir, quand la tête oppressée
Se fatigue et fléchit sous sa haute pensée,
Bien rarement, ouvrez, pour respirer l'air pur,
La persienne qui cache un horizon d'azur,
De peur qu'une guitare, une molle romance
Soupirée au jardin, un doux air qu'on commence
Et qu'on n'achève pas, quelque fantôme blanc
Qui se glisse à travers le feuillage tremblant,

Ne viennent, triomphant d'un cœur qui les défie,
Toute la nuit troubler votre philosophie ; —
Jamais surtout, berçant votre esprit suspendu,
Sur la fraîche ottomane en désordre étendu,
Un roman à la main, jamais ne passez l'heure
A gémir, à pleurer avec l'amant qui pleure ;
Car vous en souffrirez ; car, à certain moment,
Vous jetterez le livre, et dans l'égarement
Vous vous consumerez en émotions vaines ;
De votre front brûlant se gonfleront les veines ;
De votre cœur brisé les lambeaux frémiront,
Et pour se réunir encor s'agiteront.
Tel le serpent, trahi sous l'herbe qui le cache,
Et qu'a tranché soudain un pâtre à coups de hache :
Il se dresse, il se tord en cent tronçons cuisants,
Et rejoint ses anneaux au soleil tout luisants. —
Veillez sur vous, veillez ; la défaite est cruelle :
Si vous saviez, hélas ! ce qu'en un cœur rebelle
Enfantent de tourments les transports sans espoir,
Les rêves sans objet et des regrets au soir !
Oh ! point d'étude alors qui charme et qui console,
Arrosant d'un parfum chaque jour qui s'envole ;
Point d'avenir alors, ni d'oubli : l'on est seul,
Seul en son souvenir comme en un froid linceul.
L'ame bientôt se fond, et déborde, et s'écoule,
Pareil au raisin mûr que le vendangeur foule ;
On s'incline au soleil, on jaunit sous ses feux,
Et chaque heure en fuyant argente nos cheveux.
Ainsi l'arbre, trop tôt dépouillé par l'automne :
On dirait à le voir qu'il s'afflige et s'étonne,
Et qu'à terre abaissant ses rameaux éplorés
Il réclame ses fleurs ou ses beaux fruits dorés.
Les bras toujours croisés, debout, penchant la tête,
Convive sans parole, on assiste à la fête.
On est comme un pasteur frappé d'enchantement,
Immobile à jamais près d'un fleuve écumant,
Qui, jour et nuit, le front incliné sur la rive,
Tirant un même son de sa flûte plaintive,
Semble un roseau de plus au milieu des roseaux,
Et qui passe sa vie à voir passer les eaux.

## LA CONTREDANSE.

### A UNE DEMOISELLE INFORTUNÉE.

Après dix ans passés, enfin je vous revois ;
Après dix ans ! c'est vous ;..... au bal, comme autrefois ;
Oh ! venez et dansons ; vous êtes belle encore ;
Un riche et blanc soleil suit la vermeille aurore,
Et la rose inclinée, ouvrant aux yeux sa fleur,
Mêle un parfum suave à sa molle pâleur.
Laissez-là cet air froid ; osez me reconnaître ;
Souriez comme aux jours où, sous votre fenêtre,
Écolier de douze ans, je ne sais quel espoir
Toujours me ramenait, rougissant de vous voir.
Levez ces yeux baissés et ces paupières blondes ;
Donnez la main, donnez, et tous deux dans les rondes,
Parmi les pas, les chants, les rires babillards,
Devisons d'autrefois comme font les vieillards.

Dix ans, oh ! n'est-ce pas ? c'est bien long dans la vie,
Et c'est aussi bien court ; les faux biens qu'on envie,
Tant de maux qu'on ignore, et les rêves déçus,
Doux essaims envolés aussitôt qu'aperçus ;
Des êtres adorés que la tombe dévore ;
Baiser deux yeux mourants et de ses mains les clore ;
Dans un âpre sentier marcher sans avenir,
Monter, toujours monter, et ne voir rien venir ;
Aimer sans espérance, ou brûler et se fondre
A se sentir aimer, et ne pouvoir répondre ;
Souvent un pain amer, souvent la Pauvreté,
Au milieu d'un banquet où l'on n'est qu'invité,
Près de nous dans l'éclat s'asseyant comme une ombre ;
Tout cela, mille fois, et des larmes sans nombre,
Voilà ce que dix ans amènent en leur cours ;
Puis, quand ils sont passés, dix ans, ce sont dix jours.
Parlez, n'est-ce pas vrai ? depuis ces dix années,
Vos doigts frais ont cueilli bien des roses fanées ;
Bien des pleurs ont noyé votre sein amolli,

Et sous plus d'un éclair ce beau front a pâli.
Oui, vous avez connu la lutte avec les choses ;
L'arbre a blanchi le sol de fleurs à peine écloses,
Et la source, au sortir du rocher paternel,
A gémi bien long temps sans réfléchir le ciel.
Je sais tout, j'ai tout lu dans votre œil doux et tendre ;
J'ai tant souffert aussi que je dois vous comprendre.

Et pourtant, ces longs jours perdus pour le bonheur,
Ces épis arrachés aux mains du moissonneur,
Ce printemps nuageux, ce matin sans aurore,
Ces fruits morts dans la fleur qui les recèle encore,
Cette jeunesse enfin sans joie et sans amours,
Hélas ! ce sont pour nous les plus beaux de nos jours.
Car au moins, sur les bords du sentier qu'on se fraie,
Tous les blés ne sont pas dévorés par l'ivraie ;
Un bluet, un pavot, mariant leurs couleurs,
Ont reposé notre œil et distrait nos douleurs ;
Des vents jaloux parfois a sommeillé la rage,
Et le soleil de loin a joué dans l'orage.

Mais plus tard, tout s'éteint ; la foudre est sans éclat ;
Au devant un sol gris, au-dessus un ciel plat ;
Un calme qui vous pèse, un air qui vous enivre ;
La vie est commencée, on achève de vivre.
Oh ! prévenons ce temps (mieux nous vaudrait mourir) !
Et, si des maux soufferts les cœurs peuvent guérir ;
S'ils peuvent oublier ;... si la marche est légère,
Lorsqu'étendant la main on touche une main chère,
Lorsqu'au sein de la foule ou dans un bois profond
Une ame inséparable à notre ame répond ;...
Si deux sources d'eau vive en naissant égarées,
Arrivant au hasard de lointaines contrées,
Après avoir, aux bords des rochers déchirants,
En cascades bondi, grondé comme torrents,
Avoir vu sous les monts des voûtes obscurcies,
Baigné des lits fangeux et des rives noircies,
Lasses enfin d'errer toujours et de gémir,
Peuvent en un lac bleu se fondre et s'endormir,
Et, sous l'aile du vent qui rase l'onde unie,
Enchanter leurs roseaux d'une longue harmonie.....

Mais, pardon! je m'égare; on a fini, je crois,
Et le piano qui meurt ne couvre plus ma voix ;
Et vos regards distraits, et votre main pendante,
Tout me dit de calmer une ardeur imprudente.
Adieu, demain je pars : ayez de meilleurs jours ;
C'est pour dix ans peut-être encore,... ou pour toujours !

---

## VŒU.

Pour trois ans seulement, oh ! que je puisse avoir
Sur ma table un lait pur, dans mon lit un œil noir,
Tout le jour du loisir ; rêver avec des larmes ;
Vers midi, me coucher à l'ombre des grands charmes ;
Voir la vigne courir sur mon toit ardoisé,
Et mon vallon riant sous le coteau boisé ;
Chaque soir m'endormir en ma douce folie,
Comme l'heureux ruisseau qui dans mon pré s'oublie ;
Ne rien vouloir de plus, ne pas me souvenir,
Vivre à me sentir vivre !... Et la mort peut venir.

---

## PROMENADE.

..... Sylvas inter reptare salubres.
HORACE.

S'il m'arrive un matin et par un beau soleil
De me sentir léger et dispos au réveil,
Et si, pour mieux jouir des champs et de moi-même,
De bonne heure je sors pour le sentier que j'aime,
Rasant le petit mur jusqu'au coin hasardeux,
Sans qu'un fâcheux m'ait dit : « Mon cher, allons tous deux ; »
Lorsque sous la colline, au creux de la prairie,
Je puis errer enfin, tout à ma rêverie,

Comme loin des frelons une abeille à son miel,
Et que je suis bien seul en face d'un beau ciel;
Alors.... oh! ce n'est pas une scène sublime,
Un fleuve résonnant, des forêts dont la cime
Flotte comme une mer, ni le front sourcilleux
Des vieux monts tout voûtés se mirant aux lacs bleus!
Laissons Châteaubriand, loin des traces profanes,
A vingt ans s'élancer en d'immenses savanes,
Un bâton à la main, et ne rien demander
Que d'entendre la foudre en longs éclats gronder,
Ou mugir le lion dans les forêts superbes,
Ou sonner le serpent au fond des hautes herbes;
Et bientôt, se couchant sur un lit de roseaux,
S'abandonner pensif au cours des grandes eaux.
Laissons à Lamartine, à Nodier, nobles frères,
Leur Jura bien-aimé, tant de scènes contraires
En un même horizon, et des blés blondissants,
Et des pampres jaunis, et des bœufs mugissants,
Pareils à des points noirs dans les verts pâturages,
Et plus haut, et plus près du séjour des orages,
Des sapins étagés en bois sombre et profond,
Le soleil au-dessus et les Alpes au fond.
Qu'aussi Victor Hugo, sous un donjon qui croule,
Et le Rhin à ses pieds, interroge et déroule
Les souvenirs des lieux; quelle puissante main
Posa la tour carrée au plein cintre romain,
Ou quel doigt amincit ces longs fuseaux de pierre,
Comme fait son fuseau de lin la filandière;
Que du fleuve qui passe il écoute les voix,
Et que le grand vieillard lui parle d'autrefois!
Bien; il faut l'aigle aux monts, le géant à l'abîme,
Au sublime spectacle un spectateur sublime.
Moi, j'aime à cheminer et je reste plus bas.
Quoi? des rocs, des forêts, des fleuves?... oh! non pas,
Mais bien moins; mais un champ, un peu d'eau qui murmure,
Un vent frais agitant une grêle ramure;
L'étang sous la bruyère avec le jonc qui dort;
Voir couler en un pré la rivière à plein bord;
Quelque jeune arbre au loin, dans un air immobile,
Découpant sur l'azur son feuillage débile;
A travers l'épaisseur d'une herbe qui reluit,

Quelque sentier poudreux qui rampe et qui s'enfuit;
Ou si, levant les yeux, j'ai cru voir disparaître
Au détour d'une haie un pied blanc qui fait naître
Tout d'un coup en mon ame un long roman d'amour...,
C'est assez de bonheur, c'est assez pour un jour.
Et revenant alors, comme entouré d'un charme,
Plein d'oubli, lentement, et dans l'œil une larme,
Croyant à toi, mon Dieu, toi que j'osais nier!
Au chapeau de l'aveugle apportant mon denier,
Heureux d'un lendemain qu'à mon gré je décore,
Je sens et je me dis que je suis jeune encore,
Que j'ai le cœur bien tendre et bien prompt à guérir,
Pour m'ennuyer de vivre et pour vouloir mourir.

## MES LIVRES.

### A MON AMI PAUL L....

*Nunc veterum libris.....*
HORACE.

J'aime rimer et j'aime lire aussi.
Lorsqu'à rêver mon front s'est obscurci;
Qu'il est sorti de ma pauvre cervelle,
Deux jours durant, une églogue nouvelle,
Soixante vers ou quatre-vingts au plus,
Et qu'au réveil, lourd encore et l'ame ivre,
Pour près d'un mois je me sens tout perclus,
O mes amis, alors je prends un livre.
Non pas un seul, mais dix, mais vingt, mais cent;
Non les meilleurs, Byron le magnanime,
Le grand Milton ou Dante le puissant;
Mais tous *Anas* de naissance anonyme
Semés de traits que je note en passant.
C'est mon bonheur. Sauriez-vous pas, de grâce,
En quel recoin et parmi quel fatras
Il me serait possible d'avoir trace

Du long séjour que fit à Carpentras
Monsieur Malherbe; ou de quel air Ménage
Chez Sévigné jouait son personnage?
Monsieur Conrad savait-il le latin
Mieux que Jouy? consommait-il en plumes
Moins que Suard? le docteur Guy-Patin
Avait-il plus de dix mille volumes?

Problèmes fins, procès toujours pendants,
Qu'à grand plaisir je retourne et travaille!
Vaut-il pas mieux, quand on est sur les dents,
Plutôt qu'aller rimailler rien qui vaille,
Se faire rat et ronger une maille?

En cette humeur, s'il me vient sous la main,
Le long des quais, un vélin un peu jaune,
Le titre en rouge et la date en romain,
Au frontispice un saint Jean sur un trône,
Le tout couvert d'un fort blanc parchemin,
Oh! que ce soit un Ronsard, un Pétrone,
Un A-Kempis, pour moi c'est un trésor,
Que j'ouvre et ferme et que je rouvre encor :
Je rôde autour et du doigt je le touche;
Au parapet rien qu'à le voir couché,
En plein midi, l'eau me vient à la bouche;
Et lorsqu'enfin j'ai conclu le marché,
Dans mon armoire il ne prend point la place
Où désormais il dormira caché,
Que je n'en aie au moins lu la préface.

On est au bal; déjà sur le piano
Dix jolis doigts ont marqué la cadence;
Sur le parquet déjà la contredanse
Déroule et brise et rejoint son anneau.
Mais tout d'un coup le bon Nodier qui m'aime,
Se souvenant d'avoir, le matin même,
Je ne sais où, découvert un bouquin
Que souligna de son crayon insigne
François Guyet (c'est, je crois, un Lucain),
De l'autre bout du salon m'a fait signe;
J'y cours, adieu vierges au cou de cygne!
Et, tout le soir, je lorgne un maroquin.

On l'a bien dit ; un cerveau de poète,
Après cent vers, a grand besoin de diète,
Et pour ma part j'en sens l'effet heureux.
Quand j'ai, huit jours, cuvé mon ambroisie,
Las de bouquins et de poudre moisie
Je reprends goût au nectar généreux.
Pas trop pourtant ; peu de sublime encore ;
L'eau me suffit, qu'un vin léger colore.

Vers ce temps-là, l'on me voit au jardin,
Un doigt dans Pope, Addison ou Fontane,
Quitter vingt fois et reprendre soudain,
Comme en buvant son sorbet la sultane ;
Chaulieu m'endort à l'ombre d'un platane ;
Vite au réveil je relis *le Mondain*.
Je relis tout ; et bouquets à *Climène*,
Et *Corilas entretenant Ismène*,
Et l'*Aminta* chantant son inhumaine ;
Mais *la Chartreuse* est surtout à mon gré ;
Et, mieux refait, la troisième semaine,
Je puis aller jusqu'à Goldsmith et Gray.
Dès lors la Muse a repris sa puissance,
Et mon génie entre en convalescence.

Car si, le soir, sous un jasmin en fleurs,
*Édouard* en main, je songe à Nathalie,
Et que bientôt un nuage de pleurs
Voile à mes yeux la page que j'oublie ;
Car de Tastu si le luth adoré,
Au bruit d'une eau, sous un saule éploré,
Me fait rêver à la feuille qui tombe,
Et que non loin gémisse une colombe ;
Si sur ma lèvre un murmure sacré,
Comme un doux chant d'abeille qui butine,
Trois fois ramène un vers de Lamartine,
Et qu'en mon cœur une corde ait vibré ;
Oh ! c'en est fait ; après tant de silence
Je veux chanter à mon tour ; je m'élance,
Les yeux au ciel et les ailes au vent,
Et me voilà rimeur comme devant.

## LE CALME.

> Ma muse dort comme une marmotte de mon pays.... Comme il vous plaira, ma verve; ce qu'il y a de sûr, c'est que je ne ferai rien sans vous.
>
> Ducis.

Souvent un grand désir de choses inconnues,
D'enlever mon essor aussi haut que les nues,
De ressaisir dans l'air des sons évanouis,
D'entendre, de chanter mille chants inouïs,
Me prend à mon réveil; et voilà ma pensée
Qui, soudain rejetant l'étude commencée,
Et du grave travail, la veille interrompu,
Détournant le regard, comme un enfant repu,
Caresse avec transport sa belle fantaisie,
Et veut partir, voguer en pleine poésie.
A l'instant le navire appareille : et d'abord
Les câbles sont tirés, les ancres sont à bord,
La poulie a crié; la voile suspendue
Ne demande qu'un souffle à la brise attendue,
Et sur le pont tremblant tous mes jeunes nochers
S'interrogent déjà vers l'horizon penchés.
Adieu, rivage, adieu! — Mais la mer est dormante,
Plus dormante qu'un lac; mieux vaudrait la tourmente,
Mais d'en haut, ce jour-là, nul souffle ne répond;
La voile pend au mât et traîne sur le pont.
Debout, croisant les bras, le pilote, à la proue,
Contemple cette eau verte où pas un flot ne joue,
Et que rasent parfois de leur vol lourd et lent
Le cormoran plaintif et le gris goéland.
Tout le jour, il regarde, inquiet du voyage,
S'il verra dans le ciel remuer un nuage,
Ou frissonner au vent son beau pavillon d'or;
Et quand tombe la nuit, morne, il regarde encor
La quille où s'épaissit une verdâtre écume,
Et la pointe du mât qui se perd dans la brume.

## LE RENDEZ-VOUS.

#### A MON AMI ALFRED DE M......

Séduite à mes serments, si la vierge innocente,
Après bien des combats, et de sa mère absente
Oubliant les leçons pour la première fois ;
Si la veuve, à la fin de son deuil de six mois,
Qui le matin encor, se mirant sous la moire,
A cru voir à vingt ans jaunir son front d'ivoire ;
Ou si la jeune épouse, au bras du vieil époux,
M'a du doigt pour minuit marqué le rendez-vous ;
Si j'y cours avant l'heure et que déjà j'y voie
La persienne entr'ouverte et l'échelle de soie,
Et du haut du balcon tapissé de jasmin
Une main qui descend au-devant de ma main ;
Lorsqu'en mes bras ardents j'ai pris ma bien-aimée ;
Que l'emportant au lit, blanche et demi-pâmée,
Après bien des fureurs, de longs efforts perdus,
Des baisers gémissants de moi seul entendus,
J'ai senti dans mon sein se cacher son visage,
Et que nos yeux mourants, pleins d'un vague présage,
Se confondent long-temps en un regard de miel,
Ou vont se rencontrer sur un même astre au ciel ;
Non, je ne me dis pas : Demain ce regard tendre,
Ce son de voix si frais qu'on tressaille à l'entendre,
Ce long col arrondi, ce visage penché
Et comme sous une aile entre deux bras caché,
Et dans ces blonds cheveux ces blanches mains errantes
(Tels deux cygnes voguant sous des eaux transparentes),
Et ces gouttes de pleurs que j'aime à voir courir,
Et ce sein nu..., demain, tout cela doit mourir !
Non... je me dis : Demain, en ces yeux moins timides,
Nageront au réveil des éclairs plus humides ;
Plus de désirs vermeils embraseront ce teint ;
Plus de langueur jouera dans ce sourire éteint ;

Elle sera plus belle et plus touchante encore ;
Sa voix en me nommant frémira plus sonore,
Et ce bras, aujourd'hui si rebelle à saisir,
Tombera de lui-même aux abords du plaisir.
Mais moi, demain, lassé d'un bonheur trop facile,
Retrouvant le dégoût en mon ame indocile,
Moi, qui toujours poursuis en de vaines amours
Un même être rêvé qui m'échappe toujours,
Demain, le cœur saignant d'une plaie éternelle,
Malgré les doux serments relus dans sa prunelle,
Les baisers, les grands bras prêts à me retenir,
Demain, je sortirai pour ne plus revenir ;
Car je foule la fleur sitôt qu'elle est ravie,
Et mon bonheur, à moi, n'est pas de cette vie.

Et, dès qu'il est éclos, ce penser odieux,
Comme un oiseau de nuit, vingt fois passe à mes yeux,
Obscurcissant mon ciel de son aile jalouse ;
Et, que ce soit la vierge, ou la veuve, ou l'épouse,
Une ombre entre elle et moi, muette, vient s'asseoir,
Et sur ce lit corrompt le plaisir dès ce soir.

## MA MUSE.

Non, ma Muse n'est pas l'odalisque brillante
Qui danse les seins nus, à la voix sémillante,
Aux noirs cheveux luisants, aux longs yeux de houri ;
Elle n'est ni la jeune et vermeille Péri,
Dont l'aile radieuse éclipserait la queue
D'un beau paon, ni la fée à l'aile blanche et bleue,
Ces deux rivales sœurs, qui, dès qu'il a dit *oui*,
Ouvrent mondes et cieux à l'enfant ébloui.
Elle n'est pas non plus, ô ma Muse adorée !
Elle n'est pas la vierge ou la veuve éplorée,
Qui d'un cloître désert, d'une tour sans vassaux,
Solitaire habitante, erre sous les arceaux,

Disant un nom ; descend aux tombes féodales ;
A genoux, de velours inonde au loin les dalles,
Et, le front sur un marbre, épanche avec des pleurs
L'hymne mélodieux de ses nobles malheurs.

Non ; — mais, quand seule au bois votre douleur chemine,
Avez-vous vu, là-bas, dans un fond, la chaumine
Sous l'arbre mort ? auprès, un ravin est creusé ;
Une fille en tout temps y lave un linge usé.
Peut-être à votre vue elle a baissé la tête ;
Car, bien pauvre qu'elle est, sa naissance est honnête.
Elle eût pu, comme une autre, en de plus heureux jours
S'épanouir au monde et fleurir aux amours ;
Voler en char, passer aux bals, aux promenades ;
Respirer au balcon parfums et sérénades ;
Ou, de sa harpe d'or éveillant cent rivaux,
Ne voir rien qu'un sourire entre tant de bravos.
Mais le ciel dès l'abord s'est obscurci sur elle,
Et l'arbuste en naissant fut atteint de la grêle.
Elle file, elle coud, et garde à la maison
Un père vieux, aveugle et privé de raison.
Si, pour chasser de lui la terreur délirante,
Elle chante parfois, une toux déchirante
La prend dans sa chanson, pousse en sifflant un cri,
Et lance les graviers de son poumon meurtri.
Une pensée encor la soutient ; elle espère
Qu'avant elle bientôt s'en ira son vieux père.

C'est là ma Muse, à moi ; ma Muse pour toujours ;
Les nuits, je la possède ; elle s'enfuit les jours ;
De moi seul visitée, à tout autre inconnue,
O chaste Muse, ô sœur chaque soir bienvenue,
Hâte-toi ; la nuit tombe, et ton vieux père dort.
Oh ! bien loin des heureux, ou sous le chêne mort,
Ou sur le rocher gris d'où pleure une bruyère,
Ou le long du sentier taillé dans la carrière,
Fuyons ; égarons-nous ensemble ; asseyons-nous,
Moi sur la terre froide, et toi sur mes genoux.
Vierge, relève un peu ce long crêpe de veuve ;
Oublie un peu tes maux ; que ta parole pleuve
Goutte à goutte, plaintive, à mon cœur enflammé

Aussi fraîche qu'aux fleurs est la rosée en mai ;
Et pâle, dénouant ta chevelure brune,
Redeviens belle encore aux rayons de la lune.
O Muse, alors dis-moi, Muse chère à jamais,
Les noms mystérieux des ames que j'aimais ;
Puis porte mes regards à la céleste toile,
Et par leurs noms aussi nomme-moi chaque étoile ;
Dis quel astre mystique, au fond du firmament,
Cent mille fois scintille en un même moment
En cent mille couleurs ; le couchant, ses miracles ;
Le soleil disparu comme en des tabernacles ;
A travers des lambeaux de nuages en sang,
La lune blanche et pure aiguisant son croissant...
Surtout dis-moi qu'il est là-haut un meilleur monde,
Où pour les cœurs choisis un saint bonheur abonde.

---

## A M. \*

O vous qui, lorsque seul et la tête baissée
   Je suivais mon chemin,
Tout d'abord sur mon front avez lu ma pensée,
   Et m'avez pris la main ;

Dont l'amitié voudrait à mon ame souffrante
   Sauver le poids des maux,
Et rattacher mes jours, comme une vigne errante,
   A de meilleurs rameaux ;

Soit que je lève enfin, soit que je courbe encore
   Ce triste front jauni,
Que ma nuit continue ou que vienne l'aurore,
   Ami, soyez béni !

---

\* On a supposé dans une édition belge que cette pièce était adressée à un philosophe célèbre auquel, ne serait-ce que par le ton calme et la couleur *bleue*, le portrait ne saurait se rapporter. Nous croirions bien plutôt que dans la pensée de Joseph Delorme il s'agissait de M. Jouffroy.

Déjà s'enfuit de vous l'âge ardent, où les rêves
    Sont des éclairs de feu ;
Votre ame, comme un lac enfermé dans ses grèves,
    Réfléchit un ciel bleu ;

Un ciel profond et bleu, plus d'une blanche étoile
    Aux rayons pleins d'amour,
Plus d'un monde inconnu, qui passe, et que nous voile
    Ce qu'on nomme le jour.

Vivez ! votre parole a des douceurs qu'on aime ;
    Parlez de vérité ;
Sage, parlez long-temps de justice suprême,
    D'éternelle beauté !

Que savez-vous du Ciel ? que devient l'ame en peine
    Au sortir des bas lieux ?
Enseignez lentement, calme et tout d'une haleine,
    Immense, harmonieux !

Car, sur une montagne à l'Hymette pareille,
    Dormant un jour, dit-on,
Vous eûtes, tout enfant, le baiser d'une abeille,
    Comme autrefois Platon.

## LE PLUS LONG JOUR DE L'ANNÉE.

### A LAURE.

IMITÉ DE WORDSWORTH.

Quittons le berceau de feuillage
Et les bords fleuris du torrent ;
Le soleil, las d'un long voyage,
S'est couché derrière un nuage,
Et déjà le jour est mourant.

Le soir, qui lentement arrive,
Détache le réseau vermeil
Qui couvrait la terre captive,
Comme un pêcheur fait sur la rive
Ses filets séchés au soleil.

Une fraîche haleine soupire
Dans le saule et dans le roseau ;
Le soir et son paisible empire
Sont chers à tout ce qui respire,
A la fleur, à l'homme, à l'oiseau.

Puis surtout, aucune journée
N'a de soir si beau qu'aujourd'hui ;
Plus haut notre ame est ramenée,
Car le plus long jour de l'année,
O Laure, en ce jour nous a lui.

Pourtant, ô blonde jeune fille,
Tu vas folâtrer, comme avant,
Sur le gazon devant la grille,
Ou sous l'odorante charmille
Des jasmins qui tremblent au vent.

File ta trame fortunée,
O la plus belle du vallon ;
Au doux printemps, la matinée
Sait-elle ce que la journée
A de plus court ou de plus long ?

Qui voudrait troubler, dès l'aurore,
L'alouette dans sa chanson,
La vive abeille qui picore ;
L'hirondelle, étrangère encore,
La linotte au bord du buisson ?

Mais dans l'amitié qui nous lie,
Sans te troubler, ne puis-je pas,
A cette heure où rien ne s'oublie,
Mêler à ta jeune folie
Quelques mots sérieux tout bas ?

Et, tandis que l'ombre abaissée
Nous empêche déjà de voir,
Tenant ta blanche main pressée,
T'apprendre une grave pensée
Avant le baiser du bonsoir ?

L'Été, — c'est l'Océan qui roule
Des flots dont les bords sont couverts ;
Chaque jour est un flot qui coule,
Et qu'un reflux bientôt refoule
Au gouffre glacé des hivers.

Ainsi, sur cette plage humaine,
Nos jours d'abord montent un peu,
Et l'homme rêve un grand domaine ;
Puis un prompt reflux les remmène ;
Ainsi tu l'as voulu, mon Dieu !

Et nous, égarés dans le rêve,
Nous ne croyons pas au déclin ;
L'arbre, au printemps, reprend sa sève,
La fleur chaque avril se relève,
Et notre cœur est toujours plein !

O jeune fille, sois plus sage,
Et, quand ton déclin va venir,
Ne laisse pas le frais ombrage
Ni les fruits d'or dans le feuillage
Te voiler le sombre avenir.

Mais, avant que ta nuit s'avance,
Mais dès aujourd'hui, dès ce soir,
Au rivage où muette, immense,
L'Éternité pour toi commence,
Viens de bonne heure, viens t'asseoir.

Vois-y tomber comme une goutte
Ces ruisseaux au cours incertain,
Portant sur leur mouvante route
La foule crédule qui doute,
Et sur chaque barque un destin.

Au-dessus, l'éclatante roue
Fait tourner les astres au ciel ;
Et cependant le vent se joue,
Le flot grossit, la barque échoue ;
Chaque astre revient éternel.

Toi, dont la nef est la dernière,
O toi, qui chantes et qui ris,
Quand va s'élargir la rivière,
Et que bien loin fuiront derrière
Tapis de mousse et bords fleuris ;

Alors, en la beauté qui passe,
Malheur, si tu croyais encor !
Que faire, hélas ! au sombre espace
Où tout s'abîme, où tout s'efface,
Si l'on n'a pas une ancre d'or ?

Maître austère aux leçons divines
Le devoir gronde par amour ;
Il a parlé, tu le devines ;
A ta main le sceptre d'épines ;
A ton front les roses d'un jour !

Blanche reine de la pelouse,
Arme-toi de grave douceur ;
Sois prudente comme une épouse ;
Que plus d'une Éloa jalouse
Te reconnaisse pour sa sœur ;

Jusqu'à l'heure auguste, suprême,
Où, parmi les anges ravis,
Tu fleuriras, ange toi-même,
Fleuron du sacré diadème
Tombé sur l'éternel parvis !

## LA VEILLÉE.

### A MON AMI V. H.

Minuit, 21 octobre.

Mon ami, vous voilà père d'un nouveau-né ;
C'est un garçon encor : le Ciel vous l'a donné
Beau, frais, souriant d'aise à cette vie amère ;
A peine il a coûté quelque plainte à sa mère.
Il est nuit ; je vous vois ;... à doux bruit, le sommeil
Sur un sein blanc qui dort a pris l'enfant vermeil,
Et vous, père, veillant contre la cheminée,
Recueilli dans vous-même, et la tête inclinée,
Vous vous tournez souvent pour revoir, ô douceur !
Le nouveau-né, la mère, et le frère et la sœur,
Comme un pasteur joyeux de ses toisons nouvelles,
Ou comme un maître, au soir, qui compte ses javelles.
A cette heure si grave, en ce calme profond,
Qui sait, hors vous, l'abîme où vôtre cœur se fond,
Ami ? qui sait vos pleurs, vos muettes caresses ;
Les trésors du génie épanchés en tendresses ;
L'aigle plus gémissant que la colombe au nid ;
Les torrents ruisselants du rocher de granit,
Et, comme sous les feux d'un été de Norwége,
Au penchant des glaciers mille fontes de neige ?
Vivez, soyez heureux, et chantez-nous un jour
Ces secrets plus qu'humains d'un ineffable amour !

— Moi, pendant ce temps-là, je veille aussi, je veille,
Non près des rideaux bleus de l'enfance vermeille,
Près du lit nuptial arrosé de parfum,
Mais près d'un froid grabat, sur le corps d'un défunt.
C'est un voisin, vieillard goutteux, mort de la pierre ;
Ses nièces m'ont requis, je veille à leur prière.
Seul, je m'y suis assis dès neuf heures du soir.

A la tête du lit une croix en bois noir,
Avec un Christ en os, pose entre deux chandelles
Sur une chaise ; auprès, le buis cher aux fidèles
Trempe dans une assiette, et je vois sous les draps
Le mort en long, pieds joints, et croisant les deux bras.
Oh ! si, du moins, ce mort m'avait durant sa vie
Été long-temps connu ! s'il me prenait envie
De baiser ce front jaune une dernière fois !
En regardant toujours ces plis raides et droits,
Si je voyais enfin remuer quelque chose,
Bouger comme le pied d'un vivant qui repose,
Et la flamme bleuir ! si j'entendais crier
Le bois de lit !... ou bien si je pouvais prier !
Mais rien : nul effroi saint ; pas de souvenir tendre ;
Je regarde sans voir, j'écoute sans entendre ;
Chaque heure sonne lente, et lorsque, par trop las
De ce calme abattant et de ces rêves plats,
Pour respirer un peu je vais à la fenêtre
(Car au ciel de minuit le croissant vient de naître),
Voilà, soudain, qu'au toit lointain d'une maison,
Non pas vers l'orient, s'embrase l'horizon,
Et j'entends résonner, pour toute mélodie,
Des aboiements de chiens hurlant dans l'incendie.

---

## DÉVOUEMENT *.

Que faire de la vie ? ah ! plutôt qu'en ma couche
Une nuit, le teint vert, les dents noires, l'œil louche,
Plié sur mon séant, un bras hors du rideau,
Remêlant quelque poudre au fond d'un verre d'eau,
M'assoupir lâchement sous une double dose,
Que ne puis-je, en mourant, servir à quelque chose !
C'eût bien été ma place, en ces jours désastreux,

* On trouverait dans *le Globe* du 4 novembre 1830 un assez piquant article sur *Joseph Delorme*, où les sentiments qu'exprime cette pièce sont surtout commentés.

Où des bourreaux sanglants se dévoraient entr'eux.
Le juste par sa mort proteste et se retire.
Que j'eusse alors, tout fier, porté comme au martyre,
Après Roland, Charlotte, et le poète André,
Ma tête radieuse à l'échafaud sacré !
Même aujourd'hui, qu'après les tempêtes civiles
La Concorde au front d'or rit d'en haut sur nos villes,
Et qu'il n'est ni couteau ni balle à recevoir
Pour le Roi, pour le peuple, enfin pour un devoir ;
Si du moins, en secret, des dévouements intimes
Pouvaient aux mains du sort échanger les victimes,
Et si, comme autrefois, l'homme obtenait des Cieux
De racheter les jours des êtres précieux !
O mes amis si chers, lorsque dans nos soirées
J'ai senti sous les chants vos voix plus altérées,
Sous vos doigts merveilleux de plus mourants accords,
Et l'ame trop ardente en de trop faibles corps ;
Lorsque je vois se fondre une face jaunie,
Et des yeux se creuser sous un front de génie,
Et tomber vos cheveux et vos tempes maigrir ;
O mes amis, pour vous que je voudrais mourir !
Et pour la vierge encor, qui, tremblante, inconnue,
Au torrent l'autre jour me tendit la main nue,
Et qui, blanche, demain, va porter à l'autel,
Près de l'amant qu'elle aime, un germe hélas ! mortel,
Pour cette vierge encore, offrant au Ciel propice
Dans leur calice amer mes jours en sacrifice,
Afin que, rose et fraîche, elle puisse guérir,
Sans qu'elle en sache rien, que je voudrais mourir !

> Tacendo il nome di questa gentilissima.
> DANTE. *Vita nuova.*

Toujours je la connus pensive et sérieuse ;
Enfant, dans les ébats de l'enfance joueuse
Elle se mêlait peu, parlait déjà raison ;
Et, quand ses jeunes sœurs couraient sur le gazon,
Elle était la première à leur rappeler l'heure,
A dire qu'il fallait regagner la demeure ;
Qu'elle avait de la cloche entendu le signal ;
Qu'il était défendu d'approcher du canal,
De troubler dans le bois la biche familière,
De passer en jouant trop près de la volière :
Et ses sœurs l'écoutaient. Bientôt elle eut quinze ans,
Et sa raison brilla d'attraits plus séduisants :
Sein voilé, front serein où le calme repose,
Sous de beaux cheveux bruns une figure rose,
Une bouche discrète au sourire prudent,
Un parler sobre et froid, et qui plaît cependant ;
Une voix douce et ferme, et qui jamais ne tremble,
Et deux longs sourcils noirs qui se fondent ensemble.
Le devoir l'animait d'une grave ferveur ;
Elle avait l'air posé, réfléchi, non rêveur :
Elle ne rêvait pas comme la jeune fille,
Qui de ses doigts distraits laisse tomber l'aiguille,
Et du bal de la veille au bal du lendemain
Pense au bel inconnu qui lui pressa la main.
Le coude à la fenêtre, oubliant son ouvrage,
Jamais on ne la vit suivre à travers l'ombrage
Le vol interrompu des nuages du soir,
Puis cacher tout d'un coup son front dans son mouchoir.
Mais elle se disait qu'un avenir prospère
Avait changé soudain par la mort de son père ;
Qu'elle était fille aînée, et que c'était raison
De prendre part active aux soins de la maison.
Ce cœur jeune et sévère ignorait la puissance
Des ennuis dont soupire et s'émeut l'innocence.

Il réprima toujours les attendrissements
Qui naissent sans savoir, et les troubles charmants,
Et les désirs obscurs, et ces vagues délices
De l'amour dans les cœurs naturelles complices.
Maîtresse d'elle-même aux instants les plus doux,
En embrassant sa mère, elle lui disait *vous*.
Les galantes fadeurs, les propos pleins de zèle
Des jeunes gens oisifs étaient perdus chez elle;
Mais qu'un cœur éprouvé lui contât un chagrin,
A l'instant se voilait son visage serein :
Elle savait parler de maux, de vie amère,
Et donnait des conseils comme une jeune mère.
Aujourd'hui la voilà mère, épouse, à son tour;
Mais c'est chez elle encor raison plutôt qu'amour.
Son paisible bonheur de respect se tempère;
Son époux déjà mûr serait pour elle un père;
Elle n'a pas connu l'oubli du premier mois,
Et la lune de miel qui ne luit qu'une fois,
Et son front et ses yeux ont gardé le mystère
De ces chastes secrets qu'une femme doit taire.
Heureuse comme avant, à son nouveau devoir
Elle a réglé sa vie... Il est beau de la voir,
Libre de son ménage, un soir de la semaine,
Sans toilette, en été, qui sort et se promène
Et s'asseoit à l'abri du soleil étouffant,
Vers six heures, sur l'herbe, avec sa belle enfant.
Ainsi passent ses jours depuis le premier âge,
Comme des flots sans nom sous un ciel sans orage,
D'un cours lent, uniforme, et pourtant solennel;
Car ils savent qu'ils vont au rivage éternel.

Et moi qui vois couler cette humble destinée
Au penchant du devoir doucement entraînée,
Ces jours purs, transparents, calmes, silencieux,
Qui consolent du bruit et reposent les yeux,
Sans le vouloir, hélas ! je retombe en tristesse;
Je songe à mes longs jours passés avec vitesse,
Turbulents, sans bonheur, perdus pour le devoir,
Et je pense, ô mon Dieu ! qu'il sera bientôt soir !

## L'ENFANT RÊVEUR.

> Abandonnant tout-à-coup mes jeunes compagnons, j'allais m'asseoir à l'écart pour contempler la nue fugitive, ou entendre la pluie tomber sur le feuillage.
>
> RENÉ.

### A MON AMI O....

Où vas-tu, bel enfant? tous les jours je te vois,
Au matin, t'échapper par la porte du bois,
Et, déjà renonçant aux jeux du premier âge,
Chercher dans les taillis un solitaire ombrage;
Et le soir, quand, bien tard, nous te croyons perdu,
Répondant à regret au signal entendu,
Tu reviens lentement par la plus longue allée,
La face de cheveux et de larmes voilée.
Qu'as-tu fait si long-temps? tu n'as pas dans leurs nids
Sous la mère enlevé les petits réunis;
Pour un chapelet d'œufs, dont tous les ans l'on change,
Jamais tu ne troublas fauvette ni mésange;
Hier encor tu lâchas un bouvreuil prisonnier,
Et tu n'aimes qu'au bois les soupirs du ramier.
Dans tous nos environs, une lieue à la ronde,
Jamais tu n'as pu voir de jeune fille blonde,
Et d'un an plus que toi, qui vienne tous les jours
T'attendre innocemment, veuille jouer toujours,
Et te donne à tenir sa boucle dégrafée;
Puis sous les clairs taillis le bois n'a plus de fée.
Où vas-tu cependant? et que fais-tu si seul?
L'autre jour je passais : assis contre un tilleul,
Le front sur tes genoux, sur les yeux tes mains blanches,
Dans tes cheveux noyé comme un tronc dans ses branches,
Ému profondément, tu gémissais tout bas,
Et tu ne levas point la tête au bruit des pas.
De quoi peux-tu pleurer, bel enfant, à ton âge?
Déjà ton jour d'hier a fui sur un nuage;

Un brouillard si doré couvre ton avenir?
A l'horizon, de loin, qu'as-tu cru voir venir?
Ah! serais-tu de ceux (je commence à le craindre),
De ceux qu'embrase un feu que rien ne peut éteindre,
Que dévore en naissant un regret éternel,
L'absence de quelque être oublié par le Ciel;
De ceux dont l'ame tremble à des voix inconnues,
Et gémit en dormant comme un lac sous les nues?

D'abord, le lac est frais, et claires sont les eaux;
A peine un vent plaintif incline les roseaux;
Et l'enfant amoureux de suaves murmures,
Des saules entr'ouvrant les pleureuses ramures,
Avance un front vermeil, comme entre les lilas,
Son amphore à la main, penchait le bel Hylas.
Dans ce grand lac de l'ame il regarde et s'arrête :
Un pur soleil levant, des flots rasant la crête,
Émaille au loin l'écume, et d'un éclat changeant
Peint le dos des poissons écaillés en argent.
O jeune enfant, prends garde; il en est temps encore;
Ne reviens pas au lac tous les jours dès l'aurore;
Loin de ta mère, enfant, ne viens pas jusqu'au soir
Te mirer, écouter et pleurer sans savoir.
D'abord ce ne seront que vagues mélodies
Dans les joncs, par degrés quelques voix plus hardies;
Mais un jour te viendra l'âge d'homme, et pour lors
Tu verras en ces eaux naître et fuir de beaux corps;
Et tu voudras nager, et bien loin les poursuivre.
On te dira des mots dont tout le cœur s'enivre,
Et tu répondras *oui*. — Brûlant, plein de rougeur,
De son rocher déjà s'est lancé le plongeur,
Et l'onde refermée a blanchi sur sa tête,
Comme un gouffre qui prend et garde sa conquête;
Un triste écho succède, et le rideau mouvant
Des saules d'alentour frissonne sous le vent.
Pauvre enfant qui plongeais avec une foi d'ange,
Qu'à ton œil détrompé soudainement tout change!
Au lieu des blancs cristaux, des bosquets de corail,
Des nymphes aux yeux verts assises en sérail
Et tressant sous leurs doigts, à défaut de feuillages,
Les solides rameaux semés de coquillages,

Qu'as-tu vu sous les eaux? précipices sans fond,
Arêtes de rocher, sable mouvant qui fond,
Monstres de toute forme entrelacés en groupe,
Serpents des mers, dragons à tortueuse croupe,
Crocodiles vomis du rivage africain,
Et, plus affreux que tous, le vorace requin.
C'en est fait, pauvre enfant, de ta jeunesse amère,
Et sur le bord en vain t'appellera ta mère.

Et quand tu reviendrais, par miracle échappé,
Quand, aux feux de midi séchant ton corps trempé,
Tu sentirais un peu renaître ton courage,
Et que, pâle à jamais des scènes du naufrage,
Sur ton luth vierge encor, sur ta flûte de buis,
Tu voudrais les chanter durant les longues nuits,
Personne sous tes chants ne suivra ta pensée,
Et de loin on rira de ta plainte insensée.

Et quand (nouveau miracle!) à ta lyre soumis,
Enchanté de ces maux divinement gémis,
Plein des cris arrachés à tes douleurs sublimes
Et de ces grands récits qui rouvrent les abîmes,
Tout mortel ici-bas qui souffrit un seul jour
Adorerait ton nom et t'aimerait d'amour,
Toi poète, toujours, comme un enfant sauvage,
Sous un charme inconnu t'égarant au rivage,
Tu vivras à rêver sur l'éternel tableau,
A regarder encor tomber tes pleurs dans l'eau,
A saisir dans la voix de l'écume plaintive
Quelque nom oublié de nymphe fugitive,
A voir aux flots du lac un soleil onduler :
Et l'affreux souvenir revenant s'y mêler
Gâtera tout, soleil, flots bleus, doux noms de femme...
Malheur à qui sonda les abîmes de l'ame!

## A M. A..... DE L.....

> Ces chantres sont de race divine ; ils possèdent le seul talent incontestable dont le Ciel ait fait présent à la terre.
>
> RENÉ.

O toi qui sais ce que la terre
Enferme de triste aux humains,
Qui sais la vie et son mystère,
Et qui fréquentes, solitaire,
La nuit, d'invisibles chemins ;

Toi qui sais l'ame et ses orages,
Comme un nocher son élément,
Comme un oiseau sait les présages,
Comme un pasteur des premiers âges
Savait d'abord le firmament ;

Qui sais le bruit du lac où tombe
Une feuille échappée au bois,
Les bruits d'abeille et de colombe
Et l'Océan avec sa trombe,
Et le ciel aux immenses voix ;

Qui dans les sphères inconnues,
Ou sous les feuillages mouillés,
Ou par les montagnes chenues,
Ou dans l'azur flottant des nues,
Ou par les gazons émaillés,

Pélerin à travers les mondes,
Messager que Dieu nous donna,
Entends l'alcyon sur les ondes,
Ou les soupirs des vierges blondes,
Ou l'astre qui chante : Hosanna !

Sais-tu qu'il est dans la vallée,
Bien bas à terre, un cœur souffrant,
Une pauvre ame en pleurs, voilée,
Que ta venue a consolée
Et qui sans parler te comprend?

J'aime tes chants, harpe éternelle!
Astre divin, cher au malheur,
J'aime ta lueur fraternelle!
As-tu vu l'ombre de ton aile,
Beau cygne, caresser la fleur?

Est-ce assez pour moi que mon ame
Frémisse à ton chant inouï;
Qu'écoutant tes soupirs de flamme,
Comme à l'ami qui la réclame,
Dans l'ombre elle réponde : Oui ;

Qu'aux voix qu'un vent du soir apporte
Elle mêle ton nom tout bas,
Et ranime son aile morte
A tes rayons si doux..., qu'importe,
Hélas! si tu ne le sais pas?

Si dans ta sublime carrière
Tu n'es pour elle qu'un soleil
Versant au hasard sa lumière,
Comme un vainqueur fait la poussière
Aux axes de son char vermeil ;

Non pas un astre de présage
Luisant sur un ciel obscurci,
Un pilote au bout du voyage
Éclairant exprès le rivage,
Un frère, un ange, une ame aussi !

Mais que tu saches qu'à toute heure
Je suis là, priant, éploré ;
Mais qu'un rayon plus doux m'effleure
Et plus long-temps sur moi demeure,
Je suis heureux.... et j'attendrai.

J'attendrai comme un de ces anges
Aux filles des hommes liés
Jadis par des amours étranges,
Et pour ces profanes mélanges
De Dieu quelque temps oubliés.

En vain leurs mortelles compagnes
Les comblaient de baisers de miel ;
Ils erraient seuls par les campagnes,
Et montaient, de nuit, les montagnes,
Pour revoir de plus près le ciel ;

Et si, plus prompt que la tempête,
Un ange pur, au rameau d'or,
Vers un monde ou vers un prophète
Volait, rasant du pied la tête
Ou de l'Horeb ou du Thabor,

Au noble exilé de sa race
Il lançait vite un mot d'adieu,
Et, tout suivant des yeux sa trace,
L'autre espérait qu'un mot de grâce
Irait jusqu'au trône de Dieu.

## LE CREUX DE LA VALLÉE.

> La solitude est mauvaise à celui qui n'y vit pas avec Dieu.
> RENÉ.

Au fond du bois, à gauche, il est une vallée
Longue, étroite ; à l'entour, de peupliers voilée ;
Loin des sentiers battus ; à peine du chasseur
Connue, et du berger : l'herbe en son épaisseur
N'agite sous vos pas couleuvre ni vipère ;
A toute heure, au mois d'août, un zéphyr y tempère,
A l'ombre des rameaux, les cuisantes chaleurs

Qui sèchent le gazon et font mourir les fleurs.
Mais vers le bas surtout, dans le creux, où la source
Se repose et sommeille un moment dans sa course,
Et par places scintille en humides vitraux,
Ou murmure invisible à travers les sureaux,
Que le vallon est frais ! l'alouette y vient boire,
La sarcelle y baigner sa plume grise et noire,
La poule-d'eau s'y pendre au branchage mouvant.
En me promenant là, je me suis dit souvent :
Pour qui veut se noyer la place est bien choisie.
On n'aurait qu'à venir, un jour de fantaisie,
A cacher ses habits au pied de ce bouleau,
Et, comme pour un bain, à descendre dans l'eau :
Non pas en furieux, la tête la première ;
Mais s'asseoir, regarder ; d'un rayon de lumière
Dans le feuillage et l'eau suivre le long reflet ;
Puis, quand on sentirait ses esprits au complet,
Qu'on aurait froid, alors, sans plus traîner la fête,
Pour ne plus la lever, plonger avant la tête.
C'est là mon plus doux vœu, quand je pense à mourir.
J'ai toujours été seul à pleurer, à souffrir ;
Sans un cœur près du mien j'ai passé sur la terre ;
Ainsi que j'ai vécu, mourons avec mystère,
Sans fracas, sans clameurs, sans voisins assemblés.
L'alouette, en mourant, se cache dans les blés :
Le rossignol, qui sent défaillir son ramage,
Et la bise arriver, et tomber son plumage,
Passe invisible à tous comme un écho du bois :
Ainsi je veux passer. Seulement, un... deux mois,
Peut-être un an après, un jour... une soirée,
Quelque pâtre inquiet d'une chèvre égarée,
Un chasseur descendu vers la source, et voyant
Son chien qui s'y lançait sortir en aboyant,
Regardera : la lune avec lui qui regarde
Éclairera ce corps d'une lueur blafarde ;
Et soudain il fuira jusqu'au hameau, tout droit.
De grand matin venus, quelques gens de l'endroit,
Tirant par les cheveux ce corps méconnaissable,
Cette chair en lambeaux, ces os chargés de sable,
Mêlant des quolibets à quelques sots récits,
Deviseront long-temps sur mes restes noircis,

Et les brouetteront enfin au cimetière ;
Vite on clouera le tout dans quelque vieille bière,
Qu'un prêtre aspergera d'eau bénite trois fois ;
Et je serai laissé sans nom, sans croix de bois !

Et durant ces beaux plans d'un bonheur que j'espère,
Que devient, croyez-vous, et l'herbe sans vipère,
Et le zéphir, et l'onde aux mobiles vitraux,
Et l'abeille qui chante et picore aux sureaux,
Et, de longs peupliers tout à l'entour voilée,
A gauche, au fond du bois, la tranquille vallée ?

---

## EN M'EN REVENANT UN SOIR D'ÉTÉ

#### VERS NEUF HEURES ET DEMIE.

Que faudrait-il, hélas ! pour que cette grande ame
Reprît goût à la vie et ranimât sa flamme ?
Jeune, comme il vieillit ! comme il se traîne seul !
A le voir si voûté, l'on dirait un aïeul !
Il se ride, il jaunit, il penche vers la tombe ;
Du front, chaque matin, une mèche lui tombe.
Sans doute, bien des coups, dès long-temps, l'ont blessé ;
Son destin finira, tel qu'il a commencé,
Dans l'ennui, dans les pleurs ; il connaît trop la vie,
Et combien tout est vain dans tout ce qu'on envie ;
Sans doute, il sait trop bien ce que valent de soins
La gloire, le bonheur, — fantômes ! — Mais, au moins,
Si quelque chose ici le consolait encore !
Car son génie ardent, chaque nuit, se dévore,
Comme la lampe, au soir, laissée en un caveau,
Sans qu'une vierge y verse un aliment nouveau.

Est-elle donc bien loin, la vierge, où donc est-elle,
Qui pourrait ranimer cette lampe immortelle ?...

Peut-être elle a passé, ce soir, tout près de lui,
Mais pour la lui montrer la lune n'a pas lui ;
Peut-être, lorsqu'au parc il prit la grande allée,
Elle était sur sa route, assise et non voilée ;
Mais, lui, marchait sans voir et le front soucieux,
Ou bien un éventail la cachait à ses yeux ;
Un regard eût tout fait ! — Peut-être c'était celle
Que je vis l'autre jour, au lac, sur la nacelle.
Non pas qu'elle ait, je pense, un cœur capable, au fond,
De sentir le poète et son amour profond,
Qu'elle vaille bien mieux qu'Adèle ou que Fanie,
Ni qu'elle entende fort ce que c'est que génie.
Mais elle est blonde et blanche ; elle a le front brillant,
Et sa bouche, où scintille un ivoire riant,
Comme pour écouter, s'ouvre avec nonchalance ;
Mais elle a deux beaux yeux qui parlent en silence ;
Mais elle sait placer à propos un souris,
Et, quand elle soupire, on croit qu'elle a compris.

## LA GRONDERIE.

Voici bientôt huit jours qu'un soir, en nous quittant,
Le lendemain du bal où nous causâmes tant,
Vous me disiez : « Ami, demain soyons plus sages ;
» Sachons nous contenir devant tous ces visages ;
» Causons moins, car ma mère enfin devinera.
» Invitez plus souvent ma cousine Eudora,
» Et je veux faire aussi semblant de me distraire
» Avec monsieur Alfred, cet ami de mon frère. »

Et dès le lendemain, amant triste et soumis,
J'observai de mon mieux vos ordres ennemis ;
J'affectai d'être gai, d'avoir l'humeur légère,
De m'éprendre, en valsant, d'une ardeur passagère,
Et, la valse finie, enivré d'un coup d'œil,
De conter mille riens, debout, près d'un fauteuil.

Surtout, au grand dépit de plus d'une voisine,
Je fis danser trois fois votre belle cousine ;
Je vantai son bouquet, son peigne de corail ;
Je tins nonchalamment son folâtre éventail ;
Au départ, ce fut moi qui sur son cou d'ivoire,
Sur son sein demi-nu jetai sa mante noire,
Et, durant tout ce temps, à peine si j'osai
M'apercevoir qu'Alfred avait beaucoup causé.

Mais, quand, deux jours après, las de tant de contrainte,
Au rendez-vous du parc je me glissai sans crainte,
Quand je courus à vous, tout fier et tout joyeux,
Dévorant du regard un regard de vos yeux,
Au lieu de mots charmants comme après une absence,
Et de baisers pour prix de mon obéissance,
D'un ton froid et piqué vous m'avez dit : « Merci :
» Bienheureux est l'amant qui dissimule ainsi !
» Il échappe à l'envie, aux malices jalouses ;
» Il ne compromet point les vierges, les épouses,
» Et son amante en paix ne peut que le louer
» D'un rôle que si vite il sait si bien jouer.
» Et moi je sais aussi dissimuler sans doute ?
» Monsieur Alfred n'est pas un rival qu'on redoute ?
» Mais j'entends quelque bruit ; — (et rompant là-dessus) :
» Vite, séparons-nous de peur d'être aperçus. »

Et comme au bal d'hier, guéri de ma prudence,
Je vous invitai presque à chaque contredanse,
Que je pris vos deux mains, et qu'assis près de vous
J'eus bientôt réveillé tous les clins d'œil jaloux,
Voilà que tendrement vous me grondez encore ;
Ce mutuel amour que votre mère ignore,
Il le faudrait couvrir d'un voile à tous les yeux ;
Puis revient la cousine au rôle officieux ;
Et dans ces doux projets qu'invente le caprice,
Ces conseils, ces baisers afin que j'obéisse,
Nous prolongeons le soir et nos instants si courts.....
Oh ! je veux mériter d'être grondé toujours !

## A ALFRED DE M.

> Pour moi, je me mis à rêver au lieu d'avoir
> du plaisir.
> SENANCOUR, *Obermann*.

Les flambeaux pâlissaient, le bal allait finir,
Et les mères disaient qu'il fallait s'en venir ;
Et l'on dansait toujours, et l'heure enchanteresse
S'envolait : la fatigue aiguillonnait l'ivresse.
O quel délire alors ! Plus d'un pâle bouquet
Glisse d'un sein de vierge et jonche le parquet.
Une molle sueur embrase chaque joue ;
Aux fronts voluptueux le bandeau se dénoue
Et retombe en désordre, et les yeux en langueur
Laissent lire aux amants les tendresses du cœur ;
Les mains sentent des mains l'étreinte involontaire ;
Tous ces seins haletants gardent mal leur mystère ;
On entend des soupirs ; sous les gants déchirés
On froisse des bras nus, à plaisir dévorés,
Et la beauté sourit d'un regard qui pardonne,
Et plus lasse, en valsant, se penche et s'abandonne.
Moi, je valsais aussi ce soir-là, bienheureux,
Entourant ma beauté de mon bras amoureux,
Sa main sur mon épaule, et dans ma main sa taille ;
Ses beaux seins suspendus à mon cœur qui tressaille
Comme à l'arbre ses fruits,—quand d'un accent bien doux :
« Que je suis lasse, ami ! dit-elle ; asseyons-nous. »
Et nous voilà tous deux assis, un peu derrière,
Moi, son bouquet ravi parant ma boutonnière,
En main son éventail, jouissant de la voir
Passer, pour s'essuyer, à son front son mouchoir ;
Et la trouvant si belle, et la jambe si fine,
Petite, en corset noir, à la taille divine,
Aux yeux, aux cheveux bruns, et la croyant à moi,
Mon cœur bondissait d'aise et j'étais comme un roi.
Mais cette voix bientôt, qui sans cesse s'élève
Du milieu des plaisirs pour gâter notre rêve,

S'éleva dans mon cœur et me dit : « Jeune amant,
» Amant si plein d'espoir, pèse bien ce moment.
» Jouis bien, jouis bien de cet instant rapide ;
» Mire ton front si pur à ce flot si limpide,
» Car le flot va courir ; et, je te le promets,
» Ces cinq minutes-là ne reviendront jamais.
» Non, quand cette beauté, pour tes rivaux si fière,
» A toi se donnerait, dès demain, tout entière ;
» Quand mille autres bientôt, prises à ton amour,
» Voudraient dans tes cheveux se baigner tour à tour
» Et passer à ton cou leurs chaînes adorées ;
» Quand beaucoup, vers le soir, dans les bois rencontrées,
» Pâles s'en reviendraient au logis tout pleurant,
» Et mourraient, et prieraient pour ton ame en mourant ;
» Quand pour prix des soupirs de ta vie inquiète,
» Descendue en tes nuits, la Gloire, ô grand poète,
» De son aile effleurant ton luth harmonieux,
» Emporterait ton nom et tes chants dans les cieux ;
» Non, dans tous ces plaisirs, dans ces folles merveilles,
» Tu ne reverras pas cinq minutes pareilles
» A celles de ce soir. — Oh ! retiens-les long-temps,
» Cœur gonflé d'avenir, amant de dix-sept ans. »
Ainsi parlait la voix dans mon ame oppressée ;
Et moi, silencieux, écoutant ma pensée,
Par degrés je sentais la tristesse arriver ;
Oubliant de jouir, j'étais près de rêver ;
Quand Elle, tout-à-coup reposée et légère,
Honteuse d'avoir fui la valse passagère,
Reprit son éventail tombé sur mes genoux,
Et m'en frappa, disant : « A quoi donc pensez-vous ? »
Et je revins à moi ; ma main saisit la sienne,
Et je revis ses yeux, sa grace italienne,
Son beau sein si brillant dans le noir du satin ; —
Et nous valsions encor quand parut le matin.

# L'ATTENTE.

### IMITÉ DE SCHILLER.

    La grille s'ouvre ! il est bien l'heure ;
    J'entends comme un verrou crier...
    Non ; c'est un jonc qu'un souffle effleure ;
    C'est la brise du soir qui pleure
    Dans des branches de coudrier.

Oh ! pour mieux recevoir ma jeune bien-aimée,
Feuillage, embellis-toi ; fleurissez, verts gazons ;
Berceaux, pour mieux couvrir sa pudeur enflammée,
En alcôve entr'ouvrez vos discrètes cloisons ;
Et quand son pied, pliant sous un beau corps qui penche,
Cherchera son chemin jusqu'à moi qui l'attends,
Longs rameaux, qu'au passage écarte sa main blanche,
Jouez dans ses cheveux, sans l'arrêter long-temps.

    Silence ! derrière la haie
    Qui donc court si vite ?... avançons !...
    Non, c'est un oiseau qui s'effraie
    Et s'enfuit, comme si l'orfraie
    Planait d'en haut sur les buissons.

Jour, ton flambeau pâlit ; hâte-toi de l'éteindre !
Vers d'autres horizons quand tu t'en es allé,
La Nuit au ciel désert se glisse sans rien craindre,
Silencieuse, en noir et le front étoilé.
La confidence éclose à ta lueur si douce,
O Nuit, loin des jaloux, fuit l'œil ardent du jour.
Oh ! que ton astre seul, sur le tapis de mousse,
Argente à nos fronts nus les rougeurs de l'amour !

    Mais quoi ? l'on dirait qu'on appelle ;
    C'est comme sa voix qu'on entend.
    Non, pas encor... ce n'est pas elle ;
    C'est un cygne qui bat de l'aile
    Et qui fait des ronds dans l'étang;

Autour de moi dans l'air montent mille harmonies ;
La cascade à deux pas murmure comme un chant ;
Une dernière fois levant ses fleurs jaunies,
La tige encor se tourne aux baisers du couchant ;
Demi-voilée à l'œil la pêche veloutée,
Ou sous le pampre vert la grappe au sein vermeil,
Sourit en se cachant, pareille à Galatée ;
Un vent humide arrose où passa le soleil.

    Pourtant la voici... Rien n'empêche
    D'entendre son pas dans le bois ;
    Non... ce n'est qu'une feuille sèche,
    Ou la poire mûre ou la pêche
    Qui tombe à terre de son poids.

La teinte du couchant de plus en plus s'efface ;
L'aile du crépuscule en éteint les couleurs..
La Lune alors, ôtant le voile de sa face,
Regarde sans témoins, se penche sur les fleurs,
Telle une fiancée autour de sa corbeille ;
Et la Terre, posant son beau front endormi,
Semble une jeune épouse, et sous le ciel sommeille,
Longs cheveux, seins épars, bras ployés à demi.

    Mais dans la brume fantastique
    J'ai vu sa robe d'un blanc pur...
    Non, c'est le marbre d'un portique,
    Une Pomone, un Mars antique,
    Sous les ifs au feuillage obscur.

Pourquoi battre si vite à ces folles idées,
Mon cœur ? mon pauvre cœur, pourquoi t'enfler ainsi,
Et dans mon sein bondir à vagues débordées ?
J'ai beau regarder... rien... Je me dévore ici ;
L'ombrage est sans fraîcheur... Oh ! pourvu qu'elle vienne !
Oh ! seulement l'entendre ! oh ! seulement la voir !
Seulement son soupir, ou sa main dans la mienne,
Ou les plis de son schall qui flotte au vent du soir !

    Et durant l'ardente prière
    Déjà luisait l'heureux moment ;
    Car elle, arrivant par derrière,
    M'avait aperçu la première,
    Et couvrait de baisers l'amant.

## APRÈS UNE LECTURE D'ADOLPHE.

Passé vingt ans, quand l'ame aux rêves échappée
S'aperçoit un matin qu'elle s'était trompée,
Et, rejetant l'espoir d'un jeune et frais amour,
Se dit avec effroi qu'il est trop tard d'un jour,
Oh! pourquoi, quelque part, en l'une des soirées
Où j'aime tant au son des valses adorées,
Au bruit des mots riants sortis des cœurs séduits,
M'asseoir et m'oublier et bercer mes ennuis,
Pourquoi ne pas enfin trouver une ame tendre,
Affligée elle-même et qui saurait m'entendre,
Deux yeux noirs d'où les pleurs auraient coulé long-temps,
Une brune, un peu pâle, ayant bientôt trente ans,
Ou veuve, ou presque veuve; et qui, lasse du monde,
Heureuse d'accepter un cœur qui lui réponde,
Le veuille à soi, l'enlève? — et tous les deux d'accord,
Dans sa terre, en Anjou, Touraine ou Périgord,
Nous irions nous aimer d'une amour longue et forte.
Ce serait un château, gothique ou non, qu'importe!
Mais de grands bois touffus tout autour du manoir,
Des charmilles, un parc, où bien avant, au soir,
On pourrait s'égarer au bord des eaux courantes,
Et se dire long-temps des paroles mourantes.
Et quel bonheur encore, au lever, le matin,
Quand ses cheveux, sentant la rosée et le thym,
Roulent en noirs anneaux autour d'un cou d'albâtre,
Moi près d'elle, à genoux, son esclave idolâtre,
De réciter tout haut, en mariant nos voix,
Les doux chants nés d'hier ou connus d'autrefois,
De nous associer à ces plaintes chéries,
Et de mêler, après, aux molles causeries
Chacun des noms divins qu'un poète adora,
Elvire et Béatrix, Gulnare et Médora!
En hiver, quand il neige, au coin du feu qu'on aime,
Pour nous, après causer, la volupté suprême,

Ce serait de nous lire un roman tour à tour :
Non pas quelque beauté captive en une tour,
D'éternels souterrains, des spectres et des chaînes,
Mais des romans de cœur pleins d'amoureuses peines,
Où l'art sait retracer, sous l'éclat de nos mœurs,
Ce mal délicieux dont je sens que je meurs,
Et dont tu meurs toi-même, ô ma belle complice,
Et dont mourut aussi Delphine après Clarisse !
Puis, le roman fermé, toujours, d'un air jaloux
Nous dirions : Ces amants s'aimèrent moins que nous.
Point de fâcheux d'ailleurs ; point de prude voisine
Débitant d'un ton sec sa morale chagrine,
Et, durant plus d'une heure, installée au fauteuil,
Le visage allongé, comme aux jours de grand deuil.
Non, rien que nous ; nous seuls, nous pour toute la vie.
Et que m'importe à moi ce que dira l'envie ?
« Il se fait tort vraiment ; il perd son avenir,
» Et sa jeunesse ainsi dans l'ombre va finir. »
Allez, tourmentez-vous, ô sages que vous êtes ;
A chaque vent qui souffle agitez tous vos têtes ;
Heurtez-vous, foulez-vous dans un même chemin ;
En regrettant hier espérez pour demain ;
Poursuivez, haletants, une ombre qui recule,
Ou dans l'étude encor que votre sang se brûle,
Et, pâles de soucis, prononcez gravement
Que les jours sont perdus que l'on passe en s'aimant !
Moi désormais je vis pour celle que j'adore ;
Ce qu'on dira de nous je veux qu'elle l'ignore ;
Durant nos soirs d'hiver, ou l'été dans nos bois,
Pour lui remplir le cœur c'est assez de ma voix ;
Tout d'elle m'appartient ; mon amour l'environne,
Et ma main à loisir lui tresse une couronne,
Une noble couronne aux immortelles fleurs,
Et dont en rêve un Dieu m'a donné les couleurs.

Une légère teinte d'ironie n'est-elle pas répandue dans cette pièce, et le poète n'y affecte-t-il pas, comme à plaisir, la langueur sentimentale ? C'est une simple conjecture que nous soumettons à la sagacité du lecteur.

(Note de l'Éditeur.)

## PENSÉE D'AUTOMNE.

Jardin du Luxembourg, novembre.

Au déclin de l'automne, il est souvent des jours
Où l'année, on dirait, va se tromper de cours.
Sous les grands marronniers, sous les platanes jaunes,
Sous les pâles rideaux des saules et des aunes,
Si par un levant pur ou par un beau couchant
L'on passe, et qu'on regarde aux arbres, tout marchant,
A voir sur un ciel blanc les noirs réseaux des branches,
Et les feuilles à jour, aux inégales tranches,
Creuses par le milieu, les deux bords en croissants,
Figurer au soleil mille bourgeons naissants ;
Dans une vapeur bleue, à voir tous ces troncs d'arbre
Nager confusément avec leurs dieux de marbre,
Et leur cime monter dans un azur si clair ;
A sentir le vent frais qui parfume encor l'air,
On oublie à ses pieds la pelouse flétrie,
Et la branche tombée et la feuille qui crie ;
Trois fois, près de partir, un charme vous retient,
Et l'on dit : « N'est-ce pas le printemps qui revient ? »

Avant la fin du jour il est encore une heure,
Où, pèlerin lassé qui touche à sa demeure,
Le soleil au penchant se retourne pour voir,
Malgré tant de sueurs regrettant d'être au soir ;
Et, sous ce long regard où se mêle une larme,
La nature confuse a pris un nouveau charme ;
Elle hésite un moment, comme dans un adieu ;
L'horizon à l'entour a rougi tout en feu ;
La fleur en tressaillant a reçu la rosée ;
Le papillon revole à la rose baisée,
Et l'oiseau chante au bois en ramage brillant :
« N'est-ce pas le matin ? n'est-ce pas l'orient ? »

Oh! si pour nous aussi, dans cette vie humaine,
Il est au soir une heure, un instant qui ramène
Les amours du matin et leur volage essor,
Et la fraîche rosée, et les nuages d'or;
Oh! si le cœur, repris aux pensers de jeunesse
(Comme s'il espérait, hélas! qu'elle renaisse),
S'arrête, se relève avant de défaillir,
Et s'oublie un seul jour à rêver sans vieillir,
Jouissons, jouissons de la douce journée,
Et ne la troublons pas, cette heure fortunée;
Car l'hiver pour les champs n'est qu'un bien court sommeil;
Chaque matin au ciel reparaît le soleil;
Mais qui sait si la tombe a son printemps encore,
Et si la nuit pour nous rallumera l'aurore?

## ROSE.

Entre les orangers, oh! qu'il fait beau, le soir,
Se promener au frais, respirer et s'asseoir,
Voir passer cent beautés dont le regard enivre,
Et celles au long voile, et celles qu'on peut suivre!
Mais, assise à deux pas, avec son œil châtain
Et ses cheveux cendrés sur un cou de satin,
Plus blanche que jamais bergère au pied d'un hêtre,
Son mouchoir à la main, j'ai cru la reconnaître,
C'est Rose. « Bonjour, Rose. » — « Ah! c'est vous que je vois,
Méchant; et n'être pas venu de tout un mois! »
Et je m'assieds, pressant déjà sa main charmante;
Rose aime à pardonner presque autant qu'une amante;
Rose est bonne; elle est faible, et son souris changeant
Vers les ingrats toujours revient plus indulgent.
Et d'abord, aux doux mots mêlés de gronderie,
Aux mille questions sur sa santé chérie,
Sur ses yeux plus éteints, son front plus pâle; et puis
A mes soins empressés quand je la reconduis;
A nous voir, si légers, descendre la terrasse,

Moi cherchant sous le schall sa taille que j'embrasse;
Et, dès qu'à l'entresol sont tirés les verroux,
A nos baisers encore, à nos combats si doux,
Au fichu repoussé qu'enfle une gorge ardente,
Aux cheveux débouclés sous ma lèvre mordante,
Au sofa gémissant que voile un demi-jour,
Aux soupirs de l'alcôve, on dirait de l'amour.
Mais, hélas! quand parmi ces fureurs de jeunesse
Tarit la jouissance,... avant qu'elle renaisse,...
Même aux bras l'un de l'autre, oh! que l'amour est loin!
Car de quoi se parler, bien qu'on soit sans témoin?
Et quels pleurs essuyer, et quels serments se faire
De vivre et de mourir pour l'être qu'on préfère?
Quel souci de se voir en dépit des jaloux,
De régler longuement le prochain rendez-vous?
Si ce sera demain, dans le parc, à la brune,
Ou sous la jalousie, au coucher de la lune?
Et comment éviter les endroits hasardeux?
Délicieux tourments! nous en ririons tous deux.
Pourtant il faut causer, se dire quelque chose:
Je te demande alors, te voyant triste, ô Rose,
Ton pays, ta famille, et tes secrets ennuis,
Et l'emploi de tes jours; je connais trop les nuits!
Comme ta jeune sœur que la pudeur décore,
Dis-moi, sage à quinze ans, voudrais-tu l'être encore?
Rêves-tu quelquefois à l'avenir... long-temps?
On n'aura pas toujours ces blonds cheveux flottants,
Ni sous les grains de nacre une épaule nacrée;
On n'aura pas toujours, courtisane adorée,
Billets et bracelets, et doigts chargés d'anneaux,
Au bal autour de soi de galants dominos,
Des jeunes gens oisifs, sous la croisée ouverte,
A travers le rideau de soie à frange verte,
Épiant le regard qui doit les secourir,
Des cœurs désespérés s'obstinant à mourir,
Et, sans parler des vieux, entre les jeunes même,
Quelque beau préféré que tendrement l'on aime!
L'âge vient, la fraîcheur se fane, et l'abandon
Succède à tout ce bruit... Pardon, Rose, pardon!
Je vois à ta paupière une larme qui brille...
Ne m'en veux pas du moins, et reste bonne fille.

## ITALIE.

### A MON AMI PAUL F.....

*O ubi campi !*

Et pourtant le bonheur m'aurait été facile !
Que le sort aussi bien n'a-t-il jeté mes pas
Au rivage d'Otrante, aux plaines de Sicile,
Aux bosquets de Pestum que je ne verrai pas !

Là, de nuit sur un roc, et de jour sous l'ombrage,
Rêveur et nonchalant, couché comme un pasteur,
Loin de l'humain troupeau qu'a dispersé l'orage,
J'aurais aimé du ciel mesurer la hauteur.

J'aurais aimé le flot de ces rives fécondes,
Les citrons dans la haie où le ramier s'endort,
Quelques vapeurs dans l'air comme de blanches ondes,
Et les astres au lac comme des graviers d'or ;

Et les chants du pêcheur, fils d'une noble race,
Fort et vêtu de peaux, tel qu'un ancien Sabin,
Et la vierge, au front brun, au marcher plein de grâce,
Qui pend sa robe au myrte et descend dans le bain.

Pour échapper aux maux que fait là destinée,
Pour jouir ici-bas des fleurs de ma saison,
Et doucement couler cette humaine journée,
Que me faut-il ?... du ciel, de l'onde et du gazon,

Et, quand pâlit au soir la lumière affaiblie,
Une amoureuse voix, qui meurt à mon côté,
Qui dit *non* bien souvent et bien souvent l'oublie,
Des pleurs dans deux beaux yeux, un beau sein agité.

Que m'importent à moi les souvenirs antiques,
Et les os dispersés de tant d'illustres morts,
Et les noms qu'on veut lire au fronton des portiques,
Misène et son clairon, Caprée et ses remords,

Et les temples sous terre, et les urnes d'argile,
Tous ces objets si vains de si doctes débats?
Et que m'importe encor le tombeau de Virgile,
Et l'éternel laurier auquel je ne crois pas?

Mais conte-moi long-temps, jeune Napolitaine,
Les noms harmonieux des arbres de ce bois;
Nomme-moi les coteaux avec chaque fontaine,
Et les blanches villas qu'à l'horizon je vois;

Dis-moi les mille noms de la sainte Madone
Dont tu baisas souvent le long voile doré,
Et ces autres doux noms que ton amour me donne
Et que me rend plus doux l'idiome adoré.

Oh! jure de m'aimer; alors je te veux croire.
Rien n'est sûr ici-bas qu'un humide baiser,
Que le rayon tremblant d'une prunelle noire,
Que de sentir un sein sous la main s'apaiser;

Rien n'est sûr que de voir contre une épaule nue
Se briser en jouant des ondes de cheveux,
De cueillir les soupirs d'une bouche ingénue,
D'écouter succéder le silence aux aveux;

De l'entendre jurer, quand tout change autour d'Elle,
Qu'un éternel amour doit pour vous l'enflammer,
Et de jurer aussi qu'on veut mourir fidèle...
Rien n'est sûr ici-bas, rien n'est bon que d'aimer!

## A DAVID.

#### STATUAIRE.

A l'heure où l'on est loin de la foule envieuse,
Quand la neige, à minuit, lente, silencieuse,
    Tombe aux toits endormis,
Et que seul, ô David, dans ton atelier sombre
Tu veilles au milieu de tes bustes sans nombre
    Comme au milieu d'amis;

Quand ton poêle s'éteint; quand ta lampe mourante
Tremble à tous ces fronts blancs, et comme une ame errante
    Passe et joue à l'entour,
Bien des fois, n'est-ce pas? l'enthousiasme austère
Par degrés te saisit et t'enlève à la terre,
    Épris d'un noble amour!

Tu penses à la gloire, à l'oubli qu'on redoute,
A semer ici-bas le marbre sur la route
    Où d'autres vont venir,
A prendre rang un jour au Panthéon sublime
Des hôtes immortels que ton ciseau ranime
    Et garde à l'avenir.

Et déjà sous la lampe et ses rayons débiles,
Tu vois autour de toi tes marbres immobiles
    Frémir et s'ébranler,
Ils vivent : un regard sort de chaque paupière;
Comme le Commandeur, tous ces hommes de pierre
    Te font signe d'aller.

Et bientôt, s'agitant, ils passent sur ta tête,
Puis repassent; et toi, tu voudrais à la fête
    Suivre ces grands vieillards;
Telles sur Ossian, au sein des nuits neigeuses,
Se penchent des aïeux les ombres voyageuses
    Que bercent les brouillards.

Le pan de leur manteau flotte aux vents et te touche;
Ému, tu sens la voix expirer à ta bouche
  Et tes yeux se mouiller;
Et l'extase pour toi prolonge ce beau rêve,
Jusqu'à ce que ta lampe en mourant te l'enlève
  Et te vienne éveiller.

Hélas! dans les cités la foule qui sommeille;
Çà et là, vers minuit, l'artiste en pleurs qui veille
  Et lève au ciel les bras,
Et quelques noms sacrés que toujours lui ramène
Un ardent souvenir, c'est là la gloire humaine,
  David, et tu l'auras!

Tu l'auras; car, puisant dans ta pierre féconde,
D'Argos à Panama tu vas orner le monde
  D'illustres monuments;
Tu peuples de héros les vieux ponts de nos villes,
Les continents nouveaux, et les lointaines îles,
  Et les tombeaux dormants.

## SONNET.

#### POUR UN AMI.

Que de fois, près d'Oxford, en ce vallon charmant,
Où l'on voit fuir sans fin des collines boisées,
Des bruyères couper des plaines arrosées,
La rivière qui passe et le vivier dormant,

Pauvre étranger d'hier, venu pour un moment,
J'ai reconnu, parmi les maisons ardoisées,
Le riant presbytère et ses vertes croisées,
Et j'ai dit en mon cœur : Vivre ici seulement!

Hélas! si c'est là tout, qu'est-ce donc qui m'entraîne?
Pourquoi si loin courir? pourquoi pas la Touraine;
Le pays de Rouen et ses pommiers fleuris?

Un chaume du Jura, sous un large feuillage,
Ou, bien encor plus près, quelque petit village,
D'où, par-delà Meudon, l'on ne voit plus Paris?

## SONNET.

Chacun en sa beauté vante ce qui le touche;
L'amant voit des attraits où n'en voit point l'époux;
Mais que d'autres, narguant les sarcasmes jaloux,
Vantent un poil follet au-dessus d'une bouche;

D'autres, sur des seins blancs un point comme une mouche;
D'autres, des cils bien noirs à des yeux bleus bien doux,
Ou sur un cou de lait des cheveux d'un blond roux;
Moi, j'aime en deux beaux yeux un sourire un peu louche :

C'est un rayon mouillé; c'est un soleil dans l'eau,
Qui nage au gré du vent dont frémit le bouleau;
C'est un reflet de lune aux rebords d'un nuage;

C'est un pilote en mer, par un ciel obscurci,
Qui s'égare, se trouble, et demande merci,
Et voudrait quelque Dieu, protecteur du voyage.

## SONNET.

En ces heures souvent que le plaisir abrège,
Causant d'un livre à lire et des romans nouveaux,
Ou me parlant déjà de mes prochains travaux,
Suspendue à mon cou, tu me dis : Comprendrai-je?

Et, ta main se jouant à mon front qu'elle allège,
Tu vantes longuement nos sublimes cerveaux,
Et tu feins d'ignorer... Sais-tu ce que tu vaux,
Belle Ignorante, aux blonds cheveux, au cou de neige?

Qu'est toute la science auprès d'un sein pâmé,
Et d'une bouche en proie au baiser enflammé,
Et d'une voix qui pleure et chante à l'agonie?

Ton frais regard console en un jour nébuleux;
On lit son avenir au fond de tes yeux bleus,
Et ton sourire en sait plus long que le génie.

## SONNET.

#### IMITÉ DE WORDSWORTH.

Je ne suis pas de ceux pour qui les causeries,
Au coin du feu, l'hiver, ont de grandes douceurs;
Car j'ai pour tous voisins d'intrépides chasseurs
Rêvant de chiens dressés, de meutes aguerries,

Et des fermiers causant jachères et prairies,
Et le juge de paix avec ses vieilles sœurs,
Deux revêches beautés parlant de ravisseurs,
Portraits comme on en voit sur les tapisseries.

Oh! combien je préfère à ce caquet si vain,
Tout le soir, du silence, — un silence sans fin;
Être assis sans penser, sans désir, sans mémoire;

Et, seul, sur mes chenets, m'éclairant aux tisons,
Écouter le vent battre, et gémir les cloisons,
Et le fagot flamber, et chanter ma bouilloire!

---

## SONNET.

#### IMITÉ DE WORDSWORTH.

Ne ris point des sonnets, ô critique moqueur!
Par amour autrefois en fit le grand Shakspeare;
C'est sur ce luth heureux que Pétrarque soupire,
Et que le Tasse aux fers soulage un peu son cœur;

Camoens de son exil abrège la longueur,
Car il chante en sonnets l'amour et son empire;
Dante aime cette fleur de myrte, et la respire,
Et la mêle au cyprès qui ceint son front vainqueur;

Spencer, s'en revenant de l'île des féeries,
Exhale en longs sonnets ses tristesses chéries;
Milton, chantant les siens, ranimait son regard;

Moi, je veux rajeunir le doux sonnet en France;
Dubellay, le premier, l'apporta de Florence,
Et l'on en sait plus d'un de notre vieux Ronsard.

---

## LA PLAINE.

#### A MON AMI ANTONI D....

*Octobre.*

Après la moisson faite et tous les blés rentrés,
Quand depuis plus d'un mois les champs sont labourés,
Qu'il gèlera demain, et qu'une fois encore
L'Automne, du plus haut des coteaux qu'elle dore,
Se retourne en fuyant, le front dans un brouillard,
Oh! que la plaine est triste autour du boulevard!
C'est au premier coup-d'œil une morne étendue,
Sans couleur; çà et là quelque maison perdue,
Murs frêles, pignons blancs en tuiles recouverts;
Une haie à l'entour en buissons jadis verts;
Point de fumée au toit ni de lueur dans l'âtre;
De grands tas aux rebords des carrières de plâtre;
Des moulins qui n'ont rien à moudre, ou ne pouvant
Qu'à peine remuer leurs quatre ailes au vent,
Et loin, sur les coteaux, au-dessus des villages,
De longs bois couronnés de leurs derniers feuillages.
Car, tandis que de l'arbre en la plaine isolé
Le beau feuillage au vent s'en est d'abord allé,
Les bois sur les coteaux, comme l'homme en famille,
Résistent plus long-temps; un pâle rayon brille
Sur ce front de verdure à demi desséché,
Quand pour d'autres déjà le soleil est couché.

Mais dans la plaine, quoi ? des jachères pierreuses,
Et de maigres sillons en veines malheureuses,
Que la bêche, à défaut de charrue, a creusés ;
Et sur des ceps flétris des échalas brisés ;
De la cendre par place, un reste de fumée,
Et le sol tout noirci de paille consumée ;
Parfois un pâtre enfant, à la main son pain bis,
Dans le chaume des blés paissant quelques brebis ;
A ses pieds son chien noir, regardant d'un air grave
Une vieille qui glane au champ de betterave.
Et de loin l'on entend la charrette crier
Sous le fumier infect, le fouet du voiturier,
De plus près les grillons sous l'herbe sans rosée ;
Ou l'abeille qui meurt sur la ronce épuisée,
Ou craquer dans le foin un insecte sans nom ;
D'ailleurs personne là pour son plaisir, sinon
Des chasseurs, par les champs, regagnant leurs demeures ;
Sans avoir aperçu gibier depuis six heures...
Moi pourtant je traverse encore à pas oisifs
Et je m'en vais là-bas m'asseoir où sont les ifs.

## STANCES.

#### IMITÉ DE KIRKE WHITE.

Puisque, sourde à mon vœu, la fortune jalouse
Me refuse un toit chaste ombragé d'un noyer,
Quelques êtres qu'on aime et qu'on pleure, une épouse,
Et des amis, le soir, en cercle à mon foyer,

O nobles facultés, ô puissances de l'ame,
Levez-vous, et versez à ce cœur qui s'en va
L'huile sainte du fort, et ranimez sa flamme ;
Qu'il oublie aujourd'hui ce qu'hier il rêva.

Lorsque la nuit est froide, et que seul, dans ma chambre,
Près de mon poêle éteint j'entends siffler le vent,
Pensant aux longs baisers qu'en ces nuits de décembre
Se donnent les époux, mon cœur saigne, et souvent,

Bien souvent je soupire, et je pleure, et j'écoute.
Alors, ô saints élans, ô prière, arrivez;
Vite, emportez-moi haut sous la céleste voûte,
A la troisième enceinte, aux parvis réservés !

Que je perde à mes pieds ces plaines nébuleuses,
Et l'hiver, et la bise assiégeant mes volets;
Que des sphères en rond les orgues merveilleuses
Animent sous mes pas le jaspe des palais ;

Que je voie à genoux les anges sans paroles ;
Qu'aux dômes étoilés je lise, triomphant,
Ces mots du doigt divin, ces mystiques symboles,
Grands secrets qu'autrefois connut le monde enfant:

Que lisaient les vieillards des premières années,
Qu'à ses fils en Chaldée enseignait chaque aïeul...
Sans plus songer alors à mes saisons fanées,
Peut-être j'oublierai qu'ici-bas je suis seul.

---

## ESPÉRANCE.

### A MON AMI FERDINAND D....

> Ce soleil-ci n'est pas le véritable; je m'attends à mieux.
> Docis.

Quand le dernier reflet d'automne
A fui du front chauve des bois ;
Qu'aux champs la bise monotone
Depuis bien des jours siffle et tonne,
Et qu'il a neigé bien des fois ;

Soudain une plus tiède haleine
A-t-elle passé sous le ciel :
Soudain, un matin, sur la plaine,
De brumes et de glaçons pleine,
Luit-il un rayon de dégel :

Au soleil, la neige s'exhale ;
La glèbe se fond à son tour ;
Et sous la brise matinale,
Comme aux jours d'ardeur virginale,
La terre s'enfle encor d'amour.

L'herbe, d'abord inaperçue,
Reluit dans le sillon ouvert ;
La sève aux vieux troncs monte et sue ;
Aux flancs de la roche moussue
Perce déjà le cresson vert.

Le lierre, après la neige blanche,
Reparaît aux crêtes des murs ;
Point de feuille, au bois, sur la branche ;
Mais le suc en bourgeons s'épanche,
Et les rameaux sont déjà mûrs.

Le sol rend l'onde qu'il recèle ;
Et le torrent long-temps glacé
Au front des collines ruisselle,
Comme des pleurs aux yeux de celle
Dont le désespoir a passé.

Oiseaux, ne chantez pas l'aurore,
L'aurore du printemps béni ;
Fleurs, ne vous pressez pas d'éclore ;
Février a des jours encore,
Oh ! non, l'hiver n'est pas fini.

———

Ainsi, dans l'humaine vieillesse,
Non loin de l'éternel retour,
La brume par moments nous laisse,
Et notre œil, malgré sa faiblesse,
Entrevoit comme un nouveau jour,

Étincelle pâle et lointaine
De soleils plus beaux et meilleurs,
Reflet de l'ardente fontaine,
Aurore vague, mais certaine,
Du printemps qui commence ailleurs !

# PENSÉES.

Joseph avait l'habitude d'écrire sur des feuilles volantes, sur de petits carrés de papier, et quelquefois aux marges de ses livres, les idées, les remarques qu'il avait entendues de ses amis ou qui lui venaient, à lui-même, dans ses lectures et ses promenades. Nous en avons ici réuni quelques-unes sous le titre de *Pensées*. Ces *Pensées* ont trait à divers points spéciaux de poésie et d'art, auxquels Joseph avait beaucoup réfléchi vers les derniers temps, et elles ne seront peut-être pas sans intérêt pour les lecteurs curieux de ces sortes de questions.

### I.

La vérité, en toutes choses, à la prendre dans son sens le plus pur et le plus absolu, est ineffable et insaisissable; en d'autres termes, une vérité est toujours moins vraie, exprimée, que conçue. Pour l'amener à cet état de clarté et de précision qu'exige le langage, il faut, plus ou moins, mais nécessairement et toujours, y ajouter et en retrancher; rehausser les teintes, repousser les ombres, arrêter les contours; de là tant de vérités *exprimées* qui ressemblent aux mêmes vérités *conçues,* comme, en sculpture, des nuages de marbre ressemblent à des nuages. C'est souvent un peu la faute de l'ouvrier, c'est toujours et surtout la faute de la matière. Est-ce à dire qu'il faille prendre garde d'exprimer la vérité de peur de l'altérer? Non, certes. Mais, quelque idée qu'on exprime, on ne saurait trop se souvenir de ce qu'on en laisse et de ce qu'on y met, y apporter mentalement au moins toutes les restrictions que supprime la tranchante célérité du langage, et avoir constamment sous l'œil de l'esprit le vaste et flottant exemplaire dans lequel on a taillé. Si l'écrivain philosophe et critique doit ainsi procéder pour se bien comprendre lui-même et ne pas être dupe de ses formules, à plus forte raison le lecteur de bonne foi doit-il s'habituer à voir les choses sous les mots, à tenir compte, chemin faisant, de mille circonstances sous-entendues, à suivre avec son auteur la large et moyenne voie, plutôt que de s'accrocher, comme un enfant mutin, aux ronces du fossé. De la sorte, que de discussions évitées, qui ne servent qu'à retarder et à fourvoyer auteur et lecteur ! Pour entendre cette note et la trouver vraie, on a besoin de faire ce que j'y conseille.

## II.

« Il y a toujours les trois quarts d'absurde dans tout ce » que nous disons, » a dit un homme de génie de nos jours, et ce mot profond, quand il échappa à l'illustre professeur, était accompagné de ce demi-sourire socratique qui fait justice d'avance des moqueurs et de tous les gens d'esprit qui ne comprennent pas. Dans ce que nous écrivons, il y a toujours et presque nécessairement les trois quarts d'inexact, d'un incomplet qui a besoin de correctif, et qui donne beau jeu aux lecteurs de mauvaise volonté. Mais qui est-ce qui écrit pour les lecteurs de mauvaise volonté ?

## III.

Dans toutes les querelles littéraires du temps, M. de Châteaubriand est hors de cause ; et ce n'est pas là seulement un pur hommage rendu à l'illustre écrivain, c'est une justice. En répandant ses fécondes et salutaires influences sur tout le siècle, M. de Châteaubriand a mérité, pour mille raisons, de n'être pas plus spécialement adopté par certaine classe d'esprits que par certaine autre. Chacun l'admire à sa façon, et trouve, pour ainsi dire, son compte avec lui. Tout ce qu'il y a de jeune et de distingué se ressent de sa présence, et s'anime à quelques-uns de ses rayons. Avec Bonaparte, M. de Châteaubriand ouvre le siècle et y préside ; mais on ne peut dire de lui, non plus que de Bonaparte, qu'il ait *fait école*.

Il n'en est pas ainsi d'André Chénier ni de madame de Staël ; et, à vrai dire, l'ancien parti classique étant définitivement ruiné, c'est entre les disciples ou plutôt les successeurs de ce jeune poëte et ceux de cette femme célèbre que s'agite la querelle. Cela devait être. Lancée avant dans les

choses de ce monde, mêlée à toutes les agitations politiques
du temps, d'un infatigable mouvement d'esprit et d'une curiosité immense, improvisant et proclamant chaque jour des
idées vraies ou fausses, mais neuves avant tout, prompte à
deviner, à admirer et à transmettre ses admirations, madame de Staël semble avoir décidé de la vocation de beaucoup
d'esprits distingués ; ou plutôt, les mêmes circonstances qui
ont produit madame de Staël, agissant sur d'autres esprits de
la même nature, les ont poussés dans les mêmes voies. Sans
doute, depuis elle, des études philosophiques, historiques et
littéraires, plus précises et plus profondes, sont venues donner aux esprits de cette école une maturité et un aplomb qui
n'étaient ni du sexe ni de la position de l'illustre prêcheuse.
Mais ce qui leur est resté commun, avec elle, c'est la curiosité dans toutes les directions de la pensée humaine, une
vaste et rapide intelligence des époques et des hommes, une
mobilité et une capacité d'admiration excessives, un besoin
d'expansion qui leur fait débiter toujours et partout leurs
doctrines. Au milieu d'un pareil tourbillon d'idées et de paroles, on sent que la *forme,* le *style* (à prendre ce mot dans
son sens le plus étendu), a dû être négligé souvent et brusqué quelquefois, sinon avec intention, du moins par nécessité. Ç'a été là le côté infirme du talent de madame de Staël
et de ses disciples. En sentant fortement et même en régénérant l'art par de vivifiantes croyances, ils n'ont pas exécuté
d'œuvre ; l'*Exegi monumentum* n'a pas été leur devise ; ils
ont improvisé en causant ; ils ont esquissé au trait et moulé
en argile ; ils n'ont pas achevé de tableau, ni sculpté en marbre. D'un autre côté, les successeurs d'André Chénier, isolés
à l'origine par des circonstances particulières de naissance,
de condition sociale, et, si l'on veut, de préjugés, nourris et
vivant au sein d'idées, étroites peut-être, mais hautes et fortes, se sont retirés de bonne heure des discussions et des tracasseries politiques, où une première fougue chevaleresque
les avait lancés ; ils se sont fait, à part, et dans une atmosphère sereine, une vie de calme et de loisir ; laissant à d'autres les théories et la polémique, ils ont abordé l'art en artistes, et se sont mis amoureusement à créer. Mais, tout
isolés qu'ils étaient du tourbillon, l'air du siècle montait
jusqu'à eux, et ils le respiraient avec bonheur. Les vieux
préjugés s'évanouissaient insensiblement à leurs yeux, et ne

conservaient que leur sens mystique et sublime. Les grands résultats historiques et philosophiques du temps obtenaient de leur esprit, sinon adhésion complète, du moins examen sérieux ; et s'il leur reste encore aujourd'hui quelque progrès à faire de ce côté, si, de leur part, toute justice n'est pas rendue encore à certains travaux et à certains hommes, le temps achèvera ce qui est si bien commencé, et, d'ailleurs, ce sont là des dissidences à peu près inévitables entre contemporains. Ce qui était surtout inévitable, et ce qui arrive en ce moment, c'est la querelle de la *forme* ou du *style* qui occupe si fort les deux écoles. Il n'y a pas bien long-temps qu'elles se sont aperçues combien elles différaient d'opinion sur ce point. Les voilà donc aux prises ; mais, selon nous, l'école poétique a pour elle ici toutes raisons de gagner sa cause. Car, ne pouvant nier la gravité du *style* et de la *forme* dans l'art, l'autre école est réduite à rappeler que le *style* et la *forme* ne viennent qu'après les idées, les conceptions et les sentiments ; que réduire l'art à une question de *forme*, c'est le rappetisser et le retrécir outre mesure ; qu'à force de s'attacher à la *forme*, on court risque de tomber dans la science et de lâcher la poésie; qu'on peut être grand poète avec beaucoup d'indifférence pour les détails de facture, etc., etc. ; toutes remarques fort justes que les successeurs d'André Chénier sont les premiers à reconnaître, et qui ne touchent en rien au fond de la question. Et en effet, parce qu'on donne certains conseils de style et qu'on révèle certains secrets nouveaux de forme, on ne prétend pas contester la prééminence des sentiments et des conceptions ; et, si l'on ne juge pas à propos d'en parler, c'est que la critique éclairée des disciples de madame de Staël laisse peu à dire sur ce sujet, et que les idées en circulation, touchant *la vérité locale, la peinture fidèle des caractères, la naïveté des croyances, le cri instinctif et spontané des passions*, sont plus qu'il n'en faut au génie, sans pouvoir jamais suffire à la médiocrité. Quant aux détails techniques dont il s'agit, au contraire, le génie n'est pas tenu de les deviner du premier coup, et, lorsqu'on l'en aura averti, il ne sera ni moins grand ni moins libre pour s'y conformer. Les successeurs d'André Chénier d'ailleurs sont poètes avant tout : ils laissent dire à d'autres tout ce qu'on peut dire d'excellent et de général sur l'art sans être artiste et praticien ; ils se contentent d'appeler l'attention sur un petit nombre d'articles de fine et délicate critique dont les poètes seuls ont conscience, et que, seuls, ils peuvent signaler. Or, à examiner ces articles de très-près, il est difficile, selon moi, de ne pas être de l'avis des poètes.

## IV.

Un des premiers soins de l'école* d'André Chénier a été de retremper le vers flasque du dix-huitième siècle, et d'assouplir le vers un peu raide et symétrique du dix-septième ; c'est de l'alexandrin surtout qu'il s'agit. Avec la rime riche, la césure mobile et le libre enjambement, elle a pourvu à tout, et s'est créé un instrument à la fois puissant et souple. Ceci, pourtant, demande quelques restrictions ou plutôt quelques explications.

1° Même sous le régime de Boileau et de l'*Art poétique*, le vers du drame (tragédie ou comédie) avait conservé certaines franchises refusées au vers de l'épître, de la satire et de l'élégie.

2° Le vers de la comédie en particulier, sous la plume de Molière, avait été tout ce qu'il pouvait être ; la comédie des *Plaideurs* ne laisse rien non plus à désirer sur ce point.

3° Avant le régime de Boileau, Corneille avait mêlé le vers comique au tragique, comme dans *le Cid* et *Nicomède*.

Mais, *le Cid* et *Nicomède*, *les Plaideurs* et les pièces en vers de Molière, mis hors de cause, l'alexandrin de l'école nouvelle lui est tout-à-fait propre, et, pour en retrouver d'anciens exemples, il ne faut pas remonter moins haut que Régnier, Baïf et Ronsard. Cette prétention irrite beaucoup certains critiques, qui, sans trop désapprouver les coupes et les enjambements de l'école nouvelle, répugnent à lui faire honneur de l'invention, et se piquent de retrouver dans l'alexandrin tragique de Racine tous ces prétendus perfectionnements modernes de mécanisme et de facture. A les entendre, lorsqu'André Chénier fait de bons vers, il ne les fait pas autrement que Racine. En supposant l'assertion exacte, ce serait déjà une innovation d'André Chénier d'avoir introduit dans le vers d'épître et d'élégie les franchises réservées jus-

* Ce mot d'*école* et de *disciples* qui revient souvent, parce qu'il simplifie le langage, n'implique aucune idée d'imitation servile ; il exprime seulement une certaine communauté de principes et de vues sur l'art.

que-là au vers tragique ; ce serait avoir marché d'un pas au-delà de Boileau. Mais, malgré notre respect et notre admiration sans bornes pour l'alexandrin tragique de Racine, nous ne pouvons y voir que la vieille forme merveilleusement traitée, et nous défions qui que ce soit d'y découvrir rien de pareil à quelques exemples que nous allons citer en échantillons de la forme nouvelle.

André Chénier, après l'invocation de son *Aveugle* à Sminthée-Apollon, dit :

> C'est ainsi qu'achevait l'Aveugle en soupirant,
> Et près des bois marchait\*, faible, et sur une pierre
> S'asseyait. Trois pasteurs, enfants de cette terre,
> Le suivaient, accourus aux abois turbulents
> Des molosses, gardiens de leurs troupeaux bêlants.

Et plus loin, dans le chant de *l'Aveugle* :

> Commençons par les Dieux : souverain Jupiter,
> Soleil qui vois, entends, connais tout ; et toi, mer,
> Fleuves, terre et noirs Dieux des vengeances trop lentes,
> Salut ! venez à moi de l'Olympe habitantes,
> Muses ; vous savez tout, vous, Déesses ; et nous,
> Mortels, ne savons rien qui ne vienne de vous.

Le vieillard divin poursuit : il chante l'origine des choses, le débrouillement du chaos, les premiers arts, les guerres des Dieux et des héros, puis les combats humains, les assauts, les sacs de ville ;

> Puis aussi les moissons joyeuses, les troupeaux
> Bêlants ou mugissants, les rustiques pipeaux, etc., etc.

Et dans une élégie, chef-d'œuvre de grâce et de mollesse :

> Les belles font aimer ; elles aiment. Les belles
> Nous charment tous. Heureux qui peut être aimé d'elles !
> Sois tendre, même faible ; on doit l'être un moment ;
> Fidèle, si tu peux. Mais compte-moi comment,
> Quel jeune homme aux yeux bleus, etc., etc.

Émile Deschamps, dans une épître à son ami Alfred de Vigny, lui parle de cette lyre antique,

> Que Chénier réveilla si fraîche, et dont l'ivoire
> S'échappa sanglant de ses mains.

Dans la traduction déjà célèbre, quoiqu'inédite encore,

---

\* L'exactitude grammaticale exigerait *il marchait ;* mais l'exemple ne subsiste pas moins.

de *Roméo et Juliette*, Mercutio, blessé à mort, s'écrie en plaisantant :

> Le coup n'est pas très-fort ; non, il n'est pas, sans doute,
> Large comme un portail d'église, ni profond
> Comme un puits ; c'est égal ; la botte est bien à fond.

Victor Hugo dit dans un de ses chants grecs :

> Un Klephte a pour tout bien l'air du ciel, l'eau des puits,
> Un bon fusil bronzé par la fumée, et puis
> La liberté sur la montagne.

Pierre Lebrun, dont le style chaud et franc est bien supérieur à celui de son homonyme, tout blazonné de mythologie et de majuscules\*, dit au second chant de son *Voyage en Grèce* :

> . . . . . . . . . . . . Les platanes épais
> Près des sources encor se plaisent à s'étendre
> En dômes transparents ; leurs rameaux n'ont jamais
> Sur la terre laissé tomber un jour plus tendre.

Barthélemy et Méry, au second chant du dernier et du plus beau de leurs poèmes :

> Aux premières lueurs de l'aube, sur la rive,
> Épuisé de sa course un messager arrive.

Alfred de Vigny, dans *la Dryade* :

> Ida ! j'adore Ida, la légère bacchante :
> Ses cheveux noirs, mêlés de grappes et d'acanthe,
> Sur le tigre attaché par une agrafe d'or,
> Roulent abandonnés ; sa bouche rit encor
> En chantant Évoé ; sa démarche chancelle ;
> Ses pieds nus, ses genoux que la robe décèle,
> S'élancent ; et son œil, de feux étincelant,
> Brille comme Phébus sous le signe brûlant.

Al. Soumet, qui est souvent de l'école de Racine, s'en sépare lorsqu'il dit :

> Oui, disait l'une, c'est notre douce patronne,
> La sainte du berceau, l'ange des cœurs souffrants.
> Oh ! venez sous mon toit guérir mes vieux parents
> Qui sont malades. — L'autre en souriant la prie, etc., etc.

Moi-même, s'il est permis de me citer après de tels noms

---

\* On a été plus juste envers Lebrun le pindarique au tome premier des *Critiques et Portraits*.

sur une question de fait, trouverai-je chez Racine des exemples qui me justifieraient d'avoir écrit :

> Les matins de printemps, quand la rosée enivre
> Le gazon embaumé, je sors avec un livre
>     Par la porte du bois.

Et dans un sonnet :

> Ce n'est pas un aveu que mon ardeur réclame;
> . . . . . . . . . . . . . . . . . . . . .
> Ce n'est pas d'enlacer en mes bras le contour
> De ces bras, de ce sein ; d'embraser de ma flamme
> Ces lèvres de corail si fraîches ; non, madame, etc., etc.

Et en parlant de ma *Muse* :

> Elle n'est pas la vierge ou la veuve éplorée
> Qui d'un cloître désert, d'une tour sans vassaux
> Solitaire habitante, erre sous les arceaux,
> Disant un nom ; descend aux tombes féodales, etc., etc.

Et pour dernière citation :

> . . . Oh ! ce n'est pas une scène sublime,
> Un fleuve résonnant, des forêts dont la cime
> Flotte comme une mer, ni le front sourcilleux
> Des vieux monts tout voûtés se mirant aux lacs bleus.

Ira-t-on conclure de ces différences essentielles que la forme de Racine ne se rencontre jamais chez André Chénier et ses successeurs? Rien ne serait moins exact. En se permettant de jeter souvent le vers dans un nouveau moule, on ne s'est pas interdit de s'en tenir à l'ancien quand il suffisait ; suivant l'adage vulgaire, qui peut le plus peut le moins, et, envisagé de la sorte, l'alexandrin de Racine n'est qu'un cas particulier de la formule générale d'André Chénier. Nous reconnaîtrons même très-volontiers que ce cas doit rester le plus fréquent dans l'application Sur vingt bons vers de l'école moderne, il y en aura toujours quinze qu'à la rigueur Racine aurait pu faire.

## V.

On rencontre par le monde des critiques qui emploient tout leur esprit, et ils en ont beaucoup, à obscurcir les questions. Ne pouvant rompre la chaîne de certaines idées, ils se plaisent à l'embrouiller; faisons-leur toucher au doigt deux ou trois anneaux, et après cela qu'ils nient encore, s'ils le veulent obstinément.

1º L'alexandrin de Ronsard, de Baïf, de Régnier, est-il au fond le même que celui d'André Chénier? Évidemment oui.

2º L'alexandrin d'André Chénier est-il celui de Racine? Évidemment non.

3º Est-il davantage celui de Delille? Pas le moins du monde.

4º Or, maintenant, l'alexandrin de l'école moderne ressemble-t-il à l'alexandrin d'André Chénier plus qu'à celui de Racine ou qu'à celui de Delille? Évidemment oui.

La question une fois posée et résolue en ces termes, hâtons-nous d'ajouter que les poëtes modernes n'y mettent pas plus d'importance qu'il ne convient. On a commencé par les accuser de mépriser la forme ; maintenant on leur reproche d'en être esclaves. Le fait est qu'ils tiennent à la fois au fond et à la forme ; mais, celle-ci une fois trouvée, comme elle l'est aujourd'hui, ils n'ont plus guère à s'en inquiéter, et les chicanes que l'école critique soulève à ce propos ressemblent à une escarmouche d'arrière-garde quand la tête de la colonne est passée.

## VI.

Outre les circonstances matérielles de coupes et d'enjambements qui distinguent l'alexandrin moderne de l'ancien, il y a entre ces deux sortes de vers d'autres différences non moins caractéristiques, quoiqu'à peu près indéfinissables. Ainsi les poëtes de la nouvelle école abondent en une espèce de vers dont Rotrou a comme donné le type dans le second des deux suivants ; c'est saint Genest qui parle des chrétiens :

> Moi-même les ai vus, d'un visage serein,
> *Pousser des chants aux cieux dans des taureaux d'airain.*

Les vers de cette espèce sont pleins et immenses, drus et spacieux, tout d'une venue et tout d'un bloc, jetés d'un seul et large coup de pinceau, soufflés d'une seule et longue haleine ; et, quoiqu'ils semblent tenir de bien près au talent individuel de l'artiste, on ne saurait nier qu'ils ne se rattachent aussi à la manière et à la facture. On en trouve très-rarement de pareils dans la vieille école, même chez Racine, et les nouveaux poètes en offrent des exemples en foule.

> L'or reluisait partout aux axes de tes chars.
> 
> André CHÉNIER.

> Car, en de longs détours de chansons vagabondes,
> Il enchaînait de tout les semences fécondes,
> Les principes du feu, les eaux, etc., etc.
> 
> André CHÉNIER.

> Ainsi le grand vieillard en images hardies
> Déployait le tissu des saintes mélodies.
> Les trois enfants, émus à son auguste aspect,
> Admiraient, d'un regard de joie et de respect,
> De sa bouche abonder les paroles divines,
> Comme en hiver la neige au sommet des collines.
> 
> André CHÉNIER.

> Le rayon qui blanchit ces vastes flancs de pierre,
> En glissant à travers les pans flottants du lierre,
> Dessine dans l'enceinte un lumineux sentier.
> 
> LAMARTINE.

> La ruine, abaissant ses voûtes inclinées.
> 
> LAMARTINE.

> Tout jetait des éclairs autour du roi superbe.
> 
> Victor HUGO.

> Les monts dont un rayon baigne les intervalles.
> 
> Victor HUGO.

> Ondoyer sous les vents l'albâtre des panaches.
> 
> Émile DESCHAMPS.

> Le soleil et les vents dans ces bocages sombres
> Des feuilles sur ses traits faisaient flotter les ombres.
> 
> Alfred de VIGNY.

> Les gants rompus livrant les bras, les mains trahies.
> 
> Paul FOUCHER.

Ces sortes de vers se lient assez intimement à la facture pour que moi, qui dans ma première manière ne m'en serais jamais avisé, j'en aie rencontré plus d'un depuis que je travaille à la moderne, ou, ce qui revient au même, à la manière des vieux d'avant Boileau :

> De grands tas aux rebords des carrières de plâtre...
> Remêlant quelque poudre au fond d'un verre d'eau...
> A genoux, de velours inonde au loin les dalles.

Qu'ont de commun entre eux tous ces vers que je viens de citer et tous ceux que j'omets ? se ressemblent-ils autrement que par le *plein*, le *large* et le *copieux*? Ce qu'il y a de certain, c'est qu'ils me font, à moi et à plusieurs de mes amis, l'effet d'être de la même famille.

## VII.

Depuis quelque temps la mode s'introduit d'opposer Lamartine aux poètes de la nouvelle école, comme s'il n'en était pas, lui, le plus cher ornement et la plus noble gloire. « Vous parlez d'innovations, de réformes matérielles dans le » vers, nous dit-on ; voyez Lamartine, il est parvenu à ren- » dre tout ce qu'il y a de plus rêveur et de plus insaisissable » dans l'ame humaine, et pourtant la facture de notre vers » ne s'est guère modifiée sous sa main ; il suit l'ancienne ma- » nière, non celle de votre André Chénier ; il est négligé sans » doute, incorrect et vague, mais jamais tendu ni pédant. »

Non, Lamartine ne suit pas la manière d'André Chénier, et, n'en eût-il jamais lu un seul vers, il ne serait ni moins grand ni autre qu'il n'est aujourd'hui ; mais soutenir que Lamartine suit la manière de Racine et de J.-B. Rousseau parce qu'on ne rencontre chez lui qu'un assez petit nombre de coupes et d'enjambements, c'est ignorer qu'il y a d'autres éléments intégrants de la forme poétique, lesquels, pour être plus mobiles et plus fluides, ne sont pas moins distinctifs et réels. L'insouciance et la profusion qui donnent une allure si particulière aux larges périodes de notre poète, cette foule de participes présents tour à tour quittés et repris, ces phrases incidentes jetées adverbialement, ces énumérations sans fin qui passent flot à flot, ces *si*, ces *quand*, éternellement reproduits, qui rouvrent coup sur coup des sources imprévues, ces comparaisons jaillissantes qu'on voit à chaque instant éclore et se briser comme un rayon aux cimes des vagues, tout cela n'est-il donc rien pour caractériser une manière? Mais ce sont là des défauts, des incorrections, direz-vous : allez dire à l'Éridan, roi des fleuves, qui coule par les campagnes et sous les grands horizons de Lombardie à nappes épanchées, recevant ondées du ciel et ruisseaux tributaires, rapide et irrésistible à son milieu, comme incertain et avec des courants en tous sens vers les bords, y déposant et reprenant au hasard roseaux et branchages flottants, et jonchant ses crêtes écumantes de mille gerbes de feu sous le soleil ; allez-lui dire qu'il a tort de s'épandre et de se jouer en telle licence; et, si votre voix charitable peut percer à travers sa grande voix, expliquez-lui bien comment, à part ces légères différences de nappes épanchées et de course vagabonde, il ressemble tout-à-fait d'ailleurs au noble et beau fleuve qui découle majestueusement dans la ville capitale entre deux quais réguliers de pierre de taille. C'est là en effet toute la ressemblance entre Racine et Lamartine. Et ce dernier, à prendre les choses par le fond, à examiner le *moule intérieur* de la forme et les traits caractéristiques du dessin, aurait plus de parenté encore, selon moi, avec André Chénier qu'avec l'illustre auteur d'*Athalie*. Qu'on relise, par exemple, l'*Homère* de Chénier, et ces *paroles divines* qui *abondent de la bouche du grand vieillard*,

Comme en hiver la neige au sommet des collines;

et puis qu'on décide après si, à l'exception d'une curiosité plus attentive et de quelque chose de plus gracieusement étrange dans le détail, ces flots de *saintes mélodies* ne se déroulent pas à la manière du grand fleuve Éridan ; si cet Homère de Chénier n'est pas le frère jumeau de celui de *Childe-Harold,* et si l'un comme l'autre poète moderne n'aurait pas le droit de dire de lui-même, à la face de Racine étonné :

> Quelquefois seulement, quand mon ame oppressée
> Sent en rhythmes nombreux déborder ma pensée,
> Au souffle inspirateur du soir dans les déserts,
> Ma lyre abandonnée exhale encor des vers !
> J'aime à sentir ces fruits d'une sève plus mûre
> Tomber, sans qu'on les cueille, au gré de la nature ;
> Comme le sauvageon secoué par les vents,
> Sur les gazons flétris, de ses rameaux mouvants
> Laisse tomber ses fruits que la branche abandonne,
> Et qui meurent au pied de l'arbre qui les donne.

(*Méditations.*)

Mais, quand les fruits sont tombés, ou plutôt à mesure qu'ils tombent, la Muse d'André Chénier est là comme une jeune fille qui passe; et elle les reçoit et les range dans une corbeille de jonc tressée de ses mains ; et, avant de les porter en offrande à l'autel de Palès, la jeune fille *au teint frais et vermeil* s'est mirée à la fontaine,

> . . . . . . . . . . Et pour paraître belle,
> L'eau pure a ranimé son front, ses yeux brillants:
> D'une étroite ceinture elle a pressé ses flancs,
> Et des fleurs sur son sein, et des fleurs sur sa tête,
> Et sa flûte à la main. . . . . . . . .
>
> *(Idylles.)*

La Muse de Lamartine ne se soucie pas même de cette parure agreste et naïve qui charme singulièrement dans l'autre Muse, sa sœur; il semble qu'elle n'ait jamais pensé, elle, à se mirer, à se regarder rêver ou marcher, à tourner la tête pour voir flotter ses cheveux au vent ou sa robe aux buissons. Et pourtant que de charme aussi dans ce laisser-aller sans corbeille et sans ceinture ! Quelle simplicité irréfléchie, sans retour sur elle-même, si parfaite qu'elle ne va pas jusqu'à paraître naïve ! que de noblesse dans cet abandon, et souvent et à la fois quelle grâce suprême ! Ainsi, vers la fin de l'admirable pièce des *Étoiles*, quand le poète, épris de *ces fleurs du ciel dont le lis est jaloux*, voudrait fleurir aussi, et bien loin de cette terre,

> Jonchant d'un feu de plus les parvis du saint lieu,
> Éclore tout d'un coup sous les pas de *son* Dieu;

quand il raconte alors comment, se ressouvenant du globe natal, il reviendrait chaque nuit briller sur les monts qu'il aimait, glisser dans les rameaux, dormir sur les prés,

> . . . . . . . . Et s'il est ici-bas
> Un front pensif, des yeux qui ne se ferment pas,

les caresser d'une lueur fraternelle, se fondre en eux jusqu'à l'aube, et qu'au moment de s'évanouir,

> *Son* rayon, en quittant leur paupière attendrie,
> Leur laisserait encor la vague rêverie,
> Et la paix, et l'espoir; . . . . . .

dans tout ce morceau, au milieu de la sublimité la plus tendre et des plus divins épanchements, règne cette forme exquise *aux douceurs souveraines*, cette grâce choisie qu'André Chénier connut si bien, mais dont certes il n'a donné nulle part un plus merveilleux exemple.

D'ailleurs quand Lamartine, exprimant ce qu'il y a de plus rêveur et de plus inexprimable en l'âme humaine, se serait souvent passé avec bonheur d'une forme précise et sévère, en pourrait-on sérieusement conclure qu'il est, à plus forte raison, inutile de s'y asservir dans l'expression de sentiments moins fugitifs, dans la peinture d'un monde moins métaphysique et d'une vie plus réelle. Parce qu'un beau nuage d'or flotte admirablement sur un horizon bleu, parce qu'une belle eau courante se joue et déborde au penchant du vallon, faut-il interdire au château gothique ses fenêtres en ogives et ses tours à créneaux ? à l'église romane ses pleins cintres massifs et *ses huit angles de pierre en écailles sculptéees?* au baron son armure d'acier à charnières, et la dentelle de sa cotte-de-mailles ? conclusion étrange, en vérité ! Disons tout le contraire : c'est précisément à mesure que la poésie se rapproche davantage de la vie réelle et des choses d'ici-bas, qu'elle doit se surveiller avec plus de rigueur, se souvenir plus fermement de ses religieux préceptes, et, tout en abordant le vrai sans scrupule ni fausse honte, se poser à elle-même, aux limites de l'art, une sauvegarde incorruptible contre le prosaïque et le trivial.

## VIII.

Lamartine, assure-t-on, aime peu et n'estime guère André Chénier. Cela se conçoit. André Chénier, s'il vivait, devrait comprendre bien mieux Lamartine qu'il n'est compris de lui. La poésie d'André Chénier n'a point de religion ni de mysticisme ; c'est, en quelque sorte, le paysage dont Lamartine a fait le ciel, paysage d'une infinie variété et d'une immortelle jeunesse, avec ses forêts verdoyantes, ses blés, ses vignes, ses monts, ses prairies et ses fleuves ; mais le ciel est au-dessus, avec son azur qui change à chaque heure du jour, avec ses horizons indécis, *ses ondoyantes lueurs du matin et du soir*, et, la nuit, avec ses *fleurs d'or dont le lys est jaloux*. Il est vrai que, du milieu du paysage, tout en s'y promenant, ou couché à la renverse sur le gazon, on jouit du ciel et de ses merveilleuses beautés, tandis que l'œil humain du haut des nuages, l'œil d'Élie sur son char, ne verrait la terre que comme une masse un peu confuse; il est vrai encore que le paysage réfléchit le ciel dans ses eaux, dans la goutte de rosée aussi bien que dans le lac immense, tandis que le dôme du ciel ne réfléchit pas les images projetées de la terre. Mais, après tout, le ciel est toujours le ciel, et rien n'en peut abaisser la hauteur.

## IX.

Un de mes amis a coutume de comparer les vers dithyrambiques d'André Chénier, où les coupes et les enjambements surabondent, à ces combats d'écorchés auxquels s'exerçait l'illustre et infortuné Géricault. Plus tard, si l'artiste avait vécu, il aurait peut-être jeté de la peau sur ces muscles.

— Un autre de mes amis a dit de certaines petites ballades de Victor Hugo, *la Chasse du Margrave, le Pas d'armes du roi Jean*, que ce sont des vitraux gothiques. On voit à tout instant sur la phrase poétique la brisure du rhythme comme celle de la vitre sur la peinture. C'est impossible autrement. L'essentiel, en ces courtes fantaisies, c'est l'allure, la tournure, la *dégaine* cléricale, monacale, royale, seigneuriale, du personnage, et sa haute couleur.

## X.

J'ai entendu critiquer ce vers de Lamartine :

Pareille au grand César, *qui*, *quand* l'heure fut prête, etc., etc.;

et, en général, on reproche à l'école nouvelle son luxe de *qui*, de *que* et de *quand*. Je doute pourtant qu'on en trouve nulle part, chez les poètes du jour, une aussi riche collection que dans ces quatre vers de Racine, très-passables d'ailleurs à mon gré :

> Britannicus est seul : *quelque* ennui *qui* le presse,
> Il ne voit à son sort *que* moi *qui* s'intéresse,
> Et n'a pour tous plaisirs, seigneur, *que quelques* pleurs
> *Qui* lui font *quelquefois* oublier ses malheurs.

Cette citation m'a fait relire *Britannicus*; car, quand on ouvre une fois Racine, il n'est pas facile de s'en arracher. J'y vois des vers que des critiques trop prompts et superficiels seraient peut-être tentés d'opposer à l'école moderne comme exemples de ces enjambements qu'elle croit avoir renouvelés de Régnier et de Ronsard. Ainsi Burrhus :

> Je parlerai, Madame, avec la liberté
> D'un soldat qui sait mal farder la vérité.

Un disciple d'André Chénier aurait dit sans scrupule :

> Je parlerai, Madame, avec la liberté
> D'un soldat ; je sais mal farder la vérité.

Or Racine ne se fût jamais avisé de pareille *licence*. Qu'aurait dit Boileau ? Donc les innovations actuelles, bonnes ou mauvaises, ne sont pas chimériques et ne se retrouvent nullement dans Racine.

## XI.

A propos de toutes les questions d'*art poétique* dans lesquelles j'ai la manie fort innocente de me délecter, il ne me vient jamais à l'esprit de citer l'abbé Delille, quoiqu'il ait essayé aussi d'innover ; mais il l'a fait si mesquinement, avec une intention si formelle de gentillesse et un dilettantisme si raffiné d'harmonie imitative, qu'il est allé précisément contre le but de l'art, et a retardé la réforme au lieu d'y aider. Delille était atteint de *faux goût* ; et le *faux goût*, une fois infiltré dans un talent, le corrompt à tout jamais et jusqu'en ses meilleures parties. Les vrais talents ont leurs défauts sans doute, et souvent graves ; la vigueur de l'un touche à la rudesse ; la concision de l'autre, à l'obscurité. Celui-ci, d'une grâce si haute et si céleste, aura parfois une étrangeté d'élégance voisine de l'affectation ; celui-là, si vif et si charmant, ne se gardera pas toujours d'une verve trop sémillante. Mais ces défauts tiennent à des qualités et n'en sont même que l'exagération ; ce sont, pour ainsi dire, des indispositions légères de gens sains et robustes ; ils n'y perdront pas un seul jour de vie, et, avec le temps, leur constitution finira par en triompher. Oh ! combien je préfère ces défauts francs et de bonne nature aux qualités viciées des autres ! On n'est jamais sûr, en effet, d'un talent de *faux goût*. Ses beautés mêmes se ressentent de la maladie et la trahissent. Jusque sous la fraîcheur de ce teint fleuri j'entrevois un sang pauvre, des tissus en dissolution et l'ulcère des écrouelles. Et si la comparaison semble d'assez *mauvais goût* aux connaisseurs, je suis certain du moins qu'elle n'est pas de *faux goût*, car j'établis encore une distinction entre le *mauvais* et le *faux*, et je n'hésite pas au besoin à préférer l'un à l'autre.

## XII.

Tel filet d'idée poétique qui chez André Chénier découlerait en élégie, ou chez Lamartine s'épancherait en méditation, et finirait par devenir fleuve ou lac, se congèle aussitôt chez moi, et se cristallise en sonnet ; c'est un malheur, et je m'y résigne.

— Une idée dans un sonnet, c'est une goutte d'essence dans une larme de cristal.

## XIII.

Il y a dans la manière de madame Tastu une nuance d'animation si ménagée, une blanche pâleur si tendre et si vivante, une grâce modeste qui s'efface si pudiquement d'elle-même ; son vers est tellement pour sa pensée, comme le voile de Sophronie, sans trop la couvrir et sans trop la montrer,

Non copri sue bellezze e non l'espose,

que, dans ces questions techniques de rhythme pur, il ne s'est pas présenté à mon idée un seul de ses vers ravissants. De tels vers, nés du cœur, vivent tout entiers par lui, et sont inséparables du sentiment qui les inspire. Fleuris à l'ombre du gynécée, ils se faneraient dans les arguments des écoles ; et cette gloire discrète, encore tempérée de mystère, est à mon sens la plus belle pour une femme poète.

## XIV.

La critique littéraire, comme la politique, a inventé de nos jours je ne sais quel système de *balance* et de *bascule* qui consiste à rétrograder après s'être avancé, à défaire après avoir fait. Il y a assez long-temps que je loue Shakspeare, se dit un matin la Critique ; il est urgent de faire une réaction pour Racine. Et la voilà qui nous apprend comme une découverte toutes les belles qualités du poète ; qu'il est pur, jamais enflé, d'une merveilleuse souplesse dans le mouvement du style. Grand merci, sans doute, de l'avertissement officieux ! Il est bon de ne pas tout-à-fait oublier ces sortes de choses, quoique M. de La Harpe les ait répétées après Voltaire, il y a une trentaine d'années. Si du moins c'était là tout! si l'on s'en tenait à Racine! Si même on allait seulement jusqu'à défendre le style équivoque des tragédies de Voltaire! Il n'y aurait trop rien à redire, sinon : à quoi bon? et qu'en voulez-vous conclure? Mais la manie des réactions, qui est une véritable maladie de l'esprit critique, ne s'arrête pas en si bon train; si je devine bien, et à en juger par quelques vagues symptômes, Delille, l'abbé Delille lui-même et son école sont à la veille d'une sorte de réhabilitation; l'on se dira, comme une remarque toute neuve : « Mais, après tout, il y a du bon chez cet abbé que » vous méprisez tant; vous êtes bien souvent descriptifs à » sa manière, et il est bien souvent pittoresque à la vôtre. » Imitez-le moins ou estimez-le davantage. » Qu'il y ait du bon chez Delille, des traits heureux de pinceau, et, par exemple, quelque quatre ou cinq beaux vers sur quarante, personne ne le niera ; personne ne l'a jamais nié ; et je ne vois pas ce qu'on gagnera à le proclamer bien haut. Mais que la manière de Delille ne soit pas radicalement fausse, que son badigeonnage descriptif se puisse comparer à la profusion pittoresque de nos jeunes modernes, que le lustre d'une miniature fardée ressemble à l'ardeur éblouissante du pinceau de Rubens ou de Titien, voilà ce qui est chose insoutenable selon moi, et ce qui marque un oubli complet du procédé des deux écoles.

## XV.

Le procédé de couleur dans le style d'André Chénier et de ses successeurs roule presque en entier sur deux points. 1° Au lieu du mot vaguement abstrait, métaphysique et sentimental, employer le mot propre et pittoresque ; ainsi, par exemple, au lieu de *ciel en courroux* mettre *ciel noir et brumeux;* au lieu de *lac mélancolique* mettre *lac bleu;* préférer aux *doigts délicats* les *doigts blancs et longs* [*]. Il

---

[*] Tout ceci est trop tranché et devient inexact. Lamartine a dit admirablement :

Assis aux bords déserts des lacs mélancoliques.

Il n'y a pas de *lac bleu* qui équivaille à cela. C'est ce qu'on a eu occasion d'exprimer en maint endroit des *Critiques et Portraits*, notamment tome II, à propos de madame Desbordes-Valmore.

n'y a que l'abbé Delille qui ait pu dire, en croyant peindre quelque chose :

. . . . . . ,,Tombez, *altières* colonnades,
Croulez, *fiers* chapiteaux, *orgueilleuses* arcades.

Racine ne peint guère davantage quand il fait d'un monstre marin un *indomptable taureau*, un *dragon impétueux*. Parny parle du *tendre* feu qui brille dans les yeux d'Éléonore. 2° Tout en usant habituellement du mot propre et pittoresque, tout en rejetant sévèrement le mot vague et général, employer à l'occasion et placer à propos quelques-uns de ces mots indéfinis, inexpliqués, flottants, qui laissent deviner la pensée sous leur ampleur; ainsi des *extases* choisies, des *attraits* désirés, un *langage sonore aux douceurs* souveraines; les expressions d'*étrange*, de *jaloux*, de *merveilleux*, d'*abonder*, appartiennent à cette famille d'élite. Il est aussi rare de les rencontrer chez Delille et ses disciples que d'y rencontrer le mot propre, le trait naïvement pittoresque Le style d'André Chénier réunit ces deux sortes d'expressions et les relève l'une par l'autre. C'est comme une grande et verte forêt dans laquelle on se promène : à chaque pas, des fleurs, des fruits, des feuillages nouveaux ; des herbes de toutes formes et de toutes couleurs; des oiseaux chanteurs aux mille plumages; et çà et là de soudaines échappées de vue, de larges clairières ouvrant des perspectives mystérieuses et montrant à nu le ciel.

## XVI.

Depuis que nos poètes se sont avisés de regarder la nature, pour mieux la peindre, et qu'ils ont employé dans leurs tableaux des couleurs sensibles aux yeux, qu'ainsi, au lieu de dire un *bocage romantique*, un *lac mélancolique*, ils disent un *bocage vert* et un *lac bleu*, l'alarme s'est répandue parmi les disciples de madame de Staël et dans l'école genevoise; et l'on se récrie déjà comme à l'invasion d'un matérialisme nouveau. La splendeur de cette peinture inaccoutumée offense tous ces yeux ternes et ces imaginations blafardes. On craint surtout la monotonie, et il semble par trop aisé et par trop simple de dire que les feuilles sont vertes et les flots bleus. En cela peut-être les adversaires du pittoresque se trompent. Les feuilles, en effet, ne sont pas toujours vertes, les flots ne sont pas toujours bleus ; ou plutôt il n'y a dans la nature, à parler rigoureusement, ni vert, ni bleu, ni rouge proprement dit ; les couleurs naturelles des choses sont des couleurs sans nom ; mais, selon la disposition d'ame du spectateur, selon la saison de l'année, l'heure du jour, le jeu de la lumière, ces couleurs ondulent à l'infini, et permettent au poète et au peintre d'inventer aussi à l'infini, tout en paraissant copier. Les peintres vulgaires ne saisissent pas ces distinctions ; un arbre est vert, vite du beau vert ; le ciel est bleu, vite du beau bleu. Mais, sous ces couleurs grossièrement superficielles, les Bonington, les Boulanger devinent et reproduisent la couleur intime, plus rare, plus neuve, plus piquante ; ils démêlent ce qui est de l'heure et du lieu, ce qui s'harmonise le mieux avec la pensée du tout ; et ils font saillir ce *je ne sais quoi* par une idéalisation admirable. Le même secret appartient aux grands poètes, qui sont aussi de grands peintres. Nous renvoyons les incrédules à André Chénier, à Alfred de Vigny, à Victor Hugo. Qu'on se tranquillise donc sur cette monotonie prétendue. Le pittoresque n'est pas une boîte à couleurs qui se vide et s'épuise en un jour ; c'est une source éternelle de lumière, un soleil intarissable.

## XVII.

L'esprit critique est de sa nature facile, insinuant, mobile et compréhensif. C'est une grande et limpide rivière qui serpente et se déroule autour des œuvres et des monuments de la poésie, comme autour des rochers, des forteresses, des coteaux tapissés de vignobles, et des vallées touffues qui bordent ses rives. Tandis que chacun de ces objets du paysage reste fixe en son lieu et s'inquiète peu des autres, que la tour féodale dédaigne le vallon, et que le vallon ignore le coteau, la rivière va de l'un à l'autre, les baigne sans les déchirer, les embrasse d'une eau vive et courante, les *comprend*, les réfléchit ; et, lorsque le voyageur est curieux de connaître et de visiter ces sites variés, elle le prend dans une barque ; elle le porte sans secousse, et lui développe successivement tout le spectacle changeant de son cours.

## XVIII.

Il y a dans la poésie deux formes : 1° l'une qui lui est commune avec la prose, savoir : la forme grammaticale, analogique, littéraire ; 2° l'autre qui lui est propre et plus intime que la précédente, savoir : la forme rhythmique, métrique, musicale. La forme suprême de la poésie consiste à concilier ces deux formes partielles, et à faire qu'elles subsistent l'une dans l'autre. Mais cette alliance n'est pas toujours facile, et le poète, lorsqu'il se croit dans la nécessité de sacrifier l'une à l'autre, incline naturellement à préférer la forme poétique, proprement dite. Cela est bon jusqu'à un certain point, surtout au commencement ; pourtant, dès que le poëte est entièrement sûr du moule, et qu'il possède la forme intime et essentielle, nous oserions lui conseiller de savoir y déroger parfois dans les cas douteux, et de se laisser aller de préférence à la forme vulgaire, bien que moins rigoureuse, quand elle a d'ailleurs sur l'autre l'avantage du naturel et de la simplicité.

## XIX.

Qu'a été jusqu'à ce jour l'élégie en France? Je laisse Marot, Ronsard, et, dans le siècle suivant, Pélisson et madame de la Suze. Parny a eu de son temps la réputation de *Tibulle français;* mais, pour qui le relit aujourd'hui sans prévention, son élégie, facile, élégante et assez vive, manque tout-à-fait de profondeur dans le sentiment et de couleur dans le style ; ce n'est bien souvent qu'une épigramme ou un madrigal. Lebrun-Pindare est frappé de sécheresse et d'érudition. Restent donc, pour créateurs de l'élégie parmi nous, André Chénier et Lamartine. Ce dernier, en peignant la nature à grands traits et par masses, en s'attachant de préférence aux vastes bruits, aux grandes herbes, aux larges feuillages, et en jetant au milieu de cette scène indéfinie, et sous ces horizons immenses, tout ce qu'il y a de plus vrai, de plus tendre et de plus religieux dans la mélancolie humaine, a obtenu du premier coup des effets d'une simplicité sublime, et a fait une fois pour toutes ce qui n'était qu'une seule fois possible.

Le genre d'élégie créé par Lamartine a été clos par lui ; lui seul a le droit et la puissance de s'y aventurer encore : quiconque voudrait s'essayer dans le genre serait réduit à imiter le maître. Ce qui reste possible dans l'élégie, c'est quelque chose de moins haut et de plus circonscrit, ce sont des sentiments moins généraux encadrés dans une nature plus détaillée. On rentre alors dans le genre d'élégie d'André Chénier. Lorsqu'en effet ce grand poëte ne traite pas des sujets grecs, lorsqu'il s'occupe d'*Euphrosine*, de *Glycère*, de *Camille*, et de toutes ces *blanches aux yeux noirs* qu'il a tant aimées, il nous offre le plus parfait modèle de l'*élégie d'analyse*, si l'on peut ainsi s'exprimer. Il nous peint la nature avec curiosité, quoique sans minutie, et nous révèle son ame dans ses dispositions les plus délicates, mais sans tomber dans la psychologie ; car c'est un écueil à éviter pour le poëte qu'une science de botaniste ou de métaphysicien, et plusieurs lackistes ne paraissent pas s'en être assez gardés. Mais, même dans les limites convenables, le champ de l'élégie d'analyse est immense, et, après André Chénier, il y a encore de quoi moissonner pour tous les talents. Pourtant, depuis André Chénier, on compte assez peu de productions de ce genre : deux élégies délicieuses de Charles Nodier, quelques-unes de Jules Lefèvre, de madame Tastu, de notre grand et cher Béranger ; celles d'Ulric Guttinguer, où tant d'ame et de grâce respire ; *la jeune Emma, la Fête*, d'Émile Deschamps, voilà jusqu'à ce jour presque toutes nos richesses. Et moi aussi, je me suis essayé dans ce genre de poème, et j'ai tâché, après mes devanciers, d'être original à ma manière, humblement et bourgeoisement, observant la nature et l'ame de près, mais sans microscope, nommant les choses de la vie privée par leur nom, mais préférant la chaumière au boudoir, et, dans tous les cas, cherchant à relever le prosaïsme de ces détails domestiques par la peinture des sentiments humains et des objets naturels.

## XX.

Le sentiment de l'art implique un sentiment vif et intime des choses. Tandis que la majorité des hommes s'en tient aux surfaces et aux apparences, tandis que les philosophes proprement dits reconnaissent et constatent un *je ne sais quoi*

au-delà des phénomènes, sans pouvoir déterminer la nature
de ce *je ne sais quoi*, l'artiste, comme s'il était doué d'un
sens à part, s'occupe paisiblement à sentir sous ce monde
apparent l'autre monde tout intérieur qu'ignorent la plupart,
et dont les philosophes se bornent à constater l'existence; il
assiste au jeu invisible des forces, et sympathise avec elles
comme avec des ames; il a reçu en naissant la clef des symboles et l'intelligence des figures : ce qui semble à d'autres
incohérent et contradictoire, n'est pour lui qu'un contraste
harmonique, un accord à distance sur la lyre universelle.
Lui-même il entre bientôt dans ce grand concert, et, comme
ces vases d'airain des théâtres antiques, il marie l'écho de sa
voix à la musique du monde. Cela est vrai surtout du poëte
lyrique, tendre et rêveur, et c'est ce qui en fait le plus souvent
un être si indifférent aux débats humains, et si impatient des
querelles d'à-l'entour. Lui aussi, il dirait volontiers en certains moments, comme le spirituel épicurien M. de Stendhal,
à propos des airs de Cimarosa : « Quelle folie de s'indigner,
» de blâmer, de se rendre haïssant, de s'occuper de ces grands
» intérêts de politique qui ne nous intéressent point !

» . . . . . . . . Amiamo or quando
» Esser si puote riamato amando. »

Ou du moins s'il ne parle pas ainsi à l'heure des grands
périls et des crises nationales, il aura soif d'ordre, de liberté,
de sécurité; et, la chose publique une fois à l'abri d'un coup
de main, laissant à d'autres plus empressés les soins d'une
surveillance attentive et les tracas obscurs du ménage politique, il se rejettera bien avant dans sa solitude et son silence;
il en reviendra aux choses de l'ame, et à cette éternelle nature, si antique et chaque matin si nouvelle, si paisible à
jamais et si peu muette; il se mêlera tout entier à elle, et s'y
oubliera par moments; puis ramené à soi, se ressouvenant
d'avoir senti et voulant s'en ressouvenir toujours, il traduira
tous ces bruits, toutes ces voix, en langage humain, et s'en-
chantera de ses propres chants. Et comme il y a des heures
dans la vie où la contemplation accable, où la voix se refuse
au chant, où une tristesse froide et grise passe sur l'ame sans
la féconder, l'artiste alors, pour échapper à cet ennui stérile
et désolé, cherchera une distraction ingénieuse dans les questions d'art pur, les séparant, autant qu'il le pourra, des

querelles littéraires, toujours si aigres et si harcelantes ; il se complaira aux détails techniques, aux rapports finement saisis, aux analyses du *style* et de la *forme;* il préparera de longue main à l'inspiration des ressources et des secrets dont elle s'aidera au besoin et qui la feront à son insu plus puissante et plus libre; il y gagnera pour le moment de combler un vide dans sa vie, et par degrés, à propos de la manière d'exprimer les choses, il se sentira bientôt rendu au sentiment des choses exprimées. Pour moi, qui écris ces lignes, ç'a toujours été mon vœu le plus cher qu'une destinée pareille. S'il m'avait été donné d'organiser ma vie à mon plaisir, j'aurais voulu qu'elle pût avoir pour devise : *L'art dans la rêverie et la rêverie dans l'art.*

FIN DE JOSEPH DELORME.

# POÉSIES DIVERSES.

On a cru possible de jeter à la suite de *Joseph Delorme* quelques pièces qui en rappellent plus ou moins le ton, et qui ne pouvaient trouver place que là.

---

## A MADAME ***,

### QUI AVAIT LU AVEC ATTENDRISSEMENT LES POÉSIES D'UN JEUNE AUTEUR QU'ELLE CROYAIT MORT.

Et c'est lui, c'est bien lui dont vous avez parlé :
*Si vous l'aviez connu, vous l'auriez consolé!*
Vous me l'avez écrit ; n'est-il pas vrai, Madame ?
Et depuis bien des nuits ce mot me trouble l'âme,
Et je me dis souvent qu'il aurait été doux
Pour lui, d'être compris et consolé par vous.

Mais, saviez-vous, hélas! compatissante et belle,
En écrivant ce mot à son ami fidèle,
Saviez-vous ce que fut celui que nous pleurons ?
Saviez-vous ses ennuis, tous ses secrets affronts,
Tout ce qu'il épanchait de bile amère et lente ;
Que ce marais stagnant avait l'onde brûlante ;
Que cet ombrage obscur et plus noir qu'un cyprès,
Donnait un lourd vertige à qui dormait trop près ?...
Savez-vous de quels soins, de quelle molle adresse
Vous auriez dû nourrir et bercer sa tendresse ;
Que même entre deux bras croisés contre son cœur,
Il eût aimé peut-être à troubler son bonheur,
Et ce qu'il eût fallu de baisers et de larmes ?...
Et savez-vous aussi, vous, brillante de charmes,
Que ce jeune homme, objet de vos tardifs aveux,
N'était point un amant aux longs et noirs cheveux,

Au noble front rêveur, à la marche assurée,
Qu'il n'avait ni cils blonds, ni prunelle azurée,
Ni l'accent qui séduit, ni l'œil demi-voilé?...
Pourtant vous avez dit : *Je l'aurais consolé !*

Le dites-vous encor? car si vous l'osez dire,
Si, le connaissant mieux, la pitié qu'il inspire
Résiste en vous, Madame, au mépris, à l'effroi,
Si vous me répétez : Que ne vint-il à moi?
Ah! qui sait? — de la tombe, où son humeur sauvage
Et son besoin d'aimer l'ont conduit avant l'âge,
— Qui sait? — certain d'avoir enfin à qui s'unir,
Ce mot puissant pourrait le faire revenir.
Au fond de votre parc, dans la plus sombre allée,
Vous le verriez, un soir, de dessous la feuillée
Sortir, et, s'avançant au milieu du chemin,
Se nommer, vous nommer et vous prendre la main ;
Et l'un l'autre d'abord croyant vous reconnaître,
Comme deux ames sœurs qu'un même astre a vu naître,
Vous parleriez long-temps; il vous dirait son mal,
Vous lui diriez le vôtre, et vos ennuis au bal,
Vos vingt-cinq ans, le vide où leur fuite vous laisse ;
Comment aux vœux légers succède la tristesse,
Et ce qui fit qu'un jour votre gaîté changea ;
Puis vos loisirs, vos vers, — tout ce qu'il sait déjà ;
Il irait au-devant des phrases commencées,
Et vous l'écouteriez achever vos pensées.
Lui, sûr d'être compris pour la première fois,
Lisant dans vos regards, ému de votre voix,
Se sentirait moins prompt à rompre un nœud qu'il aime,
A refermer sa tombe, à se clore en lui-même ;
Il oublierait qu'il n'est qu'un fantôme incertain,
L'ombre de ce qu'il fut à son riant matin ;
Il vivrait, retrouvant un reste de jeune âge :
Les cieux sont plus brillants le soir d'un jour d'orage !
Il rouvrirait son toit aux songes amoureux,
Et redeviendrait bon, fidèle et presque heureux.

## SONNET.

Des laves du Vésuve une goutte enflammée,
Durcie en pierre sombre où l'Onyx est scellé,
Luit dans l'or sur sa gorge, à son sein étoilé :
Un guerrier s'y figure en antique camée.

Et tandis qu'elle parle, et que, de grâce armée,
Elle glisse et fait fuir, autre part appelé,
Le regard qu'attachait l'éblouissante clé,
Toujours il y revient, à l'idole fermée.

O Vous qu'on aime à l'ombre, et selon vous trop tard,
Qu'on désire avec pleurs, qu'on implore sans art,
Oh ! quand il nage encor dans sa neige si belle,

Oh ! qu'à ce sein je puisse, avant mon soir aussi,
Mieux qu'antique camée ou lave au flot durci,
Clouer mon front brûlant, toute une heure.... éternelle !

Sous les derniers soleils de l'automne avancée,
Dans les derniers rayons des plus pâles beaux jours,
Il est une douceur plus tendre à la pensée,
Et belle encor d'effets et de riches retours.

Dans le déclin aussi de la beauté qu'on aime,
Dans ses yeux, dans ses traits et sur son sein pâli,
Il est un dernier charme, une haleine suprême,
Une blancheur de pampre, et comme un fruit d'oubli.

C'est la rose mourante et toujours plus touffue ;
Plus désirée à l'œil, la pêche qui va choir ;
La prune qui se fend et sa chair entrevue,
Ivresse de l'abeille à son butin du soir !

## LA SUIVANTE D'EMMA.

> Ne sit ancillæ... amor pudori!
> HORACE.

Emma, vous fûtes belle, et depuis Champmêlé
Rien de si cher que vous au public assemblé
Ne reçut chaque soir accueil plus unanime,
N'eut un accent plus tendre et plus de grâce intime,
Et ne fit naître à l'ame aussi touchante erreur ;
Non,... et jamais Contat, Gaussin ou Le Couvreur
N'eurent autant qu'Emma d'artifice et d'empire
Pour ravir d'une larme et troubler d'un sourire ;
Nulle ne déploya des charmes plus aimés ;
Beaucoup, blessés par vous, sans vous être nommés,
Sont morts; beaucoup en vain vous ont ouvert leur ame ;
Des conquérants grondants, lions au cœur de flamme,
Ont gémi dans vos bras et baisé vos pieds nus ;
Et maintenant, hélas ! que les ans sont venus,
Que vos attraits s'en vont au vent qui les dévore,
Inimitable Emma, vous nous charmez encore :
Vous semblez par instants la même qu'autrefois ;
Vos yeux encor sont doux et jeune est votre voix ;
Votre front a gardé sa chevelure noire,
Votre main sa blancheur et vos dents leur ivoire,
Et la nuit, au théâtre, un public enchanté
Avec illusion croit à votre beauté.

Mais bien tard, de plus près, quand derrière la scène,
La curiosité, jeunes gens, nous entraîne
(Car ce n'est plus l'amour) dans la loge, au boudoir,
Où se fait et défait la toilette du soir,
Que dirai-je? on vous voit, on aime à vous entendre ;
On regrette tout bas ce que rien ne peut rendre ;
On jouit des trésors de votre esprit charmant ;
En vous on veut connaître un dernier monument
De l'âge qui n'est plus, d'un règne qui s'efface ;
— Et pendant ce temps là, souvent passe et repasse

Votre fraîche suivante, alerte, au pied glissant,
Fine de taille, à l'œil doux, furtif, agaçant ;
Dont on ne sait le nom ; elle tourne sans cesse
Détachant vos joyaux, vos robes de princesse,
Et sans bruit les emporte, et bientôt reparaît ;
Et, tout la regardant, l'adolescent distrait
A peine vous répond,... car elle est jeune et belle ;
Et, s'il revient demain, c'est peut-être pour elle.

Amie, il faut aimer quand le feu couve encore
Et qu'une main fidèle en refait les apprêts ;
Il faut rendre à l'autel ce qui tout bas dévore
    Et qu'on regrette après.

Il faut aimer tandis que l'ame endolorie
N'a laissé qu'un éclair au front inaltéré,
Et qu'à de jeunes yeux l'amant soumis s'écrie :
    « Par toi je revivrai ! »

Amie, il faut aimer pour qu'à l'heure où tout passe,
A l'âge où toutes fleurs quitteront le chemin,
Dans les landes du soir, en entrant, tête basse,
    Nous nous serrions la main.

Il faut aimer pour l'heure où les suprêmes transes
Dans un sein qui se brise éteindront les soupirs :
Le dernier nous rendra toutes les espérances
    Et tous les souvenirs !

## RONDEAU.

### A UNE BELLE CHASSERESSE.

Doux Vents d'automne, attiédissez l'amie !
Vaste Forêt, ouvre-lui tes rameaux !
Sous les grands bois la douleur endormie,
En y rêvant, souvent calma ses maux.
Aux maux plus doux tu fus hospitalière,
Noble Forêt ! ici vint La Vallière,
Ici Diane, en ces règnes si beaux ;
Et la charmille éclatait aux flambeaux.
La chasse court, le cerf fuit, le cor sonne :
Pour prolonger ce que l'ombre pardonne,
Vous ménagiez le feuillage aux berceaux,
    Doux Vents d'automne !

O ma Beauté, n'y soupirez-vous pas ?
Pourquoi ce cri vers le désert sauvage ?
Sur son coursier la voilà qui ravage
Rocs et halliers, et franchit tous les pas.
Cœur indompté, l'air des bois l'aiguillonne,
L'odeur des pins l'enivre. Ah ! c'est assez ;
Quand la forêt la va faire amazone,
Soufflez sur elle et me l'attiédissez,
    Doux Vents d'automne !

---

## SONNET.

Une soirée encore était presque passée :
Je ne la voyais plus que devant des témoins.
Sous ces yeux étrangers, oh ! si nos yeux du moins
Pouvaient en doux éclairs s'envoyer la pensée !

J'étais loin, je me lève ; elle, plus empressée,
Et dans son propre ennui devinant tous mes soins,
D'un trait et sans quitter l'aiguille aux mille points,
Prend la chaise et tout contre à ses pieds l'a placée.

Et quand, l'instant d'après, je cherche où me rasseoir,
Du regard et du doigt où l'aiguille étincelle,
Sa grâce m'a fait signe, et me voilà près d'elle !

Nos regards retrouvés s'oubliaient à se voir :
Et toujours, cependant, allaient ses doigts de fée,
Piquant dans le satin la rosette étoffée.

---

Otez, ôtez bien loin toute grâce émouvante,
Tous regards où le cœur se reprend et s'enchante ;
Otez l'objet funeste au guerrier trop meurtri !
Ces rencontres, toujours ma joie et mon alarme,
Ces airs, ces tours de tête, ô femmes, votre charme ;
    Doux charme par où j'ai péri !

---

## POUR MON AMI ULRIC G.... *

### I.

#### STANCES.

Par ce soleil d'automne, au bord de ce beau fleuve,
Dont l'eau baigne les bois que ma main a plantés,
Après les jours d'ivresse, après les jours d'épreuve,
Viens, mon Ame, apaisons nos destins agités ;

Viens, avant que le Temps dont la fuite nous presse
Ait dévoré le fruit des dernières saisons,
Avant qu'à nos regards la brume qu'il abaisse
Ait voilé la blancheur des vastes horizons ;

* Les cinq pièces suivantes sont écrites comme par l'ami même à qui elles sont adressées.

Viens, respire, ô mon Ame, et, contemplant ces îles
Où le fleuve assoupi ne fait plus que gémir,
Cherche en ton cours errant des souvenirs tranquilles
Autour desquels aussi ton flot puisse dormir.

Dépose le limon qu'a soulevé l'orage ;
L'abîme est loin encore, il nous faut l'oublier ;
Il nous faut les douceurs d'une secrète plage :
J'attache ma nacelle au tronc d'un peuplier.

Hélas ! dans ces jardins, dont j'aime le mystère,
Que de jours écoulés, sereins ou nuageux !
A midi sur ce banc s'asseoit encor mon père ;
Mes filles ont foulé ces gazons dans leurs jeux.

Sous ces acacias, les pieds dans la rosée,
J'ai quelquefois, dès l'aube, égaré la beauté :
L'oiseau chantait à peine, et la fleur reposée
Assemblait un parfum chargé de volupté.

Après bien des détours dans l'ombre et sur la mousse,
L'aurore avec le jour amenait les adieux ;
En me disant *demain*, que sa voix était douce !
Que loin, en la quittant, je la suivais des yeux !

Puis je m'en revenais, solitaire et superbe,
Recevant le soleil et l'air par tous mes sens,
Cueillant le frais bouton, ramassant le brin d'herbe,
Et le cœur inondé d'harmonieux accents.

Voici toujours les lieux, les places trop connues,
Et l'ombre comme hier flottant dans ce chemin.
Vous toutes, seulement, qu'êtes-vous devenues ?
Et quelle autre, à mon bras, doit y marcher demain ?

Je n'ai point passé l'âge où l'on plaît, où l'on aime ;
Mes cheveux sont touffus et décorent mon front ;
Les regards de mes yeux ont un charme suprême,
Et, bien long-temps encor, les ames s'y prendront.

Mais que pour cette fois ce soit une belle ame,
Tendre et douce à l'amour, et légère à guider,
Qui de jeunes baisers rafraîchisse ma flamme,
Me couvre de son aile et me sache garder ;

Qui, des rayons de feu que lance ma paupière,
Réfléchisse en ses pleurs la tremblante clarté,
Et sans orage au ciel, sans trop vive lumière,
Se lève sur le soir de mon rapide été !

Que l'oubli du passé me vienne à côté d'elle ;
Que, rentré dans la paix, je craigne d'en sortir ;...
Que cet amour surtout, bien que noble et fidèle,
Au cœur pieux des miens n'aille pas retentir !

---

## POUR MON AMI ULRIC G....

### II.

#### DÉSIR.

Eh ! quoi ? ces doux jardins, cette retraite heureuse,
Qui des plus chers désirs de mon ame amoureuse
    Enferme les derniers ;
Beaux lieux dont je n'ai vu que l'enceinte, bordée
De mélèzes en pleurs et d'arbres de Judée
    Et de faux-ébéniers ;

Bosquets voilés au jour, secrètes avenues,
Dont je n'ai respiré les odeurs inconnues
    Que par la haie en fleur ;
Au bord desquels, poussant mon alezan rapide,
J'ai souvent en chemin cueilli la feuille humide
    Pour la mettre à mon cœur ;

Quoi ? ces lieux de son choix, ces gazons qu'elle arrose,
Ces courbes des sentiers dont à son gré dispose
    Un caprice adoré ;
Ce plaisir de ses yeux, son bonheur dès l'aurore ;
Tout ce qu'elle embellit et tout ce qu'elle honore,
    Demain je le verrai !

Je verrai tout : déjà je sais et je devine ;
Je suis sous les berceaux sa démarche divine
    Et son pas agité ;
Je l'imagine émue, en flottante ceinture,
En blonds cheveux, plus belle au sein de la nature,
    O Reine, ô ma Beauté !

O dis, en ces moments de suave pensée,
Lorsqu'au pâle rayon dont elle est caressée
    L'ame s'épanouit,
Comme ces tendres fleurs que le soleil dévore,
Que le soir attiédit, et qui n'osent éclore
    Qu'aux rayons de la nuit ;

Quand loin de moi, sans crainte et plus reconnaissante,
Tu nourris de soupirs cette amitié naissante
    Et ce confus amour ;
Quand sur un banc de mousse, attendrie et pâlie,
Tu tiens encor le livre et que ton œil oublie
    Qu'il n'est déjà plus jour ;

Quand tu vois le passé, tous ces plaisirs factices,
Tous ces printemps perdus comparés aux délices
    Qui germent dans ton cœur ;
Combien pour nous aimer nous avons de puissance,
Mais que, même aux vrais biens, le mensonge ou l'absence
    Retranchent le meilleur ;

O dis, en ces moments d'abandon et de larmes,
Sens-tu tomber tes bras et se briser tes armes
    Contre un amant soumis ?
Sens-tu fléchir ton front et ta rigueur se fondre,
Et tes gémissements essayer de répondre,
    Quand de loin je gémis ?

O dis, sous la fraîcheur du plus charmant ombrage,
Dans tes loisirs sans fin, toujours et sans partage
    Suis-je en ton souvenir ?
Dis ; songeant au réveil que dans ta chère allée,
Sous l'arbre confident de ta plainte exhalée,
    Demain je dois venir,

As-tu, ce matin même, as-tu revu les places,
As-tu peigné le sable où se verront tes traces
  Et les miennes aussi ;
As-tu bien dit à l'arbre, aux oiseaux, à l'abeille,
Au vent, — de murmurer long-temps à mon oreille :
  « C'est ici, c'est ici !

» Ici qu'elle est venue, ici que, solitaire,
» S'est lentement en elle accompli ce mystère
  » Qui nous change en autrui ;
» Ici qu'elle a rêvé qu'elle s'était donnée,
» Ici qu'elle a béni le jour, le mois, l'année,
  » Qui l'uniront à lui ! »

Vœu sacré ! — Mais au moins, pour demain, belle Élise,
N'est-il pas, n'est-il pas, vers cette heure indécise
  Où tout permet d'oser,
N'est-il pas un sentier dans le myrte et la rose,
Un bosquet de Clarens où le ramier se pose,
  Où descend le baiser ?

---

## POUR MON AMI ULRIC G....

### III.

> Quòd mihi si secum tales concedere noctes
> Illa velit, vitæ longus et annus erit ;
> Si dabit hæc multas, fiam immortalis in illis ;
> Nocte unâ quivis vel Deus esse potest.
>   PROPERCE.

Au temps de nos amours, en hiver, en décembre,
Durant deux nuits souvent enfermés dans sa chambre,
Sans ouvrir nos rideaux, sans lever nos verroux,
Ardents à dévorer l'absence du jaloux,
Nous avions, dans nos bras, éternisé la vie ;
Tous deux, d'une ame avide et jamais assouvie,

Redoublant nos baisers, irritant nos désirs,
Nous n'avions dit qu'un mot entre mille soupirs,
Nous n'avions fait qu'un rêve, — un rêve de chaumière,
D'âge d'or, de printemps, de paisible lumière,
De fuite ensemble au loin, d'amour au sein des bois,
D'entretiens, chaque soir, sans fin, à demi-voix ;
Et tout cela confus, comme dans un nuage ;
Et dehors, cependant, la bise faisait rage,
Et la neige à flocons aux vitres s'entassait ;
Et lorsqu'après deux nuits le matin commençait,
Lorsque, sans plus tarder, glissant par sa croisée,
Je la laissais au lit haletante et brisée,
Et que, tout tiède encor de sa molle sueur,
L'œil encor tout voilé d'une humide lueur,
Le long des grands murs blancs, comme esquivant un piège,
Le nez dans mon manteau, je marchais sous la neige,
Mon bonheur ici-bas m'avait fait immortel ;
Mon cœur était léger, car j'y portais le ciel ;
Mon pied impatient, touchant la terre à peine,
Bondissait ; et toujours je sentais son haleine
Et ses moites baisers ; et fatigue, et péril,
Et froid, j'oubliais tout : tel l'amant en avril
S'ouvre dans les lilas sa route parfumée,
Ou tel un jeune Dieu suit la mortelle aimée.

## POUR MON AMI ULRIC G....

### IV.

#### SONNET.

Il est au monde un lieu, quel lieu ! quelles délices !
Un bois, et dans ce bois un arbre, sous lequel
J'ai tant reçu de toi de bonheur immortel,
Où j'ai tant de tes yeux essuyé les calices ;

Où, tant de fois, criant comme dans des supplices,
Nous avons dit au Temps qui fuit d'être éternel ;
Où tu m'as tant aimé, tant appelé cruel,
Tant brûlé du poison de tes folles malices ;

Que si jamais, un jour, une heure, un seul instant,
Femme, redevenue ingrate et résistant,
Devant moi, sous ce Ciel qui tous deux nous regarde,

Tu pouvais, en passant, le front haut, sans me voir,
Au bal ou dans l'église insolemment t'asseoir ; —
Que si tu m'oubliais jamais, — je te poignarde !

---

## POUR MON AMI ULRIC G....

### V.

#### LE COTEAU.

> Pauca meo Gallo, sed quæ legat ipsa Lycoris.
> VIRGILE.

Voilà deux ans, ici, c'était bien ce côteau,
Roide et nu par ses flancs, et dont le vert plateau
Étale un bois épais de hêtres et de frênes ;
Et là, soit que régnât l'astre des nuits sereines,
Soit qu'un soleil d'août embrasât les longs jours,
Je venais, et d'en haut je regardais le cours
Du ruisseau dans la plaine, et les moissons fécondes,
Et les pommiers sans nombre avec leurs touffes rondes,
Pareils aux cerisiers tout rouges de leurs fruits ;
Les fermes d'alentour dont j'aimais tant les bruits ;
Et les acacias qui fleurissent en grappes,
Et le gazon du parc aux verdoyantes nappes,
Et dans ce parc heureux, sur ce lit de gazon,
Assise doucement, cette blanche maison,
Surtout une fenêtre, aujourd'hui trop fermée,
Toujours ouverte alors, — et toi, ma bien-aimée !

Tu l'étais, tu m'aimais. — Hélas! combien de fois,
Pour me venir trouver sous les frênes du bois,
De peur des yeux jaloux choisissant l'heure ardente
Où les champs sont déserts, où la meule pendante
Abrite les faucheurs sous son chaume attiédi,
Je te vis, gravissant la côte en plein midi!
Moi, par l'autre sentier arrivé dès l'aurore,
J'attendais, j'épiais. Je la crois voir encore
Avec son grand chapeau de paille, tout en blanc;
Son voile qui recèle un front étincelant;
Sa joue en feu, son sein battant et hors d'haleine;
N'osant lever les yeux, se retournant à peine
De peur d'être suivie. Oh! que j'eusse souvent
Souhaité me montrer et courir au devant,
Dans mes bras l'emporter, la cacher tout entière,
De son front sous ma lèvre essuyer la poussière,
Et, comme une rosée, aspirer sa sueur;
Puis, arrivés bientôt, consoler sa frayeur!
Mais non, il faut rester; car de quelque fenêtre,
Qui sait? un œil malin pourrait nous reconnaître.
C'est tout, si près d'un arbre un mouchoir agité,
Si mon cri familier, par l'écho répété,
L'avertit qu'on l'attend, et de prendre courage,
Et combien de baisers la paieront sous l'ombrage.

Patience! elle arrive; elle est au bord du bois,
Au premier arbre, et tombe entre mes bras sans voix.

Jamais le naufragé, qui, dans la nuit obscure,
Sans espoir a lutté long-temps à l'aventure,
Et qui voit au matin le rivage approcher,
Ne s'attache si fort aux algues du rocher;
Jamais le voyageur, qui glisse d'une cime,
Si fort ne se cramponne, en roulant vers l'abîme,
Au buisson dont la touffe a croisé son chemin,
Qu'elle, quand de sa main elle serrait ma main;
Et du ravin jamais, où son œil étincelle,
Le tigre n'a si fort bondi sur la gazelle,
Ni si vite rejoint ses petits altérés,
Que moi, quand j'emportais ces charmes adorés.

O viens ! pourquoi pâlir ? le feuillage est bien sombre,
L'instant est calme et sûr plus que minuit dans l'ombre ;
Nul pâtre aux environs, nul chant de moissonneur,
Qui harcèle de loin notre secret bonheur ;
Tout dort, tout de l'amour protége le mystère ;
L'arbre à peine murmure, et l'oiseau sait se taire.
Va, laisse-moi t'aimer ; oublions le soleil,
Et nos siècles d'attente et l'effroi du réveil,
Entre nos deux destins le noir torrent qui gronde,
Les amis, les jaloux, et le Ciel et le monde ;
Et quand tu parleras d'heure et de revenir,
Par tes cheveux long-temps je te veux retenir.

Et ces jours sont passés ! et moi, morne et fidèle,
Je revois seul ces lieux, ces beaux lieux si pleins d'elle !
C'est le même côteau, c'est la même saison ;
Ces frênes, dont l'ombrage a troublé ma raison,
Unissent comme alors leurs branches enlacées ;
Chaque feuille qui tremble éveille mes pensées ;
Le gazon a gardé la trace de ses pas ;
Insensé ! je l'attends ; elle ne viendra pas.

### ENVOI.

Ainsi, mon cher Ulric, ma muse gémissante
Cherche en vos souvenirs des instants qu'elle chante ;
Et, ranimant pour vous des temps qui ne sont plus,
Pleure, comme autrefois Virgile pour Gallus.
Puissent au moins ces chants que l'amitié soupire,
De votre cœur saignant alléger le martyre,
D'un passé qui s'éteint vous rendre les couleurs,
Et faire luire encore un rayon dans vos pleurs !

## POUR MON CHER MARMIER.

### SUR L'ELSTER.

Elle était fraîche et belle, et quoique née au bord
D'une onde, où volontiers les Vellédas du Nord
    Penchent aux saules de la rive,
Elle riait souvent ; et d'un ton peu rêveur,
Durant mes mois d'exil, m'avait pris en faveur,
    Comme une sœur folâtre et vive.

Et comme on nous le dit des filles de Chio,
Tout autour de mon cœur elle faisait écho
    Avec ses chastes railleries,
Y mêlant toutefois, fine blonde aux yeux bleus,
Un regard par instants, un soupir onduleux,
    Comme un accord des deux patries.

Quand du travail du jour j'arrivais tout muet,
Vite elle me lançait, comme au front un jouet,
    Une tendre attaque charmante,
Et, si son allemand servait mal son propos,
Elle allait, en français, jetant à point des mots,
    Que son mari présent commente *.

Entre les plus beaux noms que la Muse essaya,
Je m'appelais son Puck ; elle, Titania !
    Nous nous aimions sous le nuage.
Que l'amour fût dessous, elle le sentait bien ;
Mais elle semblait dire, en cachant le lien :
    « Tu n'iras pas plus loin, Volage ! »

Quand son mari partant la laissait plus d'un jour
Maîtresse, elle arrangeait, avec grâce et détour,
    Ce qu'elle appelait des soirées ;
C'est-à-dire, sa sœur, elle et moi, nous causions
Ces soirs-là plus long-temps ; et notre ame, en rayons,
    Courait les cieux et les contrées !

---

* Il était en effet très-docte commentateur et philologue.

La lune et le jardin, en tonnelle couvert,
Faisaient comme harmonie à notre gai concert,
    Bordure qu'Hoffmann eut choisie.
Des poëtes aimés nous répétions le nom ;
Puis elle me chantait ce doux chant de Mignon,
    La tendresse et la fantaisie !

Pourtant je dus partir ; et la veille j'allai,
J'allai, je la vis seule, et le rire éveillé :
    « Ah ! je pars ; c'est demain, lui dis-je, »
Et son rire cessa, son front pâlit, ses yeux
Se mouillèrent ; tirant un anneau précieux
    Où l'abeille au myrte voltige :

« Emportez-le, dit-elle ; » et, me disant cela,
Sa tête se penchait, son accent se voila,
    Et l'ame y trahit sa lumière !
Enfin, je m'approchai ; je pus serrer la main
Qui ne résistait pas ; sans effort, sans larcin,
    Ma lèvre effleura sa paupière...

Mais soudain retentit le marteau du dehors !
— Quelqu'un ! — et loin de moi s'élança son beau corps,
    Et son geste étouffa le charme.
« Oh ! tout est là, lui dis-je,.... un destin tout entier !
» J'ai cueilli le premier baiser et le dernier,
    » Et c'était pour prendre une larme ! »

---

## AU SOMMEIL.

**TRADUIT DE STACE.**

Par quel crime, si jeune, ô des Dieux le plus doux,
Par quel sort, ai-je pu perdre tes dons jaloux,
O Sommeil ! tu me fuis. Tout dort dans la nature,
Les troupeaux au bercail, l'oiseau dans la verdure ;
Les fleuves mugissants, et de jour aux cent bruits,
Assoupissent au loin leurs murmures des nuits ;

Les cimes des grands bois penchent sous les rosées,
Et les mers au rivage expirent apaisées.
Moi, je veille : sept fois Phébé m'a regardé
De son char le plus haut ou déjà retardé,
Sept fois j'ai répondu, debout, plus pâle qu'elle !
Autant de fois Vesper, de sa tendre étincelle,
M'a surpris, dès le soir, attendant vainement ;
Et la fraicheur d'Aurore aiguise mon tourment.
Que faire ? Argus lui-même et ses mille paupières,
Gardant pour Jupiter les beautés prisonnières,
Ne veillaient qu'à demi : chaque œil avait son tour.
En ces nuits, ô Sommeil, trop courtes pour l'amour,
Amères et sans fin pour ma veille pâlie,
Peut-être, au moment même où ma voix te supplie,
Un autre, un plus heureux, dans son embrassement
Pressant un sein aimé, t'éloigne doucement...
Sommeil ! ô laisse-les, viens à moi ; viens à peine,
C'est assez, c'est beaucoup : à d'autres ta main pleine
De tes plus lourds pavots ! à moi, doux Passager,
Rien qu'un toucher humide, un coup d'aile léger !

## A MADAME F.

Le fleuve Poésie épand ses chastes eaux
Tantôt le long des prés, tantôt dans les roseaux,
Aux flancs des verts rochers que tapisse la vigne,
A travers de grands lacs, où navigue le cygne ;
Il devient lac lui-même, et bien loin des cités,
Sans trace de limon dans ses flots argentés,
Il s'endort et s'oublie en plus d'un golfe sombre,
Sous des bois où jamais midi ne perce l'ombre ;
Il baigne, arrose, emplit de bruits harmonieux
Les saules ignorés, les échos de ces lieux ;
Et tandis que la foule, esclave de la gloire,
Aux endroits fréquentés se presse et croit y boire,
Et pareille au troupeau qui trouble le courant,
N'y boit que sable et fange ainsi qu'en un torrent,

Loin de là, sur ces bords où tout n'est que silence,
Sur ces tapis de mousse, asile d'indolence,
Quelque fleur rare et tendre, un lys au front penché,
Un bleuâtre hyacinthe, à tous les yeux caché,
Puise à l'eau sa fraîcheur, et se mire sans peine
Dans ce fleuve, aussi pur qu'une claire fontaine.


Oui, vous êtes, Madame, oui, vous êtes la fleur,
L'hyacinthe caché, dont la tiède pâleur,
Dont la tige, docile au zéphir, fut choisie
Pour se pencher au bord du fleuve Poésie.


Ce fut hasard, bonheur, presque un jeu du destin !
Vous n'aviez pas quitté, dès votre humble matin,
La maison maternelle, où la vierge s'ignore ;
L'époux qui vous y prit vous y laissait encore ;
Il partait en voyage, et vous restiez toujours
A voir ces escaliers, ces murs, ces mêmes cours,
Où vous aviez joué dans votre enfance heureuse,
Où jouait votre enfant, jeune mère rêveuse !
Ainsi pouvaient passer les saisons et les ans
Dans les devoirs soumis, dans les soins complaisants,
Et si la Poésie, à votre seuil venue,
N'eût parlé la première à votre ame ingénue,
Jamais vous ne l'eussiez été chercher ailleurs ;
Vous n'auriez pas troublé vos jours intérieurs
Pour de lointains désirs ; car vous êtes de celles
Qui gardent dans leur sein leurs douces étincelles,
Qui cachent en marchant la trace de leurs pas,
Qui soupirent dans l'ombre et que l'on n'entend pas.
Vous eussiez toutefois été toujours la même ;
Cette ame délicate et discrète qu'on aime,
Eût versé tout autant de parfums et d'amour
A l'enfant chaque soir, à l'époux au retour.
Mais vous n'auriez pas su ce qu'est la poésie,
Et que, pour recevoir cette vive ambroisie,
Vous étiez préparée entre les cœurs mortels,
Autant qu'un vase d'or pour le vin des autels,
Qu'un encensoir vermeil pour la myrrhe embrasée,
Qu'un calice entr'ouvert pour l'humide rosée.

Cependant, par hasard, dans la même maison,
Du même âge que vous, de la même saison,
Croissait et fleurissait une jeune compagne,
Qu'un noble enfant, un jour, arrivé de l'Espagne,
Vit, aima, poursuivit ardemment en chemin,
Et dont il eut bientôt le cœur avec la main :
Cet époux d'une amie était un grand poète ;
Et dès lors vous voilà, du fond de la retraite,
Initiée au prix des plus divins trésors,
Recevant un reflet des clartés du dehors,
Des plus glorieux noms respirant les prémices,
Avant cette rumeur qui trouble nos délices ;
Vous voilà recueillie, et les yeux rayonnants,
Lisant leur ame à nu sur ces fronts étonnants,
— Ce qu'ils ont dû souffrir, — ce qu'un Dieu leur destine ;
Une fois vous avez entendu Lamartine ;
Pour vous rien n'est perdu dans vos jours enchaînés,
Vous sentez en silence et vous vous souvenez.

Et dans le même temps solitaire et secrète,
Toute à l'époux absent que votre cœur regrette,
Toute à l'enfant chéri qui croît sous vos baisers,
Vous contenez en vous vos désirs apaisés ;
Vous calmez d'un soupir votre ame douloureuse,
Et, triste quelquefois, vous savez être heureuse.

Heureux, heureux aussi quiconque près de vous
A vu sous ses regards luire vos yeux si doux !
Qu'il soit peintre ou poète, il emporte une image
Qui brillera long-temps sur son obscur voyage.
Souvent dans ses ennuis il croira vous revoir,
Pâle et pensive, assise à la fenêtre au soir,
Suivant d'un œil distrait quelque tremblante étoile,
Dont le rayon expire à votre front sans voile ;
Attentive à des chœurs lointains, mystérieux,
Et vos longs doigts jouant sur vos sourcils soyeux.

## ÉLÉGIE.

> Paullum quid lubet adlocutionis
> Mœstius lacrimis Simonideis.
>
> CATULLE.

Simonide l'a dit après l'antique Homère :
Les générations, dans leur presse éphémère,
Sont pareilles, hélas! aux feuilles des forêts
Qui verdissent un jour et jaunissent après,
Qu'enlève l'Aquilon ; et d'autres toutes fraîches
Les remplacent déjà, bientôt mortes et sèches.
Les générations sont semblables aussi
Aux flots qui vont mourir au rivage obscurci.

C'était un soir d'été : le Couchant dans sa gloire,
De l'immense Océan, au pied du Promontoire,
Rasait la verte écaille, et de jeux infinis
Dorait le dos du monstre et ses flancs aplanis.
Tout dormait, tout nageait dans la vaste lumière.
Sur un pli seulement de la plage dernière,
Au point juste où du soir le rayon se rompait,
Où du Cap avancé l'ombre se découpait,
Dans toute une longueur du reste détachée,
Comme si quelque banc faisait barre cachée,
Les vagues arrivant, se pressant tour à tour,
Montaient, brillaient chacune en un reflet de jour,
Puis de là s'abaissant, entrant au golfe sombre,
Allaient finir plus loin, confuses et sans nombre.
Je contemplais ce pli si brillamment tracé,
Ces vagues, leur écume et leur jet nuancé.
Quelques-unes, de loin déjà haussant leur crête,
S'efforçaient, sans pouvoir, à briller jusqu'au faîte ;
D'autres, plus à l'écart, même n'y visaient pas,
Et, sans tant se gonfler, sans tant presser le pas,
Suivaient le train voulu, passaient, comme le sage,
De leur rayon modeste à la nuit du rivage.
Il en était qui, près du terme de leur vœu,
Déjà riches à voir et pleines d'un beau feu,

Prenant, chemin faisant, plusieurs flots dans leur lame,
Montant comme à l'assaut à la ligne de flamme,
Tout d'un coup, sans écueil, et sans qu'on sût pourquoi,
Par ce secret destin que chacun porte en soi,
Se brisaient, défaillaient, croulaient à l'anse obscure
Avec plus de risée, avec plus de murmure.
L'instant manqué d'abord ne reviendra jamais.

Mais toutes, aux mouvants, aux fragiles sommets,
A la marche plus humble, ou plus haut élancée,
Au plus ou moins d'éclat ou d'écume insensée,
Toutes, après leur bruit et leur feu d'un moment,
Au tournant du grand Cap, mouraient également !

# LES CONSOLATIONS.

On ne hait les hommes et la vie que faute de voir assez loin. Étendez un peu plus votre regard, et vous serez bientôt convaincu que tous ces maux dont vous vous plaignez sont de purs néants.

RENÉ.

Credo ego generosum animum, præter Deum ubi finis est noster, præter seipsum et arcanas curas suas, aut præter aliquem multâ similitudine sibi conjunctum animum, nusquàm acquiescere.

PETRARCA, de Vitâ solitariâ, lib. 1, sect. 1.

1

# A VICTOR H.

Mon Ami, ce petit livre est à vous ; votre nom s'y trouve à presque toutes les pages ; votre présence ou votre souvenir s'y mêle à toutes mes pensées. Je vous le donne, ou plutôt je vous le rends ; il ne se serait pas fait sans vous. Au moment où vous vous lancez pour la première fois dans le bruit et dans les orages du drame, puissent ces souvenirs de vie domestique et d'intérieur vous apporter un frais parfum du rivage que vous quittez ! Puissent-ils, comme ces chants antiques qui soutenaient le guerrier dans le combat, vous retracer l'image adorée du foyer, des enfants et de l'épouse !

Pétrarque, ce grand maître dans la science du cœur et dans le mystère de l'Amour, a dit au commencement de son Traité *sur la Vie solitaire* : « Je crois qu'une belle ame n'a
» de repos ici-bas à espérer, qu'en Dieu, qui est notre fin
» dernière ; qu'en elle-même et en son travail intérieur ; et
» qu'en une ame amie, qui soit sa sœur par la ressem-
» blance. » C'est aussi la pensée et le résumé du petit livre que voici.

Lorsque, par un effet des circonstances dures où elle est placée, ou par le développement d'un germe fatal déposé en elle, une ame jeune, ardente, tournée à la rêverie et à la tendresse, subit une de ces profondes maladies morales qui décident de sa destinée, si elle y survit et en triomphe, si, la crise passée, la liberté humaine reprend le dessus et recueille ses forces éparses, alors le premier sentiment est celui d'un bien-être intime, délicieux, vivifiant, comme après une angoisse ou une défaillance. On rouvre les yeux au jour ; on essuie de son front sa sueur froide ; on s'abandonne tout entier au bonheur de renaître et de respirer. Puis la réflexion commence : on se complaît à penser qu'on a plongé plus avant que bien d'autres dans le Puits de l'abîme et dans la Cité des douleurs; on a la mesure du sort; on sait à fond ce qui en est de la vie, et ce que peut saigner de sang un cœur mortel. Qu'aurait-on désormais à craindre d'inconnu et de pire? Tous les maux humains ne se traduisent-ils pas en douleurs? Toutes les douleurs poussées un peu loin ne sont-elles pas les mêmes? On a été englouti un moment par l'Océan; on a rebondi contre le roc comme la sonde, ou bien on a rapporté du gravier dans ses cheveux; et sauvé du naufrage, ne quittant plus de tout l'hiver le coin de sa cheminée, on s'enfonce des heures entières en d'inexprimables souvenirs. Mais ce calme, qui est dû surtout à l'absence des maux et à la comparaison du présent avec le passé, s'affaiblit en se prolongeant, et devient insuffisant à l'ame; il faut pour achever sa guérison qu'elle cherche en elle-même et autour d'elle d'autres ressources plus durables. L'étude d'abord semble lui offrir une distraction pleine de charme et puissante avec douceur; mais la curiosité de l'esprit, qui est le mobile de l'étude, suppose déjà le sommeil du cœur plutôt qu'elle ne le procure; et c'est ici le cœur qu'il s'agit avant tout d'apaiser et d'assoupir. Et puis ces sciences, ces langues, ces histoires qu'on étudierait, contiennent au gré des ames délicates et tendres trop peu de suc essentiel sous trop d'écorces et d'enveloppes; une nourriture exquise et pulpeuse convient mieux aux estomacs débiles. La poésie est cette nourriture par excellence, et de toutes les formes de poésie, la forme lyrique plus qu'aucune autre, et de tous les genres de poésie lyrique, le genre rêveur, personnel, l'élégie ou le roman d'analyse en particulier. On s'y adonne avec prédilection; on s'en pénètre; c'est un enchantement; et, comme on se sent encore trop voisin du passé pour le perdre de vue, on essaie d'y jeter ce voile ondoyant de poésie qui fait l'effet de la vapeur bleuâtre aux contours de l'horizon. Aussi la plupart des chants, que les ames malades nous ont transmis sur elles-mêmes, datent-ils déjà de l'époque de convalescence; nous croyons le poète au plus mal, tandis que souvent il touche à sa guérison; c'est comme le bruit que fait dans la plaine l'arme du chasseur, et qui ne nous arrive qu'un peu de temps après que le coup a porté. Cependant, convenons-en, l'usage exclusif et prolongé d'une certaine espèce de poésie n'est pas sans quelque péril pour l'ame; à force de refoulement intérieur et de nourriture subtile, la blessure à moitié fermée pourrait se rouvrir ; il faut par instants à l'homme le mouvement et l'air du dehors ; il lui faut autour de lui des objets où se poser ; et quel convalescent surtout n'a besoin d'un bras d'ami qui le soutienne dans sa promenade et le conduise sur la terrasse au soleil ?

L'amitié, ô mon Ami, quand elle est ce qu'elle doit être, l'union des ames, a cela de salutaire qu'au milieu de nos plus grandes et de nos plus désespérées douleurs, elle nous rattache insensiblement et par un lien invisible à la vie humaine, à la société, et nous empêche, en notre misérable frénésie, de nier, les yeux fermés, tout ce qui nous entoure. Or, comme l'a dit excellemment M. Ballanche : « Toutes les pensées d'existence » et d'avenir se tiennent ; pour croire à la vie qui doit suivre » celle-ci, il faut commencer par croire à cette vie elle-même, » à cette vie passagère. » Le devoir de l'ami clairvoyant envers l'ami infirme consiste donc à lui ménager cette initiation délicate qui le ramène d'une espérance à l'autre, à lui rendre d'abord le goût de la vie ; à lui faire supporter l'idée de lendemain ; puis, par degrés, à substituer pieusement dans son esprit, à cette idée vacillante, le désir et la certitude du lendemain éternel. Mais indiquer ce but supérieur et divin de l'amitié, c'est assez reconnaître que sa loi suprême est d'y tendre sans cesse ; et qu'au lieu de se méprendre à ses propres douceurs, au lieu de s'endormir en de vaines et molles complaisances, elle doit cheminer, jour et nuit, comme un guide céleste, entre les deux compagnons qui vont aux mêmes lieux. Toute autre amitié que celle-là serait trompeuse, légère, bonne pour un temps, et bientôt épuisée ; elle mériterait qu'on lui appliquât la parole sévère du saint auteur de *l'Imitation :* « Noli confidere super amicos et proximos, nec » in futurum tuam differas salutem, quia citiùs obliviscentur » tui homines quàm æstimas. » Il ne reste rien à dire, après saint Augustin, sur les charmes décevants et les illusions fabuleuses de l'amitié humaine. A la prendre de ce côté, je puis répéter devant vous, ô mon Ami, que l'amitié des hommes n'est pas sûre, et vous avertir de n'y pas trop compter. Il est doux sans doute, il est doux, dans le calme des sens, dans les jouissances de l'étude et de l'art, « de causer entre » amis, de s'approuver avec grâce, de se complaire en cent » façons ; de lire ensemble d'agréables livres ; de discuter

» parfois sans aigreur ainsi qu'un homme qui délibère avec
» lui-même, et par ces contestations rares et légères de rele-
» ver un peu l'habituelle unanimité de tous les jours. Ces
» témoignages d'affection qui, sortis du cœur de ceux qui
» s'entr'aiment, se produisent au dehors par la bouche, par
» la physionomie, par les yeux et par mille autres démons-
» trations de tendresse, sont comme autant d'étincelles de ce
» feu d'amitié qui embrase les ames et les fond toutes en une
» seule [*]. » Mais si vous tenez à ce que ce feu soit durable,
si vous ne pouvez vous faire à l'idée d'être oublié un jour de
ces amis si bons, ô Vous, qui que vous soyez, ne mourez pas
avant eux ; car cette sorte d'amitié est tellement aimable et
douce qu'elle-même bientôt se console elle-même, et que ce qui
reste comble aisément le vide de ce qui n'est plus ; la pensée
des amis morts, quand par hasard elle s'élève, ne fait que
mieux sentir aux amis vivants la consolation d'être ensemble,
et ajoute un motif de plus à leur bonheur.

Si vous êtes humble, obscur, mais tendre et dévoué, et
que vous ayez un ami sublime, ambitieux, puissant, qui aime
et obtienne la gloire et l'empire, aimez-le, mais n'en aimez
pas trop un autre ; car cette sorte d'amitié est absolue, jalouse, impatiente de partage ; aimez-le, mais qu'un mot
équivoque, lâché par vous au hasard, ne lui soit pas reporté
envenimé par la calomnie ; car ni tendresse à l'épreuve, ni
dévouement à mourir mille fois pour lui, ne rachèteront ce
mot insignifiant qui aura glissé dans son cœur.

Si votre ami est beau, bien fait, amoureux des avantages
de sa personne, ne négligez pas trop la vôtre ; gardez-vous
qu'une maladie ne vous défigure, qu'une affliction prolongée
ne vous détourne des soins du corps ; car cette sorte d'amitié, qui vit de parfums, est dédaigneuse, volage, et se dé-
goûte aisément.

Si vous avez un ami riche, heureux, entouré des biens les
plus désirables de la terre, ne devenez ni trop pauvre, ni trop
délaissé du monde, ni malade sur un lit de douleurs ; car cet
ami, tout bon qu'il sera, vous ira visiter une fois ou deux, et
la troisième il remarquera que le chemin est long, que votre
escalier est haut et dur, que votre grabat est infect, que votre humeur a changé ; et il pensera, en s'en revenant, qu'il y
a au fond de cette misère un peu de votre faute, et que vous

[*] St. Aug., Conf., liv. iv, ch. 8.

auriez bien pu l'éviter ; et vous ne serez plus désormais pour lui, au sein de son bonheur, qu'un objet de compassion, de secours, et peut-être un sujet de morale.

Si, malheureux vous-même, vous avez un ami plus malheureux que vous, consolez-le, mais n'attendez pas de lui consolation à votre tour; car, lorsque vous lui raconterez votre chagrin, il aura beau animer ses regards et entr'ouvrir ses lèvres comme s'il écoutait, en vous répondant il ne répondra qu'à sa pensée, et sera intérieurement tout plein de lui-même.

Si vous aimez un ami plus jeune que vous, que vous le cultiviez comme un enfant, et que vous lui aplanissiez le chemin de la vie, il grandira bientôt ; il se lassera d'être à vous et par vous, et vous le perdrez. Si vous aimez un ami plus vieux, qui, déjà arrivé bien haut, vous prenne par la main et vous élève, vous grandirez rapidement, et sa faveur alors vous pèsera, ou vous lui porterez ombrage.

Que sont devenus ces amis du même âge, ces frères en poésie, qui croissaient ensemble, unis, encore obscurs, et semblaient tous destinés à la gloire? Que sont devenus ces jeunes arbres réunis autrefois dans le même enclos? Ils ont poussé, chacun selon sa nature ; leurs feuillages, d'abord entremêlés agréablement, ont commencé de se nuire et de s'étouffer ; leurs têtes se sont entrechoquées dans l'orage ; quelques-uns sont morts sans soleil ; il a fallu les séparer, et les voilà maintenant, bien loin les uns des autres, verts sapins, châtaigniers superbes, au front des côteaux, au creux des vallons, ou saules éplorés au bord des fleuves.

La plupart des amitiés humaines, même des meilleures, sont donc vaines et mensongères, ô mon Ami ; et c'est à quelque chose de plus intime, de plus vrai, de plus invariable, qu'aspire une ame dont toutes les forces ont été une fois brisées et qui a senti le fond de la vie. L'amitié qu'elle implore, et en qui elle veut établir sa demeure, ne saurait être trop pure et trop pieuse, trop empreinte d'immortalité, trop mêlée à l'invisible et à ce qui ne change pas ; vestibule transparent, incorruptible, au seuil du Sanctuaire éternel ; degré vivant, qui marche et monte avec nous, et nous élève au pied du saint Trône. Tel est, mon Ami, le refuge heureux que j'ai trouvé en votre ame. Par vous, je suis revenu à la vie du dehors, au mouvement de ce monde, et de là, sans secousse, aux vérités les plus sublimes. Vous m'avez consolé d'abord, et ensuite vous m'avez porté à la source de toute consolation ; car vous l'avez vous-même appris dès la jeunesse, les autres eaux tarissent, et ce n'est qu'aux bords de cette Siloé céleste qu'on peut s'asseoir pour toujours et s'abreuver :

> Voici la vérité qu'au monde je révèle :
> Du Ciel dans mon néant je me suis souvenu :
> Louez Dieu ! La brebis vient quand l'agneau l'appelle ;
> J'appelais le Seigneur, le Seigneur est venu.
>
> . . . . . . . . . . . . . . . . . . . . . . . . . . . .
>
> Vous avez dans le port poussé ma voile errante ;
> Ma tige a reverdi de sève et de verdeur;
> Seigneur, je vous bénis ! à ma lampe mourante
> Votre souffle vivant a rendu sa splendeur.

Dieu donc et toutes ses conséquences; Dieu, l'immortalité, la rémunération et la peine ; dès ici-bas le devoir, et l'interprétation du visible par l'invisible : ce sont les consolations les plus réelles après le malheur, et l'âme, qui une fois y a pris goût, peut bien souffrir encore, mais non plus retomber. Chaque jour de plus, passé en cette vie périssable, la voit s'enfoncer davantage dans l'ordre magnifique d'idées qui s'ouvre devant elle à l'infini, et si elle a beaucoup aimé et beaucoup pleuré, si elle est tendre, l'intelligence des choses d'au-delà ne la remplit qu'imparfaitement ; elle en revient à l'Amour ; c'est l'Amour surtout qui l'élève et l'initie, comme Dante, et dont les rayons pénétrants l'attirent de sphère en sphère comme le soleil aspire la rosée. De là mille larmes encore, mais délicieuses et sans aucune amertume ; de là mille joies secrètes, mille blanches lueurs découvertes au sein de la nuit ; mille pressentiments sublimes entendus au fond du cœur dans la prière ; car une telle ame n'a de complet soulagement que lorsqu'elle a éclaté en prière, et qu'en elle la philosophie et la religion se sont embrassées avec sanglots.

En ce temps-ci, où par bonheur on est las de l'impiété systématique, et où le génie d'un maître célèbre a réconcilié la philosophie avec les plus nobles facultés de la nature humaine, il se rencontre dans les rangs distingués de la société une certaine classe d'esprits sérieux, moraux, rationnels; vaquant aux études, aux idées, aux discussions ; dignes de tout comprendre, peu passionnés, et capables seulement d'un enthousiasme d'intelligence qui témoigne de leur amour ardent pour la vérité. A ces esprits de choix, au milieu de leur vie commode, de leur loisir occupé, de leur développement tout intellectuel, la religion philosophique suffit; ce qui leur importe particulièrement, c'est de se rendre raison des choses; quand ils ont expliqué, ils sont satisfaits : aussi le côté inexplicable leur échappe-t-il souvent, et ils le traiteraient volontiers de chimère, s'ils ne trouvaient moyen de l'assujettir, en le simplifiant, à leur mode d'interprétation universelle. Le dirai-je? ce sont des esprits plutôt que des ames; ils habitent les régions moyennes; ils n'ont pas pénétré fort avant dans les voies douloureuses et impures du cœur; ils ne se sont pas rafraîchis, après les flammes de l'expiation, dans la sérénité d'un éther inaltérable; ils n'ont pas senti la vie au vif.

J'honore ces esprits, je les estime heureux; mais je ne les envie pas. Je les crois dans la vérité, mais dans une vérité un peu froide et nue. On ne gagne pas toujours à s'élever, quand on ne s'élève pas assez haut. Les physiciens qui sont parvenus aux plus grandes hauteurs de l'atmosphère, rapportent qu'ils ont vu le soleil sans rayons, dépouillé, rouge et fauve, et partout des ténèbres autour d'eux. Plutôt que de vivre sous un tel soleil, mieux vaut encore demeurer sur terre, croire aux *ondoyantes lueurs* du soir et du matin, et prêter sa docile prunelle à toutes les illusions du jour, dût-on baisser la paupière en face de l'astre éblouissant; — à moins que l'âme, un soir, ne trouve quelque part des ailes d'Ange, et qu'elle ne s'échappe dans les plaines lumineuses, par-delà notre atmosphère, à une hauteur où les savants ne vont pas.

Oui, eût-on la géométrie de Pascal et le génie de René, si la mystérieuse semence de la rêverie a été jetée en nous et a germé sous nos larmes dès l'enfance; si nous nous sentons de bonne heure malades de la maladie de saint Augustin et de Fénelon; si, comme le disciple dont parle Klopstock, ce Lebbée dont la plainte est si douce, nous avons besoin qu'un gardien céleste abrite notre sommeil avec de tendres branches d'olivier; si enfin, comme le triste Abbadona, nous portons en nous le poids de quelque chose d'irréparable; il n'y a qu'une voie ouverte pour échapper à l'ennui dévorant;

aux lâches défaillances ou au mysticisme insensé ; et cette voie, Dieu merci, n'est pas nouvelle ! Heureux qui n'en est jamais sorti ! plus heureux qui peut y rentrer ! Là seulement on trouve sécurité et plénitude ; des remèdes appropriés à toutes les misères de l'ame ; des formes divines et permanentes imposées au repentir, à la prière et au pardon ; de doux et fréquents rappels à la vigilance ; des trésors toujours abondants de charité et de grâce. Nous parlons souvent de tout cela, ô mon Ami, dans nos longues conversations d'hiver, et nous ne différons quelquefois un peu que parce que vous êtes plus fort et que je suis faible. Bien jeune, vous avez marché droit, même dans la nuit ; le malheur ne vous a pas jeté de côté ; et, comme Isaac attendant la fille de Bethuel, vous vous promeniez solitaire dans le chemin qui mène au puits appelé le Puits de *Celui qui vit et qui voit*, *Viventis et Videntis*. Votre cœur vierge ne s'est pas laissé aller tout d'abord aux trompeuses mollesses ; et vos rêveries y ont gagné avec l'âge un caractère religieux, austère, primitif, et presque accablant pour notre infirme humanité d'aujourd'hui ; quand vous avez eu assez pleuré, vous vous êtes retiré à Pathmos avec votre aigle, et vous avez vu clair dans les plus effrayants symboles. Rien désormais qui vous fasse pâlir ; vous pouvez sonder toutes les profondeurs, ouïr toutes les voix ; vous vous êtes familiarisé avec l'Infini. Pour moi, qui suis encore nouveau-venu à la lumière, et qui n'ai, pour me sauver, qu'un peu d'amour, je n'ose m'aventurer si loin à travers l'immense nature, et je ne m'inquiète que d'atteindre aux plus humbles, aux plus prochaines consolations qui nous sont enseignées. Ce petit livre est l'image fidèle de mon ame ; les doutes et les bonnes intentions y luttent encore ; l'étoile qui scintille dans le crépuscule semble par instants prête à s'éteindre ; la voile blanche que j'aperçois à l'horizon m'est souvent dérobée par un flot de mer orageuse ; pourtant la voile blanche et l'étoile tremblante finissent toujours par reparaître. — Tel qu'il est, ce livre, je vous l'offre, et j'ai pensé qu'il serait d'un bon exemple.

De son cachet littéraire, s'il peut être ici question de cela, je ne dirai qu'un mot. Dans un volume publié par moi, il y a près d'un an, et qui a donné lieu à beaucoup de jugements divers, quelques personnes, dont le suffrage m'est précieux, avaient paru remarquer et estimer, comme une nouveauté en notre poésie, le choix de certains sujets empruntés à la vie privée et rendus avec relief et franchise. Si, à l'ouverture du volume nouveau, ces personnes pouvaient croire que j'ai voulu quitter ma première route, je leur ferai observer par avance que tel n'a pas été mon dessein ; qu'ici encore c'est presque toujours de la vie privée, c'est-à-dire, d'un incident domestique, d'une conversation, d'une promenade, d'une lecture, que je pars, et que, si je ne me tiens pas à ces détails comme par le passé, si même je ne me borne pas à en dégager les sentiments moyens de cœur et d'amour humain qu'ils recèlent, et si je passe outre, aspirant d'ordinaire à plus de sublimité dans les conclusions, je ne fais que mener à fin mon procédé sans en changer le moins du monde ; que je ne cesse pas d'agir sur le fond de la réalité la plus vulgaire, et qu'en supposant le but atteint (ce qu'on jugera), j'aurai seulement élevé cette réalité à une plus haute puissance de poésie. Ce livre alors serait, par rapport au précédent, ce qu'est dans une spirale le cercle supérieur au cercle qui est au-dessous ; il y aurait eu chez moi progrès poétique dans la même mesure qu'il y a eu progrès moral.

Décembre 1829.

# LES CONSOLATIONS.

---

### I.

#### A MADAME V. H.

> Notre bonheur n'est qu'un malheur plus
> ou moins consolé.
> Ducis.

Oh! que la vie est longue aux longs jours de l'été,
Et que le temps y pèse à mon cœur attristé!
Lorsque midi surtout a versé sa lumière,
Que ce n'est que chaleur et soleil et poussière;
Quand il n'est plus matin et que j'attends le soir,
Vers trois heures, souvent, j'aime à vous aller voir;
Et là vous trouvant seule, ô mère et chaste épouse!
Et vos enfants au loin épars sur la pelouse,
Et votre époux absent et sorti pour rêver,
J'entre pourtant; et Vous, belle et sans vous lever,
Me dites de m'asseoir; nous causons; je commence
A vous ouvrir mon cœur, ma nuit, mon vide immense,
Ma jeunesse déjà dévorée à moitié,
Et vous me répondez par des mots d'amitié;
Puis revenant à vous, Vous si noble et si pure,
Vous que, dès le berceau, l'amoureuse nature
Dans ses secrets desseins avait formée exprès
Plus fraîche que la vigne au bord d'un antre frais,
Douce comme un parfum et comme une harmonie;
Fleur qui deviez fleurir sous les pas du génie;
Nous parlons de vous-même, et du bonheur humain,
Comme une ombre, d'en haut, couvrant votre chemin,
De vos enfants bénis que la joie environne,
De l'époux votre orgueil, votre illustre couronne;
Et quand vous avez bien de vos félicités
Épuisé le récit, alors vous ajoutez

Triste, et tournant au ciel votre noire prunelle :
« Hélas ! non, il n'est point ici-bas de mortelle
» Qui se puisse avouer plus heureuse que moi ;
» Mais à certains moments, et sans savoir pourquoi,
» Il me prend des accès de soupirs et de larmes ;
» Et plus autour de moi la vie épand ses charmes,
» Et plus le monde est beau, plus le feuillage vert,
» Plus le ciel bleu, l'air pur, le pré de fleurs couvert,
» Plus mon époux aimant comme au premier bel âge,
» Plus mes enfants joyeux et courant sous l'ombrage,
» Plus la brise légère et n'osant soupirer,
» Plus aussi je me sens ce besoin de pleurer. »

C'est que même au-delà des bonheurs qu'on envie
Il reste à désirer dans la plus belle vie ;
C'est qu'ailleurs et plus loin notre but est marqué ;
Qu'à le chercher plus bas on l'a toujours manqué ;
C'est qu'ombrage, verdure et fleurs, tout cela tombe,
Renaît, meurt pour renaître enfin sur une tombe ;
C'est qu'après bien des jours, bien des ans révolus,
Ce ciel restera bleu quand nous ne serons plus ;
Que ces enfants, objets de si chères tendresses,
En vivant oublieront vos pleurs et vos caresses ;
Que toute joie est sombre à qui veut la sonder,
Et qu'aux plus clairs endroits, et pour trop regarder
Le lac d'argent, paisible, au cours insaisissable,
On découvre sous l'eau de la boue et du sable.

Mais comme au lac profond et sur son limon noir
Le ciel se réfléchit, vaste et charmant à voir,
Et, déroulant d'en haut la splendeur de ses voiles,
Pour décorer l'abîme, y sème les étoiles,
Tel dans ce fond obscur de notre humble destin
Se révèle l'espoir de l'éternel matin ;
Et quand sous l'œil de Dieu l'on s'est mis de bonne heure,
Quand on s'est fait une ame où la vertu demeure ;
Quand, morts entre nos bras, les parents révérés
Tous bas nous ont bénis avec des mots sacrés ;
Quand nos enfants, nourris d'une douceur austère,
Continueront le bien après nous sur la terre ;
Quand un chaste devoir a réglé tous nos pas,

Alors on peut encore être heureux ici-bas ;
Aux instants de tristesse on peut, d'un œil plus ferme,
Envisager la vie et ses biens et leur terme,
Et ce grave penser, qui ramène au Seigneur,
Soutient l'ame et console au milieu du bonheur.

Mai 1829.

---

II.

## A M. VIGUIER.

> Dicebam hæc et flebam amarissimè contritione cordis mei ; et eccè audio vocem de vicinâ domo cum cantu dicentis et crebrò repetentis, quasi pueri an puellæ nescio : *Tolle, lege ; tolle, lege.*
>
> Saint Augustin. *Confess.*, liv. VIII.

Au temps des Empereurs, quand les Dieux adultères,
Impuissants à garder leur culte et leurs mystères,
Pâlissaient, se taisaient sur l'autel ébranlé
Devant le Dieu nouveau dont on avait parlé,
En ces jours de ruine et d'immense anarchie
Et d'espoir renaissant pour la terre affranchie,
Beaucoup d'esprits, honteux de croire et d'adorer,
Avides, inquiets, malades d'ignorer,
De tous lieux, de tous rangs, avec ou sans richesse,
S'en allaient par le monde et cherchaient la sagesse.
A pied, ou sur des chars brillants d'ivoire et d'or,
Ou sur une trirème embarquant leur trésor,
Ils erraient : Antioche, Alexandrie, Athènes
Tour à tour leur montraient ces lueurs incertaines
Qui, dès qu'un œil humain s'y livre et les poursuit,
Toujours, sans l'éclairer, éblouissent sa nuit.
Platon les guide en vain dans ses cavernes sombres ;
En vain de Pythagore ils consultent les nombres ;

La science les fuit ; ils courent au-devant,
Esclaves de quiconque ou la donne ou la vend.
Du Stoïcien menteur, du Cynique en délire,
Dans leur main, chaque fois, le manteau se déchire.
Puis, par instants, lassés de leur secret tourment,
Exhalant en soupirs leur désenchantement,
Au bord d'une fontaine, au pied d'un sycomore,
Des jours entiers, assis, leur ennui les dévore ;
Le dégoût les irrite aux désirs malfaisants,
Et, pour dompter leur ame, ils soulèvent leurs sens.
Et bientôt les voilà ces enfants du Portique,
Ces nobles orphelins de la sagesse antique,
Les voilà ces amants du vrai, du bien, du beau,
Dormant dans la débauche ainsi qu'en un tombeau ;
Les voilà sans couronne, épars sous des platanes,
Dans le vin, pêle-mêle, aux bras des courtisanes,
Rêvant après la vie un éternel sommeil :
Quelle honte demain en face du soleil !
Ainsi leur vie allait folle et désespérée.
Mais un jour qu'en leur cœur la chasteté rentrée,
Plus humble, et rappelant les efforts commencés,
Les avait fait rougir des plaisirs insensés,
Qu'ils s'étaient repentis avec tristesse et larmes,
Résolus désormais de veiller sous les armes ;
Qu'à tout hasard au Ciel leur ame avait crié,
— Crié vers toi, Seigneur ! — et qu'ils avaient prié ;
Ce jour, ou quelque jour à celui-là semblable,
Quand le pauvre contrit, près des flots, sur le sable,
S'agitait à grands pas, ou, tâchant d'oublier,
Comptait dans un jardin les feuilles d'un figuier,
Tout d'un coup une voix, on ne sait d'où venue,
Que la vague apportait ou que jetait la nue,
Lui disait : *Prends et lis ;* et le livre entr'ouvert
Était là, comme on voit la colombe au désert ;
— Ou c'était un buisson qui prenait la parole ;
— Ou c'était un vieillard avec une auréole,
Qui d'un mot apaisait ces cœurs irrésolus,
Et qui disparaissait, et qu'on n'oubliait plus.

Et moi, comme eux, Seigneur, je m'écrie et t'implore
Et nul signe d'en haut ne me répond encore ;

Comme eux j'erre incertain, en proie aux sens fougueux,
Cherchant la vérité, mais plus coupable qu'eux;
Car je l'avais, Seigneur, cette vérité sainte :
Nourri de ta parole, élevé dans l'enceinte
Où croissent sous ton œil tes enfants rassemblés,
Mes plus jeunes désirs furent par toi réglés;
Ton souffle de mon cœur purifia l'argile;
Tu le mis sur l'autel comme un vase fragile,
Et, les grands jours, au bruit des concerts frémissants,
Tu l'emplissais de fleurs, de parfums et d'encens.
Tu m'aimais entre tous; et ces dons qu'on désire,
Ce pouvoir inconnu qu'on accorde à la lyre,
Cet art mystérieux de charmer par la voix,
Si l'on dit que je l'ai, Seigneur, je te le dois;
Tu m'avais animé pour chanter tes merveilles,
Comme le rossignol qui chante quand tu veilles.
Qu'ai-je fait de tes dons? — J'ai blasphémé, j'ai fui;
Au camp du Philistin la lampe sainte a lui :
L'orgue impie a chassé l'air divin qui l'inspire,
Et le pavé du temple a parlé pour maudire.
Grâce! j'ai trop péché : tout fier de ma raison,
Plus ivre qu'un esclave échappé de prison,
J'ai rougi, j'ai menti des tiens et de toi-même,
Et de moi; j'ai juré que j'étais sans baptême;
J'ai tenté bien des cœurs à de mauvais combats;
Lorsque passait un mort, je ne m'inclinais pas.
Tu m'as puni, Seigneur : — un jour qu'à l'ordinaire
Sans pudeur outrageant ta harpe et ton tonnerre,
Comme un enfant moqueur, sur l'abîme emporté,
Je roulais glorieux dans mon impiété,
Ta colère s'émut, et, soufflant sans orage,
Enleva mon orgueil ainsi qu'un vain nuage;
La glace où je glissais rompit sous mon traîneau,
Et le roc sous ma main se fondit comme une eau.
Depuis ce temps, déchu, noirci de fange immonde,
Sans ciel et sans soleil, égaré dans le monde,
Quand parfois trop d'ennui me possède, je cours
Comme les chiens errants qu'on voit aux carrefours.
Je ne respire plus l'air frais des eaux limpides;
Tous mes sens révoltés m'entraînent, plus rapides
Que le poulain fumant qui s'effraie et bondit,

Ou la mule sans frein d'un' Absalon maudit.
Oh, si c'était là tout! l'on pourrait vivre encore
Et croupir du sommeil d'un être qui s'ignore ;
On pourrait s'étourdir. Mais aux pires instants,
L'immortelle pensée en sillons éclatants,
Comme un feu des marais, jaillit de cette fange,
Et, remplissant nos yeux, nous éclaire et se venge.
Alors, comme en dormant on rêve quelquefois
Qu'on est dans une plaine aride, ou dans un bois,
Ou sur un mont désert, et l'on s'entend poursuivre
Par des brigands armés, et, plein d'amour de vivre,
De sentiers en sentiers, de sommets en sommets,
L'on va, l'on va toujours, sans avancer jamais,
De même, en ces moments d'angoisse et de détresse,
Par mille affreux efforts notre ame se redresse
Pour remonter à Dieu ; mais son espoir est vain !
— Et pourtant, ce n'est pas, Maître bon et divin,
Sur des vaisseaux, des chars à la course roulante,
Ce n'est pas en marchant plus rapide ou plus lente,
Que l'ame en peine arrive au ciel avant le soir ;
Pour arriver à toi, c'est assez de vouloir.
Je voudrais bien, Seigneur ; je veux ; pourquoi ne puis-je ?
Je m'y perds, soutiens-moi ; mets fin à ce prodige,
Sauve à mon repentir un doute insidieux,
O très-grand, ô très-bon, miséricordieux !
C'est sans doute qu'en moi la coupable nature
Aime en secret son mal, chérit sa pourriture,
Espère réveiller le vieil homme endormi,
Et qu'en croyant vouloir je ne veux qu'à demi.
Non, tout entier, je veux ; — sur mon ame apaisée
Verse d'en haut, Seigneur, ta manne et ta rosée ;
Couvre-moi de ton œil ; tends-moi la main, et rends
Le silence et le calme à mes sens murmurants.
Repétris sous tes doigts mon argile odorante ;
Que, douce comme un chant au lit d'une mourante,
Ma voix redise encor ton nom durant les nuits ;
Ainsi de moi bientôt fuiront tous les ennuis ;
Ainsi, comme autrefois, la prière et l'étude
De leurs rameaux unis clôront ma solitude ;
Ainsi, grave et pieux, loin, bien loin des humains,
Je cacherai ma vie en de secrets chemins,

Sous un bois, près des eaux ; et là, dans ma pensée,
Regardant par-delà mon ivresse insensée,
Je reverrai les ans chers à mon souvenir
Comme un tableau souillé qu'on vient de rajeunir ;
Et, soit que la bonté du Maître que j'adore,
Un matin de printemps, sur mon seuil fasse éclore
Une vierge au front pur, au doux sein velouté,
Qui me donne à cueillir les fruits de sa beauté ;
Soit que jusqu'au tombeau, pélerin sur la terre,
J'achève sans m'asseoir ma traite solitaire ;
Que mon corps se flétrisse, avant l'âge penché,
Et que je sois puni par où j'ai trop péché,
Qu'importe, ô Dieu clément ! ta tendresse est la même ;
Tu fais tout pour le bien avec l'enfant qui t'aime ;
Tu sauves en frappant ; — tu m'auras retiré
Du profond de l'abîme, et je te bénirai.

Juin 1829.

---

## III.

## A M. AUGUSTE LE PRÉVOST.

> Quis memorabitur tui post mortem et quis
> orabit pro te ?
>
> DE IMIT. CHRISTI, lib. I, cap. 23.

Dans l'île Saint-Louis, le long d'un quai désert,
L'autre soir je passais ; le ciel était couvert,
Et l'horizon brumeux eût paru noir d'orages,
Sans la fraîcheur du vent qui chassait les nuages ;
Le soleil se couchait sous de sombres rideaux ;
La rivière coulait verte entre les radeaux ;
Aux balcons çà et là quelque figure blanche
Respirait l'air du soir ; — et c'était un dimanche.
Le dimanche est pour nous le jour du souvenir ;

Car, dans la tendre enfance, on aime à voir venir,
Après les soins comptés de l'exacte semaine
Et les devoirs remplis, le soleil qui ramène
Le loisir et la fête, et les habits parés,
Et l'église aux doux chants, et les jeux dans les prés;
Et plus tard, quand la vie, en proie à la tempête,
Ou stagnante d'ennui, n'a plus loisir ni fête,
Si pourtant nous sentons, aux choses d'alentour,
A la gaîté d'autrui, qu'est revenu ce jour,
Par degrés attendris jusqu'au fond de notre ame,
De nos beaux ans brisés nous renouons la trame,
Et nous nous rappelons nos dimanches d'alors,
Et notre blonde enfance, et ses riants trésors.
Je rêvais donc ainsi, sur ce quai solitaire,
A mon jeune matin si voilé de mystère,
A tant de pleurs obscurs en secret dévorés,
A tant de biens trompeurs ardemment espérés,
Qui ne viendront jamais,... qui sont venus peut-être!
En suis-je plus heureux qu'avant de les connaître?
Et, tout rêvant ainsi, pauvre rêveur, voilà
Que soudain, loin, bien loin, mon ame s'envola,
Et d'objets en objets, dans sa course inconstante,
Se prit aux longs discours que feu ma bonne tante
Me tenait, tout enfant, durant nos soirs d'hiver,
Dans ma ville natale, à Boulogne-sur-Mer.
Elle m'y racontait souvent, pour me distraire,
Son enfance, et les jeux de mon père, son frère,
Que je n'ai pas connu; car je naquis en deuil,
Et mon berceau d'abord posa sur un cercueil.
Elle me parlait donc, et de mon père, et d'elle;
Et ce qu'aimait surtout sa mémoire fidèle,
C'était de me conter leurs destins entraînés
Loin du bourg paternel où tous deux étaient nés.
De mon antique aïeul je savais le ménage,
Le manoir, son aspect et tout le voisinage;
La rivière coulait à cent pas près du seuil;
Douze enfants (tous sont morts!) entouraient le fauteuil;
Et je disais les noms de chaque jeune fille,
Du curé, du notaire, amis de la famille,
Pieux hommes de bien, dont j'ai rêvé les traits,
Morts pourtant sans savoir que jamais je naîtrais.

Et tout cela revint en mon ame mobile,
Ce jour que je passais le long du quai, dans l'île.

Et bientôt, au sortir de ces songes flottants,
Je me sentis pleurer, et j'admirai long-temps
Que de ces hommes morts, de ces choses vieillies,
De ces traditions par hasard recueillies,
Moi, si jeune et d'hier, inconnu des aïeux,
Qui n'ai vu qu'en récits les images des lieux,
Je susse ces détails, seul peut-être sur terre,
Que j'en gardasse un culte en mon cœur solitaire,
Et qu'à propos de rien, un jour d'été, si loin
Des lieux et des objets, ainsi j'en prisse soin.
Hélas! pensai-je alors, la tristesse dans l'ame,
Humbles hommes, l'oubli sans pitié nous réclame,
Et, sitôt que la mort nous a remis à Dieu,
Le souvenir de nous ici nous survit peu;
Notre trace est légère et bien vite effacée;
Et moi, qui de ces morts garde encor la pensée,
Quand je m'endormirai comme eux, du temps vaincu,
Sais-je, hélas! si quelqu'un saura que j'ai vécu?
Et poursuivant toujours, je disais qu'en la gloire,
En la mémoire humaine, il est peu sûr de croire,
Que les cœurs sont ingrats, et que bien mieux il vaut
De bonne heure aspirer et se fonder plus haut,
Et croire en Celui seul qui, dès qu'on le supplie,
Ne nous fait jamais faute, et qui jamais n'oublie.

Juillet 1829.

IV.

## A MON AMI ULRIC GUTTINGUER.

> Dilata me in amore, ut discam interiori
> cordis ore quàm suave sit amare et in amore.
> liquefieri et natare.
>
> DE IMIT. CHRIST., lib. III, cap. 5.

Depuis que de mon Dieu la bonté paternelle
Baigna mon cœur enfant de tendresse et de pleurs,
Alluma le désir au fond de ma prunelle,
Et me ceignit le front de pudiques couleurs;

Et qu'il me dit d'aller vers les filles des hommes
Comme une mère envoie un enfant dans un pré
Ou dans un verger mûr, et des fleurs ou des pommes
Lui permet de cueillir la plus belle à son gré;

Bien souvent depuis lors, inconstant et peu sage,
En ce doux paradis j'égarai mes amours;
A chaque fruit charmant qui tremblait au passage,
Tenté de le cueillir, je retardais toujours.

Puis, j'en voyais un autre et je perdais mémoire :
C'étaient des seins dorés et plus blonds qu'un miel pur;
D'un front pâli j'aimais la chevelure noire;
Des yeux bleus m'ont séduit à leur paisible azur.

J'ai, changeant tour à tour de faiblesse et de flamme,
Suivi bien des regards, adoré bien des pas,
Et plus d'un soir, rentrant, le désespoir dans l'ame,
Un coup d'œil m'atteignit que je ne cherchais pas.

Caprices! vœux légers! Lucile, Natalie,
Toi qui mourus, Emma, fantômes chers et doux,
Et d'autres que je sais et beaucoup que j'oublie,
Que de fois pour toujours je me crus tout à vous!

Mais comme un flot nouveau chasse le flot sonore,
Comme passent des voix dans un air embaumé,
Comme l'aube blanchit et meurt à chaque aurore,
Ainsi rien ne durait... et je n'ai point aimé !

Non jamais, non l'amour, l'amour vrai, sans mensonge,
Ses purs ravissements en un cœur ingénu,
Et l'unique pensée où sa vertu nous plonge,
Et le choix éternel.... je ne l'ai pas connu !

Et si, trouvant en moi cet ennui que j'évite,
Retombé dans le vide et las des longs loisirs,
Pour dévorer mes jours et les tarir plus vite,
J'ai rabaissé mon ame aux faciles plaisirs ;

Si, touché des cris sourds de la chair qui murmure,
Sans attendre, ô mon Dieu, le fruit vermeil et frais,
J'ai mordu dans la cendre et dans la pourriture,
Comme un enfant glouton, pour m'assoupir après ;

Pardonne à mon délire, à l'affreuse pensée
D'une mort sans réveil et d'une nuit sans jour,
A mon vœu de m'éteindre en ma joie insensée ;
Pardonne : — tout cela, ce n'était pas l'amour.

Mais, depuis quelques soirs et vers l'heure où l'on rêve,
Je rencontre en chemin une blanche beauté ;
Elle est là quand je passe, et son front se relève,
Et son œil sur le mien semble s'être arrêté.

Comme un jeune asphodèle, au bord d'une eau féconde,
Elle penche à la brise et livre ses parfums ;
Sa main, comme un beau lis, joue à sa tête blonde ;
Sa prunelle rayonne à travers des cils bruns.

Comme sur un gazon, sur sa tempe bleuâtre
Les flots de ses cheveux sont légers à couler ;
Dans le vase, à travers la pâleur de l'albâtre,
On voit trembler la lampe et l'ame étinceler.

Souvent, en vous parlant, quelque rêveuse image
Tout-à-coup sur son front et dans ses yeux voilés
Passe, plus prompte à fuir qu'une ombre de nuage
Qui par un jour serein court aux cimes des blés.

Ses beaux pieds transparents, nés pour fouler la rose,
Plus blancs que le satin qui les vient enfermer,
Plus doux que la senteur dont elle les arrose,
Je les ai vus... Mon Dieu, fais que je puisse aimer!

Aimer, c'est croire en toi, c'est prier avec larmes
Pour l'angélique fleur éclose en notre nuit,
C'est veiller quand tout dort, et respirer ses charmes,
Et chérir sur son front ta grâce qui reluit;

C'est, quand autour de nous le genre humain en troupe
S'agite éperdûment pour le plaisir amer,
Et sue, et boit ses pleurs dans le vin de sa coupe,
Et se rue à la mort comme un fleuve à la mer,

C'est trouver en soi seul ces mystiques fontaines,
Ces torrents de bonheur qu'a chantés un saint Roi;
C'est passer du désert aux régions certaines,
Tout entiers l'un à l'autre, et tous les deux dans toi;

C'est être chaste et sobre, et doux avec courage;
C'est ne maudire rien quand ta main a béni;
C'est croire au ciel serein, à l'éclair dans l'orage;
C'est vouloir qu'ici-bas tout ne soit pas fini;

C'est, lorsqu'au froid du soir, aux approches de l'ombre,
Le couple voyageur s'est assis pour gémir,
Et que la mort sortant, comme un hôtelier sombre,
Au plus lassé des deux a crié de dormir,

C'est, pour l'inconsolé qui poursuit solitaire,
Être mort et dormir dans le même tombeau;
Plus que jamais c'est vivre au-delà de la terre,
C'est voir en songe un Ange avec un saint flambeau.

Juillet 1829.

V.

## A MADAME V. H.

Un nuage a passé sur notre amitié pure ;
Un mot dit en colère, une parole dure
A froissé votre cœur, et vous a fait penser
Qu'un jour mes sentiments se pourraient effacer ;
Pour la première fois, Vous, prudente et si sage,
Vous avez cru prévoir, comme dans un présage,
Qu'avant mon lit de mort, mon amitié pour vous,
Oui, Madame, pour vous et votre illustre époux,
Amitié que je porte et si fière et si haute,
Pourrait un jour sécher et périr par ma faute.
Doute amer ! votre cœur l'a sans crainte abordé ;
Vous en avez souffert, mais vous l'avez gardé ;
Et tantôt, là-dessus, triste et d'un ton de blâme,
Vous avez dit ces mots, qui m'ont pénétré l'ame :
« En cette vie, hélas ! rien n'est constant et sûr ;
» Le ver se glisse au fruit, dès que le fruit est mûr ;
» L'amitié se corrompt ; tout est rêve et chimère ;
» On n'a pour vrais amis que son père et sa mère,
» Son mari, ses enfants, et Dieu par-dessus tous.
» Quant à ces autres biens qu'on estime si doux,
» S'entr'aider, se chérir, croire à des cœurs fidèles,
» Voir en des yeux amis briller des étincelles,
» Ce sont de faux-semblants auxquels je n'ai plus foi ;
» La vie est une foule où chacun tire à soi. »
Oui, vous avez dit vrai ; l'amitié n'est pas sûre ;
Mais, en me le disant, pourquoi me faire injure ?
Pourquoi, lorsqu'ici-bas, à l'ennui condamné,
Las de soi-même, on s'est à quelque autre donné ;
Qu'en cet autre on a mis son ame et sa tendresse,
Ses foyers, son orgueil et toute sa jeunesse ;
Qu'assis sur le tillac, à demi défailli,
Comme un pauvre nageur en passant recueilli,

On a juré de suivre aux mers les plus profondes
Le noble pavillon qui nous sauva des ondes ;
Lorsqu'autre part qu'en nous notre espoir refleurit ;
Lorsque pour l'être aimé, pour tous ceux qu'il chérit,
Pour leur salut, leur gloire ou pour leur moindre envie,
A toute heure, on est prêt à dépenser sa vie ;
Pourquoi venir alors nous dire que la foi
Est morte aux cœurs humains ; que chacun tire à soi ;
Qu'entre les amitiés aucune n'est durable ;
Et pour un tort léger parler d'irréparable?
L'irréparable, hélas! savez-vous ce que c'est,
Vous que le Ciel bénit? malheur à qui le sait !
Une fille à quinze ans, fraîche, belle, parée,
Et tout d'un coup ravie à sa mère éplorée ;
Un père moribond, et que le froid raidit
Avant qu'il ait dit grâce au fils qu'il a maudit ;
Une vierge séduite et puis abandonnée,
Un souvenir sanglant dans notre destinée,
Un remords étalé sur un front endormi,
Quelque mortel outrage à l'honneur d'un ami :
Voilà l'irréparable! et ce seul mot nous brise ;
Mais aux coups plus légers le cœur se cicatrise ;
Et quand on vit, qu'on s'aime, et que l'un a pleuré,
On pardonne, on oublie et tout est réparé.

Juillet 1829.

## VI.

## A M: A..... DE L......

Le jour que je vous vis pour la troisième fois,
C'était en juin dernier, voici bientôt deux mois ;
Vous en souviendrez-vous ? j'ose à peine le croire ;
Mais ce jour à jamais emplira ma mémoire ;
Après nous être un peu promenés seul à seul,

Au pied d'un marronnier ou sous quelque tilleul
Nous vînmes nous asseoir, et long-temps nous causâmes
De nous, des maux humains, des besoins de nos ames;
Moi surtout, moi plus jeune, inconnu, curieux,
J'aspirais vos regards, je lisais dans vos yeux,
Comme aux yeux d'un ami qui vient d'un long voyage;
Je rapportais au cœur chaque éclair du visage;
Et dans vos souvenirs ceux que je choisissais,
C'était votre jeunesse, et vos premiers accès
D'abord flottants, obscurs, d'ardente poésie,
Et les égarements de votre fantaisie,
Vos mouvements sans but, vos courses en tout lieu,
Avant qu'en votre cœur le démon fût un Dieu.
Sur la terre jeté, manquant de lyre encore,
Errant, que faisiez-vous de ce don qui dévore?
Où vos pleurs allaient-ils? par où montaient vos chants?
Sous quels antres profonds, par quels brusques penchants
S'abîmait loin des yeux le fleuve? Quels orages
Ce soleil chauffait-il derrière les nuages?
Ignoré de vous-même et de tous, vous alliez...
Où? dites? parlez-moi de ces temps oubliés.
Enfant, Dieu vous nourrit de sa sainte parole;
Mais bientôt le laissant pour un monde frivole,
Et cherchant la sagesse et la paix hors de lui,
Vous avez poursuivi les plaisirs par ennui ;
Vous avez, loin de vous, couru mille chimères,
Goûté les douces eaux et les sources amères,
Et sous des cieux brillants, sur des lacs embaumés,
Demandé le bonheur à des objets aimés.
Bonheur vain! fol espoir! délire d'une fièvre!
Coupe qu'on croyait fraîche et qui brûle la lèvre!
Flocon léger d'écume, atôme éblouissant
Que l'esquif fait jaillir de la vague en glissant!
Filet d'eau du désert que boit le sable aride!
Phosphore des marais, dont la fuite rapide
Découvre plus à nu l'épaisse obscurité
De l'abîme sans fond où dort l'éternité!
Oh! quand je vous ai dit à mon tour ma tristesse,
Et qu'aussi j'ai parlé des jours pleins de vitesse,
Ou de ces jours si lents qu'on ne peut épuiser,
Goutte à goutte tombant sur le cœur sans l'user;

Que je n'avais au monde aucun but à poursuivre ;
Que je recommençais chaque matin à vivre ;
Oh ! qu'alors sagement et d'un ton fraternel
Vous m'avez par la main ramené jusqu'au Ciel !
« Tel je fus, disiez-vous ; cette humeur inquiète,
» Ce trouble dévorant au cœur de tout poëte,
» Et dont souvent s'égare une jeunesse en feu,
» N'a de remède ici que le retour à Dieu ;
» Seul il donne la paix, dès qu'on rentre en la voie ;
» Au mal inévitable il mêle un peu de joie,
» Nous montre en haut l'espoir de ce qu'on a rêvé,
» Et sinon le bonheur, le calme est retrouvé. »

Et souvent depuis lors, en mon ame moins folle,
J'ai mûrement pesé cette simple parole ;
Je la porte avec moi, je la couve en mon sein,
Pour en faire germer quelque pieux dessein.
Mais quand j'en ai long-temps échauffé ma pensée,
Que la Prière en pleurs, à pas lents avancée,
M'a baisé sur le front comme un fils, m'enlevant
Dans ses bras, loin du monde, en un rêve fervent,
Et que j'entends déjà dans la sphère bénie
Des harpes et des voix la douceur infinie,
Voilà que de mon ame, alentour, au-dedans,
Quelques funestes cris, quelques désirs grondants
Éclatent tout-à-coup, et d'en haut je retombe
Plus bas dans le péché, plus avant dans la tombe !
— Et pourtant aujourd'hui qu'un radieux soleil
Vient d'ouvrir le matin à l'Orient vermeil ;
Quand tout est calme encor, que le bruit de la ville
S'éveille à peine autour de mon paisible asile ;
A l'instant où le cœur aime à se souvenir,
Où l'on pense aux absents, aux morts, à l'avenir,
Votre parole, ami, me revient et j'y pense ;
Et consacrant pour moi le beau jour qui commence,
Je vous renvoie à vous ce mot que je vous dois,
A vous, sous votre vigne, au milieu des grands bois.
Là désormais, sans trouble, au port après l'orage,
Rafraîchissant vos jours aux fraîcheurs de l'ombrage,
Vous vous plaisez aux lieux d'où vous étiez sorti ;
Que verriez-vous de plus ? vous avez tout senti.

Les heures qu'on maudit et celles qu'on caresse
Vous ont assez comblé d'amertume ou d'ivresse.
Des passions en vous les rumeurs ont cessé ;
De vos afflictions le lac est amassé ;
Il ne bouillonne plus ; il dort, il dort dans l'ombre,
Au fond de vous, muet, inépuisable et sombre ;
A l'entour un esprit flotte, et de ce côté
Les lieux sont revêtus d'une triste beauté.
Mais ailleurs, mais partout, que la lumière est pure !
Quel dôme vaste et bleu couronne la verdure ;
Et combien cette voix pleure amoureusement !
Vous chantez, vous priez, comme Abel, en aimant ;
Votre cœur tout entier est un autel qui fume,
Vous y mettez l'encens et l'éclair le consume ;
Chaque ange est votre frère, et, quand vient l'un d'entre eux,
En vous il se repose, — ô grand homme, homme heureux !

Juillet 1829.

Depuis que cette pièce a été adressée à notre illustre poète, un affreux malheur est venu la démentir, et montrer que pour le *grand homme heureux*, tout *le lac des afflictions* n'était pas *amassé*; il y manquait une goutte encore, et la plus amère.

Janvier 1830.

---

## VII.

## SONNET.

L'autre nuit, je veillais dans mon lit sans lumière,
Et la verve en mon sein à flots silencieux
S'amassait, quand soudain, frappant du pied les cieux,
L'éclair, comme un coursier à la pâle crinière,

Passa ; la foudre en char retentissait derrière,
Et la terre tremblait sous les divins essieux ;
Et tous les animaux, d'effroi religieux
Saisis, restaient chacun tapis dans leur tanière.

Mais, moi, mon ame en feu s'allumait à l'éclair ;
Tout mon sein bouillonnait, et chaque coup dans l'air
A mon front trop chargé déchirait un nuage.

J'étais dans ce concert un sublime instrument ;
Homme, je me sentais plus grand qu'un élément,
Et Dieu parlait en moi plus haut que dans l'orage.

Août 1829.

## VIII.

## A ERNEST FOUINET.

Nondùm amabam, et amare amabam ;<br>
quærebam quid amarem, amans amare.<br>
S. Aug. Confess.

Naître, vivre et mourir dans la même maison ;
N'avoir jamais changé de toit ni d'horizon ;
S'être lié tout jeune aux vœux du sanctuaire ;
Vierge, voiler son front comme d'un blanc suaire,
Et confiner ses jours silencieux, obscurs,
A l'enclos d'un jardin fermé de tristes murs ;
Ou dans un sort plus doux, mais non moins monotone,
Vieillir sans rien trouver dont notre ame s'étonne ;
Ne pas quitter sa mère et passer à l'époux
Qui vous avait tenue, enfant, sur ses genoux ;
Aux yeux des grands parents, élever sa famille ;
Voir les fils de ses fils sous la même charmille
Où jadis on avait joué devant l'aïeul ;
Homme, vivre ignoré, modeste, pauvre et seul,
Sans voyager, sentir, ni respirer à l'aise,
Ni donner plein essor à ce cœur qui vous pèse ;
Dans son quartier natal compter bien des saisons,
Sans voir jaunir les bois ou verdir les gazons ;

Avec les mêmes goûts avoir sa même chambre,
Ses livres du collége et son poêle en décembre;
Sa fenêtre entr'ouverte en mai, se croire heureux
De regarder un lierre en un jardin pierreux ;
Tout cèla, puis mourir plus humblement encore,
Pleuré de quelques yeux, mais sans écho sonore,
Sans flambeau qui long-temps chasse l'oubli vaincu,
O mon cœur, toi qui sens, dis : est-ce avoir vécu ? —
Pourquoi non ? Et pour nous qu'est-ce donc que la vie ?
Quand aux jeux du foyer votre enfance ravie
Aurait franchi déjà bien des monts et des flots,
Et vu passer le monde en magiques tableaux ;
Quand plus tard vous auriez égaré vos voyages,
Mêlé vos pleurs, vos cris au murmure des plages ;
Semé de vous les mers, les cités, les chemins ;
Loin d'aujourd'hui, d'hier, jeté vos lendemains
En avant au hasard; comme un coureur en nage
Lance un disque dans l'air qu'il rattrape au passage ;
Quand, sinistre, orageux, étourdi de vos bruits,
Vous auriez, sous le vent, veillé toutes vos nuits,
Vous n'auriez pas vécu pour cela plus peut-être
Que tel cœur inconnu qu'un village a vu naître,
Qu'un cloître saint ensuite a du monde enlevé
Et qui pria vingt ans sur le même pavé ;
Vous n'auriez pas senti plus de joie immortelle,
Plus d'amères douleurs ; vous auriez eu plus qu'Elle
Des récits seulement à raconter, le soir.
Vivre, sachez-le bien, n'est ni voir ni savoir,
C'est sentir, c'est aimer ; aimer, c'est là tout vivre ;
Le reste semble peu pour qui lit à ce livre ;
Sitôt que passe en nous un seul rayon d'amour,
L'ame entière est éclose, on la sait en un jour ;
Et l'humble, l'ignorant, si le Ciel le convie
A ce mystère immense, aura connu la vie.
O vous, dont le cœur pur, dans l'ombre s'échauffant,
Aime ardemment un père, un époux, un enfant,
Une tante, une sœur ; foule simple et bénie,
Qui savez où l'on va quand la vie est finie,
Qui savez comme on pleure, ou de joie ou de deuil,
Près d'un berceau vermeil ou sur un noir cercueil,
Et comme on aime Dieu même alors qu'il châtie,

Et comme la prière à l'ame repentie
Verse au pied de l'autel d'abondantes ferveurs,
Oh! n'enviez jamais ces inquiets rêveurs
Dont la vie ennuyée avec orgueil s'étale,
Ou s'agite sans but turbulente et fatale.
Seuls, ils croient tout sentir, délices et douleurs ;
Seuls, ils croient dans la vie avoir le don des pleurs,
Avoir le sens caché de l'énigme divine,
Avoir goûté les fruits de l'arbre et sa racine,
Et, fiers de tout connaître, ils raillent en sortant ;
O vous plus humbles qu'eux, vous en savez autant !
L'Amour vous a tout dit dans sa langue sublime ;
Il a dans vos lointains doré plus d'une cime,
Fait luire sous vos pieds plus d'un ciron d'azur,
Jeté plus d'une fleur aux bords de votre mur.
Au coucher du soleil, au lever de la lune,
Prêtant l'oreille aux bruits qu'on entend à la brune,
Ou l'œil sur vos tisons d'où la flamme jaillit,
Ou regardant, couché, le ciel de votre lit ;
Ou, vierge du Seigneur, dans l'étroite cellule,
Sous la lampe de nuit dont la lueur ondule,
Adorant saintement et la Mère et le Fils,
Et, pour remède aux maux, baisant le crucifix ;
Vous avez agité bien des rêves de l'ame ;
Vous vous êtes donné ce que tout cœur réclame,
Des cœurs selon le vôtre, et vous avez pleuré
En remuant des morts le souvenir sacré.
Oh! moi, si jusqu'ici j'ai tant gémi sur terre,
Si j'ai tant vers le Ciel lancé de plainte amère,
C'est moins de ce qu'esclave, à ma glèbe attaché,
Je n'ai pu faire place à mon destin caché ;
C'est moins de n'avoir pas visité ces rivages
Que des noms éternels peuplent de leurs images,
Où l'orange est si mûre, où le ciel est si bleu ;
— C'est plutôt jusqu'ici d'avoir aimé trop peu !

Août 1829.

## IX.

## A FONTANEY.

> Cella continuata dulcescit, et malè custodita
> tædium generat et vilescit. Si in principio
> conversionis tuæ benè eam incolueris et cus-
> todieris, erit tibi posteà dilecta amica et gra-
> tissimum solatium.
>
> De Imit. Christ., lib. 1, cap. 20.

Ami, soit qu'emporté de passions sans nombre,
Après beaucoup de cris et de chutes dans l'ombre,
Comme aux jeux un vaincu qui dételle ses chars;
Vous arrêtiez votre ame, et de vos sens épars
Réprimiez la fureur trop long-temps effrénée ;
Soit que, fermant carrière à votre destinée,
Le premier vent vous ait rejeté dans le port ;
Qu'un amour malheureux, vous assaillant d'abord,
D'un voyage plus long vous ait ôté l'envie,
Et que, sans voir ouvrir, heurtant à cette vie,
Vous vous soyez, bien jeune, assis, le cœur en deuil,
Comme un amant, la nuit, qui s'assied sur un seuil ;
Ou soit encor que, plein de candeur et de joie,
Vous cheminiez en paix dans votre douce voie,
De l'amour ignorant les dons ou la rigueur,
Et qu'homme vous viviez dans l'enfance du cœur ;
— Ami, — si vous avez, aux champs, à la vallée,
Fait choix, pour y cacher une vie isolée,
Pour y mieux réfléchir à l'homme, à l'ame, à Dieu,
D'un toit simple et conforme aux ombrages du lieu ;
Si, certain désormais de l'avoir pour demeure,
D'y consacrer au Ciel vos jours heure par heure,
Vous n'y voulez plus rien du monde et des combats
Où la chair nous égare, — Ami, n'en sortez pas.
Laissez ce monde vain s'agiter et bruire,
Ses rumeurs se choquer, gronder et se détruire ;
Sa gloire luire et fondre ; et sa félicité

Se gonfler, puis tarir, comme un torrent, l'été.
Ne précipitez plus ce flot noir et rapide
A travers le cristal de votre lac limpide ;
Ne lancez plus vos chiens avec le sanglier
Dans la claire fontaine, amour du peuplier ;
Mais restez, vivez seul ; et bientôt le silence,
Ou le bruit des rameaux que la brise balance,
La couleur de la feuille aux arbres différents,
Les reflets du matin dans les flots transparents,
Ou, plus près, le jardin devant votre fenêtre,
Votre chambre et ses murs, et moins encor peut-être,
Tout vous consolera ; tout, s'animant pour vous,
Vous tiendra sans parole un langage bien doux,
Comme un ami discret qui, la tête baissée,
Sans rien dire comprend et suit votre pensée.
La solitude est chère à qui jamais n'en sort ;
Elle a mille douceurs qui rendent calme et fort.
Oh ! j'ai rêvé toujours de vivre solitaire
En quelque obscur débris d'antique monastère,
D'avoir ma chambre sombre, et, sous d'épais barreaux,
Une fenêtre étroite et taillée à vitraux,
Et quelque lierre autour, quelque mousse furtive
Qui perce le granit et festonne l'ogive ;
Et frugal, ne vivant que de fruits et de pain,
De mes coudes usant ma table de sapin,
Dans mon fauteuil de chêne aux larges clous de cuivre
J'ai rêvé de vieillir avec plus d'un vieux livre.
On fouille avec bonheur au fond de ses tiroirs ;
On a d'autres recoins mystérieux et noirs
Sous l'escalier tournant, près de la cheminée,
Où jamais on ne touche ; où, depuis mainte année,
La poussière s'amasse incessamment et dort.
Ce demi-jour confus qui vient d'un corridor
Donne sur un réduit, où, dans un ordre étrange,
Mille objets de rebut, tout ce qui s'use et change,
Des papiers, des habits, un portrait effacé
Qui fut cher autrefois, un herbier commencé,
Pinceaux, flûte, poignards sur la même tablette,
Un violon perclus logé dans un squélette,
Tout ce qu'un docteur Faust entasse en son fouillis
Se retrouve, et nous rend des temps déjà vieillis.

Si parfois, de loisir, ou cherchant quelque chose,
On entre là-dedans, et que l'œil s'y repose
Tirant de chaque objet un peu de souvenir,
Comme en nous le passé va vite revenir !
Comme on s'égare encore en songes diaphanes !
Comme les jours enfuis des passions profanes,
Des danses, des concerts, des querelles d'amour,
De l'étude adorée et quittée à son tour,
Jours d'inconstance aimable où la faute a des charmes,
S'éveillent en riant à nos yeux pleins de larmes !
Combien le seul aspect d'un vêtement usé
Peut rajeunir un cœur qu'on croyait épuisé !
Non, jamais dans les bois, foulant l'herbe fleurie,
Un soir d'automne, on n'eut plus fraîche rêverie.

Mais c'est peu du passé ; tous ces restes poudreux,
Ces débris, où vont-ils ? où vais-je derrière eux ?
Tandis qu'en proie aux vers, et, parcelle à parcelle,
Ils retournent grossir la masse universelle ;
Que, voltigeant d'abord au hasard et sans choix,
Puis retombant bientôt sous de secrètes loix,
Ils doivent, retrempés dans le courant des choses,
Changer, vivre peut-être, ou fleurir dans les roses,
Ou briller dans l'abeille, atômes éclatants,
Selon que le voudront la Nature et le Temps ;
Moi qui suis là debout, qui les vois et qui pense,
Qui sens aussi qu'en moi la ruine commence,
Moi vieillard avant l'âge, aux cheveux déjà gris,
Et qui serai poussière avant tous ces débris,
Quand je porte le sort de mon ame immortelle,
Mourant, lui laisserai-je une chance moins belle ?
La laisserai-je en risque, après l'exil humain,
D'errer comme un atôme au bord d'un grand chemin,
Sans se mêler joyeuse au Dieu que tout adore,
Sans remonter jamais et sans jamais éclore ?

Ainsi rien ne distrait un cœur religieux ;
Les plus humbles sentiers le ramènent aux Cieux ;
Sa vie est un parfum de lecture choisie,
De contemplation, d'austère poésie ;
Il sait que la nuit vient, que les instants sont courts,

Et médite long-temps ce qui dure toujours.
O de l'homme pieux éclatante nature !
Noble sublimité dans une vie obscure !
Rembrandt, tu l'as comprise ; et ton pinceau divin,
Tantôt puisant la flamme au front du Séraphin,
Tantôt rembrunissant sa couleur plus sévère,
Nous peint l'homme ici-bas qu'un jour lointain éclaire,
Le peint vieux, à l'étroit et manquant d'horizon,
Recueilli dans lui-même au fond de sa maison,
Courbé, passant les jours en lecture, en prière,
Et tourné du côté d'où lui vient la lumière.
Des plus cachés destins tu montres la hauteur ;
Sous ta main le rayon sacré, consolateur,
Aux ténèbres se mêle et les dore au passage,
Comme l'Ange apportant à Tobie un message,
Comme une lampe sainte, ou l'étoile du soir
Annonçant aux bergers le Dieu qu'ils allaient voir.
C'est le symbole vrai des justes en ce monde ;
Plus qu'à demi voilés d'obscurité profonde,
Toujours ils ont passé, Rembrandt, et passeront
Tout en noir et dans l'ombre, une lumière au front.

Août 1829.

X.

A MON AMI

ÉMILE DESCHAMPS.

... Thus our Curate, one whom all believe
Pious and Just, and for whose fate they grieve :
All see him poor, but ev'n the vulgar know
He merits love, and their respect bestow, etc., etc.
CRABBE. — THE BOROUGH.

Voici quatre-vingts ans, — plus ou moins, — qu'un curé,
Ou plutôt un vicaire, au comté de Surrey
Vivait, chétif et pauvre, et père de famille ;

C'était un de ces cœurs dont l'excellence brille
Sur le front, dans les yeux, dans le geste et la voix ;
Gibbon nous dit qu'il l'eut pour maître dix-huit mois,
Et qu'il garda toujours souvenir du digne homme.
Or le révérend John Kirkby, comme il le nomme,
A son élève enfant a souvent raconté
Qu'ayant vécu d'abord, dans un autre comté,
— Le Cumberland, je crois, — en été, solitaire,
Volontiers il allait, loin de son presbytère,
Rêver sur une plage où la mer mugissait ;
Et que là, sans témoins, simple il se délassait
A contempler les flots, le ciel et la verdure ;
A s'enivrer long-temps de l'éternel murmure ;
Et quand il avait bien tout vu, tout admiré,
A chercher à ses pieds sur le sable doré,
Pour rapporter joyeux, de retour au village,
A ses enfants chéris maint brillant coquillage.
Un jour surtout, un jour qu'en ce beau lieu rêvant,
Assis sur un rocher, le pauvre desservant
Voyait sous lui la mer, comme un coursier qui fume,
S'abattre et se dresser, toute blanche d'écume ;
En son ame bientôt par un secret accord,
Et soit qu'il se sentit faible et seul sur ce bord,
Suspendu sur l'abîme ; ou soit que dans cette onde
Il crût voir le tableau de la vie en ce monde ;
Soit que ce bruit excite à tristement penser ;
— En son ame il se mit, hélas ! à repasser
Les chagrins et les maux de son humble misère ;
Qu'à peine sa famille avait le nécessaire ;
Que la rente, et la dîme, et les meilleurs profits
Allaient au vieux Recteur, qui n'avait point de fils ;
Que, lui, courait, prêchait dans tout le voisinage,
Et ne gagnait que juste à nourrir son ménage ;
Et pensant de la sorte, au bord de cette mer,
Ses pleurs amèrement tombaient au flot amer.

Ce fut très-peu de temps après cette journée,
Que, s'efforçant de fuir la misère obstinée,
Il quitta sa paroisse et son comté natal,
Et vint en Surreyshire, où le sort moins fatal
Le soulagea d'abord du plus lourd de sa chaîne

Et lui fit quelque aisance après si dure gêne.
Dans la maison Gibbon logé, soir et matin
Il disait la prière, enseignait le latin
Au fils; puis, le dimanche et les grands jours qu'on chaume,
Il prêchait à l'église et chantait haut le psaume.
Une fois, par malheur (car il manque au portrait
De dire que notre homme était un peu distrait,
Distrait comme Abraham Adams ou Primerose),
Un jour donc, à l'église, il n'omit autre chose
Que de prier tout haut pour Georges II, le Roi !
Les temps étaient douteux ; chacun tremblait pour soi ;
Kirkby fut chassé vite, et plaint, selon l'usage.
Ce qu'il devint, lui veuf, quatre enfants en bas âge,
Et suspect, je l'ignore, et Gibbon n'en dit rien.
Il quitta le pays ; mais ce que je sais bien,
C'est que, dût son destin rester dur et sévère,
Toujours il demeura bon chrétien, tendre père,
Soumis à son devoir, esclave de l'honneur,
Et qu'il mourut béni, bénissant le Seigneur.

Et maintenant pourquoi réveiller la mémoire
De cet homme, et tirer de l'oubli cette histoire ?
Pourquoi ? dans quel dessein ? surtout en ce moment
Où la France, poussant un long gémissement,
Et retombée en proie aux factions parjures,
Assemble ses enfants autour de ses blessures ?
Que nous fait aujourd'hui ce défunt d'autrefois ?
Des pleurs bons à verser sous l'ombrage des bois,
En suivant à loisir sa chère rêverie,
Se peuvent-ils mêler aux pleurs de la patrie ?
Pourtant, depuis huit jours, ce vicaire inconnu
M'est, sans cesse et partout, à l'ame revenu :
Tant nous tient le caprice, et tant la fantaisie
Est souveraine aux cœurs épris de poésie ! —
Et d'ailleurs ce vicaire, homme simple et pieux,
Qui passa dans le monde à pas silencieux
Et souffrit en des temps si semblables aux nôtres,
Ne vaut-il pas qu'on pense à lui, plus que bien d'autres ?
Oh ! que si tous nos chefs, à leur tête le Roi,
Les élus du pays, les gardiens de la loi,
Nos généraux fameux et blanchis à la guerre,

Nos prélats, — enfin tous, — pareils à ce vicaire,
Et chacun dans le poste où Dieu le fit asseoir,
En droiture de cœur remplissaient leur devoir,
Oh ! qu'on ne verrait plus la France désarmée
Remettre en jeu bonheur, puissance et renommée,
Et, saignante, vouloir et ne pouvoir guérir,
Et l'abîme d'hier chaque jour se rouvrir !

Août 1829.

## XI.

## SONNET.

Fallentis semita vitæ.<br>Hor.

Un grand chemin ouvert, une banale route
A travers vos moissons ; tout le jour, au soleil
Poudreuse ; dont le bruit vous ôte le sommeil ;
Où la rosée en pleurs n'a jamais une goutte ;

— Gloire, à travers la vie, ainsi je te redoute.
Oh ! que j'aime bien mieux quelque sentier pareil
A ceux dont parle Horace, où je puis au réveil
Marcher au frais, et d'où, sans être vu, j'écoute !

Oh ! que j'aime bien mieux dans mon pré le ruisseau
Qui murmure voilé sous les fleurs du berceau,
Qu'un fleuve résonnant dans un grand paysage !

Car le fleuve avec lui porte, le long des bords,
Promeneurs, mariniers ; et les tonneaux des ports
Nous dérobent souvent le gazon du rivage.

Saint-Maur, août 1829.

## XII.

## A DEUX ABSENTS.

> Vois ce que tu es dans cette maison ! tout pour tout. Tes amis te considèrent ; tu fais souvent leur joie, et il semble à ton cœur qu'il ne pourrait exister sans eux. Cependant si tu partais, si tu t'éloignais de ce cercle, sentiraient-ils le vide que ta perte causerait dans leur destinée ? et combien de temps !
>
> WERTHER.

Couple heureux et brillant, vous qui m'avez admis
Dès long-temps comme un hôte à vos foyers amis,
Qui m'avez laissé voir en votre destinée
Triomphante, et d'éclat partout environnée,
Le cours intérieur de vos félicités,
Voici deux jours bientôt que je vous ai quittés ;
Deux jours, que seul, et l'ame en caprices ravie,
Loin de vous dans les bois j'essaie un peu la vie ;
Et déjà sous ces bois et dans mon vert sentier
J'ai senti que mon cœur n'était pas tout entier ;
J'ai senti que vers vous il revenait fidèle
Comme au pignon chéri revient une hirondelle,
Comme un esquif au bord qu'il a long-temps gardé ;
Et, timide, en secret, je me suis demandé
Si, durant ces deux jours, tandis qu'à vous je pense,
Vous auriez seulement remarqué mon absence.
Car sans parler du flot qui gronde à tout moment,
Et de votre destin qu'assiége incessamment
La Gloire aux mille voix, comme une mer montante,
Et des concerts tombant de la nue éclatante
Où déjà par le front vous plongez à demi ;
Doux bruits, moins doux pourtant que la voix d'un ami ;
Vous, noble époux ; vous, femme, à la main votre aiguille,
A vos pieds vos enfants ; chaque soir, en famille,
Vous livrez aux doux riens vos deux cœurs reposés,
Vous vivez l'un dans l'autre et vous vous suffisez.

Et si quelqu'un survient dans votre causerie,
Qui sache la comprendre et dont l'œil vous sourie,
Il écoute, il s'assied, il devise avec vous,
Et les enfants joyeux vont entre ses genoux ;
Et s'il sort, s'il en vient un autre, puis un autre
(Car chacun se fait gloire et bonheur d'être vôtre),
Comme des voyageurs sous l'antique palmier,
Ils sont les bien-venus ainsi que le premier.
Ils passent ; mais sans eux votre existence est pleine,
Et l'ami le plus cher, absent, vous manque à peine.
Le monde n'est pour vous, radieux et vermeil,
Qu'un atôme de plus dans votre beau soleil,
Et l'Océan immense aux vagues apaisées
Qu'une goutte de plus dans vos fraîches rosées ;
Et bien que le cœur sûr d'un ami vaille mieux
Que l'Océan, le monde et les astres des cieux,
Ce cœur d'ami n'est rien devant la plainte amère
D'un nouveau-né souffrant ; et pour vous, père et mère,
Une larme, une toux, le front un peu pâli
D'un enfant adoré, met le reste en oubli.
C'est la loi, c'est le vœu de la sainte Nature ;
En nous donnant le jour : « Va, pauvre créature,
» Va, dit-elle, et prends garde au sortir de mes mains
» De trébucher d'abord dans les sentiers humains.
» 'Suis ton père et ta mère, attentif et docile ;
» Ils te feront long-temps une route facile ;
» Enfant, tant qu'ils vivront, tu ne manqueras pas,
» Et leur ardent amour veillera sur tes pas.
» Puis, quand ces nœuds du sang relâchés avec l'âge
» T'auront laissé, jeune homme, au tiers de ton voyage,
» Avant qu'ils soient rompus et qu'en ton cœur fermé
» S'ensevelisse, un jour, le bonheur d'être aimé,
» Hâte-toi de nourrir quelque pure tendresse,
» Qui, plus jeune que toi, t'enlace et te caresse ;
» A tes nœuds presque usés joins d'autres nœuds plus forts ;
» Car que faire ici-bas, quand les parents sont morts,
» Que faire de son ame orpheline et voilée,
» A moins de la sentir d'autre part consolée,
» D'être père, et d'avoir des enfants à son tour
» Que d'un amour jaloux on couve nuit et jour ? »
Ainsi veut la Nature, et je l'ai méconnue ;

Et quand la main du Temps sur ma tête est venue,
Je me suis trouvé seul, et j'ai beaucoup gémi,
Et je me suis assis sous l'arbre d'un ami.
O vous dont le platane a tant de frais ombrage,
Dont la vigne en festons est l'honneur du rivage,
Vous dont j'embrasse en pleurs et le seuil et l'autel,
Êtres chers, objets purs de mon culte immortel ;
Oh ! dussiez-vous de loin, si mon destin m'entraîne,
M'oublier, ou de près m'apercevoir à peine,
Ailleurs, ici, toujours, vous serez tout pour moi ;
— Couple heureux et brillant, je ne vis plus qu'en toi.

Saint-Maur, août 1829.

## XIII.

## SONNET.

#### IMITÉ DE WORDSWORTH.

C'est un beau soir, un soir paisible et solennel ;
A la fin du saint jour, la Nature en prière
Se tait, comme Marie à genoux sur la pierre,
Qui tremblante et muette écoutait Gabriel :

La mer dort ; le soleil descend en paix du ciel ;
Mais dans ce grand silence, au-dessus et derrière,
On entend l'hymne heureux du triple sanctuaire,
Et l'orgue immense où gronde un tonnerre éternel.

O blonde jeune fille, à la tête baissée,
Qui marches près de moi, si ta sainte pensée
Semble moins que la mienne adorer ce moment,

C'est qu'au sein d'Abraham vivant toute l'année,
Ton ame est de prière, à chaque heure, baignée ;
C'est que ton cœur recèle un divin firmament.

Septembre 1829.

## XIV.

### SONNET.

#### IMITÉ DE WORDSWORTH.

Les passions, la guerre ; une ame en frénésie,
Qu'un éclatant forfait renverse du devoir ;
Du sang ; des rois bannis, misérables à voir ;
Ce n'est pas là-dedans qu'est toute poésie.

De soins plus doux la Muse est quelquefois saisie ;
Elle aime aussi la paix, les champs, l'air frais du soir,
Un penser calme et fort, mêlé de nonchaloir ;
Le lait pur des pasteurs lui devient ambroisie.

Assise au bord d'une eau qui réfléchit les cieux,
Elle aime la tristesse et ses élans pieux ;
Elle aime les parfums d'une ame qui s'exhale,

La marguerite éclose, et le sentier fuyant,
Et, quand Novembre étend sa brume matinale,
Une fumée au loin qui monte en tournoyant.

Septembre 1829.

---

## XV.

### SONNET.

#### IMITÉ DE WORDSWORTH.

Quand le Poète en pleurs, à la main une lyre,
Poursuivant les beautés dont son cœur est épris,
A travers les rochers, les monts, les prés fleuris,
Les nuages, les vents, mystérieux empire,

S'élance, et plane seul, et qu'il chante et soupire,
La foule en bas souvent, qui veut rire à tout prix,
S'attroupe, et l'accueillant au retour par des cris,
Le montre au doigt ; et tous, pauvre insensé, d'en rire !

Mais tous ces cris, Poète, et ces rires d'enfants,
Et ces mépris si doux aux rivaux triomphants,
Que t'importe, si rien n'obscurcit ta pensée,

Pure, aussi pure en toi qu'un rayon du matin,
Que la goutte de pleurs qu'une vierge a versée,
Ou la pluie en avril sur la ronce et le thym !

Septembre 1829.

## XVI.

## A V. H.

Ami, d'où nous viens-tu, tremblant, pâle, effaré,
Tes blonds cheveux épars et d'un blond plus doré,
Comme ceux que Rubens et Rembrandt à leurs anges
Donnent en leurs tableaux par des teintes étranges ?
Ami, d'où nous viens-tu ? d'où la froide sueur
De ta main qui me presse, et la blanche lueur
De ton front grand et haut comme s'il était chauve ?
Ta prunelle est sanglante et ta paupière est fauve ;
Ta voix tremble et frémit comme après un forfait ;
Ton accent étincelle ; — Ami, qu'as-tu donc fait ?
Ah ! oui, je le comprends, tu sors du sanctuaire ;
Ton visage d'abord s'est collé sur la pierre ;
Mais le Seigneur a dit, et ton effroi s'est tu ;
Et tous les deux long-temps vous avez combattu ;
Jacob et l'Étranger ont mêlé leurs haleines ;
Mazeppa, le coursier t'a traîné par les plaines ;
Honneur à toi, Poète ; — honneur à toi, vainqueur !
Oh ! garde-les toujours, jeune homme au chaste cœur,

Garde-les sur ton front ces auréoles pures,
Et ne les ternis point par d'humaines souillures.
La sainte Poésie environne tes pas ;
C'est le plus bel amour des amours d'ici-bas.
Oh ! moi, qui vis en toi, qui t'admire et qui t'aime,
Qui vois avec orgueil grossir ton diadème,
Moi dont l'aspect t'est cher et dont tu prends la main,
Égaré de bonne heure, hélas ! du droit chemin,
Si parfois mon accent vibre et mon œil éclaire,
C'est vaine passion, misérable colère,
Amour-propre blessé, que sais-je ? — et si mon front
Se voile de pâleur, c'est plutôt un affront ;
C'est que mon ame impure est ivre de mollesse ;
C'est le signe honteux que le plaisir me laisse.

(Septembre 1829.

## XVII.

## A MON AMI LEROUX.

> Giunto è gib'l corso della via mia, etc., etc.
> MICHEL-ANG., *Sonnett.*

« Ma barque est tout à l'heure aux bornes de la vie ;
» Le ciel devient plus sombre et le flot plus dormant ;
» Je touche aux bords où vont chercher leur jugement
» Celui qui marche droit et celui qui dévie.

» Oh ! quelle ombre ici-bas mon ame a poursuivie !
» Elle s'est fait de l'Art un monarque, un amant,
» Une idole, un veau d'or, un oracle qui ment :
» Tout est creux et menteur dans ce que l'homme envie.

» Aux abords du tombeau qui pour nous va s'ouvrir,
» O mon Ame, craignons de doublement mourir ;
» Laissons-là ces tableaux qu'un faux brillant anime ;

» Plus de marbre qui vole en éclats sous mes doigts !
» Je ne sais qu'adorer l'adorable Victime
» Qui, pour nous recevoir, a mis les bras en croix. »

Ainsi, vieux et mourant, s'écriait Michel-Ange ;
Et son marbre à ses yeux était comme la fange,
Et sa peinture immense attachée aux autels,
Toute sainte aujourd'hui qu'elle semble aux mortels,
Lui semblait un rideau qui cache la lumière ;
Détrompé de la gloire, il voulait voir derrière,
Et se sentait petit sous l'ombre du tombeau :
C'est bien, et ce mépris chez toi, grand homme, est beau !

Tu te trompais pourtant. — Oui, le plaisir s'envole,
La passion nous ment, la gloire est une idole,
Non pas l'Art ; l'Art sublime, éternel et divin,
Luit comme la Vertu ; le reste seule est vain.
Avant, ô Michel-Ange, avant que les années
Eussent fait choir si bas tes forces prosternées,
Raidi tes bras d'athlète, et voilé d'un brouillard
Les couleurs et le jour au fond de ton regard,
Dis-nous, que faisais-tu ? Parle haut et rappelle
Tant de travaux bénis, et plus d'une chapelle
Tout entière bâtie et peinte de tes mains,
Et les groupes en marbre, et les cris des Romains
Quand, admis et tombant à genoux dans l'enceinte,
Ils adoraient de Dieu partout la marque empreinte,
Lisaient leur jugement écrit sur les parois,
Baisaient les pieds d'un Christ descendu de la croix,
Et, priant, et pleurant, et se frappant la tête,
Confessaient leurs péchés à la voix du prophète ;
Car tu fus un prophète, un archange du ciel,
Et ton nom a dit vrai comme pour Raphaël.

Et Dante aussi, Milton et son aïeul Shakspeare,
Rubens, Rembrandt, Mozart, rois chacun d'un empire,
Tous ces mortels choisis, qui, dans l'humanité,

Réfléchissent le ciel par quelque grand côté,
Iront-ils, au moment d'adorer face à face
Le Soleil éternel devant qui tout s'efface,
Appeler feu follet l'astre qui les conduit,
Ou l'ardente colonne en marche dans leur nuit?
Moïse, chargé d'ans et prêt à rendre l'âme,
Des foudres du Sina renia-t-il la flamme?
Quand de Jérusalem le temple fut ouvert,
Qui donc méprisa l'arche et l'autel du désert?
Salomon pénitent, à qui son Dieu révèle
Les parvis lumineux d'une Sion nouvelle,
Et qui, les yeux remplis de l'immense clarté,
Ne voit plus ici-bas qu'ombre et que vanité,
Lui qui nomme en pitié chaque chose frivole,
Appelle-t-il jamais le vrai temple une idole?
Oh! non pas, Salomon; l'idole est dans le cœur;
L'idole est d'aimer trop la vigne et sa liqueur,
D'aimer trop les baisers des jeunes Sulamites;
L'idole est de bâtir au Dieu des Édomites,
De croire en son orgueil, de couronner ses sens,
D'irriter, tout le jour, ses désirs renaissants,
D'assoupir de parfums son ame qu'on immole;
Mais bâtir au Seigneur, ce n'est pas là l'idole.

Le Seigneur qui, jaloux de l'œuvre de ses mains,
Pour animer le monde y créa les humains,
Parmi ces nations, dans ces tribus sans nombre,
Sur qui passent les ans mêlés de jour et d'ombre,
A des temps inégaux suscite par endroits
Quelques rares mortels, grands, plus grands que les rois,
Avec un sceau brillant sur leurs têtes sublimes,
Comme il fit au désert les hauts lieux et les cîmes.
Mais les hauts lieux, les monts que chérit le soleil,
Qu'il abandonne tard et retrouve au réveil,
Connaissent, chaque nuit, des heures de ténèbres,
Et l'horreur se déchaîne en leurs antres funèbres,
Tandis que sur ces fronts, hauts comme des sommets,
Le mystique Soleil ne se couche jamais.
Sans doute, dans la vie, à travers le voyage,
Il s'y pose souvent plus d'un triste nuage;
Mais le Soleil divin tâche de l'écarter,

Et le dore, ou le perce, ou le fait éclater.
Ces mortels ont des nuits brillantes et sans voiles ;
Ils comprennent les flots, entendent les étoiles,
Savent les noms des fleurs, et pour eux l'univers
N'est qu'une seule idée en symboles divers.
Et comme en mille jets la matière lancée
Exprime aux yeux humains l'éternelle pensée,
Eux aussi, pleins du Dieu qu'on ne peut enfermer,
En des œuvres d'amour cherchent à l'exprimer.
L'un a la harpe, et l'orgue, et l'austère harmonie ;
L'autre en pleurs, comme un cygne, exhale son génie,
Ou l'épanche en couleurs ; ou suspend dans les cieux
Et fait monter le marbre en hymne glorieux.
Tous, ouvriers divins, sous l'œil qui les contemple,
Bâtissent du Très-Haut et décorent le temple.
Quelques-uns seulement, et les moindres d'entre eux,
Grands encor, mais marqués d'un signe moins heureux,
S'épuisent à vouloir, et l'ingrate matière
En leurs mains répond mal à leur pensée entière ;
Car bien tard dans le jour le Seigneur leur parla ;
Leur feu couva long-temps ; — et je suis de ceux-là.

D'abord j'errais aveugle, et cette œuvre du monde
Me cachait les secrets de son ame profonde ;
Je n'y voyais que sons, couleurs, formes, chaos,
Parure bigarrée et parfois noirs fléaux ;
Et, comme un nain chétif, en mon orgueil risible,
Je me plaisais à dire : Où donc est l'invisible ?
Mais, quand des grands mortels par degrés j'approchai,
Je me sentis de honte et de respect touché ;
Je contemplai leur front sous sa blanche auréole,
Je lus dans leur regard, j'écoutai leur parole ;
Et comme je les vis mêler à leurs discours
Dieu, l'ame et l'invisible, et se montrer toujours
L'arbre mystérieux au pacifique ombrage,
Qui, par-delà les mers, couvre l'autre rivage,
— Tel qu'un enfant, au pied d'une haie ou d'un mur,
Entendant des passants vanter un figuier mûr,
Une rose, un oiseau qu'on aperçoit derrière,
Se parler de bosquets, de jets d'eau, de volière,
Et de cygnes nageant en un plein réservoir, —

Je leur dis : Prenez-moi dans vos bras, je veux voir.
J'ai vu, Seigneur, j'ai cru ; j'adore tes merveilles,
J'en éblouis mes yeux, j'en emplis mes oreilles,
Et, par moments, j'essaie à mes sourds compagnons,
A ceux qui n'ont pas vu, de bégayer tes noms.

Paix à l'artiste saint, puissant, infatigable,
Qui, lorsqu'il touche au terme et que l'âge l'accable,
Au bord de son tombeau s'asseyant pour mourir
Et cherchant le chemin qu'il vient de parcourir,
Y voit d'un art pieux briller la trace heureuse,
Compte de monuments une suite nombreuse,
Et se rend témoignage, à la porte du ciel,
Que sur chaque degré sa main mit un autel !
Il n'a plus à monter ; il passe sans obstacle
Du parvis et du seuil au premier tabernacle ;
Un Séraphin ailé par la main le conduit ;
Tout embaume alentour, et frémit, et reluit ;
Aux lambris, aux plafonds qu'un jour céleste éclaire,
Il reconnait de l'Art l'immuable exemplaire ;
Il rentre, on le reçoit comme un frère exilé ;
— C'est ton lot, Michel-Ange, et Dieu t'a consolé !

Septembre 1829.

## XVIII.

### A MON AMI

### ANTONY DESCHAMPS.

Aux moments de langueur où l'âme évanouie
Ne peut rien d'elle-même et sommeille et s'ennuie,
Moi qui vais pour aller, seul, et par un ciel gris,
Jurant qu'il n'est soleil ni printemps à Paris,
Avec quelques pensers que la marche fait naître,

Quelques regards confus sur l'homme, sur notre être,
Sur ma rêveuse enfance et son réveil amer,
Je longe tristement mon boulevart d'Enfer ;
Et quand je suis bien las de fouiller dans mon ame,
D'y remuer du doigt tant de cendres sans flamme,
Tant d'argile sans or, tant de ronces sans fleurs,
J'ouvre un livre et je lis, les yeux mouillés de pleurs ;
Et mon cœur, tout lisant, s'apaise et se console,
Tant d'un poète aimé nous charme la parole !
Il en est que j'emporte et que je lis toujours,
Surtout leurs moindres vers et leurs chants les plus courts,
Leurs sonnets familiers, leurs poèmes intimes,
Où, du sort bien souvent autant que moi victimes,
Ils ont, mortels divins, gémi divinement,
Et fait de chaque larme étoile ou diamant.
C'est Pétrarque amoureux, au penchant des collines
Laissant voir en son cours ses perles cristallines ;
Plaintif ; réfléchissant les bois, le ciel profond,
Les blonds cheveux de Laure et son chaste et doux front.
C'est Wordsworth peu connu, qui des lacs solitaires
Sait tous les bleus reflets, les bruits et les mystères,
Et qui, depuis trente ans, vivant au même lieu,
En contemplation devant le même Dieu,
A travers les soupirs de la mousse et de l'onde
Distingue, au soir, des chants venus d'un meilleur monde.
C'est Michel-Ange aveugle et jetant le ciseau ;
C'est Milton, autre aveugle, et son *Penseroso*,
*Penseroso* sublime, ardent visionnaire,
Vrai portrait de Milton avant que le tonnerre
Dont il s'arma là-haut eût consumé ses yeux,
Quand debout, chaque nuit, malade et soucieux,
Dans la vieille Angleterre, au retour d'Italie,
Exhalant les chaleurs de sa mélancolie,
Et pâle, sous la lune, au pied de Westminster,
Il devinait Cromwell ou rêvait Lucifer.
J'aime fort ses sonnets, ce qu'il dit de son âge,
Et des devoirs humains en ce pélerinage,
Et des maux que d'abord sur sa route il trouva....
Puis vient le tour de Dante et la *Vita nuova*.
Dante est un puissant maître, à l'allure hardie,
Dont j'adore à genoux l'étrange *Comédie* ;

Mais le sentier est rude et tourne à l'infini,
Et j'attends, pour monter, notre guide Antony.
Le plus court me va mieux ; — aussi la simple histoire
Où, de sa Béatrix recueillant la mémoire,
Il revient pas à pas sur cet amour sacré,
Est ce que j'ai de lui jusqu'ici préféré.
Plus j'y reviens, et plus j'honore le poète,
Qui, fixant, dès neuf ans, sa pensée inquiète,
Eut sa Dame, et l'aima sans lui rien demander ;
La suivit comme on suit l'astre qui doit guider,
S'en forma tout d'abord une idée éternelle ;
Et, quand la Mort la prit dans le vent de son aile,
N'eut, pour se souvenir, qu'à regarder en lui ;
Y revit l'ange pur qui si vite avait fui ;
L'invoqua désormais en ses moments extrêmes,
Dans la gloire et l'exil, et dans tous ses poèmes,
Et, vers le ciel enfin poussant un large essor,
D'Elle, au seuil étoilé, reçut le rameau d'or.
J'admire ce destin, et parfois je l'envie ;
Que n'ai-je eu de bonne heure un ange dans ma vie ?
Que n'ai-je aussi réglé l'œuvre de chaque jour,
Chaque songe de nuit, sur un céleste amour ?
On ne me verrait pas, sans but et sans pensée,
Tout droit, tous les matins, sortir, tête baissée ;
Rôder le long des murs où vingt fois j'ai heurté,
Traînant honteusement mon génie avorté.
Le génie est plus grand, aidé d'un cœur plus sage.
Je sais dans la *Vita*, je sais un beau passage
Qui, dès les premiers mots, me fait toujours pleurer,
Et qui certes démontre à qui peut l'ignorer
Combien miraculeux luit en une ame ardente
Un chaste feu d'amour. Je le traduis, — c'est Dante :

« En ce temps-là, dit-il, il me prit par malheur
Dans presque tout le corps une telle douleur,
Et durant plusieurs jours, que je gardai la chambre,
Puis le lit, et qu'enfin, brisé dans chaque membre,
Je restai sur le dos couché, matin et soir,
Comme un homme gisant qui ne peut se mouvoir.
Et, le neuvième jour, quand ma douleur cuisante
Redoubla, tout-à-coup voilà que se présente

A mon esprit ma Dame, et je suivis d'abord
Ce penser consolant ; mais, se faisant plus fort,
Mon mal me ramena bientôt sur cette terre,
Me retraça long-temps sous une face austère
Cette chétive vie et sa brièveté.
Tant d'ennui, de misère, et la tombe à côté ;
Et mon cœur se disait comme un enfant qui pleure :
Il faut que Béatrix, un jour ou l'autre, meure.
A cette seule idée un frisson me glaça,
Un nuage ferma mes yeux et les pressa ;
Je sentis m'échapper mon ame en frénésie,
Et ce que vit alors l'œil de ma fantaisie,
C'étaient, cheveux épars, et me tendant les bras,
Des femmes qui passaient en disant : Tu mourras ;
Et puis d'autres encor, d'autres échevelées
Criant : Te voilà mort ; et fuyant par volées.
Ce n'étaient sur ma route, aux angles des chemins,
Que figures en deuil qui se tordaient les mains.
L'air brûlait ; au milieu d'étoiles enflammées,
Le soleil se fondait en ardentes fumées,
Et quelqu'un me vint dire : Eh ! quoi ? ne sais-tu pas,
Ami ? ta Dame est morte et s'en va d'ici-bas.
A ce mot je pleurai, mais non plus en idée ;
Je pleurai de vrais pleurs sur ma joue inondée.
Puis, regardant, je vis en grand nombre dans l'air,
Pareils aux blancs flocons de la neige en hiver,
Des anges qui berçaient, mollement remuée,
Une ame assise au bord d'une blanche nuée ;
Ils l'emportaient au ciel en chantant *Hosanna*.
Je compris ; et l'Amour par la main m'emmena,
Et j'allai visiter la dépouille mortelle
Qui servait de demeure à cette ame si belle.
J'approchai de la morte en silence et tremblant ;
Des dames lui couvraient le front d'un voile blanc,
Et son air reposé, sa parfaite harmonie
Semblaient dire : Je suis dans la paix infinie.
Et, la voyant si sainte en ce divin sommeil,
Je me sentis pour moi tenté d'un sort pareil,
Je désirai mourir : O Mort, viens, m'écriai-je,
Mon front est déjà froid, et ta pâleur y siége ;
Je suis des tiens ; j'implore et j'aime ta rigueur ;

Prends-moi, car tu m'as pris la Dame de mon cœur,
Et, quand j'eus vu remplir les devoirs funéraires,
Tels qu'en rendent aux morts les mères et les frères,
Je crus que je rentrais dans ma chambre ; et bientôt,
Les yeux au ciel, en pleurs, je m'écriai tout haut :
Bienheureux qui jouit de ta vue, ô belle Ame !
Mais, comme j'en étais aux sanglots, une dame,
Une jeune parente, assise à mon chevet,
Ignorant que c'était mon esprit qui rêvait,
S'expliqua mes sanglots par ma douleur croissante,
Et se mit à pleurer, bonne et compatissante.
D'autres dames alors, assises plus au fond
Et qui n'entendaient rien de mon rêve profond,
Se levèrent aux pleurs de ma jeune parente,
Et vinrent ramener à temps mon ame errante ;
Car de ma Béatrix déjà le nom sacré
M'échappait, et déjà je l'avais murmuré.
Sur l'instant, par bonheur, ces dames m'éveillèrent,
Puis, réveillé, honteux, toutes me consolèrent,
Et voulurent savoir de ma bouche pourquoi
En rêvant j'avais eu tant de pleurs et d'effroi ;
Et je leur contai tout comme je viens de faire,
Mais sans nommer le nom qu'il faut bénir et taire. »

Ainsi son jeune amour était pour Dante enfant
Un monde au fond de l'ame, un soleil échauffant,
Un poème éternel ; et ses songes sublimes,
Entr'ouvrant devant lui le cœur et ses abîmes,
Lui montraient l'homme errant par des lieux inconnus,
Et toutes les douleurs sur la route, pieds nus,
Passant et repassant, — éparses, — rassemblées, —
Tantôt le front couvert, tantôt échevelées ;
Puis la mort, puis le ciel, séjour des vrais vivants.
Que n'ai-je eu, comme lui, mes amours à neuf ans ?
Mais quoi ! n'en eus-je pas ? n'eus-je pas ma Camille,
Douce blonde au front pur, paisible jeune fille,
Qu'au jardin je suivais, la dévorant des yeux ?
N'eus-je pas Nathalie au parler sérieux
Qui remplaça Camille, et plus d'une autre encore ;
Fleurs qu'un matin d'avril en moi faisait éclore ;
Blancs nuages dont l'aube entoure son réveil ;

Figures que l'enfant trace à terre, au soleil ?
Qui sait ? ma Béatrix n'était pas loin, peut-être ;
Et mon cœur aura fui trop tôt pour la connaître.
Hélas ! c'est que j'étais déjà ce que je suis ;
Être faible, inconstant, qui veux et qui ne puis ;
Comprenant par accès la Beauté sans modèle,
Mais tiède, et la servant d'une ame peu fidèle ;
C'est que je suis d'argile et de larmes pétri ;
C'est que le pain des forts ne m'a jamais nourri ;
Et que, dès le matin, pèlerin sans courage,
J'accuse tour à tour le soleil et l'orage ;
C'est qu'un rien me distrait ; c'est que je suis mal né,
Qu'aux limbes d'ici-bas justement condamné,
Je m'épuise à gravir la colline bénie
Où siége Dante, où vont ses pareils en génie,
— Où tu vas, toi qu'ici j'ai pudeur de nommer,
Tant mon cœur sous le tien est venu s'enfermer ;
Tant nous ne faisons qu'un ; tant mon ame éplorée
Comme en un saint refuge en ta gloire est entrée !

Octobre 1829.

## XIX.

## A MON AMI BOULANGER.

Ami, te souviens-tu qu'en route pour Cologne,
Un dimanche, à Dijon, au cœur de la Bourgogne,
Nous allions, admirant portails, clochers et tours,
Et les vieilles maisons dans les arrière-cours ?
Une surtout te plut : — au dehors rien d'antique ;
Un barbier y logeait et l'avait pour boutique ;
Aux murs grattés et peints, pas un vestige d'art,
Pour dire à l'étranger, qui chemine au hasard,
D'entrer ; — mais entrait-on par une étroite allée,

Alors apparaissait la beauté recélée,
Une façade au fond travaillée en bijou,
Merveille à faire mettre en terre le genou,
Fleur de la Renaissance. — Oh! dans la cour obscure
Quand tu vis, en entrant, luire cette sculpture,
Saillir ces bas-reliefs nés d'un ciseau divin,
Et tout cela si pur, si naïf et si fin,
Oh! que ton cœur bondit! Croisant sur ta poitrine
Tes bras, levant ce front où la pâleur domine,
Semblable au pélerin, qui, pieds nus et brisé,
S'approche d'une châsse, ou baise un marbre usé
Et sent des pleurs pieux inonder sa paupière;
Vite, pinceaux en main, assis sur une pierre,
Te voilà, sans relâche, à l'œuvre tout le jour.
Moi, pendant ce temps-là, te laissant dans la cour,
Par la ville j'errais, libre et d'humeur oisive,
Aux maisons en chemin regardant quelque ogive;
Puis, fatigué d'aller, je revenais te voir;
Et te voyant pousser ton travail jusqu'au soir,
Retracer en tous points la muraille jaunie,
Des tons et des rapports traduire l'harmonie,
Rendre au vif chaque endroit, surtout ces quatre enfants,
Deux à deux, face à face; ailés et triomphants,
Un écusson en main, et plus bas ces mêlées
De cavaliers sortant des pierres ciselées;
T'entendant proclamer l'égal de Jean Goujon,
Ce sculpteur oublié qui décorait Dijon,
Comme aussi je voyais cette cour peu hantée,
Cette arrière-maison pauvrement habitée,
Une vieille à travers la vitre sans rideau,
Une autre au puits venue et puisant un seau d'eau,
Je ne pus m'empêcher de penser qu'au génie
La gloire est de nos jours mal aisément unie;
Qu'à moins d'un grand effort, suivi d'un grand bonheur,
L'artiste n'a plus droit d'attendre un long honneur;
Que, si dans l'origine, et quand peintres, poètes,
Statuaires, régnaient sur les foules muettes,
Le monde enfant, heureux de se laisser guider,
Mit leurs noms en son cœur et les y sut garder,
Ces noms seuls ont tout pris; que la mémoire humaine
N'en peut contenir plus, tant elle est déjà pleine;

Que pour un, qui survit à son siècle glacé
Et va grossir d'un grain le trésor du passé,
Tous meûrent ; qu'il le faut ; et que la part meilleure,
Sur cette terre ingrate où l'humanité pleure,
Est encor d'admirer le beau, de le sentir,
De l'exprimer sans bruit, et, le soir, de sortir.
Ami, qu'en ce moment mon propos décourage,
Ami, relève-toi ; c'est la loi de notre âge,
Et de plus grands que nous ont dû s'y conformer ;
Car, dis-moi, pourrais-tu seulement les nommer
Les auteurs inconnus de tant de cathédrales ?
Dans les inscriptions des pierres sépulcrales
Dont le chœur est pavé, cherche, quelle est la leur ?
Ils sont venus, ont fait leur tâche avec labeur,
Et puis s'en sont allés ; leur mémoire abolie
Dit assez combien vite aujourd'hui l'homme oublie ;
Et nous, de leur vieille œuvre adorateurs épars,
Nous pèlerins fervents des bons et des vrais arts,
Qui, le soir, aux abords des cités renommées,
Aimons tant voir monter du milieu des fumées
Les flèches dans la nue, et qui nous prosternons
Sous la lune aux parvis, nous ne savons leurs noms !
Destin mystérieux, destin gravé et sévère,
Sans soleil, triste, nu, beau comme le Calvaire,
Tout conforme aux vertus de l'artiste chrétien !
Ami, ne pleure point, quand ce serait le tien.
Oui, dût notre œuvre aussi, moins haute, mais austère,
S'enfanter sans renom, croître dans le mystère,
Et, nous morts, n'obtenir çà et là qu'un regard,
Comme cette maison que tu vis par hasard,
Ami, ne cessons pas, et marchons jusqu'au terme ;
Tirons tout l'or caché que notre cœur enferme ;
Dans notre arrière-cour ici-bas confinés,
Usons du peu d'instants qui nous furent donnés ;
Le soir viendra trop tôt, menant la nuit funeste ;
Faisons, tant que pour voir assez de jour nous reste,
Faisons pour nous, pour l'art, pour nos amis encor,
Pour être aimés toujours de notre grand Victor.

Octobre 1829.

## XX.

## A BOULANGER.

Quand la céleste voix, oracle du Poète,
S'affaiblit et sommeille en son ame muette,
Quand la lampe éternelle, où son œil est fixé,
S'obscurcit un moment sur l'autel éclipsé,
Alors, déchu du Ciel et perdant son tonnerre,
Dans les obscurités du monde sublunaire
Le Poète retombe ; il se mêle aux humains,
Va par les carrefours, rôde par les chemins,
Ou sur son banc de pierre assis, morne et l'œil terne,
Voit les ombres passer aux murs de la caverne.
Et comme, autour de lui, brutale et sans raison
La foule est en orgie au fond de la prison,
Trop souvent, lui Poète, ennuyé, las d'attendre
Que la voix de son cœur se fasse encore entendre,
Que la lampe mystique à ses yeux luise encor,
Tête baissée, aussi, ravalant son essor,
Il entre dans la fête et tout entier s'y livre,
Comme un roi détrôné qui chante et qui s'enivre ;
De périssables fleurs il couronne son front ;
Pour noyer tant d'ennui, son verre est peu profond ;
Il redouble ; il est roi du banquet ; il s'écrie
Que, pourvu qu'ici-bas l'homme s'oublie et rie ;
Tout est bien, et qu'il faut de parfums s'arroser...
Et quelque femme, auprès, l'interrompt d'un baiser ;
— Jusqu'à ce qu'une voix que n'entend point l'oreille,
Comme le chant du coq, à l'aube le réveille,
Ou que sur la muraille un mot divin tracé
Le chasse du festin, Balthazar insensé.
Ainsi fait trop souvent le Poète en démence ;
Non pas toi, noble Ami. Quand ton soleil commence,
Aux approches du soir, à voiler ses rayons,
Et qu'à terre, d'ennui, tu jettes tes crayons,
Sentant l'heure mauvaise, en toi tu te recueilles ;

Comme l'oiseau prudent, dès que le bruit des feuilles
T'avertit que l'orage est tout près d'arriver,
Triste, sous ton abri tu t'en reviens rêver ;
Sur ton front soucieux tu ramènes ton aile ;
Mais ton ame encor plane à la voûte éternelle.
En vain ton art jaloux te cache son flambeau,
Tu te prends en idée au souvenir du Beau ;
Tu poursuis son fantôme à travers l'ombre épaisse ;
Sur tes yeux défaillants un nuage s'abaisse
Et redouble ta nuit, et tu répands des pleurs,
Amoureux de ravir les divines couleurs.
Et nous, nous qui sortons de nos plaisirs infâmes,
Un fou rire à la bouche et la mort dans nos ames,
Nous te trouvons malade et seul, ayant pleuré,
Goutte à goutte épuisant le calice sacré,
Goutte à goutte à genoux suant ton agonie,
Isaac résigné sous la main du génie.

XXI.

SONNET.

A BOULANGER.

Ami, ton dire est vrai ; les peintres, dont l'honneur
Luit en tableaux sans nombre aux vieilles galeries,
S'occupaient assez peu des hautes théories,
Et savaient mal de l'art le côté raisonneur ;

Mais, comme dans son champ dès l'aube un moissonneur,
En loyaux ouvriers, sur leurs toiles chéries
Ils travaillaient penchés, seuls et sans rêveries,
Pour satisfaire à temps leur maître et leur seigneur.

Nous donc aussi, laissant notre âge et ses querelles,
Et tant d'opinions s'accommoder entre elles,
Cloîtrons-nous en notre œuvre et n'en sortons pour rien,

Afin que le Seigneur, notre invisible maître,
Venu sans qu'on l'attende et se faisant connaître,
Trouve tout à bon terme et nous dise : C'est bien.

Octobre 1829.

## XXII.

### SONNET.

A Francfort-sur-le-Mein l'on entre, et l'on s'étonne
De ne voir qu'élégance, éclat, faste emprunté :
O Francfort, qu'as-tu fait de ta vieille beauté ?
Marraine des Césars, où donc est ta couronne ?

Mais plus loin, à travers l'or faux qui t'environne,
Ton église sans flèche, au cœur de la cité,
Monte, comme un vaisseau par les vents démâté ;
Et sa tête est chenue ; et comme une lionne

Qui, des ardents chasseurs repoussant les assauts,
Tient contre elle serrés ses jeunes lionceaux,
La tour tient à ses pieds toutes les vieilles rues,

Et sur son sein les presse, et, debout, les défend ;
Et cependant le Siècle, immense et triomphant,
Déborde et couvre tout de ses ondes accrues.

Octobre 1829.

## XXIII.

## SONNET.

### A. V. H.

Votre génie est grand, Ami ; votre penser
Monte, comme Élisée, au char vivant d'Élie ;
Nous sommes devant vous comme un roseau qui plie ;
Votre souffle en passant pourrait nous renverser.

Mais vous prenez bien garde, Ami, de nous blesser ;
Noble et tendre, jamais votre amitié n'oublie
Qu'un rien froisse souvent les cœurs et les délie ;
Votre main sait chercher la nôtre et la presser.

Comme un guerrier de fer, un vaillant homme d'armes,
S'il rencontre, gisant, un nourrisson en larmes,
Il le met dans son casque et le porte en chemin,

Et de son gantelet le touche avec caresses :
La nourrice serait moins habile aux tendresses ;
La mère n'aurait pas une si douce main.

Octobre 1829.

## XXIV.

## SONNET.

#### A MADAME L.

Madame, vous avez jeunesse avec beauté,
Un esprit délicat cher au cœur du Poète,
Un noble esprit viril, qui, portant haut la tête,
Au plus fort de l'orage a toujours résisté ;

Aujourd'hui vous avez, sous un toit écarté,
Laissant là pour jamais et le monde et la fête,
Près d'un époux chéri sur qui votre œil s'arrête,
Le foyer domestique et la félicité ;

Et chaque fois qu'errant, las de ma destinée,
Je viens, et que j'appuie à votre cheminée
Mon front pesant, chargé de son nuage noir,

Je sens que s'abîmer en soi-même est folie,
Qu'il est des maux passés que le bonheur oublie,
Et qu'en voulant on peut dès ici-bas s'asseoir.

8 février 1830.

## XXV.

## A MADEMOISELLE....

> Alter ab undecimo tum me jam ceperat annus.
> VIRG.

J'arrive de bien loin et demain je repars :
J'admire d'un coup d'œil le fleuve, les remparts,
La haute cathédrale et sa flèche élancée ;
Mais rien ne me tient tant ici que la pensée
De ma jeune cousine, hélas! et de savoir
Que je suis si près d'elle et de n'oser la voir.
Autrefois je la vis ; c'était dans ma famille ;
Sa mère l'amena, toute petite fille,
Blonde et rose, et causeuse, et pleine de raison,
Chez sa grand'mère aveugle ; autour de la maison
Nous aimions à courir sur la verte pelouse ;
Elle avait bien quatre ans, moi j'en avais bien douze.
Alors mille douceurs charmaient nos entretiens ;
Ses blonds cheveux alors voltigeaient dans les miens,
Et les nombreux baisers de sa bouche naïve
M'allumaient à la joue une flamme plus vive.
Elle disait souvent que j'étais son mari,
Et mon cœur s'en troublait, bien que j'eusse souri.
Sur le bord de la mer où sont les coquillages,
Aux bois où sont les fleurs au milieu des feuillages,
Je lui donnais la main, et nous allions devant,
Elle jasant toujours, et moi déjà rêvant :
Rêves d'or ! bonheur d'ange ! — O jeune fille aimée,
Ces rapides lueurs n'étaient qu'ombre et fumée.
Ta mère est repartie au bout de quelques mois,
Et je ne t'ai depuis vue une seule fois :
Ta grand'mère a heurté sur sa pierre fatale,
Et moi je suis sorti de ma ville natale ;
J'ai pleuré, j'ai souffert, et l'âge m'est venu.
J'ai perdu la fraîcheur et le rire ingénu

Et les vertus aussi de ma pieuse enfance.
Ton frêle souvenir m'a laissé sans défense ;
Et tandis que croissant en sagesse, en beauté,
A l'ombre, loin de moi, ta verte puberté
Sous les yeux de ta mère est lentement éclose,
Et qu'un espoir charmant sur ta tête repose,
J'ai voulu trop connaître et mes jours sont détruits ;
De l'arbre, avant le temps, j'ai fait tomber les fruits ;
J'ai mis la hache au cœur et j'en sens la blessure ;
Et tout ce qui console une ame et la rassure,
Et lui rend le soleil quand l'orage est passé,
Redouble encor l'ardeur de mon mal insensé..
Toi-même que je crois si bonne sous tes charmes,
Toi dont un seul regard doit sécher tant de larmes,
Quand un hasard m'envoie à ta porte m'asseoir,
Passant si près de toi, j'ai peur de te revoir.
Car, si tu me voyais, si ton ame incertaine,
S'interrogeant long-temps, ne retrouvait qu'à peine
Dans ces traits sillonnés, sous ce front nuageux,
Cet ami d'autrefois, compagnon de tes jeux ;
Si de moi tu perdais, venant à me connaître,
Le souvenir doré que tu gardes peut-être ;
Si, voulant ressaisir dans tes yeux bleus mouillés
L'image et la couleur de mes jours envolés,
J'y rencontrais l'oubli serein et sans nuage,
Si ta bouche n'avait pour moi que ce langage
Poli, froid, et qui dit au cœur de se fermer ;....
Ou si tu m'étais douce, et si j'allais t'aimer !....

Et, sans savoir comment, tout rêvant de la sorte,
Je me trouvais déjà dans ta rue, à ta porte ;
— Et je monte. Ta mère en entrant me reçoit ;
Je me nomme ; on s'embrasse avec pleurs, on s'asseoit,
Et de ton père alors, de tes frères que j'aime
Nous parlons, mais de toi — je n'osais, quand toi-même
Brusquement tu parus, ne me sachant pas là,
Et mon air étranger un moment te troubla.
Je te vis ; c'étaient bien tes cheveux, ton visage,
Ta candeur ; je m'étais seulement trompé d'âge ;
Je t'avais cru quinze ans, tu ne les avais pas ;
L'Enfance au front de lin guidait encor tes pas ;

Tu courais non voilée et le cœur sans mystère ;
Tu ne sus à mon nom que rougir et te taire,
Confuse, un peu sauvage et prête à te cacher ;
Et quand j'eus obtenu qu'on te fît approcher,
Que j'eus saisi ta main et que je l'eus serrée,
Tu me remercias, et te crus honorée.

O bien digne en effet de respect et d'honneur,
Jeune fille sans tache, enfant chère au Seigneur,
Digne qu'un cœur souillé t'envie et te révère ;
Tu suis le vrai sentier, oh ! marche et persévère ;
Ton enfance paisible est à ses derniers soirs ;
Un autre âge se lève avec d'autres devoirs ;
Remplis-les saintement ; reste timide encore,
Humble, naïve et bonne, afin que l'on t'honore.
Rien qu'à te voir ainsi, j'ai honte et repentir,
Et je pleure sur moi ; — demain il faut partir ;
Mais quand je reviendrai (peut-être dans l'année),
Quand l'œil humide, émue et de pudeur ornée,
Un souffle harmonieux gémira dans ta voix,
Et que nous causerons longuement d'autrefois,
Oh ! que, meilleur alors, lavé de mes souillures,
Je rouvre un peu mon ame à des voluptés pures,
Et que je puisse au moins toucher, sans les ternir,
Ces jours frais et vermeils où luit ton souvenir !

Octobre 1829.

## XXVI.

## A ALFRED DE VIGNY.

Autour de vous, Ami, s'amoncèle l'orage ;
La jalousie éteinte a rallumé sa rage,
Et, vous voyant tenter la scène et l'envahir,
Ils se sont à l'envi remis à vous haïr.
Honneur à vous ! De peur qu'un éclatant spectacle

De l'art régénéré n'achève le miracle
Et ne montre en son plein l'astre puissant et doux,
On veut s'interposer entre la foule et vous.
On veut vous confiner dans ces régions hautes
D'où vous êtes venu ; dont les célestes hôtes
Vous appelaient leur frère en vous disant adieu ;
Où, loin des yeux humains, dans la splendeur de Dieu,
Votre gloire mystique et couverte d'un voile,
Apparaissant, la nuit, comme une blanche étoile,
Ne luisait que pour ceux qui veillent en priant,
Et s'évanouissait dans l'aube à l'Orient.
Aujourd'hui, des hauteurs de la sphère sacrée,
A terre descendu, vous faites votre entrée ;
On sème donc, Ami, les piéges sous vos pas ;
Mais tenez bon, marchez et ne trébuchez pas !
Il faut porter au bout l'ingratitude humaine ;
Ce n'est plus comme au temps où votre chaste peine,
Délicieux encens, montait avec vos pleurs,
Quand Dieu vous consolait, quand vous viviez ailleurs.
Oh ! que la vie alors vous était plus facile !
Repoussé d'ici-bas, vous aviez votre asile
Et vous n'en sortiez plus. Quand votre amour doua
De beautés à plaisir l'ineffable Eloa,
On jonchait le sentier de cailloux et de verre,
Mais ses beaux pieds flottants ne touchaient point la terre.
Qu'importait à Moïse, admis au Sinaï,
Contemplant Jehovah, d'être un moment trahi
Par Aaron, oublié par le peuple ? Et quand l'onde
Vengeresse noya d'un déluge le monde,
La colombe, choisie entre tous les oiseaux,
Messagère qu'un Juste envoyait sur les eaux,
Ne rencontrant partout que flot vaste et qu'abîme,
A défaut des hauts monts, du cèdre à verte cime,
A défaut des palmiers des bords de Siloé,
N'avait-elle pas l'arche et le doigt de Noé ?
Ainsi vous, Chantre élu. — Mais aujourd'hui tout change ;
La triste humanité monte à votre front d'ange ;
Afin de mieux remplir le message divin,
Vous avez dépouillé l'aile du Séraphin,
Et, laissant pour un temps le paradis des ames,
Vous abordez la vie et le monde et les drames.

C'est bien ; là sont des maux, mille dégoûts obscurs,
Mille embûches sans nom en des antres impurs ;
Là, des plaisirs trompeurs et mortels au génie ;
Là, le combat douteux et longue l'agonie,
Mais aussi le triomphe immense, universel,
Et tout un peuple ému qui voit s'ouvrir le Ciel.
Et le Poète saint, puisant au Jourdain même,
De poésie et d'art verse à tous le baptême,
Et partage à la foule, affamée à ses pieds,
Des pains, comme autrefois nombreux, multipliés.
Oh ! ne désertez pas cette belle espérance ;
Sans vous laisser dompter, souffrez votre souffrance ;
Les pieds meurtris, noyé d'une sueur de sang,
Gagnez votre couronne, et, toujours gravissant,
Surmontez les langueurs dont votre ame est saisie ;
Méritez qu'on vous dise Apôtre en poésie.
D'ailleurs, n'avez-vous pas, vous qui venez d'en haut,
Pour raffermir à temps votre cœur en défaut,
De longs ressouvenirs de vos premiers mystères,
Des élévations dans vos nuits solitaires,
De merveilleux parfums, sublimes, éthérés,
Dont vous rafraîchissez vos esprits altérés.
Ainsi l'Ange d'amour, qui veille au purgatoire
Près des ames en deuil, et leur redit l'histoire
D'Isaac, de Joseph, de Jésus le Sauveur,
Pour hâter leur sortie à force de ferveur ;
Si cet Ange clément, consolateur des ames,
Et pour elle vivant dans l'exil et les flammes,
Sent parfois dans son sein entrer l'âpre chaleur
Et ses divines chairs mollir à la douleur,
Il se recueille, il prie : au même instant, son aile
Scintillante a reçu la rosée éternelle.

Et puis, un jour, — bientôt, — tous ces maux finiront ;
Vous rentrerez au ciel, une couronne au front,
Et vous me trouverez, moi, sur votre passage,
Sur le seuil, à genoux, pèlerin sans message ;
Car c'est assez pour moi de mon ame à porter,
Et, faible, j'ai besoin de ne pas m'écarter.
Vous me trouverez donc, en larmes, en prière,
Adorant du dehors l'éclat du sanctuaire,

Et, pour tâcher de voir, épiant le moment
Où chaque hôte divin remonte au firmament.
Et si, vers ce temps-là, mon heure est révolue,
Si le signe certain marque ma face élue,
Devant moi roulera la porte aux gonds dorés,
Vous me prendrez la main, et vous m'introduirez.

Novembre 1829.

## XXVII.

## A MON AMI VICTOR PAVIE.

### LA HARPE ÉOLIENNE.

**TRADUIT DE COLERIDGE.**

O pensive Sara, quand ton beau front qui penche,
Léger comme l'oiseau qui s'attache à la branche,
Repose sur mon bras, et que je tiens ta main,
Il m'est doux, sur le banc tapissé de jasmin,
A travers les rosiers, derrière la chaumière,
De suivre dans le ciel les reflets de lumière,
Et tandis que pâlit la pourpre du couchant,
Que les nuages d'or s'écroulent en marchant,
Et que de ce côté tout devient morne et sombre,
De voir à l'Orient les étoiles sans nombre
Naître l'une après l'autre et blanchir dans l'azur,
Comme les saints désirs, le soir, dans un cœur pur.
A terre, autour de nous, tout caresse nos rêves;
Nous sentons la senteur de ce doux champ de fèves;
Aucun bruit ne nous vient, hors la plainte des bois,

Hors l'Océan paisible et sa lointaine voix
Au fond d'un grand silence ;

                              — et le son de la Harpe,
De la Harpe en plein air, que suspend une écharpe
Aux longs rameaux d'un saule, et qui répond souvent
Par ses soupirs à l'aile amoureuse du vent.
Comme une vierge émue et qui résiste à peine,
Elle est si langoureuse à repousser l'haleine
De son amant vainqueur, qu'il recommence encor,
Et, plus harmonieux, redouble son essor.
Sur l'ivoire il se penche, et d'une aile enhardie
Soulève et lance au loin des flots de mélodie ;
Et l'oreille, séduite à ce bruit enchanté,
Croit entendre passer, de grand matin, l'été,
Les sylphes voyageurs, qui, du pays des fées,
Avec des ris moqueurs, des plaintes étouffées,
Arrivent, épiant le vieux monde au réveil.
O magique pays, montre-moi ton soleil,
Tes palais, tes jardins ! où sont tes Harmonies,
Elles, qui, dès l'aurore, en essaims réunies,
Boivent le miel des fleurs ; et chantent, purs esprits,
Et font en voltigeant envie aux colibris ?
O subtile atmosphère, ô vie universelle
Dont, en nous, hors de nous, le flot passe et ruisselle ;
Ame de toute chose et de tout mouvement ;
Vaste éther qui remplis les champs du firmament :
Nuance dans le son, et ton dans la lumière ;
Rhythme dans la pensée ; — impalpable matière ;
Oh ! s'il m'était donné, dès cet exil mortel,
De nager au torrent de ton fleuve éternel,
Je ne serais qu'amour, effusion immense ;
Car j'entendrais sans fin tes bruits ou ton silence !

    Ainsi de rêve en rêve et sans suite je vais ;
Ainsi, ma bien-aimée, hier encor je rêvais,
A midi, sur le bord du rivage, à mi-côte,
Couché, les yeux mi-clos, et la mer pleine et haute
A mes pieds, tout voyant trembler les flots dormants
Et les rayons brisés jaillir en diamants ;

Ainsi mille rayons traversent ma pensée ;
Ainsi mon ame ouverte et des vents caressée
Chante, pleure, s'exhale en vaporeux concerts,
Comme ce luth pendant qui flotte au gré des airs.

Et qui sait si nous-même, épars dans la nature,
Ne sommes pas des luths de diverse structure
Qui vibrent en pensers, quand les touche en passant
L'esprit mystérieux, souffle du Tout-Puissant ?

Mais je lis dans tes yeux un long reproche tendre,
O femme bien-aimée ; et tu me fais entendre
Qu'il est temps d'apaiser ce délire menteur.
Blanche et douce brebis chère au divin Pasteur,
Tu me dis de marcher humblement dans la voie ;
C'est bien, et je t'y suis ; et loin, loin, je renvoie
Ces vieux songes usés, ces systèmes nouveaux,
Vaine ébullition de malades cerveaux,
Fantômes nuageux, nés d'un orgueil risible ;
Car qui peut le louer, Lui, l'Incompréhensible,
Autrement qu'à genoux, abîmé dans la foi,
Noyé dans la prière ? — Et moi, — moi, — surtout moi,
Pécheur qu'il a tiré d'en bas, ame charnelle
Qu'il a blanchie ; à qui sa bonté paternelle
Permet de posséder en un loisir obscur
La paix, cette chaumière, et toi, femme au cœur pur !

Octobre 1829.

## XXVIII.

## A MON AMI PAUL LACROIX.

### LES LARMES DE RACINE.

> Comme un lis penché par la pluie
> Courbe ses rameaux éplorés,
> Si la main du Seigneur vous plie,
> Baissez votre tête et pleurez :
> Une larme à ses pieds versée
> Luit plus que la perle enchassée
> Dans son tabernacle immortel;
> Et le cœur blessé qui soupire
> Rend des sons plus doux que la lyre
> Sous les colonnes de l'autel.
>
> LAMARTINE.

> Pour moi, je prête l'oreille aux sons que rendent les ames saintes avec plus de respect qu'à la voix du Génie.
>
> L'ABBÉ GERBET.

> Racine qui veut pleurer viendra à la profession de la sœur Lalie.
>
> MADAME DE MAINTENON.

Jean Racine, le grand poète,
Le poète aimant et pieux,
Après que sa lyre muette
Se fut voilée à tous les yeux,
Renonçant à la gloire humaine,
S'il sentait en son ame pleine
Le flot contenu murmurer,
Ne savait que fondre en prière,
Pencher l'urne dans la poussière
Aux pieds du Seigneur, et pleurer.

Comme un cœur pur de jeune fille
Qui coule et déborde en secret,
A chaque peine de famille,

Au moindre bonheur, il pleurait ;
A voir pleurer sa fille aînée ;
A voir sa table couronnée
D'enfants et lui-même au déclin ;
A sentir les inquiétudes
De père, tout causant d'études
Les soirs d'hiver avec Rollin ;

Ou si dans la sainte patrie,
Berceau de ses rêves touchants,
Il s'égarait par la prairie
Au fond de Port-Royal des Champs,
S'il revoyait du cloître austère
Les longs murs, l'étang solitaire,
Il pleurait comme un exilé ;
Pour lui pleurer avait des charmes
Le jour que mourait dans les larmes
Ou La Fontaine ou Champmeslé.

Surtout ces pleurs avec délices
En ruisseaux d'amour s'écoulaient,
Chaque fois que sous des cilices
Des fronts de seize ans se voilaient,
Chaque fois que des jeunes filles,
Le jour de leurs vœux, sous les grilles
S'en allaient aux yeux des parents ;
Et foulant leurs bouquets de fête,
Livrant les cheveux de leur tête,
Épanchaient leur ame à torrents.

Lui-même il dut payer sa dette ;
Au temple il porta son agneau :
Dieu marquant sa fille cadette
La dota du mystique anneau.
Au pied de l'autel avancée
La douce et blanche fiancée
Attendait le divin Époux ;
Mais, sans voir la cérémonie,
Parmi l'encens et l'harmonie
Sanglotait le père à genoux.

Sanglots, soupirs, pleurs de tendresse,
Pareils à ceux qu'en sa ferveur
Magdeleine la pécheresse
Répandit aux pieds du Sauveur ;
Pareils aux flots de parfum rare
Qu'en pleurant la sœur de Lazare
De ses longs cheveux essuya ;
Pleurs abondants comme les vôtres,
O le plus tendre des Apôtres,
Avant le jour d'Alléluia !

Prière confuse et muette,
Effusion de saints désirs !
Quel luth se fera l'interprète
De ces sanglots, de ces soupirs ?
Qui démêlera le mystère
De ce cœur qui ne peut se taire
Et qui pourtant n'a point de voix ?
Qui dira le sens des murmures
Qu'éveille à travers les ramures
Le vent d'automne dans les bois ?

C'était une offrande avec plainte
Comme Abraham en sut offrir ;
C'était une dernière étreinte
Pour l'enfant qu'on a vu nourrir ;
C'était un retour sur lui-même,
Pécheur relevé d'anathême,
Et sur les erreurs du passé ;
Un cri vers le Juge sublime
Pour qu'en faveur de la victime
Tout le reste fût effacé.

C'était un rêve d'innocence,
Et qui le faisait sangloter,
De penser que, dès son enfance,
Il aurait pu ne pas quitter
Port-Royal et son doux rivage,
Son vallon calme dans l'orage,
Refuge propice aux devoirs ;

Ses châtaigniers aux larges ombres ;
Au dedans, les corridors sombres,
La solitude des parloirs.


Oh! si, les yeux mouillés encore,
Ressaisissant son luth dormant,
Il n'a pas dit à voix sonore
Ce qu'il sentait en ce moment ;
S'il n'a pas raconté, Poète,
Son ame pudique et discrète,
Son holocauste et ses combats,
Le Maître qui tient la balance
N'a compris que mieux son silence ;
O mortels, ne le blâmez pas !


Celui qu'invoquent nos prières
Ne fait pas descendre les pleurs
Pour étinceler aux paupières,
Ainsi que la rosée aux fleurs ;
Il ne fait pas sous son haleine
Palpiter la poitrine humaine.
Pour en tirer d'aimables sons ;
Mais sa rosée est fécondante ;
Mais son haleine immense, ardente,
Travaille à fondre nos glaçons.


Qu'importent ces chants qu'on exhale,
Ces harpes autour du saint lieu ;
Que notre voix soit la cymbale
Marchant devant l'arche de Dieu ;
Si l'ame trop tôt consolée,
Comme une veuve non voilée,
Dissipe ce qu'il faut sentir ;
Si le coupable prend le change,
Et, tout ce qu'il paie en louange,
S'il le retranche au repentir ?

## XXIX.

## A MON AMI M. P. MÉRIMÉE.

> . . . . . . . May my fears,
> My filial fears be vain! . . .
> COLERIDGE.

Ainsi, plongé long-temps au plus bas de l'abîme,
Enfermé dans la fosse où je niais le Ciel,
Ainsi le repentir descendait sur mon crime,
Et je sortais vivant, pareil à Daniel !

Ainsi, pauvre Joseph, du fond de ma citerne
Appelant vainement mes frères par leurs noms,
Puis vendu comme esclave, et dans une caverne
Mêlé, pâtre moi-même, à d'impurs compagnons,

Cru mort de tous, pleuré de ma tribu chérie,
Ainsi l'ombre sortait un jour de mon chemin ;
Dieu disait de couler à la source tarie ;
Et j'embrassais encor Jacob et Benjamin !

Aujourd'hui donc, heureux dans l'humaine misère,
Dans le sentier du bien remonté par degrés,
De peur de retomber (car mon ame est légère)
Je veille sur mes sens, et les tiens entourés.

Du mal passé je crains de réveiller la trace ;
Une sainte amitié m'enchaîne sous sa loi ;
L'art occupe mon cœur, ne laissant jour ni place
Aux funestes pensers d'arriver jusqu'à moi.

Je m'accoutume en paix aux voluptés tranquilles ;
Quand la ville et ses bruits m'importunent, j'en sors ;
Tantôt, près de Paris, la Marne et ses presqu'îles,
Solitaire pieux, m'égarent sur leurs bords ;

Tantôt, pour épuiser mon fond d'inquiétude,
Je vais ; le Rhin au pied de ses coteaux pendants
M'emporte, et du séjour avec la solitude
Je reviens chaque fois, plus paisible au dedans.

Et mon vœu le plus cher serait, on peut le croire,
D'abjurer à l'instant orgueil et vanité,
De n'être plus de ceux qui luttent pour la gloire,
Mais de cacher mon nom sous un toit écarté,

Où mon plus haut rosier montant à ma fenêtre
Rejoindrait le jasmin qui viendrait au devant ;
Où je respirerais l'esprit divin du Maître
Dans le bouton en fleur, dans la brise et le vent ;

Où, vers le soir, à l'heure où la terre est muette,
Près de ma bien-aimée, en face du couchant,
Entendant, sans la voir, le chant de l'alouette,
Je dirais : « Douce amie, écoutons bien ce chant ;

» C'est ainsi que la voix du bonheur nous arrive,
» Peu bruyante, lointaine et nous venant du ciel ;
» Il faut qu'à la saisir l'ame soit attentive,
» Que tout fasse silence en notre cœur mortel. »

Or, pour qui ne souhaite ici-bas pour lui-même
Que la paix du dedans, et n'a point d'autre vœu
Sinon qu'au genre humain, à ses frères qu'il aime,
S'étende cette paix, — pour celui-là, mon Dieu !

Il est amer et triste, à l'heure où son cœur prie,
Et dans l'effusion des plus secrets moments,
D'entendre à ses côtés les pleurs de la patrie,
Des clameurs de colère et des gémissements ;

Il est dur que toujours un destin nous rentraîne
Aux civiques combats qu'on croyait achevés,
De voir aux passions s'ouvrir encor l'arène
Et s'enfuir la concorde et le bonheur rêvés !

Rien qu'à ce seul penser, tout ce qu'en moi j'apaise
Est prêt à s'irriter ; la haine me reprend ;
Et pour qui veut guérir, toute haine est mauvaise ;
Et pourtant je ne puis rester indifférent !

Oh ! meurent les soupçons ! oh ! Dieu nous garde encore
De ces duels armés entre un peuple et son Roi !
Sous les soleils d'Août dont la chaleur dévore,
Le sang bouillonne vite, et nul n'est sûr de soi.

J'ai, dès mes jeunes ans, palpité pour la France ;
A l'aigle du tonnerre, enfant, je m'attachai ;
Loin des jeux, l'œil en pleurs, le suivant avec transe,
Quand il tomba du ciel, long-temps je le cherchai.

Waterloo me noya dans des larmes amères ;
Mes nuits se consumaient à recréer ces temps,
Ces temps si glorieux, si détestés des mères,
Et dont, moi, j'avais vu les spectacles flottants.

La Liberté bientôt m'étala ses miracles ;
Le reste s'abaissa, je m'élançai plus haut ;
Et, repoussant du pied le présent plein d'obstacles,
J'allai tendre la main aux morts de l'échafaud.

Nobles morts ! cœurs à l'aise au milieu des tempêtes !
Poète à l'archet d'or, Vierge au sanglant poignard,
Vous tous qui m'appeliez comme un frère à vos fêtes,
Que me demandiez-vous ? j'étais venu trop tard !

Ces éclats n'allaient plus à nos mornes journées ;
J'étouffais, je cherchais de larges horizons ;
Partout au fond de moi grondaient mes destinées....
Un soir, je vis un luth, et j'en tirai des sons ;

Et, comme aux saints accords d'une harpe bénie
S'apaisait de Saül le tourment insensé,
Ainsi mes sens émus rentraient en harmonie,
Et le démon de guerre et de sang fut chassé.

Depuis lors, plus heureux, bien que parfois je pleure,
Abandonnant mon ame à de secrets penchants,
Remis des passions, croyant la paix meilleure,
Je console mes jours en y mêlant des chants.

Si, dès les premiers pas, quelque faiblesse impure,
Quelque délire encor, m'a dans l'ombre entraîné,
Je ne m'en souviens plus ; j'ai lavé la souillure ;
Mon seuil est désormais sans tache et couronné.

Faut-il m'en arracher? et d'où ces cris sinistres,
Qui sortent tout-à-coup du pays ébranlé?
La vieille dynastie, en proie à ses ministres,
A, dans un jour fatal, de dix ans reculé!

Tout se rouvre et tout saigne; — ô Roi digne de plainte,
Vieillard qui veux le bien et, courbé devant Dieu,
Cherches en tes conseils l'inspiration sainte,
O Roi, qu'as-tu donc fait pour la trouver si peu?

Prêtres qui l'entourez, et dans d'obscures trames
Enchaînez sa vieillesse à vos vœux d'ici-bas,
N'avez-vous point assez du service des ames?
Le Siècle est, dites-vous, impie; — il ne l'est pas;

Il est malade, hélas! il soupire, il espère;
Il sort de servitude, implorant d'autres cieux;
Vers les lieux inconnus que lui marqua son Père,
Il s'avance à pas lents et comme un fils pieux;

Il garde du passé la mémoire fidèle
Et l'emporte au désert; — dès qu'on lui montrera
Un temple où poser l'arche, une enceinte nouvelle,
Tombant la face en terre, il se prosternera!

Décembre 1829.

## FIN DES CONSOLATIONS.

# POÉSIES DIVERSES.

Les deux pièces suivantes sont assez dans le ton des *Consolations* pour qu'on les puisse placer ici.

### I.

Dans un article inséré à la *Revue des Deux Mondes*, sur M. de Lamartine, pendant son voyage en Orient (juin 1832), on lisait : « L'absence habituelle où M. de Lamartine vécut loin de Paris et souvent hors de France, durant les dernières années de la restauration, le silence prolongé qu'il garda après la publication de son chant d'Harold, firent tomber les clameurs des critiques, qui se rejetèrent sur d'autres poètes plus présents : sa renommée acheva rapidement de mûrir. Lorsqu'il revint au commencement de 1830 pour sa réception à l'Académie française et pour la publication de ses *Harmonies*, il fut agréablement étonné de voir le public gagné à son nom et familiarisé avec son œuvre. C'est à un souvenir de ce moment que se rapporte la pièce de vers suivante, dans laquelle on a tâché de rassembler quelques impressions déjà anciennes, et de reproduire, quoique bien faiblement, quelques mots échappés au poète, en les entourant de traits qui peuvent le peindre. — A lui, au sein des mers brillantes où ils ne lui parviendront pas, nous les lui envoyons, ces vers, comme un vœu d'ami durant le voyage ! »

Un jour, c'était au temps des oisives années,
Aux dernières saisons, de poésie ornées
Et d'art, avant l'orage où tout s'est dispersé,
Et dont le vaste flot, quoique rapetissé,
Avec les rois déchus, les trônes à la nage,
A pour long-temps noyé plus d'un secret ombrage,
Silencieux bosquets mal à propos rêvés,
Terrasses et balcons, tous les lieux réservés,
Tout ce Delta d'hier, ingénieux asile,
Qu'on devait à quinze ans d'une onde plus facile !

De retour à Paris après sept ans, je crois,
De soleils de Toscane ou d'ombre sous tes bois,
Comptant trop sur l'oubli, comme durant l'absence,
Tu retrouvais la gloire avec reconnaissance.
Ton merveilleux laurier sur chacun de tes pas
Étendait un rameau que tu n'espérais pas ;
L'écho te renvoyait tes paroles aimées ;
Les moindres des chansons anciennement semées

Sur ta route en festons pendaient comme au hasard ;
Les oiseaux par milliers, nés depuis ton départ,
Chantaient ton nom, un nom de tendresse et de flamme,
Et la vierge, en passant, le chantait dans son ame.
Non, jamais toit chéri, jaloux de te revoir,
Jamais antique bois où tu reviens t'asseoir,
Milly, ses sept tilleuls ; Saint-Point, ses deux collines,
N'ont envahi ton cœur de tant d'odeurs divines,
Amassé pour ton front plus d'ombrage, et paré
De plus de nids joyeux ton sentier préféré !

Et dans ton sein coulait cette harmonie humaine,
Sans laisser d'autre ivresse à ta lèvre sereine
Qu'un sourire suave, à peine s'imprimant ;
Ton œil étincelait sans éblouissement,
Et ta voix mâle, sobre et jamais débordée,
Dans sa vibration marquait mieux chaque idée !

Puis, comme l'homme aussi se trouve au fond de tout,
Tu ressentais parfois plénitude et dégoût.
— Un jour donc, un matin, plus las que de coutume,
De tes félicités repoussant l'amertume,
Un geste vers le seuil qu'ensemble nous passions :
« Hélas ! t'écriais-tu, ces admirations,
» Ces tributs accablants qu'on décerne au génie,
» Ces fleurs qu'on fait pleuvoir quand la lutte est finie,
» Tous ces yeux rayonnants éclos d'un seul regard,
» Ces échos de sa voix, tout cela vient trop tard !
» Le Dieu qu'on inaugure en pompe au Capitole,
» Du Dieu jeune et vainqueur n'est souvent qu'une idole !
» L'âge que vont combler ces honneurs superflus,
» S'en repaît, — les sent mal, — ne les mérite plus !
» Oh ! qu'un peu de ces chants, un peu de ces couronnes,
» Avant les pâles jours, avant les lents automnes,
» M'eût été dû plutôt à l'âge efflorescent,
» Où jeune, inconnu, seul avec mon vœu puissant,
» Dans ce même Paris cherchant en vain ma place,
» Je n'y trouvais qu'écueils, fronts légers ou de glace,
» Et qu'en diversion à mes vastes désirs,
» Empruntant du hasard l'or qu'on jette aux plaisirs,
» Je m'agitais au port, navigateur sans monde,

» Mais aimant, espérant, ame ouverte et féconde !
» Oh ! que ces dons tardifs où se heurtent mes yeux,
» Devaient m'échoir alors, et que je valais mieux ! »

Et le discours bientôt sur quelque autre pensée
Échappa, comme une onde au caprice laissée ;
Mais ce qu'ainsi ta bouche aux vents avait jeté,
Mon souvenir profond l'a depuis médité.

Il a raison, pensais-je, il dit vrai, le poète !
La jeunesse emportée et d'humeur indiscrète
Est la meilleure encor ; sous son souffle jaloux
Elle aime à rassembler tout ce qui flotte en nous
De vif et d'immortel ; dans l'ombre ou la tempête
Elle attise en marchant son brasier sur sa tête :
L'encens monte et jaillit ! Elle a foi dans son vœu ;
Elle ose la première à l'avenir en feu,
Quand chassant le vieux Siècle un nouveau s'initie,
Lire ce que l'éclair lance de prophétie.
Oui, la jeunesse est bonne ; elle est seule à sentir
Ce qui, passé trente ans, meurt, ou ne peut sortir,
Et devient comme une ame en prison dans la nôtre ;
La moitié de la vie est le tombeau de l'autre ;
Souvent tombeau blanchi, sépulcre décoré,
Qui reçoit le banquet pour l'hôte préparé.
C'est notre sort à tous ; tu l'as dit, ô grand homme !
Eh ! n'étais-tu pas mieux celui que chacun nomme,
Celui que nous cherchons, et qui remplis nos cœurs,
Quand par-delà les monts d'où fondent les vainqueurs,
Dès les jours de Wagram, tu courais l'Italie,
De Pise à Nisita promenant ta folie,
Essayant la lumière et l'onde dans ta voix,
Et chantant l'oranger pour la première fois ?
Oui, même avant la corde ajoutée à ta lyre,
Avant le Crucifix, le Lac, avant Elvire,
Lorsqu'à regret rompant tes voyages chéris,
Retombé de Pestum aux étés de Paris,
Passant avec Jussieu * tout un jour à Vincennes
A tailler en sifflets l'aubier des jeunes chênes ;
De Talma, les matins, pour Saül, accueilli ;

* M. Laurent de Jussieu, l'un des plus anciens amis de M. de Lamartine.

Puis retournant cacher tes hivers à Milly,
Tu condamnais le sort, — oui, dans ce temps-là même,
(Si tu ne l'avais dit, ce serait un blasphème),
Dans ce temps, plus d'amour enflait ce noble sein,
Plus de pleurs grossissaient la source sans bassin,
Plus de germes errants pleuvaient de ta colline,
Et tu ressemblais mieux à notre Lamartine !
C'est la loi : tout poète à la gloire arrivé,
A mesure qu'au jour son astre s'est levé,
A pâli dans son cœur. Infirmes que nous sommes !
Avant que rien de nous parvienne aux autres hommes,
Avant que ces passants, ces voisins, nos entours,
Aient eu le temps d'aimer nos chants et nos amours,
Nous-mêmes déclinons ! comme au fond de l'espace
Tel soleil voyageur qui scintille et qui passe,
Quand son premier rayon a jusqu'à nous percé,
Et qu'on dit : *le voilà*, s'est peut-être éclipsé !

Ainsi d'abord pensais-je ; armé de ton oracle,
Ainsi je rabaissais le grand homme en spectacle ;
Je niais son midi manifeste, éclatant,
Redemandant l'obscur, l'insaisissable instant.
Mais en y songeant mieux, revoyant sans fumée,
D'une vue au matin plus fraîche et ranimée,
Ce tableau d'un poète harmonieux, assis
Au sommet de ses ans, sous des cieux éclaircis,
Calme, abondant toujours, le cœur plein, sans orage,
Chantant Dieu, l'univers, les tristesses du sage,
L'humanité lancée aux océans nouveaux,....
— Alors je me suis dit : Non, ton oracle est faux,
Non, tu n'as rien perdu ; non, jamais la louange,
Un grand nom, — l'avenir qui s'entr'ouvre et se range, —
Les générations qui murmurent : *C'est lui !*
Ne furent mieux de toi mérités qu'aujourd'hui.
Dans sa source et son jet, c'est le même génie ;
Mais de toutes les eaux la marche réunie,
D'un flot illimité qui noierait les déserts,
Égale, en s'y perdant, la majesté des mers.
Tes feux intérieurs sont calmés, tu reposes ;
Mais ton cœur reste ouvert au vif esprit des choses.
L'or et ses dons pesants, la Gloire qui fait roi,

T'ont laissé bon, sensible, et loin autour de toi
Répandant la douceur, l'aumône et l'indulgence.
Ton noble accueil enchante, orné de négligence.
Tu sais l'âge où tu vis et ses futurs accords ;
Ton œil plane ; ta voile, errant de bords en bords,
Glisse au cap de Circé, luit aux mers d'Artémise ;
Puis l'Orient t'appelle, et sa terre promise,
Et le Mont trois fois saint des divines rançons !
Et de là nous viendront tes dernières moissons,
Peinture, hymne, lumière immensément versée,
Comme un soleil couchant ou comme une Odyssée !....

Oh! non, tout n'était pas dans l'éclat des cheveux,
Dans la grâce et l'essor d'un âge plus nerveux,
Dans la chaleur du sang qui s'enivre ou s'irrite !
Le Poète y survit, si l'Ame le mérite ;
Le Génie au sommet n'entre pas au tombeau,
Et son soleil qui penche est encor le plus beau !

<small>Les vœux que nous adressions pour le poète durant son voyage, n'ont guère été favorablement entendus ! Une fois déjà, tandis que dans une précédente épître nous l'appelions *heureux*, la perte affreuse de sa mère nous venait à l'instant démentir : et en cette seconde circonstance, ç'a été un de ces malheurs qu'on ne peut même nommer. Le poète nous est revenu, poète deux fois sacré, étouffant dans son cœur une trop vaste plainte, silencieusement porté par l'océan de sa douleur, et comme un cygne de plus en plus blanchi sur l'onde.</small>

## II.

<small>On lit au tome second du roman de *Volupté* les vers suivants :</small>

Un mot qu'on me redit, mot léger, mais perfide,
Te contriste et te blesse, ô mon Ame candide ;
Ce mot tombé de loin, tu ne l'attendais pas :
Fuyant, jeune, l'arène et ta part aux ébats,
Soustraite à tous jaloux en ta cellule obscure,
Il te semblait qu'on dût t'y laisser sans injure,
Et qu'il convenait mal au parvenu puissant,
Quand on se tait sur lui, d'aller nous rabaissant,

Comme si, dans sa brigue, il lui restait encore
Le loisir d'insulter à l'oubli que j'adore !
Tu te plains donc, mon Ame ! — Oui..., mais attends un peu ;
Avant de t'émouvoir, avant de prendre feu
Et de troubler ta paix pour un long jour peut-être,
Rentrons en nous, mon Ame, et cherchons à connaître
Si, purs du vice altier qui nous choque d'abord,
Nous n'aurions pas le nôtre, avec nous plus d'accord.
Car ces coureurs qu'un Styx agite sur ses rives,
Au festin du pouvoir ces acharnés convives,
Relevant d'un long jeûne, étonnés, et collant
A leur sueur d'hier un velours insolent,...
Leurs excès partent tous d'une fièvre agissante ;
Une plus calme vie aisément s'en exempte ;
Mais les écueils réels de cet autre côté
Sont ceux de la paresse et de la volupté.
Les as-tu fuis, ceux-là ? Sonde-toi bien, mon Ame ;
Et si, sans chercher loin, tu rapportes le blâme,
Si, malgré ton timide effort et ma rougeur,
La nef dormit long-temps en un limon rongeur,
Si la brise du soir assoupit trop nos voiles,
Si la nuit bien souvent eut pour nous trop d'étoiles,
Si jusque sous l'Amour, astre aux feux blanchissants,
Des assauts ténébreux enveloppent mes sens,
Ah ! plutôt que d'ouvrir libre cours à ta plainte
Et de frémir d'orgueil sous quelque injuste atteinte,
O mon Ame, dis-toi les vrais points non touchés ;
Redeviens saine et sainte à ces endroits cachés ;
Et, quand tu sentiras ta guérison entière,
Alors il sera temps, Ame innocente et fière,
D'opposer ton murmure aux propos du dehors ;
Mais à cette heure aussi, riche des seuls trésors,
Maîtresse de ta pleine et douce conscience,
Le facile pardon vaincra l'impatience.
Tu plaindras nos puissants d'être peu généreux ;
Leur dédain, en tombant, t'affligera sur eux,
Et, si quelque amertume en toi s'élève et crie,
Ce sera pure offrande à ce Dieu que tout prie !

# PENSÉES D'AOUT.

Le titre général de ce volume est tiré de la première pièce, comme c'était la coutume dans plusieurs des recueils poétiques des anciens. Ce titre exprime d'ailleurs avec assez de justesse la disposition (faut-il dire l'inspiration?) d'où sont nés presque tous ces vers. Il en est qui ont été composés sans doute à d'autres instants de l'année que ceux que le nom d'*Août* signale ; mais, si l'on considère la saison morale de l'ame, on verra qu'ils sont, en effet, le fruit quelquefois, et plus souvent le passe-temps des lents jours et des heures du milieu. Que ces heures ne paraissent pas trop lentes et sommeillantes, c'est seulement ce que je désire. Si j'avais suivi mon vœu, ces vers, au lieu de paraître réunis dans un petit volume à part et d'appeler sur eux une attention toujours redoutée, se seraient ajoutés et glissés à la suite d'une édition in-8° des *Consolations*, non pas dans le courant de ce recueil dont la nuance est close et veut ne pas être rompue, mais comme appendice et complément du volume. J'avais même essayé déjà d'en insérer quelques-uns à la suite de l'édition in-8° de 1835 ; mais les éditions futures pouvant tarder indéfiniment, les vers pourtant s'accumulaient ; je les dispersais çà et là dans des journaux et recueils périodiques, dans des articles de critique de moi, où ils n'étaient pas lus comme il convient à des vers ; et le reproche m'était fait par plusieurs personnes indulgentes de garder, depuis un recueil favorablement reçu, un silence sans cause. Ce que j'assemble est donc uniquement pour montrer que je n'ai jamais déserté un art chéri. Depuis mars 1830, époque où parurent les *Consolations*, et à travers toute espèce de distractions dans les choses ou dans les pensées, j'ai fait beaucoup de vers : j'en ai fait surtout de deux sortes. Je me trouve avoir en ce moment, et sans trop y avoir visé, deux recueils entièrement finis. Celui qu'aujourd'hui je donne, le seul des deux qui doive être de long-temps, de fort long-temps publié, n'est pas, s'il convient de le dire, celui même sur lequel mes prédilections secrètes se sont le plus arrêtées. Il n'exprime pas, en un mot, la partie que j'oserai appeler la plus directe et la plus sentante de mon ame en ces années. Mais on ne peut toujours se distribuer soi-même au public dans sa chair et dans son sang, et, après l'indiscrétion naïve des premiers aveux, après l'effusion encore permise des seconds, il vient un âge où la pudeur redouble pour ce qu'on a ; une troisième et dernière fois, exprimé ; soit qu'on ait exprimé des sentiments qui bientôt eux-mêmes expirent, mais que rien ne remplacera désormais, soit qu'on ait préparé en silence le monument de ce qui durera en nous autant que nous, de ce qui ne changera plus. Ce recueil actuel, tout autre, n'est donc, si on le veut bien, que le superflu des heures, leur agrément, leur ennui, l'attente, l'intervalle, la réflexion parfois monotone et bien sérieuse, parfois le retour presque riant et qu'on dirait volage; mais où y retombe vite toujours ou mélancolique et au grave, on n'y perd jamais trop de vue le lointain religieux, et surtout, dans l'ordre des affections exprimées, bien qu'elles puissent sembler éparses et nombreuses, on n'y sort jamais de la vérité intime des sentiments. L'unité peut être ailleurs, la sincérité du moins est partout ici. L'amitié encore a la plus grande part de ces chants; et si ce n'est plus, comme dans le précédent recueil, une amitié presque unique et dominante qui inspire, c'est toujours l'amitié choisie, le plus souvent l'amitié profonde.

Septembre 1837.

# PENSÉES D'AOUT.

## PENSÉE D'AOUT.

Assis sur le versant des coteaux modérés
D'où l'œil domine l'Oise et s'étend sur les prés;
Avant le soir, après la chaleur trop brûlante,
A cette heure d'été déjà plus tiède et lente;
Au doux chant, mais déjà moins nombreux, des oiseaux;
En bas voyant glisser si paisibles les eaux,
Et la plaine brillante avec des places d'ombres,
Et les seuls peupliers coupant de rideaux sombres
L'intervalle riant, les marais embellis
Qui vont vers Gouvieux finir au bois du Lys,
Et plus loin, par delà prairie et moisson mûre
Et tout ce gai damier de glèbe et de verdure,
Le sommet éclairé qui borne le regard
Et qu'après deux mille ans on dit *Camp de César*,
Comme si ce grand nom que toute foule adore
Jusqu'au vallon de paix devait régner encore!...
M'asseyant là, moi-même à l'âge où mon soleil,
Où mon été décline, à la saison pareil;
A l'âge où l'on s'est dit dans la fête où l'on passe :
« La moitié, sans mentir, est plus jeune et nous chasse; »
— Rêvant donc, j'interroge, au tournant des hameaux,
La vie humaine entière, et son vide et ses maux;
Si peu de bons recours où, lassé, l'on s'appuie;
Où, la jeune chaleur trop tôt évanouie,
On puise le désir et la force d'aller,
De croire au bien encor, de savoir s'immoler
Pour quelqu'un hors de soi, pour quelque chose belle.
Aux champs, à voir le sol nourricier et fidèle,
Et cet ensemble uni d'accords réjouissants,
Comment désespérer? Et pourtant, je le sens,
Le mal, l'ambition, la ruse et le mensonge,
Faux honneur, vertu fausse, et que souvent prolonge

L'histoire, ambitieuse autant que le César,
Grands et petits calculs coupés de maint hasard,
Voilà ce qui gouverne et la ville et le monde.
Où donc sauver du bien l'arche sainte sur l'onde?
Où sauver la sémence? en quel coin se ranger?
Et quel sens a la vie en ce triste danger?
Surtout le premier feu passé de la jeunesse,
Son foyer dissipé de rêve et de promesse,
Après l'expérience et le mal bien connu,
Que faire? Où reporter son effort soutenu?
Durant cette partie aride et monotone
Qui, bien avant l'hiver, dès le premier automne
Commence dans la vie, et quand par pauvreté,
Malheur, faute (oh! je sais plus d'un sort arrêté),
Tout espoir de choisir la chaste jeune fille
Et de recommencer sa seconde famille
Dont il sera le chef, à l'homme est refusé,
Où se prendre? où guérir un cœur trop vite usé?
En cette heure de calme, en ce lieu d'innocence,
Dans ce fond de lointain et de prochain silence,
La réponse est distincte, et je l'entends venir
Du Ciel et de moi-même, et tout s'y réunir.
Oh! oui; ce qui pour l'homme est le point véritable,
La source salutaire avec le rocher stable;
Ce qui peut l'empêcher ou bien de s'engourdir
Aux pesanteurs du corps, ou bien de s'enhardir,
S'il est grand et puissant, à l'orgueilleuse idée
Qu'il pose ensuite au monde en idole fardée
Et dans laquelle il veut à tout jamais se voir,
Ce qu'il faut, c'est à l'ame *un malheur, un devoir!*

— Un malheur (et jamais il ne tarde à s'en faire),
Un malheur bien reçu, quelque douleur sévère
Qui tire du sommeil et du dessèchement,
Nous arrache aux appâts frivoles du moment,
Aux envieux retours, aux aigreurs ressenties;
Qui mette bas d'un coup tant de folles orties
Dont avant peu s'étouffe un champ dans sa longueur,
Et rouvre un bon sillon avec peine et sueur!
— Un devoir accepté, dont l'action n'appelle
Ni l'applaudissement ni le bruit après elle,

Qui ne soit que constance et sacrifice obscur,
Sacrifice du goût le plus cher, le plus pur,
Tel que l'honneur mondain jamais ne le réclame,
Mais voulu, mais réglé dans le monde de l'ame:
Et c'est ainsi qu'il faut, au Ciel, avant le soir,
A son cœur demander *un malheur, un devoir!*

    Marèze avait atteint à très-peu près cet âge
Où le flot qui poussait s'arrête et se partage;
Jusqu'à trente-trois ans il avait persisté
Avec zèle et succès au sentier adopté,
Sentier sombre et mortel aux chimères légères.
Il tenait, comme on dit, un cabinet d'affaires;
De finance ou de droit il débrouillait les cas,
Et son conseil prudent disait les résultats.
Or, Marèze cachait sous ce zèle authentique
Un esprit libre et grand; peut-être poétique,
Ou politique aussi, mais capable à son jour
D'arriver s'il voulait, et de luire alentour.
A sa tâche, où le don inoccupé se gâte,
Trop long-temps engagé, tout bas il avait hâte
De clore et de sortir, et de recommencer
Une vie autre et vraie, appliquée à penser.
Plus rien n'allait gêner son être en renaissance :
Son cabinet vendu lui procurait aisance,
Sa sœur avait famille en un lointain pays,
Et son père et sa mère étaient morts obéis :
Car l'abri paternel qui protége et domine
S'abattant, on est maître, hélas! sur sa colline.

    Dans ce frais pavillon au volet entr'ouvert,
Où la lune en glissant dans la lampe se perd,
Devant ce *Spasimo*\* comme une autre lumière
Dont la paroi du fond s'éclaire tout entière,
Près des rayons de cèdre où brillent à leur rang
Le poète d'hier aisément inspirant,
L'ancien que moins on suit plus il convient d'entendre,
Que fait Marèze? Il veille et se dit d'entreprendre.
Depuis un an passé qu'il marche vers son vœu,

---

\* La gravure du beau tableau de Raphaël qui porte ce nom.

Le joug est jeté loin ; il s'en ressouvient peu,
Hors pour mieux posséder sa pensée infinie.
Cet esprit qu'aussi bien on salûrait génie,
Retardé jusque-là, mais toujours exercé,
Arrive aux questions plus ferme et plus pressé.
Poète et sage, il rêve alliance nouvelle ;
Lamartine l'émeut, Montesquieu le rappelle ;
Il veut être lui-même, et que nul n'ait porté
Plus d'élévation dans la réalité.
Solennel est ce soir, car son ame qui gronde
Sent voltiger plus près et sa forme et son monde.
Marèze est sur la pente ; il va gravir là-haut,
Où tant de glorieux montent comme à l'assaut,
Disant *Humanité* pour leur cri de victoire,
Nommés les bienfaiteurs, commençant par le croire,
Et qui, forts de trop faire et de régénérer,
Finissent par soi-même et soi seuls s'adorer.

Mais on frappe ; une femme entre et se précipite :
— « O mon frère ! » — « O ma sœur ! » — Explosion subite,
Joie et pleurs, questions, les deux mains que l'on prend,
Et tout un long récit qui va comme un torrent :
Un mari mort, des noirs en révolte, la ville
Livrée au feu trois jours par un chef imbécille,
La fuite avec sa fille au port voisin, si bien
Qu'elle n'a plus qu'un frère au monde pour soutien.
Marèze entend : d'un geste il répond et console,
Il baise au front l'enfant, beauté déjà créole,
Et, comme à ces discours on oublirait la nuit,
Jusqu'au lit du repos lui-même les conduit.

Le voilà seul. — Allons ! ose, naissant génie ;
Il faut à ton baptême annoncer l'agonie.
Dix ans s'étaient passés à comprimer l'essor,
A mériter ton jour ; donc, recommence encor !
Devant ces vers du maître harmonieux et sage,
Devant ce Raphaël et sa sublime page,
Au plus mourant soupir du chant du rossignol,
Au plus fuyant rayon où s'égarait ton vol,
Dis-toi bien : Tout ce beau n'est que faste et scandale
Si j'hésite, et si l'ombre à l'action s'égale.

Marèze un seul instant n'avait pas hésité ;
Il s'est dit seulement, dans sa force excité,
Que peut-être il saurait, son œuvre commencée,
Nourrir enfant et sœur du lait de sa pensée.
Il hésite, il espère en ce sens, et bientôt,
L'aube éteignant la nuit, son œil plus las se clôt.

Au matin un réveil l'attendait qui l'achève.
Une ancienne cliente à lui, madame Estève,
Avait, par son conseil, confié le plus clair
D'une honnête fortune à quelque premier clerc
Établi depuis peu, jusqu'alors sans reproche ;
Mais le voilà qui part, maint portefeuille en poche.
La pauvre dame est là, hors d'elle, racontant.
Marèze y perd aussi, peu de chose pourtant ;
Mais il se croit lié d'équité rigoureuse
A celle qu'un conseil a faite malheureuse.
Courage ! il rendra tout ; il soutiendra sa sœur,
Il marira sa nièce ; et, sans plus de longueur,
Il court chez un ami : tout juste un commis manque ;
Commis, le lendemain, il entre en cette banque ;
Et là, remprisonné dans les ais d'un bureau,
Sans verdure à ses yeux que le vert du rideau,
Il vit, il y blanchit, régulier, sans murmure,
Heureux encor le soir d'une simple lecture
A côté de sa sœur, — un poète souvent
Qu'un retour étouffé lui rend trop émouvant,
Et sa voix s'interrompt ;... — lecture plus sacrée
A l'ame délicate et tout le jour sevrée !

Il a gagné pourtant en bonheur : jusque-là,
Plus d'un mystère étrange, et que Dieu nous voila,
Avait mis au défi son ame partagée.
La vérité nous fuit par l'orgueil outragée.
Mais alors, comme au prix d'un sacrifice cher,
Sans plus qu'il y pensât en Prométhée amer,
De vertus en vertus, chaque jour, goutte à goutte,
La croyance, en filtrant, emporta tout son doute ;
La persuasion distilla sa saveur,
Et la pudique foi lui souffla la ferveur.

— Doudun (exemple aussi) n'est pas, comme Marèze,
De ceux qui sentiraient leur âme mieux à l'aise
A briller au soleil et mouvoir les humains
Qu'à compter pas à pas les chardons des chemins.
Il chemine et se croit tout en plein dans sa trace.
Très-doux entre les doux et les humbles de race,
Il n'a garde de plus, ne prévaut sur pas un ;
Celui seul qui se baisse a connu son parfum ;
La racine en tient plus, et la fleur dissimule.
Son prix, son nom nommé lui serait un scrupule.
Enfant, simple écolier, se dérobant au choix,
Avant qu'il eût son rang il se passait des mois ;
Il n'en tâchait pas moins, sans languir ni se plaindre,
Mais comme au fond craignant de paraître et d'atteindre.
Jeune homme, étroitement casé, non rétréci,
Cœur chaste à l'amitié, n'eut-il donc pas aussi
Quelque passion tendre, humble et, je le soupçonne,
Muette, et que jamais il n'ouvrit à personne,
Mais pour qui sa rougeur parle encore aujourd'hui,
Si l'objet par hasard est touché devant lui ?
Avant tout il avait sa mère bien-aimée,
Infirme plus que vieille, assez accoutumée
A l'aisance, aux douceurs, et dont le mal réel
Demandait pour l'esprit éveil continuel.
Il la soigna long-temps, et lui, l'épargne même,
Pour adoucir les soirs de la saison suprême,
N'eut crainte d'emprunter des sommes par deux fois,
S'obérant à toujours ; mais ce fut là, je crois,
Ce qui, sa mère morte, a soutenu son zèle
Et prolongé pour lui le but qui venait d'elle :
Car à cet âge, avec ces natures, l'effort
Souvent manque, au-dedans s'amollit le ressort ;
Le vrai motif cessant, on s'en crée un bizarre,
Et la source sans lit dans les cailloux s'égare.
Doudun, que maint caillou séduit, s'en est sauvé ;
Le soin pieux domine ; et tout est relevé.

En plein faubourg, là-haut, au coin de la mansarde,
Dans deux chambres au nord, que l'étoile regarde ;
A cinq heures rentrant ; ou l'été, matinal ;

Un grand terrain en face et le triste canal *.
(Car, presque chaque jour allant au cimetière,
Il s'est logé plus près), voyez! sa vie entière,
Son culte est devant vous : un unique fauteuil
Où dix ans s'est assis l'objet saint de son deuil,
Un portrait au-dessus ; puis quelque porcelaine
Où la morte buvait, qu'une fois la semaine
Il essuie en tremblant ; des Heures en velours
Où la morte priait, dont il use toujours!
Le maigre pot de fleurs, aussi la vieille chatte :
Piété sans dédain, la seule délicate!
Comme écho de sa vie, il se dit à mi-voix
Quelque air des jours anciens qui voudrait le hautbois,
Quelque sentimentale et bonne mélodie,
Paroles de Sedaine, autrefois applaudie
Des mères, que chantait la sienne au clavecin.
Comme Jean-Jacque aussi, dont il sait *le Devin*,
Il copie, et par là dégrève un peu sa dette,
Chaque heure d'un denier. Son équité discrète
A taxé ce travail de ses soirs, mais si bas,
Que, s'il fallait offrir, on ne l'oserait pas.
Au delà sa pudeur est sourde à rien entendre ;
Et quand l'ingrat travail a quelque page tendre,
Agréable, on dirait qu'en recevant son dû
Il se croit trop payé du charme inattendu.
— Hier ses chefs le marquaient pour avancer en place ;
Il se fait moins capable, empressé qu'on l'efface.

 O vous, qui vous portez, entre tous, gens de cœur ;
Qui l'êtes, — non pas seuls, — et qui, d'un air vainqueur,
Écraseriez Doudun et cette élite obscure,
Leur demandant l'audace et les piquant d'injure ;
Ne les méprisez pas, ces frères de vertu,
Qui vous laissent l'arène et le lot combattu !
Si dans l'ombre et la paix leur cœur timide habite,
Si le sillon pour eux est celui qu'on évite,
Que guerres et périls s'en viennent les saisir ;
Ils ont chef Catinat, le héros sans désir !

* Probablement le canal St-Martin du côté du Père La Chaise.

Et cette ame modique, à plaisir enfouie,
Ce fugitif qui craint tout éclair dans sa vie,
Qu'à l'un des jours d'essor, de soleil rayonnant,
Comme on en a chacun, il rencontre au tournant
Du prochain boulevart quelque ami de collége
Qui depuis a pris gloire et que le bruit assiége,
Sympathique talent resté sincère et bon,
Oh ! les voilà bien vite aux nuances du ton.
L'artiste est entendu tout bas du solitaire :
Quel facile unisson aux cordes de mystère !
Que d'échanges subtils au passage compris !
Et cette ame qui va diminuant son prix,
Comme elle est celle encor que devrait le génie
Vouloir pour juge en pleurs, pour cliente bénie !

Mais ce n'est pas aux doux et chastes seulement,
Aux intègres de cœur, que contre un flot dormant
Un malheur vient rouvrir les voiles desserrées
Et remorquer la barque au-delà des marées.
Un seul devoir tombant dans un malheur sans fond
Jette à l'ame en désastre un câble qui répond ;
Fait digue à son endroit aux vagues les plus hautes ;
Arrête sur un point les ruines des fautes ;
Et nous peut rattacher, en ces ans décisifs,
Demi-déracinés, aux rameaux encor vifs.

Ramon de Santa-Cruz, un homme de courage
Et d'ardeur, avait, jeune, épuisé maint orage,
Les flots des passions et ceux de l'Océan.
Commandant un vaisseau sous le dernier roi Jean
En Portugal, ensuite aux guérillas d'Espagne,
Le Brésil et les mers et la rude montagne
L'avaient vu tour à tour héroïque d'effort ;
Mais l'âme forte avait plus d'un vice du fort.
Pour l'avoir trop aidé, proscrit du roi son maître ;
A Bordeaux, — marié, — des torts communs peut-être,
Ses âpretés surtout et ses fougues de sang
Éloignèrent sa femme après un seul enfant.
A Paris, de projets en projets, et pour vivre,
Ayant changé son nom, il entreprit un livre,
Quelque Atlas brésilien-espagnol-et-naval ;...

Alors je le connus ; — mais, l'affaire allant mal,
Il courut de ces mots qu'à la légère on sème,
Et j'en avais conçu prévention moi-même.
Pourtant quelqu'un m'apprit ses abîmes secrets,
Et l'ayant dû chez lui trouver le jour d'après,
Oh ! je fus bien touché !

      —Tout d'abord à sa porte
Affiches, prospectus, avis de toute sorte,
Engagement poli d'entrer et de *tourner* :
Comme c'était au soir, il me fallut sonner.
Une dame fort vieille, et de démarche grande
Et lente, ouvrit, et dit sur ma simple demande
*Son fils* absent : c'était la mère de Ramon.
Mais quand j'eus expliqué mon objet et mon nom :
« Attendez, attendez ; seulement il repose,
» Car il sort tout le jour ; mais, à moins d'une cause,
» J'évite d'avertir. » Elle entra, je suivis,
Déjà touché du ton dont elle a dit *mon fils*.
Pendant qu'elle annonçait au-dedans ma venue,
Je parcourais de l'œil cette antichambre nue,
Et la pièce du fond, et son grillage en bois
Mis en hâte, et rien autre, et le gris des murs froids.
Au salon vaste et haut qu'un peu de luxe éclaire,
L'ombre est humide encore au mois caniculaire ;
La dame s'en plaignit doucement : j'en souffris
Songeant à quels soleils burent leurs ans mûris.
Mais rien ne m'émut tant que lorsqu'une parole
Soulevant quelque point d'étiquette espagnole,
— D'étiquette de cour, — Ramon respectueux
Se tourna vers sa mère, interrogeant des yeux.
Oh ! dans ce seul regard, muette déférence,
Que d'éveils à la fois, quel appel de souffrance
A celle qui savait ce pur détail royal
Pour l'avoir pratiqué dans un Escurial !
Et du trouble soudain où mon ame en fut mise,
Sans aller saluer la vieille dame assise,
Tout causant au hasard, du salon je sortis ;
Et je m'en ressouvins et je m'en repentis,
Craignant de n'avoir pas assez marqué d'hommage ;
Car tout aux malheureux est signe et témoignage.

Et depuis lors, souvent je me suis figuré
Quels étaient ces longs soirs entre l'homme ulcéré
De Rio, de Biscaye et des bandes armées,
Et des fureurs de cœur encor mal enfermées,
Proscrit qui veut son ciel, père qui veut son fils, —
Entre elle et lui, navrés ensemble et radoucis.
Oh ! si toujours, malgré l'amertume et l'entrave,
Il maintint sur ce point cette piété grave,
Qu'il ait été béni ! Que son roc, sans fléchir,
Ait pu fondre au cœur même, et son front s'assagir !
Qu'il ait revu l'enfant que de lui l'on sépare,
Et Lisbonne, meilleure au moins que sa Navarre * !

   Un but auprès de soi, hors de soi, pour quelqu'un,
Un seul devoir constant ; — hélas ! moins que Doudun,
Que Ramon et Marèze, AUBIGNIÉ *le poète*
L'a compris ; et son cœur aujourd'hui le regrette ;
*Poète,* car il l'est par le vœu du loisir ;
Par l'infini du rêve et l'obstiné désir.
En son fertile Maine, aux larges flots de Loire,
Bocagère et facile il se montrait la gloire,
Se disant qu'aux chansons on l'aurait sur ses pas
Comme Annette des champs dont l'amour ne ment pas.
Tandis qu'après René planait l'astre d'Elvire,
Jean-Jacque et Bernardin composaient son délire,
Et tardif, ignorant ce monde aux rangs pressés,
Il s'égarait sans fin aux lieux déjà laissés.
Vainement les parents voulaient l'état solide :
Pour lui, c'était assez si, l'*Émile* pour guide,
Le havresac au dos, léger, pour de longs mois
Il partait vers les monts et les lacs et les bois,
Pélerin défilant ses grains de fantaisie, —
Fantassin valeureux de libre poésie.
Aux rochers, aux vallons, combien il en semait !
Aux buissons, à midi, sous lesquels il dormait !
Combien alors surtout en surent les nuages !
Infidèles témoins, si l'on n'a d'autres gages ;

---

* L'Étranger, en effet, dont on veut ici parler, est mort depuis à Lisbonne ; il avait fait partie de l'expédition de don Pédro, et occupait un rang distingué dans l'armée portugaise. Au moment où l'on écrivait cette pièce, on pouvait encore dire que Lisbonne était *meilleure* que la Navarre.

Car, prenant le plus beau du projet exhalé,
Ils ne reviennent plus, et tout s'en est allé.
La fable des enfants parle encore aux poètes :
Rêveurs, rêveurs, semez aux chemins que vous faites
Autre chose en passant que ces miettes de pain :
Les oiseaux après vous mangeraient le chemin !

Du moins, si visitant, comme il fit, ces contrées,
Grandes, et du génie une fois éclairées,
Meillerie et Clarens, noms solennels et doux,
Bosquets qu'un enchanteur fit marcher devant nous,
— S'il gravit tour-à-tour à la cime éternelle,
Redescendit au lac, demanda la brunelle *
A l'île de Saint-Pierre, et, d'un cœur palpitant,
Aux Charmettes cueillit la pervenche en montant ;
S'il revit l'œil en pleurs ce qu'avait vu le maître,
Que ne l'a-t-il donné quelquefois à connaître,
D'un vers rajeunissant, qui charme avec détour,
Et laisse aussi sa trace aux lieux de son amour ?
C'est qu'à moins du pur don unique, incomparable,
L'effort seul initie à la forme durable,
Secret du bien-parler que d'un Virgile apprend
Même un Dante, et qui fuit tout vaporeux errant.
Aubigné, sans dédain, effleura le mystère
Et ne l'atteignit pas. Que d'essais il dut taire,
Au hasard amassés ! Et les ans s'écoulaient ;
Les plaintes des parents, plus hautes, s'y mêlaient ;
Les dégoûts, les fiertés, une ame déjà lasse,
L'éloignaient chaque jour des sentiers où l'on passe ;
Il n'en suivit jamais. S'il tente quelque abord,
Tout lui devient refus, et son rêve est plus fort.
Puis, plus on tarde, et plus est pénible l'entrée :
La jeunesse débute, et sa rougeur agrée ;
Elle ose, on lui pardonne, on l'aide à revenir :
Mais, quand la ride est faite, il faut mieux se tenir.
La main se tend moins vite à la main déjà rude.
Bref, d'essais en ennuis, d'ennuis en vague étude,
Des parents rejeté, qui, d'abord complaisants,

---

* Petite fleur fort affectionnée de Rousseau, durant le séjour qu'il fit en cette île. Voir ses *Rêveries, cinquième Promenade*.

Bientôt durs, à la fin se sont faits méprisants,
Aubignié, ce cœur noble et d'un passé sans tache,
Usé d'un lent malheur qu'aucun devoir n'attache,
Ne sait plus d'autre asile à ses cuisants affronts,
A ses gênes hélas! que quand aux bûcherons.
Des forêts d'Oberman *, et les aidant lui-même,
Il va demander gîte, ajournant tout poème,
Ou toujours amusé du poème incertain
Qu'il y vit une fois flotter à son matin.
De Jean-Jacque il se dit la gloire commencée.
Tard : — rappel infidèle! — Ame à jamais lassée!

Vous dont j'ai là trahi le malheur, oh! pardon!
Ami, vous qui n'avez rien que d'honnête et bon,
Et de grand en motif au but qui vous oppresse,
Au fantôme, il est temps, cessez toute caresse.
Rejoignez, s'il se peut, à des efforts moins hauts
Quelque prochain devoir qui tire fruit des maux,
Et d'où l'amour de tous redescende et vous gagne,
— Afin que, revenant au soir par la campagne,
Sans faux éclair au front et sans leurre étranger,
Il vous soit doux de voir les blés qu'on va charger
Et chaque moissonneur sur sa gerbe complète;
Et là haut, pour lointain à l'ame satisfaite,
Au sommet du coteau dont on suit le penchant,
Les arbres détachés dans le clair du couchant.

* Probablement la forêt de Fontainebleau.

Précy.

## MONSIEUR JEAN,

### MAÎTRE D'ÉCOLE *.

> « La prière et les sacrifices sont un souverain remède à leurs peines ; mais une des plus solides et plus utiles charités envers les morts est de faire les choses qu'ils nous ordonneraient s'ils revenaient au monde, et de nous mettre pour eux en l'état auquel ils nous souhaitent à présent. Par cette pratique nous les faisons revivre en nous... »
>
> Pascal, sur la mort de son père.

En ces temps de vitesse et de nivellement,
De pouvoirs sans sommet comme sans fondement,
Où rien ne monte un peu qui soudain ne chancelle,
Il est encore, il est, tout au bas de l'échelle,
Un bien humble pouvoir, et qui n'a pas failli,
Qui s'est perpétué par-delà le bailli
Au maire, sans déchoir : c'est le maître d'école.
Et je ne veux pas faire un portrait sur parole,
Quelque idylle rêvée au retour de Longchamp,

---

* Ce petit poëme est assez compliqué, et, dans la première publication que j'en ai faite au *Magasin Pittoresque*, il a été peu compris. Il me semble pourtant que j'y ai réalisé peut-être ce que j'ai voulu. Or, voici en partie ce que j'ai voulu. Dans son admirable et charmant *Jocelyn*, M. de Lamartine, avec sa sublimité facile, a d'un pas envahi tout ce petit domaine de poésie dite intime, privée, domestique, familière, où nous avions essayé d'apporter quelque originalité et quelque nouveauté. Il a fait comme un possesseur puissant qui, apercevant hors du parc quelques petites chaumières, quelques *cottages* qu'il avait jusque là négligés, étend la main et transporte l'enceinte du parc au delà, enserrant du coup tous ces petits coins curieux, qui, à l'instant s'agrandissent et se fécondent par lui. Or, il m'a semblé qu'il était bon peut-être de replacer la poésie domestique, et familière, et réelle, sur son terrain nu, de la transporter plus loin, plus haut, même sur les collines pierreuses, et hors d'atteinte de tous les magnifiques ombrages. *Monsieur Jean* n'est que cela. Magister et non prêtre, janséniste et non catholique d'une interprétation nouvelle, puisse-t-il, dans sa maigreur un peu ascétique, ne pas paraître trop indigne de venir bien respectueusement à la suite du célèbre vicaire de notre cher et divin poëte!

23

Comme un abbé flatteur en son pastel changeant * :
C'est le vrai. Tout village a son maire suprême,
Son curé dont le poids n'est plus partout le même,
Son médecin qui gagne... Après, au-dessous d'eux,
En un rang moins brillant, aussi moins hasardeux,
Est le maître d'école. Un maire a ses naufrages ;
Quelque Juillet arrive et veut de nouveaux gages ;
Dix ans, quinze ans peut-être, on garde son curé,
Mais l'évêque le tient et le change à son gré ;
Le magister demeure. Il n'a, lui, ni disgrace
A craindre, ni rival. Le curé, face à face,
Voit croître chaque jour l'esprit-fort, le docteur.
Le docteur suit sa guerre avec le rebouteur,
Dont main secret encor fait merveille et circule :
Plus d'un croit à l'onguent, sur le reste incrédule.
Le magister n'a rien de ces chétifs combats.
Et d'abord, il est tout : la règle et le compas,
La toise est dans ses mains ; géomètre, il arpente
Et sait les parts autant que le notaire. Il chante
Au lutrin, et récite au long la Passion.
Secrétaire au civil, si quelque question
Arrive à l'improviste au nom du ministère,
Combien d'orge, ou de lin, ou de vin, rend la terre ?
Le maire embarrassé lui dit : *Voyez !* Il va,
Il rencontre un voisin qui guère n'y rêva,
Et là-dessus le prend : l'autre répond à vue
De pays, et voilà sa statistique sue.
Le chiffre aussitôt part et remplit son objet ;
Il fait autorité, l'on en cause au budget.
Mais est-ce par hasard quelque inspecteur primaire,
Novice, qui de loin s'informe près du maire ?
C'est mieux : le magister tout d'abord en sait long,
Et lui-même à souhait sur lui-même répond.
Il ne se doute pas, d'aplomb dans sa science,
Qu'un jour de ce côté viendra sa déchéance ;
Que cet œil scrutera ses destins importants ;
Il ne s'en doute pas ;... qu'il l'ignore long-temps !
La marge est longue encore. — En hiver, son école

* Delille, en son *Homme des Champs*, a fait du maître d'école de village un portrait arrangé, plein d'ailleurs de détails piquants et spirituels.

Abonde, et son foyer, autant que sa parole,
Assemble autour de lui, comme frileux oiseaux,
Les enfants que l'été disperse aux durs travaux.
Plus nombreux il les voit, plus son zèle se flatte ;
Il s'anime, il les pousse ; et, s'il est Spartiate,
Il peut avec orgueil, le front épanoui,
Vous en citer déjà qui lisent mieux que lui !

Mais je ne veux pas rire, et je sais un modèle
Bien grand et respectable, où ce détour m'appelle :
J'y viens. —

    Je connaissais madame de Cicé,
De ce monde ancien à tout jamais passé,
Dévote et bonne, et douce avec un fond plus triste,
Dès le berceau nourrie au dogme janséniste
Par sa mère, autrefois, la Présidente de... ;
Mais sous cette rigueur faisant aimer son Dieu.
Elle restait l'année entière dans sa terre ;
J'y passais, chaque automne, un long mois salutaire.
Un jour qu'après la messe, et son bras sur le mien,
Nous sortions pas à pas : « Oh ! remarquez-le bien,
» Dit-elle d'une voix aussitôt pénétrée,
» Et de l'œil m'indiquant, vers le portail d'entrée,
» Le magister debout ; remarquez, il est vieux,
» Il ne vivra plus guère : un jour vous saurez mieux,
» Si je survis... » — « Déjà, repartis-je, aux offices,
» J'ai souvent admiré ses pieux exercices,
» Son chant accentué, son œil fin, et sa voix
» Ferme encore, et cet air du meilleur d'autrefois.
» On l'estime partout. » — « Oh ! ce n'est rien, dit-elle,
» Près du vrai : c'est un saint, c'est l'ouvrier fidèle ! »

Elle continuait : aussi loin qu'elle alla,
J'écoutai, pressentant quelque chose au delà.

Tout après la Terreur, n'étant plus un jeune homme,
Monsieur Jean (c'est son nom, seul nom dont on le nomme,
Et ce mot de *monsieur* chaque fois s'y joignait
Tandis que la Marquise ainsi me le peignait),

Monsieur Jean, jusqu'alors absent, en maint voyage,
S'en était revenu se fixer au village,
Au clocher qui gardait bien des tombes d'amis :
Sans parents, c'était là qu'en nourrice il fut mis.
Dans le temps qu'il revint, la tempête trop forte
Expirait : de l'école il rouvrit l'humble porte ;
Ce fut un bienfaiteur en ces ans dévastés :
Il renoua la chaîne, et des plus révoltés
Concilia l'ardeur, n'accusant que l'injure.
Ce qu'il dit, ce qu'il fit dans sa sagesse obscure,
Ce que reçut au cœur de bon grain en partant
Plus d'un enfant du lieu qui, mort en combattant,
S'est souvenu de lui, ce qu'il disait aux mères
(Car le prêtre, encor loin, manquait dans ces misères),
Celui-là seul le sait, qui sait combien d'épis
Recèlent en janvier les sillons assoupis !

Ce village où Senlis est la ville prochaine,
Qu'éloignent de Paris dix-neuf bornes à peine,
A tout un caractère, à qui l'observe bien.
Pas de vice, de l'ordre ; et pourtant le lien
De famille est peu fort. On y tient à la terre ;
Chacun en veut un coin ; être propriétaire
D'un petit bout de champ derrière la maison,
D'où se tire le pain, même en dure saison,
C'est le vœu. Rien après de quoi l'on se soucie :
Que fait le pain de l'ame à leur ame endurcie ?
L'industrie elle-même a l'air de trop pour eux :
Quand les hameaux voisins, chaque jour plus nombreux,
Aux fabriques surtout gagnent le nécessaire,
Ceux-ci sont des terriens qui les regardent faire.
La famille, ai-je dit, compte peu cependant :
Le fils, avec sa part, s'isole indépendant ;
Aux filles qui s'en vont, sans leur mère, à la danse,
La morale du père est la seule prudence.
Bref, l'égoïsme au fond, de bon sens revêtu,
Et quelques qualités sans aucune vertu !

Le mal existe aux champs. Quand, lassé de la ville,
Et ne voulant d'abord qu'un peu d'ombre et d'asile,
On arrive, le calme, et la douce couleur,

L'air immense, tout plaît et tout paraît meilleur,
Tout paraît innocent, et l'homme et la nature.
Regardez plus à fond, et percez la verdure!
Un jour que j'admirais de jeunes plants naissants,
Aux lisières d'un bois un semis de deux ans,
Varié, tendre à voir : « Hélas! me dit le maître,
» Tout croissait à ravir; me faudra-t-il en être
» A mes frais d'espérance et d'entretien perdu! »
— « Et pourquoi? » — « Cette année, à foison répandu,
» Enfouissant partout sa ponte sans remède,
» Le hanneton fait rage, et le ver qui succède
» Prépare sa morsure à tout ce bois léger :
» A la racine un seul, l'arbre va se ronger;
» Bien peu résisteront. » — Ce mot fait parabole :
Le mal n'est jamais loin, le ver creuse et désole.

Monsieur Jean voit le mal, et, sous les dehors lourds
D'égoïsme rampant, il l'attaqua toujours.
Pour vaincre aux jeunes cœurs la coutume charnelle,
Il tâche d'y glisser l'étincelle éternelle,
Et de les prémunir aux grossiers intérêts
Par la pure morale et ses vivants attraits.
Chaque enfant près de lui, c'est une ame en otage.
Simple, il dit ce qu'il faut : il dirait davantage
S'il ne se contenait au cercle rétréci;
Et pourtant il se plaint d'avoir peu réussi.
Ces quinze derniers ans lui sont surtout arides;
Soit que ses saints désirs se fassent plus avides
En approchant du terme, ou soit que, tristement,
Le bon germe en ces cœurs devienne plus dormant.
A peine il les éveille, et l'exemple l'emporte;
Honnêtes... ils le sont, mais l'étincelle est morte;
La communion fait le terme habituel
Où cesse de leur part tout souci vers le Ciel :
Ce tour ingrat le navre. Ame à bon droit bénie,
Il a d'amers moments d'angoisse et d'agonie.
« Je l'ai vu, me disait madame de Cicé,
» Ces jours-là, vers mes bois errer le front baissé;
» Et si je l'interroge et lui parle d'école :
» Oh! tout n'est rien, dit-il, sans Celui qui console.
» Je les sais d'humeur calme, assez laborieux,

» Rangés par intérêt, mais non pas vertueux ;
» Mais plus de Christ pour eux passé quinze ans, madame ! —
» Ainsi souvent dit-il dans le cri de son ame. »

Et cet automne-là, c'est tout ce que je sus.
Mais l'automne prochain, retournant, j'aperçus
En entrant à la messe, au bord du cimetière,
Debout et blanche aux yeux, une nouvelle pierre,
Où je lus : « Monsieur Jean ci-gît enseveli,
» Mort à quatre-vingts ans, son exil accompli. »
Et le reste du jour, à partir de l'église,
Comme nous fûmes seuls, j'écoutai la marquise,
Qui, cette fois, m'ouvrit les secrets absolus
Du mort qu'elle pleurait. Elle-même n'est plus,
Je transmets à mon tour : il en est temps encore ;
Assez d'échos bruyants ; disons ce qu'on ignore !

Depuis trois ans le siècle atteignait son milieu,
Quand un soir, aux Enfants-Trouvés, près l'Hôtel-Dieu,
Un pauvre enfant de plus fut mis. Il eut nourrice
Dès le lendemain même, et partit pour Saint-Brice,
Où demeurait la femme à qui son sort échut.
Cette femme à l'enfant, dès qu'elle le reçut,
S'attacha, le nourrit d'un lait moins mercenaire,
Puis le voulut garder, et lui fut une mère.
Ayant changé d'endroit, elle vint où l'on sait.
La Présidente de..., qui tous les ans passait
Six mois à son château, put connaître de reste
La femme que louait ce dévoûment modeste ;
Et l'enfant grandissait, objet de plus d'un soin.
La sage-femme aussi venait de loin en loin ;
Car, au lieu de le perdre au gouffre de misère,
Elle l'avait marqué d'une marque légère
A l'insu des parents, et l'avait pu savoir
Depuis en bonnes mains, fidèle à le revoir ;
Et la dernière fois qu'elle vint au village,
La Présidente eut d'elle un entier témoignage,
Mais dont rien au-dehors ne s'était répété,
Sur l'origine, hélas ! du pauvre rejeté.

Et l'enfant profitait entre ceux de l'école.

Son esprit appliqué sans un moment frivole,
Sa douceur au travail et ses jeux à l'écart,
Des larmes fréquemment au bleu de son regard,
Ses vives amitiés, ses tristesses si vraies
Qui soudain le chassaient sauvage au long des haies,
Sa prière angélique où le calme rentrait,
Tout assemblait sur lui la plainte et l'intérêt.
En avançant en âge, il ne quitta plus guère
La Présidente, et fut comme son secrétaire;
Dans ses livres nombreux, mais purs et sans danger,
Elle l'abandonnait, le sachant diriger.
On avait quelquefois, de Paris, la visite
D'un grave et saint vieillard, front d'antique lévite,
Cœur aux divins larcins, qui de foi, d'amitié,
A Port-Royal croulant jadis initié,
Avait long-temps, autour de Châlons et de Troyes,
Chez les pauvres semé les plus fertiles joies.
Par lui l'on avait vu, dans un village entier,
Chaque femme en filant lire aussi le Psautier,
Et chaque laboureur fixer à sa charrue
L'Évangile entr'ouvert, annonce reparue!
Mais depuis par l'évêque, à force de détours,
Relancé de là-bas, il s'était pour toujours
Dérobé dans Paris, au fond d'une retraite,
Gardant sur quelques-uns direction secrète,
Vrai médecin de l'ame, à qui rien ne manquait
Du pouvoir transféré des Singlin, des Duguet.
Monsieur Antoine donc (l'humilité prudente
Avait choisi ce nom *) près de la Présidente
Vit l'enfant, et sourit à ce tendre fardeau.
Durant les courts séjours du vieillard au château,
L'enfant l'accompagnait chaque soir aux collines,
Et, d'une ame dès lors inclinée aux racines,
Il l'écoutait parler du germe naturel
Endurci, corrompu, du mal perpétuel
Que même un cœur enfant engendre, s'il ne veille;
De la Grâce surtout (ô frayeur et merveille!)
Qu'assez, assez jamais on ne peut implorer,

* Ce monsieur Antoine ne devait pas être autre que M. Collard, dont on a les *Lettres spirituelles* et un traité *sur l'Humilité*; il était grand-oncle de M. Royer-Collard.

Assez tâcher en soi d'aimer, de préparer,
Mais qui ne doit descendre au vase qu'on lui creuse
Que par un plein surcroît de bonté bienheureuse.
Et s'entr'ouvrant, après tout un jour nuageux,
Le couchant quelquefois éclairait de ses jeux
Le discours, et peignait l'espérance lointaine !
Et l'enfant se prenait à cette marche humaine
Ainsi sombre et voilée, et rude de péril,
Chemin creux sous des bois dans le torrent d'exil,
Mais qu'à l'extrémité de la voûte abaissée
Là-bas illuminait l'éternelle pensée.
Et ce terme meilleur et son jour attendri,
Et l'intervalle aussi, le torrent et son cri,
L'écho de Babylone au bois de la vallée,
Conviaient la jeune ame, à souhait désolée.
Sa tristesse en prière à temps se relevait.
Aux étoiles le soir, la nuit à son chevet,
Il disait avec pleurs le mal et le remède ;
A ses frères en faute il se voyait en aide,
Et contait, le matin, son projet avancé
A celle qui sera madame de Cicé,
Bien jeune fille alors, de cinq ans moins âgée
Que lui, mais qu'il aimait d'amitié partagée.
Et, de neuf à treize ans, les deux petits amis,
Sur l'erreur à combattre et sur les biens promis,
Sur l'homme et son naufrage, et le saint port qui brille,
S'en allaient deviser le long de la charmille,
Répandant de leur ame en ces graves sujets
Plus de chants que l'oiseau, plus d'or que les genêts,
Tout ce qu'a le printemps d'exhalaisons divines
Et de blancheur de neige aux bouquets des épines ;
Et saint François de Sale, écoutant par hasard
Derrière la charmille, en aurait pris sa part.

Pour le jeune habitant à qui tout intéresse,
Ainsi de jour en jour, au château, la tendresse
Augmentait de douceur. Pourtant l'âge arrivait ;
La puberté brillante apportait son duvet ;
Et, sans un juste emploi dans la saison féconde,
Trop d'ame allait courir en sève vagabonde.
La Présidente aussi, d'un soin plus évident,

Avait le cœur chargé. Souvent le regardant
Avec triste sourire et sérieux silence,
Elle semblait rêver à quelque ressemblance,
Et jusqu'au fond de l'œil et dans le fin des traits
Chercher une réponse à des effrois secrets.
Bien que bleu, cet œil vif et petit étincelle ;
Cette bouche fermée est comme un sceau qu'on scelle ;
Ce blond sourcil avance, et ce léger coton
N'amollit que de peu la vigueur du menton.
Ses longs cheveux de lin sont d'un catéchumène ;
Mais sa taille bondit et chasserait le renne.
Tel il est à vingt ans ; tel debout je le vois,
Quand, après des conseils roulés depuis des mois,
La Présidente, émue autour de cette histoire,
Un matin l'appelant seul dans son oratoire,
Lui dit :

« Dieu, mon enfant, sur vous a des desseins ;
» Ses circuits prolongés marquent certaines fins ;
» C'est à vous tout à l'heure à trouver ce qu'il cache.
» Mais il faut pour cela qu'un dur aveu m'arrache
» Ce que je sais de vous en pure vérité,
» De qui vous êtes fils ! j'ai long-temps hésité ;
» Mais il me semble, hélas ! que, sans être infidèle,
» Sans injure et larcin pour votre ame si belle,
» Je ne puis plus en moi dérober le dépôt ;
» Dût l'amertume en vous déborder aussitôt !
» Vous êtes désormais d'âge d'homme ; vous êtes
» Un chrétien affermi, capable des tempêtes.
» Dans le premier tumulte où ce mot vous mettra,
» Priez et demeurez ; l'Esprit vous parlera.
» Que tout se passe au fond en sa seule présence,
» Entre votre frayeur et sa toute-puissance,
» Entre sa Grâce entière et votre abaissement !
» Il vous a jusqu'ici, comme visiblement,
» Préparé de tous points, choisi hors de la route
» Dans un but singulier, qui n'attend plus sans doute,
» Pour s'éclairer à vous, que le soudain rayon
» A qui va donner jour l'ébranlement d'un nom.
» A genoux, mon enfant ! et que Dieu vous suggère
» Un surcroît de faveurs, pauvre ame moins légère,

» Vous que de plus de nœuds il chargeait au berceau,
» Vous le cinquième enfant de Jean-Jacques Rousseau ! »

Montrant le Conseiller, l'Expiateur suprême,
Elle sortit.

   D'un mot, c'était l'histoire même.
La sage-femme Gouin, qui de chaque autre enfant,
Docile, avait livré le maillot vagissant,
Se repentit de voir l'homme déjà célèbre \*
Les vouer tous par elle à cette nuit funèbre.
Les langes du dernier, marqués à l'un des coins,
La tinrent sur la trace et guidèrent ses soins.
Dans l'entretien qu'elle eut avec la Présidente,
Elle la vit utile et sûre confidente,
Et dit tout. Celle-ci, l'ayant fait s'engager
A n'en parler jamais à nul autre étranger,
Jamais surtout au père, en retour fit promesse
D'être mère à l'enfant jusqu'en pleine jeunesse.
Et cette sage-femme était morte depuis.
La Présidente seule agitait les ennuis
D'un secret si pesant, et souvent fut tentée
De tout laisser rentrer dans l'ombre méditée.
Mais quoi ? complice aussi ! quoi ? chrétienne, étouffant
Le germe de l'épreuve à l'ame de l'enfant ;
Supprimant ce calvaire où le bien se consomme !
Monsieur Antoine crut qu'il fallait au jeune homme
Tout déclarer, afin de tirer de son cœur
L'entier tribut, payable au Maître en sa rigueur.

Le coup était subit, et rude fut l'attaque :
Le jeune homme en fléchit. Il n'avait de Jean-Jacque
Rien lu jusqu'à ce jour ; mais le nom assez haut
Suffisait à l'oreille et faisait son assaut.
Si loin qu'il eût vécu du monde, jeune athlète,
Des assiégeants du temple il savait la trompette.
Dans un petit voyage et séjour à Paris
Avec monsieur Antoine, il avait trop compris

---

\* Vers 1753, en effet, Rousseau était déjà connu par son Discours sur les sciences, par *le Devin du Village.*

De quels traits redoutés fulminait dans l'orage
Cette gloire, qu'en face il faut qu'il envisage.
En face..., il le faut bien..., il faut qu'il sache voir
De combien sur lui pèse un si brusque devoir.
On doutait ;... la lecture à la fin fut permise :
*Émile*, il vous lut donc ; il vous lut, *Héloïse !*
Il lut tous ces écrits d'audace et de beauté,
Troublants, harmonieux, mensonge et vérité,
Éloquence toujours ! — O trompeuse nature !
Simplicité vantée, et sitôt sans pâture !
Foi de l'ame livrée aux rêves assouvis !
Conscience fragile ! oh ! qui mieux que ce fils
Vous saisit, vous sonda dans l'œuvre enchanteresse,
Embrassant, rejetant avec rage ou tendresse,
Se noyant tout en pleurs aux endroits embellis,
Se heurtant tout sanglant aux rocs ensevelis ;
N'en perdant rien..., grandeur, éclat, un coin de fange...;
Et son cœur en révolte imitait le mélange.
Sous son ardent nuage ensemble et sous sa croix,
En ces temps-là, farouche, il errait par les bois,
Et collé sur un roc, durant une heure entière,
Il répétait *Grand Être !* ou l'*Ave*, pour prière.
Autant auparavant il ne la quittait pas,
Autant depuis ce jour il évitait les pas
De la jeune compagne, à son tour plus contrainte ;
Il se taisait près d'elle et rougissait de crainte.
La Présidente aussi demeurait sans pouvoir :
Et la lutte durait. Enfin il voulut voir,
Voir cet homme, ce père admirable et funeste,
Qu'il aime et qu'il renie, et que le siècle atteste,
Ce sincère orgueilleux, tendre et dénaturé,
Mêlant croyance et doute, et d'un ton si sacré ;
Tentateur au désert, sur les monts, qui vous crie
Que c'est pourtant un Dieu que le fils de Marie !

Il part donc, il accourt au Paris embrumé ;
Il cherche au plein milieu, dans sa rue enfermé,
Celui qu'il veut ravir ; il a trouvé l'allée,
Il monte...; à chaque pas, son audace troublée
L'abandonnait. — Faut-il redescendre ? — Il entend,
Près d'une porte ouverte, et d'un cri mécontent,

Une voix qui gourmande et dont l'accent lésine * :
C'était là ! Le projet que son ame dessine
Se déconcerte ; il entre, il essaie un propos.
Le vieillard écoutait sans détourner le dos,
Penché sur une table et tout à sa musique.
Le fils balbutiait ; mais, avant qu'il s'explique,
D'un regard soupçonneux., sans nulle question,
Et comme saisissant sur le fait l'espion :
« Jeune homme, ce métier ne sied point à ton âge ;
Épargne un solitaire en son pauvre ménage ;
Retourne d'où tu viens ! ta rougeur te dément ! »
Le jeune homme, muet, dans l'étourdissement,
S'enfuit, comme perdu sous ces mots de mystère,
Et se sentant deux fois répudié d'un père.
Et c'était là celui qu'il voudrait à genoux
Racheter devant Dieu ; confesser devant tous !
C'était celle.... O douleur ! impossible espérance !
Dureté d'un regard ! et quelle différence
Avec monsieur Antoine, aussi persécuté,
Mais tendre, hospitalier en sa rigidité,
Son vrai père de l'ame !... Et pourtant c'était l'autre
Dont il s'émouvait d'être et le fils et l'apôtre !

Tendresse et piété surmontant ses effrois,
Il tenta la rencontre une seconde fois.
Dans la rue il voulait lui parler au passage,
Pourvu qu'un seul sourire éclairât son visage.
Mais, bien loin d'un sourire à ce front sans bonheur,
Le sourcil méfiant du pauvre promeneur
Le contint à distance, et fit rentrer encore
Ce nom à qui le Ciel interdisait d'éclore.

La crise était à bout ; ce moment abrégea.
Il revint au château, plus raffermi déjà.

La lèpre de naissance et l'exil sur la terre,
L'expiation lente et son âpre mystère ;
L'invisible rachat des fautes des parents ;
A côté des rigueurs, les secrets non moins grands

---

* Sans doute la voix de Thérèse.

De la miséricorde, et dans ce saint abîme,
Lui, peut-être, attendu de tout temps pour victime;
Son rôle nécessaire, ici-bas imposé,
De réparer un peu de ce qu'avait osé,
Trop haut, l'immense orgueil dans un talent immense,
Et sa tâche avant tout de vanner la semence;
Ce lourd trajet humain plus sombre que jamais,
Plus que jamais réglé sur les lointains sommets :
Tout en lui s'ordonna : la Grâce intérieure,
Par un tressaillement, lui disait : *Voilà l'heure!*
Avec la Présidente il s'ouvrit d'un parti;
On conféra long-temps; bref, il fut consenti
Que, pour gravir, chrétien, sa première montée;
Pour mûrir; pour ne plus demeurer à portée
De cet homme au grand nom, près de qui, chaque jour,
Le pouvait rentraîner l'espoir vain d'un retour;
Et pour d'autres raisons d'absence et de voyage,
Il s'en irait à pied comme en pélerinage.
Dans sa route tracée, il devait, en passant,
Visiter plus d'un frère opprimé, gémissant,
De saintes sœurs en deuil, et pour sûre parole
Montrer quelque verset aux marges d'un Nicole.

Comment (en y songeant me suis-je demandé),
Comment ce qui fut fait alors et décidé
Ou senti seulement, tout ce détail extrême,
Madame de Cicé le sut-elle elle-même?
Était-ce de sa mère en ce temps, ou de lui
Qui sauvage, ce semble, et craintif, aurait fui?
Pourtant c'était de lui plutôt que de sa mère
Qui, je crois, en sut moins. Par un récit sommaire,
De lui donc, et plus tard?... Mais non;... si retraçants
Étaient ses souvenirs, quand, après bien des ans,
Elle me déroula l'histoire à sa naissance,
Qu'elle avait dû cueillir chaque image en présence!
Si j'osais, en tremblant, à de si purs destins,
Vieillesses où j'ai lu la blancheur des matins,
Mêler une pensée, oh! non pas offensante,
Et pourtant attendrie, et toujours innocente;
Si j'osais traverser tant de fermes décrets
D'une vague rougeur, d'un trouble, je dirais

Que peut-être, en partant pour ses lointains voyages,
Le jeune homme chrétien, entre autres raisons sages,
Eut celle aussi de fuir un trop proche trésor,
Et qu'avant le départ, sous la charmille encor,
En deux ou trois adieux d'intimité reprise,
Il put se confier et raconter la crise.
Elle donc, près du terme, et si loin de ces temps,
Se plaisait à rouvrir ces souvenirs sortants
De première amitié, tout au moins fraternelle,
Qu'un si cher intérêt avait gravés en elle.

   A dater du départ, un long espace fuit.
Monsieur Antoine meurt, la Présidente suit;
Madame de Cicé devient épouse et veuve;
Lui, voyage toujours et mène son épreuve,
Soit en France, en visite aux amis que j'ai dits,
Soit bientôt, ses désirs saintement agrandis,
En Suisse, pour y voir cette éternelle scène,
Majestueux rochers où le tirait sa chaîne.
Il semble qu'en son cœur, dès ce temps, il fit vœu
De partout repasser, humble, aux sillons de feu,
Aux pas où le génie avait forcé mesure,
Et d'y semer parfum, aumône, action sûre.
Souvent il demeurait en un lieu plus d'un an,
Y vivant de travail, y couronnant son plan,
Puis reprenait à pied sa fatigue bénie.
La guerre, en Amérique, à peine était finie;
Il se hâta d'aller, avide dans son choix
Des pratiques vertus de ces peuples sans rois,
Heureux s'il y trouvait un exemple fertile
De ce *Contrat* fameux ! — Imaginez Émile
Nourri de Saint-Cyran, élève de Singlin,
Venant aux fils de Penn, aux neveux de Franklin.
Il les aima, si francs et simples dans leur force;
Mais, discernant dès lors l'intérêt sous l'écorce,
Il ne vit point Éden par-delà l'Océan.
C'est vers ce temps qu'il prit ce nom de monsieur Jean,
Un nom qui fût un nom aussi peu que possible,
Et qui pourtant tenait par un reste sensible
A celui qui partout si haut retentissait.
La Révolution qui chez nous avançait,

Ballottant ce grand nom dans mille échos sonores,
L'inscrivant de sa foudre au sein des météores,
Le lui lançait là-bas, aux confins des déserts,
Grossi de tous les vents, de tous les bruits des mers.
A l'auberge, le soir, quand son repas s'achève,
Souvent ce nom nommé, comme un orage, crève:
C'était là son abîme et son rêve effaré !
Car tout ce qui s'en dit de cher et de sacré,
D'injuste et de sanglant, amour, culte ou colère,
Qu'on l'appelle incendie ou fanal tutélaire,
Tout aboutit en lui, le déchire à la fois,
Tout crie au même instant en son âme aux abois.
La tendresse, la chair, en un sens se décide ;
Mais l'esprit se soulève, à demi parricide ;
Le martyre est au comble : ainsi, pressant les coups,
Un seul cœur assemblait cette lutte de tous ;
Invisible, il était l'autel expiatoire
Du génie hasardeux, la Croix de cette gloire.

Monsieur Jean s'en revint en France avec projet.
L'effroi cessait enfin dans ceux qu'on égorgeait.
Il se dit qu'en ce flot de sentiments contraires,
Le parti le plus sûr était d'être à ses frères,
Aux moindres, si privés de tous secours chrétiens ;
Et voilant ses motifs, modérant ses moyens,
Au village rentré chez sa vieille nourrice,
Il réunit bientôt, sous son regard propice,
Ce petit peuple enfant qui s'allait égarer,
Seule famille ici qu'il eût droit d'espérer.
Les filles en étaient d'abord ; mais l'une d'elles
Se forma par son soin à ces charges nouvelles.
Aux plus ingrats moments de son rude labeur,
Trop tenté de penser que tout germe est trompeur,
Que toute peine est vaine, après quelque prière
S'endormant de fatigue, une douce lumière
Lui montrait quelquefois, à ses yeux revenu,
Celui-là qui jamais ne l'avait reconnu,
Dont il est bien la chair, mais qui, d'un lent sourire,
Lui semblait à la fin l'applaudir, et lui dire
Que, si l'homme mérite, il était méritant,
Et qu'en son lieu lui-même en voudrait faire autant.

Mais le fils, déjà prompt aux genoux qu'il embrasse,
S'éveille, et serre l'ombre, et cherche en vain la trace ;
Et rappelant le deuil à ses esprits flattés,
Il accuse l'éloge et ses témérités.

Tel, sévère en son but, voué sous sa souffrance,
Madame de Cicé, plus tard rentrée en France,
Le retrouva tout proche, et put, durant trente ans,
Noter son lent martyre et ses actes constants.
Les premiers mois passés du retour, dans leur vie
Ils convinrent entre eux d'une règle suivie :
Ainsi l'exigea-t-il. Un jour, un seul par an,
Il dînait désormais chez elle, à la Saint-Jean,
Douce fête d'été, champêtre anniversaire,
De ses contentements le rendez-vous sincère.
Il ne la visitait même que cette fois,
Et ne lui parlait plus qu'à de rares endroits,
Après l'église, ou quand le sentier qui le mène
Forçait en un détour leur rencontre soudaine.

Dans le soin des enfants, il tâchait d'allier
A ce qu'il sait du mal qu'il faut humilier,
Et sans fausser en rien la solide doctrine,
Quelques points de l'*Émile* et de sa discipline ;
Heureux, l'ayant greffé, de voir le rameau franc
Revivre à l'olivier qu'arrose un Dieu mourant.
Vers les champs, volontiers, ses images parlantes
Empruntent aux moissons et choisissent aux plantes ;
De la nature enfin il veut donner le goût,
Mais montrant le mélange et la sueur en tout.
Pour remettre au devoir une enfance indocile,
S'il ne frappe jamais, il remercie *Émile*.

Cette simple commune, où le moindre habitant,
Sans misère aussi bien que sans luxe irritant,
A son coin à bêcher, semblait juste voulue
Pour la félicité pleinement dévolue,
Selon un rêve illustre, au hameau laboureur,
Aux innocents mortels : « Pourtant voyez l'erreur,
Se disait monsieur Jean ; de l'habitude agreste
Voyez les duretés, si Dieu ne fait le reste,

Si le saint Donateur, au creux de tout sillon,
Comme il dore l'épi, ne mûrit le colon. »
Ah ! si Jean-Jacque a su, d'aversion profonde,
Les pestes de la ville et le mal du beau monde,
Monsieur Jean a senti, par un exact retour,
La pierre de la glèbe au fond de son labour.
Il s'écriait souvent : *Esprit ! Esprit ! mystère !*
« Qu'est-ce donc si c'est là le meilleur de la terre,
Se disait-il encore, et si moins de méchants
Nous font par contre-coup de telles bonnes gens ? »
Et repassant le monde en cet étroit modèle :
« Voilà donc, sans la foi, l'avenir qu'on appelle;
Sinon vices brillants, sourds intérêts couverts ;
Peu d'ames, par-delà comme en-deçà des mers ! »

Et ces mots, après lui si tristes à redire,
Étaient, je le veux croire, un point de son martyre,
L'un payant en détail sous l'horizon fermé
Les éclairs par où l'autre avait tout enflammé.

Dieu d'amour ! Dieu clément ! il eut pourtant des heures
Que ton ciel agrandi lui renvoya meilleures ;
Où, sa religion et sa foi demeurant,
Son cœur justifié redevint espérant
Pour l'avenir, pour tous, pour ce grand mort lui-même !
Sur la création s'apaisait l'anathème.
Un mois avant sa fin, à la Saint-Jean d'été,
Doux saint que son école avait toujours fêté,
Il la voulut, joyeuse, emmener tout entière,
Et pour longue faveur qu'il jugeait la dernière,
Au parc d'Ermenonville, à ce beau lieu voisin.
Cette fête riante avait son grand dessein.
Deux heures suffisaient, même en lourd attelage ;
On partit à l'aurore, et sous le plein feuillage ;
En ordre, à rangs pressés, tous les enfants assis
S'animaient aux projets, bourdonnaient en récits,
Et, malgré le bedeau dont la tâche est prudente,
Atteignaient, secouaient chaque branche pendante,
Et par eux la rosée allait à tous instants
Sur le vierge vieillard aux quatre-vingts printemps.
Sitôt du chariot la bande descendue,

A l'avance réglée; une messe entendue
(Vous devinez l'objet et pour l'ame de qui)
Bénit et confirma ce jour épanoui.
Et monsieur Jean pleurait, tressaillait d'espérance,
Songeant pour qui ces cœurs demandaient délivrance,
Essaim fidèle encor, qui, priant comme il faut,
Concourait sans savoir au sens connu d'en-haut.
La messe dite, seul, et l'ame plus voilée,
Dans l'île il voulut voir le vide mausolée,
Défendant aux enfants tout le lac alentour.
Mais revenu de là, pour le reste du jour
Il ne les quitta plus, et se donna l'image
De leur entier bonheur. Les jardins sans dommage
Traversés, le *Désert* * les reçut plus courants :
Leurs voix claires montaient sous les pins murmurants.
Et détachés du jeu, quelque demi-douzaine
Que le respect, qu'aussi la fatigue ramène,
D'un esprit attentif, déjà moins puéril,
Écoutaient le vieillard : « Voilà, leur disait-il,
» De beaux lieux, mes enfants, et ce matin encore
» Vous les imaginiez comme ce qu'on ignore.
» Il est bien d'autres lieux, il en est un plus beau,
» Le seul vrai, près duquel ceci n'est qu'un tombeau.
» A se l'imaginer, on ne saurait que feindre ;
» Plus haut que le soleil il faut aller l'atteindre,
» Plus haut qu'à chaque étoile où vos yeux se perdront.
» Ce voyage si grand, il est aussi bien prompt :
» On le fait dans la mort sur les ailes de l'ame.
» Comportez-vous déjà pour que plus tard, sans blâme,
» Le Maître vous reçoive ; il vous connaît ici. »
— Comme l'un demandait : « A qui donc est ceci ?
» Quel est le maître ? » — « Enfants, il est toujours un maître
» Quand on voit de beaux lieux ; seulement, sans paraître,
» Il vous laisse vous plaire et courir en passant.
» Ainsi Dieu fit pour l'homme en l'univers naissant :
» Mais l'homme, enfant malin, a gâté la merveille ;
» Le Christ l'a réparée ; il faut qu'on se surveille. »
— « Ce maître, ajoutait-il, est absent : moi bientôt,
» Qui suis là, mes enfants, je partirai là-haut ;

* C'est le nom qu'on donne, à Ermenonville, au second parc plus sauvage.

» Je deviendrai, pour vous, absent dans vos conduites :
» Mais mon œil vous suivra ; pensez-y donc, et dites :
» Le vieux maître est absent, mais toujours il nous voit,
» Et, si nous faisons bien, Dieu l'aime et le reçoit.
» J'eus aussi mon vieux maître, à cet âge où vous êtes ;
» Il me suit, et nous voir c'est une de ses fêtes. »
— Dans le désert assis, tout autour du goûter
Les tenant à ses pieds plus prêts à l'écouter,
Il mêlait l'autre pain, l'immortel et l'aimable,
Que Platon n'eût pas cru des petits saisissable ;
Il le multipliait ; et si, sous son regard,
Deux d'entre eux disputaient une meilleure part,
Un simple mot, au cœur du plus fort, le désarme,
Le fait céder au faible et s'éloigner sans larme ;
Et bientôt, comme ensemble il les voyait remis,
La querelle oubliée : « Ainsi, jeunes amis,
» Disait-il, si plus tard l'intérêt dans la vie
» Vous sépare, il vaut mieux que le fort sacrifie,
» Que le faible épargné se repente à son tour,
» Vous souvenant qu'ici vous fûtes tous un jour,
» Vous souvenant qu'à l'ame une secrète joie
» Vaut mieux que double part où le mal fait sa proie.
» Heureux par le vieux maître, aimez-vous tous pour lui ! »
— Et le jour allait fuir ; une étoile avait lui.
Et d'un tertre à ses pieds leur montrant la campagne,
D'un cœur surabondant que le passé regagne,
Un écho du *Vicaire* en lui retentissait :
Mais ce prompt souvenir à l'instant se taisait
      Dans le Sermon sur la Montagne !

    Jean-Jacques, si pour l'homme ici trop relégué
Ta religion vague et son appui tronqué
Suffisaient,.... si pourtant tes simples Élysées
N'étaient pas le faux jour des clartés trop aisées,
Que peux-tu dire encore ?·Il fut digne de toi ;
Tu l'as connu pour fils aux rayons de sa foi,
Et le tirant, Esprit, aux sphères où tu restes,
Tu le montres d'orgueil aux Sagesses célestes.
Mais si tu t'es trompé, si ce natif orgueil
A pour tous et pour toi fait dominer l'écueil ;
Si le Maître, à la fois plus tendre et plus sévère,

Nous tient dès l'origine et de plus près nous serre,
Mesurant de tous temps l'abîme et les appuis,
Ménageant au retour d'invisibles conduits ;
Si, plus clément peut-être à la terre purgée,
Il est toujours le Dieu de la Croix affligée,
Ce fils meilleur que toi qui t'es dit le meilleur,
Ce fils dont les longs jours ont passé tout d'un pleur,
Par l'effet répandu d'un vivant sacrifice
Ne t'a-t-il pu tirer des limbes, ton supplice ?
Et délivrés tous deux et par-delà ravis,
Ne peut-on pas vous dire : *Heureux père ! Heureux fils ?*

*N. B.* — Je prie les personnes qui liront sérieusement ces études, et qui s'occupent encore de la *forme*, de remarquer si, dans quelque vers qui, au premier abord, leur semblerait un peu dur ou négligé, il n'y aurait pas précisément une tentative, une intention d'harmonie particulière par allitération, assonance, etc. ; ressources que notre poésie classique a trop ignorées, et qui peuvent dans certains cas rendre à notre prosodie une sorte d'accent. Ainsi Ovide dans ses *Remèdes d'Amour :*

Vince cupidineos *pa*riter, *Pa*rthasque sagittas.

Ainsi moi-même dans un des sonnets qui suivent :

J'ai *ras*é ces *roc*hers que la *grâ*ce domine...
Sor*ren*te m'a *ren*du mon doux *rêv*e infini...

Mais c'est en dire assez pour ceux qui doivent entendre, et beaucoup trop pour les autres.

## A MADAME TASTU.

Madame Tastu, dans une pièce de vers de 1833, avait dit :

Hélas ! combien sont morts de ceux qui m'ont aimée !
Combien d'autres pour moi le temps aura changés !
Je n'en murmure pas ; j'ai tant changé moi-même !
. . . . . . . . . . . Il est des sympathies
Qui, muettes un jour, cessent d'être senties ;
Et tel, par qui jadis ces chants étaient fêtés,
A peine s'avoûra qu'il les ait écoutés !

Il lui a été répondu :

Non, tous n'ont pas changé, tous n'ont pas, dans leur route,
Vu fuir ton frais buisson au nid mélodieux ;
Tous ne sont pas si loin : j'en sais un qui t'écoute
    Et qui te suit des yeux.

Va ! plusieurs sont ainsi, plusieurs, je le veux croire,
De ceux qu'autour de toi charmaient tes anciens vers,
De ceux qui, dans la course en commun à la gloire,
    T'offraient leurs rangs ouverts.

Mais plusieurs de ceux-là, mais presque tous, je pense,
Vois-tu ? belle Ame en deuil, depuis ce jour flatteur,
Victimes comme toi, sous une autre apparence,
    Ont souffert dans leur cœur.

L'un, dès les premiers tons de sa lyre animée,
A senti sa voix frêle et son chant rejeté,
Comme une vierge en fleur qui voulait être aimée
    Et qui perd sa beauté.

L'autre, en poussant trop haut jusqu'au char du tonnerre,
S'est dans l'ame allumé quelque rêve étouffant.
L'un s'est creusé, lui seul, son mal imaginaire ;...
    L'autre n'a plus d'enfant !

Chacun vite a trouvé son écart ou son piége ;
Chacun a sa blessure et son secret ennui,
Et l'Ange a replié la bannière de neige
    Qui dans l'aube avait lui.

Et maintenant, un soir, si le hasard rassemble
Quelques amis encor du groupe dispersé,
Qui donc reconnaîtrait ce que de loin il semble,
    Sur la foi du passé ?

Plus de concerts en chœur, d'expansive espérance,
Plus d'enivrants regards ! la main glace la main.
Est-ce oubli l'un de l'autre et froide indifférence,
    Envie, orgueil humain ?

Oh ! c'est surtout fatigue et ride intérieure,
Et sentiment d'un joug difficile à tirer.
Chacun s'en revient seul, rouvre son mal et pleure,
    Heureux s'il peut pleurer !

Ils cachent tous ainsi leurs blessures au foie,
Trop sensibles mortels, éclos des mêmes feux !
Plus jeune, on se disait les chagrins et la joie ;
    Plus tard on se tait mieux.

On se tait même auprès du souvenir qui charme ;
On doit paraître ingrat, car on le fuit souvent.
Contre l'émotion qui réveille une larme
    A tort on se défend.

Ainsi l'on fait de toi, chaste Muse plaintive,
Qui de trop doux parfums entouras l'oranger ;
Ces bosquets que j'aimais de notre ancienne rive,
    Je n'ose y resonger.

Puis, à toi, ta blessure est si simple et si belle,
Si dévouée au bien, et dans un soin si pur,
Toi, chaque jour, brûlant quelque part de ton aile
    Au foyer trop obscur,

Que c'est, pour nous, souffrant de nos fautes sans nombre,
De vaines passions, d'ambitieux essor,
Que c'est reproche à nous de t'écouter dans l'ombre
    Et de nous plaindre encor.

Plus d'un, crois-le pourtant, a sa tâche qui l'use,
Et sa roue à tourner et son crible à remplir,
Et ce labeur pesant, meurtrier de la Muse
    Qu'il doit ensevelir.

Sacrifice pénible et méritoire à l'ame,
Non pas sur le haut mont, sous le ciel étoilé,
D'un Isaac chéri, sans autel et sans flamme,
    Chaque jour immolé !

L'ame du moins y gagne en douleurs infinies ;
Du trésor invisible elle sent mieux le poids.
N'envions point leur gloire aux fortunés génies,
    Que tout orne à la fois !

Sans plus chercher au bout la pelouse rêvée,
Acceptons ce chemin qui se brise au milieu ;
Sans murmurer, aidons à l'humaine corvée,
    Car le maître, c'est Dieu !

## A M. ACHILLE DU CLÉSIEUX,

#### AUTEUR D'*EXIL ET PATRIE*.

Dans les récits qu'on lit des hommes d'autrefois,
Des meilleurs, des plus saints, de ceux en qui je crois,
Ami, ce que j'admire et que surtout j'envie,
C'est leur force, un matin, à réformer leur vie ;
C'est Dieu les délivrant des nœuds désespérés.
Car d'abord, presque tous, ils s'étaient égarés,
Ils avaient pris la gauche et convoité l'abîme ;
Mais quelque événement bien simple ou bien sublime,
Un vieillard, un ami, les larmes d'une sœur,
Quelque tonnerre au ciel, un écho dans leur cœur,
Les replaçait vivants hors des vicissitudes,
Et parmi les cités, au fond des solitudes,
Dans la suite des jours ou sereins ou troublés,
L'éclair ne quittait plus ces fronts miraculés.
A voir les temps présents, où donc retrouver trace
Des résolutions que féconde la Grâce,
De ces subits efforts couronnés à jamais,
De ces sentiers si blancs regagnant les sommets?
Où donc? — La vie entière est confuse et menue,
S'enlaçant, se brisant, rechute continue,
Sans un signal d'arrêt, sans un cri de holà !
Le port n'est pas ici, l'abîme n'est pas là.
On va par le marais que chaque été dessèche,
Que quelque jonc revêt d'une apparence fraîche,
Et qu'un soleil menteur dore de son rayon.
On va : le pied suffit ; ce qu'on nomme raison
Nous avertit parfois si trop loin on s'enfonce.
Le sentiment, plus prompt, et qui si beau s'annonce,
Amoureux en naissant de voler et briller,
S'évapore bientôt ou se tourne à railler.
Velléités sans but d'une ame mal soumise!
Avertissements sourds que rien ne divinise,

Sans écho, sans autel, sans prière à genoux,
Et qu'un chacun qui passe a vite éteints en nous!
Le jour succède au jour; plus avant on s'engage;
La réforme boiteuse, et qui vient avec l'âge,
N'introduit bien souvent qu'un vice plus rusé
Aux dépens d'un aîné fougueux qui s'est usé,
Les vains honneurs, l'orgueil vieillissant qui s'attriste,
Ou les molles tiédeurs d'un foyer égoïste,
— Foyer, — famille au moins, dernier lien puissant.
Ainsi le siècle va, sous son faux air décent.
Où donc la vie austère, assez tôt séparée?

O vous à qui j'écris, vous me l'avez montrée!
Comme ceux d'autrefois dont l'ame eut son retour,
Ami, vous avez eu dans votre vie un jour!
Un jour où, comme Paul vers Damas, en colère
Vous couriez, insultant ce qu'un doux ciel éclaire,
Frémissant de la lèvre aux splendeurs du matin,
Accusant le soleil des dégoûts du festin,
Et rejetant votre ame aux voûtes étoilées
Comme un fond de calice à des parois souillées;
Un jour, après six ans de poursuite et d'oubli,
Quand il n'était pour vous de fleur qui n'eût pâli,
Quand vous aviez, si jeune et las de chaque chose,
Cent fois l'heure dit non à tout ce que propose
L'insatiable ennui; quand, au lieu de soupirs,
C'était enfin révolte et haine à tous désirs,
Et que, ne sachant plus quoi vouloir sur la terre,
Un matin vous sortiez, funèbre et solitaire;
Ce jour, le plus extrême et le plus imprévu,
Pour changer tout d'un coup, Ami, qu'avez-vous vu?
Vous vous taisez! — La tombe, au lointain cimetière,
Vous dit-elle un secret et s'ouvrit-elle entière?
Quel vieillard s'est assis, et puis s'en est allé?
Pour vous, comme à Pascal, un gouffre a-t-il parlé?
Comme à l'antique Hermas, dans le bleu de la nue,
Quelle vierge a penché sa beauté reconnue?
Vos genoux, par hasard heurtés, ont-ils plié,
Et tout ce changement vient-il d'avoir prié?
Le mystère est en vous, mais la preuve est touchante:
Votre foi le trahit, le murmure et le chante.

A partir de ce jour, vous avez tout quitté ;
Sur un rocher, sept ans, devant l'Éternité,
Devant son grand miroir et son fidèle emblème,
Devant votre Océan, près des grèves qu'il aime,
Vous êtes resté seul à veiller, à guérir,
A prier pour renaître, à finir de mourir,
A jeter le passé, vain naufrage, à l'écume,
A noyer dans les flots vos dépôts d'amertume,
Repuisant la jeunesse au vrai soleil d'amour,
Patriarche d'ailleurs pour tous ceux d'alentour,
Donnant, les instruisant, et dans vos soirs de joie
Chantant sur une lyre ! — Et pour peu qu'on vous voie
Aujourd'hui si serein, si loin des anciens pleurs,
Le front mélancolique effleuré de lueurs,
Époux d'hier béni, les cheveux bruns encore,
On vous croirait sortant, belle ame qui s'ignore,
De vos vierges forêts et du naïf manoir,
Vous qui sûtes la vie et son triste savoir !

Vous la savez, Ami ; mais votre cœur préfère
Ensevelir au fond la connaissance amère,
Ne jamais remuer ce qui tant le troubla.
La prière et le chant sont pour vous au delà,
Au-dessus, tout à part. — Oh ! combien de pensées
Glissent en vous trop bas pour entrer cadencées
Dans le divin nuage où vibre votre accent !
Cette voix prie, et monte, et rarement descend.
C'est l'arôme léger de votre ame embaumée,
L'excès de votre encens, sa plus haute fumée.
Poète par le cœur, — pour l'art, — vous l'ignorez.
L'art existe pourtant ; il a ses soins sacrés ;
Il réclame toute œuvre, il la presse et châtie,
Comme fait un chrétien son ame repentie ;
Il rejette vingt fois un mot et le reprend ;
De nos tyrans humains ce n'est pas le moins grand.
Aussi redoutez peu que je vous le conseille.
La gloire de ce miel est trop chère à l'abeille ;
L'amour de le ranger en trop parfaits rayons
Use un temps que le bien réserve aux actions.
Chantez, chantez encore, à pleine ame, en prière,
Et jetez votre accent comme l'œil sa lumière.

Heureux dont le langage, impétueux et doux,
En servant la pensée est plutôt au-dessous;
Qui, laissant déborder l'urne de poésie,
N'en répand qu'une part, et sans l'avoir choisie;
Et dont la sainte lyre, incomplète parfois,
Marque une ame attentive à de plus graves lois!
Son défaut m'est aimable et de près m'édifie,
Et je sépare mal vos vers de votre vie,
Vie austèrement belle, et beaux vers négligents.

Tel je vous sens, Ami, — surtout quand, seul aux champs,
Par ce déclin d'automne où s'endort la nature,
Un peu froissé du monde et fuyant son injure,
J'ouvre à quelques absents mon cœur qui se souvient.
En ce calme profond votre exemple revient.
N'aura-t-on pas aussi sa journée et son heure,
Sa ligne infranchissable entre un passé qu'on pleure
Et le pur avenir, son effort devant Dieu
Pour sortir de la foule et de tout ce milieu?
— Et, marchant, un vent frais m'anime le visage;
Le ciel entier couvert s'étend d'un seul nuage;
Le fond bleu s'entrevoit par places, mais obscur,
Presque orageux, si l'œil n'y devinait l'azur.
Sous ce rideau baissé, sous cette vive haleine,
A l'heure du couchant je traverse la plaine,
Côtoyant le long bois non encore effeuillé...
Et tout parle d'exil et de bonheur voilé.

Précy, 12 octobre.

## SONNETS

#### A MADAME LA D. DE R.

### I.

Au Thil où vous aimez passer les mois fleuris,
Mois de fuite du monde et de vie isolée,
Pour vous, dans tout le parc, il n'est rien qu'une allée,
Haute et droite et touffue, ombrages favoris;

Et par-delà l'allée au vert et haut pourpris,
Dans la campagne il est, bien humble et sans feuillée,
Un sentier que connaît la faneuse hâlée;
Vous y marchez souvent le long des blés mûris.

Seule à promener là votre grâce élevée,
Chaque jour vous suivez la trace conservée,...
Passé,... longs souvenirs;... printemps à Saint-Germain!

Et si, dans le château, quelqu'un soudain réclame
Votre bonne présence : « Où donc trouver Madame? »
— « Madame, oh! dit chacun, elle est dans son chemin. »

### II.

Ainsi l'on dit de vous, Madame, ainsi vous êtes,
Fidèle au souvenir, aux traces de vos pas,
Aimant ce qu'on retrouve et qui ne change pas,
Plus attentive après chaque hiver et ses fêtes!

Oh! dans nos jours douteux d'ennuis et de tempêtes,
Où tout crie et s'égare et se mêle en combats;
Où, si l'on ne meurt vite, on dérive plus bas;
Où le vent à plaisir fait ondoyer les têtes;

Temps d'éclipse divine et de murmure humain !
En cette heure avant l'aube, où même tout génie
Change trois fois de route et trois fois se renie,

Oh ! qui donc, mariant la veille au lendemain,
Si fermement tiendra sa destinée unie
Que, sans le voir, on dise : « Il est dans son chemin ! »

---

A MES AMIS

## GRÉGOIRE ET COLLOMBET.

Quoique tout change et passe et se gâte avant l'heure ;
Quoique rien de sacré devant tous ne demeure ;
Qu'un siècle ambitieux n'empêche pas l'impur,
Que le tronc soit atteint sans que le fruit soit mûr ;
Quoique les jeunes gens sans charme ni jeunesse,
Laissant la modestie et sa belle promesse,
Dévorent l'avenir, et d'un pied méprisant
Montent comme à l'assaut en foulant le présent ;
Quoique des parvenus la bassesse et la brigue
Provoquent les fougueux à renverser la digue,
Et que, si loin qu'on aille à poser ses regards,
On n'ait dans le passé que de rares vieillards,
Il est encore, il est, pour consoler une ame,
Hors des chemins poudreux et des buts qu'on proclame,
Il est d'humbles vertus, d'immenses charités,
Des candeurs qu'on découvre et des fidélités ;
Des prières à deux dans les nuits nuptiales ;
Des pleurs de chaque jour aux pierres sépulcrales ;
Témoins que rien n'altère, obscurs, connus du Ciel,
Sauvant du mal croissant le bien perpétuel,
Et qui viennent nous rendre, en secrètes lumières,
Les purs dons conservés, les enfances premières
   De ce cœur humain éternel !

L'enfance encor, l'enfance a des vœux que j'admire,
Des élans où la foi revient luire et sourire,
Des propos à charmer les martyrs triomphants.
Et des vieillards aussi, pareils aux saints enfants,
Ont des désirs, Seigneur, de chanter ta louange,
Comme un Éliacin dans le temple qu'il range!

A la Conciergerie où libre et par son choix,
Prisonnière, venait, pour ressaisir ses droits,
Une Dame au grand nom, de qui la haute idée,
Mal à l'aise en nos temps, rêva l'autre Vendée,
Et qui, d'un sang trop prompt et d'un cœur plein d'échos,
S'égarait à tenter les luttes des héros;
A la Conciergerie, en même temps, près d'elle,
Pour cause peu semblable, et sans chercher laquelle,
Se trouvait une femme, une mère; et l'enfant,
L'enfant aux blonds cheveux, vers la Dame souvent
Allait et revenait d'une grâce légère :
Entre les rangs divers l'enfance est messagère.
Et la sœur de la Dame, aussi d'air noble et grand,
Dès midi chaque jour venant et demeurant,
Toutes deux à l'entour de ce front sans nuage
S'égayaient, et l'aimaient comme un aimable otage,
L'appelaient, le gardaient des heures, et parmi
De longs discours charmants, le nommaient leur *ami*.
Et sous les lourds barreaux et dans l'étroite enceinte,
La jeune ame captive, ignorant sa contrainte,
N'avait que joie et fête, et rayon qui sourit :
Telle une giroflée à la vitre fleurit.
Pourtant, lorsque la Dame, un moment prisonnière,
Vit sa cause arriver et la libre lumière,
Ce furent des regrets et des adieux jaloux,
Des promesses : « Du moins tu priras bien pour nous, »
Disait-elle; et l'enfant que ce mot encourage :
« Je prirai que toujours vous ayez de l'ouvrage, »
Dans son espoir, ainsi, ne séparant jamais
Ce que sa mère dit le plus grand des bienfaits!
Cri naïf : *De l'ouvrage!* éclair qui nous révèle
Des deux antiques parts la querelle éternelle,
Le travail, le loisir, deux fils du genre humain!
Ici, dans la prison, ils se touchaient la main;

Au front de cet enfant, un baiser d'alliance,
Un arc-en-ciel léger disait que confiance,
Reconnaissance, amour, ce qui peut aplanir,
Viendrait encore en aide au sévère avenir.
— « Pour ma sœur que voilà, souffrante, Enfant, demande,
» Demande la santé, tant que Dieu la lui rende. »
— « Oh! vous l'aurez, dit-il (et son accent surtout
» S'y mêlait); vous l'aurez! vous en aurez beaucoup! »
Et l'enfant et la mère ont depuis deux amies.

L'autre trait qui me touche, et qu'aux ames unies,
Simples et de silence, aux doux cœurs égarés,
A tout ce qui connaît le temple et ses degrés,
A tous ceux qui priaient à douze ans à la messe,
Et qui pleurent parfois le Dieu de leur jeunesse,
J'offre en simplicité; regrettant et priant,
Ce trait vient de l'hospice, où de Châteaubriand
Le vieux nom glorieux s'avoisine au portique,
Comme auprès d'une croix un chêne druidique.
Un saint prêtre en ces murs et dans ce parc heureux,
Parmi les jeunes plants et les jets vigoureux
Qui, sur ces fronts humains dépouillés par l'orage,
Assemblent chaque été plus d'oiseaux et d'ombrage,
Un saint prêtre vivait, et, sans trop défaillir,
Depuis quelques saisons achevait de vieillir.
Mais encore une fois avait pâli l'automne,
Et Noël, dans sa crèche, apprêtait sa couronne.
Le vieux prêtre en son cœur, durant tout cet avent,
Sentait comme un désir suprême et plus fervent.
Les saluts, chaque soir, en douce mélodie
L'inondaient, et sa voix sous ses pleurs enhardie,
Distincte, articulée, au verset solennel,
Du milieu de la foule arrivait à l'autel.
Enfin, la veille, ému, ne se sentant plus maître,
Il va vers l'aumônier, un bon et jeune prêtre :
« C'est donc demain Noël, l'*alleluia* béni!
» O les beaux *Rorate*, les *Consolamini!*
» Oh! monsieur l'aumônier, quels chants pleins d'allégresse!
» Ces saluts de l'avent ont comme une tendresse.
» Hélas!... vous êtes jeune, à l'autel vous chantez;
» Voilà bien des Noëls que je n'ai pas fêtés! »

Il s'arrêtait, n'osant... ; mais, d'une bonté sûre,
L'aumônier qui devine, achevant de conclure :
« Eh! bien, chantez pour moi la grand'messe demain. »
— « Oh! Monsieur! (et la joie étouffait dans son sein);
» On vous disait bien bon, vous l'êtes plus encore! »
Il officia donc, de voix tendre et sonore :
« Puisque ma voix mourante a chanté dans Sion,
» Congédie, ô Seigneur, ton vieillard Siméon! »

L'enfance encor, l'enfance a des vœux que j'admire,
Des élans où la foi revient luire et sourire,
Des propos à charmer les martyrs triomphants.
Et des vieillards aussi, pareils aux saints enfants,
Ont des désirs, Seigneur, de chanter à tes fêtes,
Comme un Eliacin au temps des rois-prophètes.

---

## A VICTOR PAVIE,

### LE SOIR DE SON MARIAGE.

A d'autres, cher Pavie, en ces joyeux moments,
Au milieu des flambeaux, des fleurs et des serments
 Où s'exalte un si pur délire,
A d'autres, s'il fallait toucher le mot profond,
Le mot vrai, qui le mieux éclairât ce qu'ils sont,
 Pour chant d'hymen il faudrait dire :

A ceux qui, s'égarant au sortir du manoir,
Ont en de faux essais gâté leur jeune espoir
 Et tari leur première joie;
Que l'étoile a quittés, gardienne des berceaux;
Que passion navrante ou vulgaires assauts
 Ont fatigués comme une proie;

A ceux-là, quand l'Hymen, dans sa chaste pitié,
Vient poser sa couronne à leur front essuyé,
    Et leur conduit la jeune fille,
Jeune fille à l'œil vif, au bandeau radouci,
Qui les aime plus fort que s'ils sortaient aussi
    Des saints baisers de la famille;

A ceux-là, revenus par fatigue au bonheur,
Il faudrait oser dire : Échauffez votre cœur,
    Animez-y toute étincelle!
Sans vous appesantir au bien-être, au repos,
Ressaisissez la foi, rallumez les flambeaux
    Qui feront votre ame nouvelle!

Il faudrait replonger au matin de leurs jours
Ces pélerins lassés d'inconstantes amours,
    Les rendre aux plus fraîches haleines,
Et franchissant d'un bond l'intervalle aboli,
Renouer, s'il se peut, par effort, par oubli,
    Heures croyantes et sereines.

Mais à vous, cher Pavie, en ces jours couronnés,
A vous, jeune homme intègre, aux épis non fanés
    Qu'un vif août échauffe et dore,
Qui brillent au regard et sonnent sous la main,
Tels que naguère au front du moissonneur romain
    Léopold * les faisait éclore;

A vous fidèle en tout au devoir ancien,
Fidèle à chaque grain du chapelet chrétien,
    Bien qu'amant des jeunes extases;
Qui sûtes conserver en votre chaste sein
Passion, pureté, douceur, l'huile et le vin,
    Comme à l'autel dans les saints vases;

A vous un mot suffit; pour tous conseils, pour chants,
Pour nuptial écho de tant de vœux touchants,
    Ami, c'est assez de vous dire :
Apaisez votre cœur, car vous avez trouvé
Le seul objet absent, le bien long-temps rêvé,
    Long-temps votre vague martyre!

* Léopold Robert, qui venait de mourir.

Apaisez votre cœur, car il n'est que trop plein ;
Car, hormis vos bons pleurs sur le pieux déclin
    De la mère de votre père,
Vous n'eûtes à pleurer qu'au soir en promeneur,
En sublime égaré qui va sous le Seigneur,
    Et qui jamais ne désespère !

Car sans relâche en vous, élancements, désirs,
L'Amitié, l'Art, le Beau, vos uniques soupirs,
    Mêlant des feux et des fumées,
Formaient comme un autel trop chargé de présents,
Où, nuit et jour, veillaient sous des vapeurs d'encens
    Les Espérances enflammées.

Et c'était de tous points, dans l'actif univers,
Retentissant en vous par salves de concerts,
    Comme un chant d'orgue qui s'essaie,
D'un orgue mal dompté, mais sonore et puissant,
A l'Océan ému pareil, et mugissant,
    Et dont le timbre humain s'effraie ;

Jusqu'à ce que, rompant ces échos du Sina,
Une note plus claire, un *Salve Regina*
    Tout-à-coup repousse la brume,
Se glisse, s'insinue aux rameaux trop épais,
Donne au confus murmure un air divin de paix,
    Et blanchisse la belle écume !

Apaisez votre cœur, car jusqu'ici vos nuits
S'en allaient sans rosée en orageux ennuis,
    Et vous fatiguaient de mystères;
Les étoiles, sur vous, inquiétants soleils,
Nouaient leurs mille nœuds, et de feux nompareils
    Brûlaient vos rêves solitaires !

Jusqu'à ce que, naissant à propos, ait marché
Une étoile plus blanche ; et d'un flambeau penché
    Elle a mis son jour sur la scène,
Et la molle lueur a débrouillé les cieux,
Et les nœuds ont fait place au chœur harmonieux
    Que la lune paisible mène.

Et, la lune endormie à son tour se couchant,
Tout bientôt ne devient, le matin approchant,
    Qu'une même et tendre lumière,
Comme en venant j'ai vu, vers l'aube, près de Blois,
Ciel, coteaux, tout blanchir et nager à la fois
    En votre Loire hospitalière !

Aux Rangeardières, près Angers, 4 août 1835.

---

# SONNET

## A MADAME P.

Heureux, loin de Paris, d'errer en ce doux lieu,
Je venais de quitter le petit Bois des Dames,
Et m'écartant de l'Oise, où lavaient quelques femmes,
J'allais, gai villageois, léger, en sarrau bleu,

Chapeau de paille au front, du côté de Saint-Leu,
Quand soudain, me tournant vers le couchant en flammes,
Je vis par tout le pré des millions de trames,
Blancs fils de bonne Vierge aux longs réseaux de feu.

Des nappes du fin lin la terre était couverte,
Et les chaumes restants et les brins d'herbe verte
Semblaient un champ de lis subitement levé ;

— Des brebis, tout au loin, bondissaient, blonde écume ;
Et, moi dont l'œil se mouille et dont le front s'allume,
Tête nue, adorant, je récitai l'*Ave*.

Précy, 9 octobre.

# SONNET

## DE SAINTE THÉRÈSE

### A JÉSUS CRUCIFIÉ.

Ce qui m'excite à t'aimer, ô mon Dieu,
Ce n'est pas l'heureux ciel que mon espoir devance,
Ce qui m'excite à t'épargner l'offense,
Ce n'est pas l'enfer sombre et l'horreur de son feu !

C'est toi, mon Dieu, toi par ton libre vœu
Cloué sur cette croix où t'atteint l'insolence ;
C'est ton saint corps sous l'épine et la lance,
Où tous les aiguillons de la mort sont en jeu.

Voilà ce qui m'éprend, et d'amour si suprême,
O mon Dieu, que, sans ciel même, je t'aimerais ;
Que, même sans enfer, encor je te craindrais !

Tu n'as rien à donner, mon Dieu, pour que je t'aime ;
Car, si profond que soit mon espoir, en l'ôtant,
Mon amour irait seul, et t'aimerait autant !

Tu te révoltes, tu t'irrites,
O mon Ame, de ce que tel
Ne comprend pas tous tes mérites
Et met ton talent sous l'autel ;

Tu t'en aigris ! mais, Ame vaine,
Pourquoi, d'un soin aussi profond,
N'es-tu pas prompte à tirer peine
De ce que d'autres te surfont ;

De ce que tout lecteur sincère,
Te prenant au mot de devoir,
Te tient en son estime chère
Bien plus que tu sais ne valoir ?

Oh ! plus sage, mieux attristée,
Tu souffrirais amèrement
De la faveur imméritée
Plus que de l'injure, estimant

Que dans cette humaine monnaie
Ton prix encor est tout flatteur,
Et que bien pauvre est la part vraie
Aux yeux du seul Estimateur !

> . . . . . . . . . . Nam cur
> Quæ lædunt oculos festinas demere : si quid
> Est animum, differs curandi tempus in annum ?
> HORACE, *Ép.* II, liv. I.

Dans ce cabriolet de place j'examine
L'homme qui me conduit, qui n'est plus que machine,
Hideux, à barbe épaisse, à longs cheveux collés :
Vice et vin et sommeil chargent ses yeux soûlés.
Comment l'homme peut-il ainsi tomber ? pensais-je,
Et je me reculais à l'autre coin du siége.
— Mais Toi, qui vois si bien le mal à son dehors,
La crapule poussée à l'abandon du corps,
Comment tiens-tu ton ame au-dedans ? Souvent pleine
Et chargée, es-tu prompt à la mettre en haleine ?
Le matin, plus soigneux que l'homme d'à-côté,
La laves-tu du songe épais ? et dégoûté,
Le soir, la laves-tu du jour gros de poussière ?
Ne la laisses-tu pas sans baptême et prière
S'engourdir et croupir, comme ce conducteur
Dont l'immonde sourcil ne sent pas sa moiteur ?

## A ULR...

> Les vieilles amitiés, si elles ne sont pas pour nous, demeurent contre nous, et c'est amer.
> *Lettres.*

Chez lui, chez vóus surtout, une aigreur s'est glissée ;
Elle dure et s'augmente, et corrompt la pensée.
Vous lui pardonnez bien, mais *en Dieu* seulement,
Et sans entendre à rien d'humain et de clément.
Et cette amitié morte au fond de vous remue ;
Et si dans mon discours son ombre est revenue,
Si le nom, par mégarde, irrite un souvenir,
Un sourire blessé ne se peut retenir,
Et vous rejetez loin l'affection trompée·
Comme on fait sous le pied la couleuvre coupée.

Et pourtant, dès l'enfance, en vos prés les plus verts,
Par vos jeux, par vos goûts ressemblants et divers,
Aux plus beaux des vallons de votre Normandie,
Vous, effeuillant déjà les fleurs qu'il étudie ;
Vous, plus brillant, plus gai de folie, et plus vain
A dissiper, poète, un trésor plus divin ;
Lui plus grave, et pourtant aimable entre les sages,
S'éprenant des douceurs comme vous des orages ;
Et puis avec les ans tous les deux divisés
(Non de cœur) et menant vos sentiers moins croisés ;
Lui dans la raison saine et l'étude suivie,
Et la possession plénière de la vie,
Et l'obligeance heureuse, et tout ce qui s'accroît
En estime, en savoir, sous un antique toit,
Et chaque jour enfin, dans sa route certaine,
Tournant au docte Huet, — mais Vous au La Fontaine ;
Vous, pauvre Ami sensible, avec vos tendres vers,
Avec tous vos débris délicieux et chers,
Vos inquiets tourments de choses si sacrées,

Vos combats de désirs et vos fautes pleurées ;
Tous deux liés toujours, Vous d'erreurs assailli,
Jusqu'en Dieu rejetant ce cœur trop défailli
Qu'un bruit de blâme humain y va troubler encore ;
Lui (ne l'enviez pas!) jouissant qu'on l'honore ;
    Tous les deux, vous avez vieilli !

    Oh! quand, après le charme et les belles années,
L'amitié, déjà vieille, en nos ames tournées
S'ulcère et veut mourir, oh! c'est un mal affreux !
Le passé tout entier boit un fiel douloureux.
L'ami qui de nous-même, hélas! faisait partie,
Qu'en nous tenait vivant le nœud de sympathie,
Cet ami qu'on portait, frappé d'un coup mortel
(J'en parle ayant souffert quelque chose de tel),
Est comme un enfant mort dans nos flancs avant l'heure,
Qui remonte et s'égare et corrompt sa demeure ;
Car il ne peut sortir ! Et ce fardeau si doux,
Qui réchauffait la vie ainsi doublée en nous,
N'est plus qu'un ennemi, le fléau des entrailles.
Pour te guérir alors, ô cœur saignant qui railles,
Ce n'est pas l'ironie et le sourire amer
Qu'il faut, triste lueur de tout secret enfer !
Mais c'est un vrai pardon, et non, comme on le nomme,
Un pardon en Dieu seul, mais aussi devant l'homme,
Devant l'ami blessé, s'il se peut ; ne laissant
En lui non plus qu'en nous nul poison renaissant.
C'est en priant qu'Élie, ou le Dieu de Lazare,
Réveille dans nos flancs cet enfant qui s'égare,
Le rende à notre chair sans plus l'aliéner,
Ou l'aide doucement de nous à s'éloigner.
J'ai souvent, dit Jean-Paul, le funèbre prophète,
Cette fois plus touchant, — j'ai souhaité pour fête
D'être témoin sur terre, attentif et caché,
De tout cœur qu'un pardon aurait soudain touché,
Et des embrassements où le reproche expire,
Quand l'ame que l'Amour ranime à son empire,
Comme un osier en fleur qu'un vent avait courbé,
Violent, du côté du marais embourbé,
Se redresse au soleil et brille sur la haie
Par le plus gai duvet de toute l'oseraie.

Mais quand l'aigreur mauvaise a duré trop long-temps,
Quand le pardon se tait, c'est en vain qu'au printemps
Vous marchez, seul et Roi, dans vos plaines brillantes,
L'ame ouverte aux parfums des forêts et des plantes,
Admirant l'Océan où s'achèvent les cieux ;
Car ce nuage prompt, cette ride en vos yeux,
Qu'est-ce? sinon en vous un souvenir qui passe,
Réveillé par le lieu peut-être, par la trace
Qu'y laissa votre ami, discourant autrefois
Avec vous de ces fleurs et du nom de ces bois,
Et du dôme sans fond qui s'appuie à l'abîme...,
Ou des molles erreurs qui furent votre crime.

## TROIS SONNETS

IMITÉS DE WORDSWORTH.

### I.

#### Reposez-vous et remerciez

(Au sommet du Glenroe) *.

Ayant monté long-temps d'un pas lourd et pesant
Les rampes, au sommet désiré du voyage,
Près du chemin gravi, bordé de fin herbage,
Oh! qui n'aime à tomber d'un cœur reconnaissant?

Qui ne s'y coucherait, délassé, se berçant
Aux propos entre amis, ou seul, au cri sauvage
Du faucon, près de là perdu dans le nuage,
— Nuage du matin, et qui bientôt descend?

* En Écosse.

Mais, le corps étendu, n'oublions pas que l'ame,
De même que l'oiseau monte sans agiter
Son aile, ou qu'au torrent, sans fatiguer sa rame,

Le poisson sait tout droit en flèche remonter,
— L'ame (la foi l'aidant et les grâces propices)
Peut monter son air pur, ses torrents, ses délices!

## II.

### La Cabane du Highlander.

Elle est bâtie en terre, et la sauvage fleur
Orne un faîte croulant; toiture mal fermée,
Il en sort, le matin, une lente fumée,
(Voyez) belle au soleil, blanche et torse en vapeur!

Le clair ruisseau des monts coule auprès; n'ayez peur
D'approcher comme lui; quand l'ame est bien formée,
On est humble, on se sait, pauvre race, semée
Aux rocs, aux durs sentiers, partout où vit un cœur!

Sous ce toit affaissé de terre et de verdure,
Par ce chemin rampant jusqu'à la porte obscure,
Venez; plus naturel, le pauvre a ses trésors:

Un cœur doux, patient, bénissant sur sa route,
Qui, s'il supportait moins, bénirait moins sans doute...
Ne restez plus ainsi, ne restez pas dehors!

## III.

### Le Château de Bothwell.

Dans les tours de Bothwell, prisonnier autrefois,
Plus d'un brave oubliait (tant cette Clyde est belle!)
De pleurer son malheur et sa cause fidèle.
Moi-même, en d'autres temps, je vins là; — je vous vois

Dans ma pensée encor, flots courants, sous vos bois !
Mais, quoique revenu près des bords que j'appelle,
Je ne puis rendre aux lieux de visite nouvelle.
— Regret ! — Passé léger, m'allez-vous être un poids ?...

Mieux vaut remercier une ancienne journée,
Pour la joie au soleil librement couronnée,
Que d'aigrir son désir contre un présent jaloux.

Le Sommeil t'a donné son pouvoir sur les songes,
Mémoire ; tu les fais vivants et les prolonges ;
Ce que tu sais aimer est-il donc loin de nous ?

La voilà, pauvre mère, à Paris arrivée
Avec ses deux enfants, sa fidèle couvée !
Veuve, et chaste, et sévère, et toute au deuil pieux,
Elle les a, seize ans, élevés sous ses yeux
En province, en sa ville immense et solitaire,
Déserte à voir, muette autant qu'un monastère,
Où croît l'herbe au pavé, la triste fleur au mur,
Au cœur le souvenir long, sérieux et sûr.
Mais aujourd'hui qu'il faut que son fils se décide
A quelque état, jeune homme et docile et timide,
Elle n'a pas osé le laisser seul venir ;
Elle le veut encor sous son aile tenir ;
Elle veut le garder de toute impure atteinte,
Veiller en lui toujours l'image qu'elle a peinte
(Sainte image d'un père !), et les devoirs écrits
Et la pudeur puisée à des foyers chéris ;
Elle est venue. En vain chez sa fille innocente,
L'ennui s'émeut parfois d'une compagne absente,
Et l'habitude aimée agite son lien :
La mère, elle, est sans plainte et ne regrette rien.
Mais si son fils, dehors qu'appelle quelque étude,
Est sorti trop long-temps pour son inquiétude,

Si le soir, auprès d'elle, il rentre un peu plus tard,
Sous sa question simple observez son regard !
Pauvre mère ! elle est sûre, et pourtant sa voix tremble.
O trésor de douleurs, — de bonheurs tout ensemble !
Car, passé ce moment, et le calme remis,
Comme aux soirs de province, avec quelques amis
Retrouvés ici même, elle jouit d'entendre
(Cachant du doigt ses pleurs) sa fille, voix si tendre,
Légère, qui s'anime en éclat argenté,
Au piano, — le seul meuble avec eux apporté.

---

Les vers qui suivent auraient pu être imprimés à la fin du livre *Volupté*, auquel ils se rapportent ; mais je les crois mieux à part et ici. Il convient toutefois, pour les bien comprendre, de ne les lire qu'après s'être rappelé les dernières pages de cette longue confidence. L'ami prêtre adressait d'Amérique son histoire et ses conseils à son ami plus jeune. C'est celui-ci, qui, ayant reçu, à la mort de l'autre, l'écrit, probablement légué, y répond en ces vers :

J'ai reçu, j'ai reçu les émouvantes pages,
Aveux, confessions, échos des ans moins sages,
Souvenirs presque miens, retrouvés et relus !
Mais, quand je les lisais, Ami, vous n'étiez plus !

Vous me les écriviez, songeant à ma jeunesse,
A mon âge d'alors, à mon ciel enflammé,
Quand le nuage errant, sous un air de promesse,
Cache et porte bientôt notre avenir formé,

Quand tout jeune mortel, montant son mont Albane
Ou sa bruyère en fleurs, le regard plein d'essor,
A ses pieds l'Océan ou les lacs de Diane,
Pleure à voir chaque soir coucher les soleils d'or !

Vous vouliez avertir la fleur avant l'orage,
Dire au fruit l'heure et l'ombre, et le midi peu sûr ;
Vos rayons me cherchaient sous mon plus vert ombrage ;
Mais, quand ils sont venus, voilà que j'étais mûr.

Hélas ! je ne suis plus celui du mont Albane,
Celui des premiers pleurs et des premiers désirs ;
Quelques printemps de trop ont usé les plaisirs.
Dieu n'est pas tout pour moi ; mais l'ame encor profane,
Sans plus les égarer, étouffe ses soupirs !

Je n'ai que mieux senti l'intention profonde,
Ami ; vos saints accents me venant du vrai monde ;
  Où mort vous habitez,
M'ont ravi sur vos pas en tristesse infinie.
Eh ! qui n'a pas vécu de vos nuits d'insomnie ?
Qui n'eut vos lents matins, vos soirs précipités ?
Qui n'eut pas sa Lucy quelque jour sur la terre ?
Qui ne l'a pas perdue absente ou par la mort ?
Au cœur d'une Amélie éveillant le mystère,
  Qui n'a pas gardé le remord ?
Et plus tard, quand la faute en nous s'est enhardie,
Tout froissé des liens de quelque madame R.,
Oh ! qui n'a souhaité l'instant qui congédie,
La paix loin des erreurs, et le toit vaste et clair,
Et l'entretien si doux, tout proche de la mer,
  Chez un ami de Normandie ?

Guérissons, guérissons ! et plus de faux lien !
C'est assez dans nos jours d'une amante pleurée.
Ménageons, vers le soir, quelque pente éclairée,
Où votre astre, Amaury, serait voisin du mien.

Mais puis-je, à mon souhait, suivre en tout même trace ?
Si le Christ m'attendrit, Rome au moins m'embarrasse.
O Prêtre, je le sais et l'ai bien éprouvé ;
Par son sol triomphal, de sépulcres pavé,
Par son bandeau d'azur, par ses monts, par ses rues,
Par ses places en deuil des foules disparues,
Par ses marbres encor, son chant ou ses couleurs,
Ta Rome est souveraine à calmer les douleurs.
Mais son pouvoir d'en haut me trouble et me rejette ;
En vain j'y veux ranger mon ame peu sujette ;
Je me dis de ne pas, tout d'abord, me heurter,
De croire et de m'asseoir, de me laisser porter ;
Qu'au sommet aplani luit le divin salaire ;

Je dis, et malgré tout, cœur libre et populaire,
Chaque fois que j'aspire à l'antique rocher,
Maint aspect tortueux m'interdit d'approcher !

Et cependant l'on souffre et l'on doute avec transe ;
N'est-il plus en nos jours besoin de délivrance,
D'asile au toit béni, d'arche au-dessus des eaux,
De rameau séculaire entre tant de roseaux ?

Souvent l'hiver dernier, en douce compagnie
Où les noms plus obscurs et des noms de génie,
Et d'autres couronnés de bonté, de beauté,
S'unissaient dans un nœud de libre intimité,
Comme aux chapeaux de Mai, sous la main qui se joue,
La pâle ou sombre fleur au bouton d'or se noue ;
Souvent donc, réunis par qui savait choisir,
Tous chrétiens de croyance ou du moins de désir,
Ces soirs-là, nous causions du grand mal où nous sommes,
De l'avenir du monde et des rêves des hommes ;
De l'orgueil emporté qui déplace les cieux,
De l'esprit toutefois meilleur, religieux ;
Jeune esprit de retour, souffle errant qui s'ignore,
Qu'il faut fixer en œuvre avant qu'il s'évapore.
Puis par degrés venait le projet accueilli
De faire refleurir Port-Royal à Juilly,
Ou plus près, quelque part ici, dans Paris même,
Et dans quelque faubourg d'avoir notre Solesmé.
Et c'étaient des détails de la grave maison,
Combien de liberté, d'étude ou d'oraison,
La règle, le quartier, tout.... hormis la demeure,
Et le plus vif sortait pour la chercher sur l'heure.

Oui, — mais, le lendemain de ces soirs si fervents,
Les beaux vœux dispersés s'en allaient à tous vents,
Vrais propos de festin dont nul ne tient mémoire.
Et la vie au dehors avait repris son cours ;
A chacun ses oublis ! un rayon de la gloire,
  Un rayon des folles amours,
Ou le monde et ses soins, cent menus alentours,
Et le doute en travers qui chemine et nous presse.
— Tout ce projet d'hier, n'était-ce donc qu'ivresse ?

Que faire ? — Au moins sauver le projet dans son sein,
En garder le désir et l'idéal dessin ;
A chaque illusion dont l'ame devient veuve,
À chaque flot de plus dont le monde l'abreuve,
Tout indigne qu'on est, plein du deuil de son cœur,
Regagner en pleurant le cloître intérieur ;
Et rapporter de là, de la haute vallée,
Au plus bas de la vie inquiète et mêlée,
Même dans les erreurs, même dans les combats,
Même au sein du grand doute où s'empêchent nos pas,
Un esprit de pardon, d'indulgence et de larmes,
Une facilité de prier sous les armes,
Le souvenir d'un bien qui n'a pu nous tromper,
Un parfum que tout l'air ne pourra dissiper,
Et dont secrètement l'influence reçue
Nous suit par nos chemins et bénit chaque issue ;
Quelque chose de bon, de confiant au Ciel,
De tolérant à tous, écoutant, laissant dire,
N'ignorant rien du mal et corrigeant le fiel,
Religion clémente à tout ce qui soupire,
    Christianisme universel !

Bien volontiers je crois avec ceux de notre âge,
Un peu plus qu'Amaury n'y penche en son ouvrage,
Je crois avec nos chefs en ce douteux instant,
Nos guides enchanteurs (un peu moins qu'eux pourtant),
A quelque vrai progrès dans l'alliance humaine,
Au peuple par degrés vivant mieux de sa peine,
Au foyer chez beaucoup, suffisant et frugal,
S'honorant, chaque jour, d'un accord plus égal,
A l'enfance de tous d'enseignement munie,
A plus de paix enfin, d'aisance et d'harmonie.
J'y crois, et, tout marchant, la flamme est à mon front ;
J'y crois, mais tant de maux au bien se mêleront,
Mais tant d'âpre intérêt, de passion rebelle,
Sous des contours plus doux, d'injustice éternelle,
Tant de poussière, à flots, si prompte à s'élever,
Obscurciront l'Éden impossible à trouver,
Que je veux concevoir des ames détachées,
Muet témoin, les suivre aux retraites cachées,
En être quelquefois, les comprendre toujours,

Embrasser leur exil ici-bas, leurs amours,
Plaintes, fuites, aveux, tout... jusqu'à leurs chimères.
L'essor va loin souvent dans leurs pages légères.
Oh ! oui, qu'on laisse encore à nos rares loisirs
Ces choix d'objets aimés et de touchants plaisirs,
Quelque couvert d'ombrage où l'on se réfugie !
Pleurez tout bas pour nous, idéale Élégie !
Souvent à cette voix trop tendre en commençant,
La prière éveillée ajoute son accent.
Racine, enfant pieux, relisait Chariclée.
Clémentine, ou Clarisse, à propos rappelée,
Nonchalants entretiens venus d'un air rêveur,
Des purs amours en nous ravivent la saveur.
Huet louait Zaïde, et tout m'embellit Clève ;
Et mon être à souhait s'attendrit ou s'élève,
Selon que plus avant en un monde chéri,
Bien après le bosquet où la place est encore
    Du bon évêque Héliodore,
L'abbé Prévost m'entraîne, et d'un tour favori
Par la main me ramène à l'évêque Amaury.

Précy, octobre.

## SONNET

### A MADAME LA M. DE C....,

#### QUI EST A DIEPPE.

D'ici je vous voyais en fauteuil sur la plage,
Roulant, assise et Reine, aux flots que vous rasez,
Et la vague, baisant vos pieds tranquillisés,
Venait se plaindre, hélas ! de leur lent esclavage.

Et, si l'une arrivait grosse et d'un air d'orage,
Ce bras, qui parle encor lorsque vous vous taisez,
Plus beau des mouvements à vos pieds refusés,
D'un geste l'abattait en écume volage.

Mais je ne songeais pas au bel enfant Roger,
Qui, comme un page en feu qui protège une Reine,
Va *canonner* la vague, et, parant le danger,

Triomphe et rit ; — et Vous, heureuse dans la peine,
Une larme en vos yeux, devant la mer lointaine,
Sur la mer du passé vous êtes à songer !

Paris, août.

SUR UN PORTRAIT DE GÉRARD,

## UNE JEUNE FEMME AU BAIN.

### A MADAME RÉCAMIER.

Dans ce frais pavillon de marbre et de verdure,
Quand le flot naturel avec art détourné,
Pour former un doux lac, vient baiser sans murmure
Le pourtour attiédi du pur jaspe veiné ;

Quand le rideau de pourpre assoupit la lumière,
Quand un buisson de rose achève la cloison ;
Chaste au sortir du bain ; ayant laissé derrière
Humide vêtement, blanche écume et toison ;

De fine mousseline à peine revêtue,
Assise, un bras fuyant, l'autre en avant penché ;
Son beau pied, non chaussé, d'albâtre et de statue,
S'éclairant, au parvis, d'un reflet détaché,

Au parvis étoilé, d'où transpire et s'exhale
Par les secrets d'un art, magicien flatteur,
Quelque encens merveilleux, quelque rose, rivale
Des roses du buisson à naïve senteur ;

# PENSÉES D'AOÛT.

Simple, et pour tout brillant, dans l'oubli d'elle-même,
A part ce blanc de lys et ces contours neigeux,
N'ayant de diamant, d'or et de diadême,
Que cette épingle en flèche attachant ses cheveux ;

N'ayant que ce dard-là, cette pointe légère,
Pour dire que l'abeille aurait bien son courroux,
Et pour nous dire encor qu'elle n'est pas bergère,
Un cachemire à fleurs coulant sur ses genoux ;

Sans miroir, sans ennui, sans un pli qui l'offense,
Sans rêve trop ému ni malheur qu'on pressent,
Mêlant un reste heureux d'insouciante enfance
A l'éclair éveillé d'un intérêt naissant ;

Qu'a-t-elle, et quelle est donc, ou mortelle ou déesse,
Dans son cadre enchanté de myrte et de saphir,
Cette élégante enfant, cette Hébé de jeunesse,
Hébé que tous les Dieux prendraient peine à servir ?

Elle est trouvée enfin la Psyché sans blessure,
La Nymphe sans danger dans les bains de Pallas ;
C'est Ariane heureuse, une Hélène encor pure,
Hélène avant Pâris, même avant Ménélas !

Une Armide innocente, et qui de même enchaîne ;
Une Herminie aimée, ignorant son lien ;
Aux bosquets de Pestum une jeune Romaine
Songeant dans un parfum à quelque Émilien !

C'est celle que plus tard, non plus Grecque naïve,
Fleur des palais d'Homère et de l'antique ciel,
Mais Béatrix déjà, plus voilée et pensive,
Canove ira choisir pour le myrte immortel !

Mais à quoi tout d'abord rêve-t-elle à l'entrée
De son bel avenir, au fond de ses berceaux ?
A quoi s'oublie ainsi la jeune Idolâtrée ?
A quelle odeur subtile ? à quel soupir des eaux ?

27

A quel chant de colombe?... à sa harpe éloignée?
A l'abeille, au rayon?... au piano de son choix ?
Peut-être au char magique où luit la Destinée,
Au frère du Consul, à ceux qui seront Rois?

A l'épée, au génie, à la vertu si sainte,
A tout ce long cortége où chacun va venir
La nommer la plus belle, et dans sa chaste enceinte,
S'irriter, se soumettre, et bondir, et bénir?

Car qui la vit sans craindre, en ces heures durables,
En ces printemps nombreux et si souvent nouveaux,
Les sages et les saints eux-mêmes égarables,
Les pères et les fils, enchaînés et rivaux?

Heureuse, elle l'est donc ; tout lui chante autour d'elle ;
Un cercle de lumière illumine ses pas ;
C'est miracle et féerie ! — Arrêtez, me dit-elle ;
Heureuse, heureuse alors, oh ! ne le croyez pas !

— Elle a dit vrai... — Du sein de la fête obligée,
En plein bal, que de fois (écoutez cet aveu),
Songeant au premier mot qui l'a mal engagée,
Retrouvant tout d'un coup l'irréparable vœu,

Le retrouvant cruel, mais respectable encore,
(Car, même dans le trouble et sous l'attrait, toujours,
La Décence à pas lents, la Crainte qui s'honore,
De leur ton cadencé notèrent ses détours),

Que de fois donc, sentant cette lutte trop forte,
Du milieu des rivaux qui n'osent l'effleurer,
En hâte de sortir, un pied hors de la porte,
Elle se mit, ainsi que Joseph, à pleurer !

Et pleurant sous les fleurs, et de sa tête ornée
Épanchant les ennuis dans un amer torrent,
Elle dit comme Job : « Que ne suis-je pas née ! »
Tant le bonheur d'hymen lui semble le plus grand !

Que de fatigue aussi, de soins (si l'on y pense),
Que d'angoisse pour prix de tant d'heureux concerts,
Triomphante Beauté, que l'on croit qui s'avance
D'une conque facile à la crête des mers !

L'Océan qui se courbe à plus d'un monstre humide,
Qu'il lance et revomit en un soudain moment.
Quel sceptre, que d'efforts, ô mortelle et timide,
Pour tout faire à vos pieds écumer mollement !

Ces lions qu'imprudente, elle irrite, elle ignore,
Dans le cirque, d'un geste, il faut les apaiser ;
Il faut qu'un peuple ardent qui se pousse et dévore
A ce ruban tendu s'arrête sans oser.

O fatigue du corps ! ô fatigue de l'âme !
Scintillement du front qui rougit et pâlit !
Que sa rosée a froid ! Cette rougeur de flamme
Cache un frisson muet qu'en vain elle embellit !

Ah ! c'est depuis ce temps, même depuis l'automne,
Quand la fête est ailleurs, quand l'astre pâle a lui,
Quand tout débris sauvé, toute chère couronne,
Au souvenir sacré se confond aujourd'hui ;

Lorsque causant des morts, des amitiés suprêmes,
Dans ce salon discret, le soir, à demi-voix,
Pour Vous qui les pleurez, pour les jeunes eux-mêmes,
Le meilleur du discours est sur ceux d'autrefois,

C'est seulement alors, qu'assurée avec grâce,
Recouvrant les douleurs d'un sourire charmant,
Vous acceptez la vie, et, repassant sa trace,
Vous lui pardonnez mieux qu'aux jours d'enchantement.

Le dévoûment plus pur, l'amitié plus égale,
Les mêmes, quelques-uns, chaque fois introduits,
Le bienfait remplissant chaque heure matinale,
Le génie à guérir, à sauver des ennuis ;

Au soir, quelque lecture ; aux jours où l'on regrette,
Un chant d'orage encor sur un clavier plus doux ;
Puis l'entretien que règle une muse secrète,
Tout un bel art de vivre éclos autour de vous :

Sur le mal, sur le bien, sur l'amour ou la gloire,
Sur tout objet, cueillir un rayon adouci,
En composer un mieux, à quoi vous voulez croire,
Voilà, voilà votre art, votre bonheur aussi !

Aimez-le, goûtez-en la pâleur inclinée ;
Il fuyait ce bain grec où nous vous admirons.
— Rappelons-nous l'aveu de la plus fortunée,
Mortels, sous tant de jougs où gémissent nos fronts !


# ROME.

(ÉLÉGIE, IMITÉE DE M. AUG. WIL. DE SCHLEGEL.)


A MADAME DE STAEL.

Au sein de Parthénope as-tu goûté la vie ?
Dans le tombeau du monde apprenons à mourir !
Sur cette terre en vain, splendidement servie,
Le même astre immortel règne sans se couvrir ;

En vain, depuis les nuits des hautes origines,
Un ciel inaltérable y luit d'un fixe azur,
Et, comme un dais sans plis au front des Sept-Collines,
S'étend des monts Sabins jusqu'à la tour d'Astur :

Un esprit de tristesse immuable et profonde
Habite dans ces lieux et conduit pas à pas ;
Hors l'écho du passé, pas de voix qui réponde ;
Le souvenir vous gagne, et le présent n'est pas.

Accouru de l'Olympe, au matin de Cybèle,
Là Saturne apporta l'anneau des jours anciens ;
Janus assis scella la chaîne encor nouvelle ;
Vinrent les longs loisirs des Rois Arcadiens.

Et sans quitter la chaîne, en descendant d'Évandre,
On peut, d'or ou d'airain, tout faire retentir :
Chaque pierre a son nom, tout mont garde sa cendre,
Vieux Roi mystérieux, Scipion ou martyr.

Avoir été, c'est Rome aujourd'hui tout entière.
Janus ici lui-même apparaît mutilé ;
Son front vers l'avenir n'a forme ni lumière,
L'autre front seul regarde un passé désolé.

Et quels aigles pourraient lui porter les augures,
Quelle Sibylle encor lui chanter l'avenir ?
Ah ! le monde vieillit, les nuits se font obscures...
Et nous venus si tard, et pour tout voir finir,

Nous, rêveurs d'un moment, qui voulons des asiles,
Sans plus nous émouvoir des spectacles amers,
Dans la Ville éternelle, il nous siérait, tranquilles,
Au bout de son déclin, d'attendre l'Univers.

Voilà de Cestius la pyramide antique ;
L'ombre au bas s'en prolonge et meurt dans les tombeaux [1].
Le soir étend son deuil et plus avant m'explique
La scène d'alentour, sans voix et sans flambeaux.

Comme une cloche au loin confusément vibrante,
La cime des hauts pins résonne et pleure au vent :
Seul bruit dans la nature ! on la croirait mourante ;
Et, parmi ces tombeaux, moi donc, suis-je vivant ?

---

[1] Le cimetière des Protestans à Rome.

Heure mélancolique où tout se décolore
Et suit d'un vague adieu l'astre précipité !
Les étoiles au ciel ne brillent pas encore :
Espace entre la vie et l'immortalité !

Mais, quand la nuit bientôt s'allume et nous appelle
Avec ses yeux sans nombre ardents et plus profonds,
L'esprit se reconnaît, sentinelle fidèle,
Et fait signe à son char aux lointains horizons.

C'est ainsi que ton œil, ô ma noble Compagne,
Beau comme ceux des nuits, à temps m'a rencontré ;
Et je reçois de Toi, quand le doute me gagne,
Vérité, sentiment, en un rayon sacré.

Celui qui dans ta main sentit presser la sienne,
Pourrait-il du Destin désespérer jamais ?
Rien de grand avec toi que le bon n'entretienne,
Et le chemin aimable est près des hauts sommets.

Tant de trésors voisins, dont un peuple se sèvre,
Tentent ton libre esprit et font fête à ton cœur.
Laisse-moi découvrir son secret à ta lèvre,
Quand le fleuve éloquent y découle en vainqueur !

De ceux des temps anciens et de ceux de nos âges
Long-temps nous parlerons, vengeant chaque immolé ;
Et quand, vers le bosquet des pieux et des sages,
Nous viendrons au dernier, à ton père exilé *,

Si ferme jusqu'au bout en lui-même et si maître,
Si tendre au genre humain par oubli de tout fiel,
Nous bénirons celui que je n'ai pu connaître,
Mais qui m'est révélé dans ton deuil éternel !

* M. Necker était mort assez peu de temps avant cette pièce, qui doit dater de 1805.

## A DAVID,

STATUAIRE.

(SUR UNE STATUE D'ENFANT.)

> Divini opus Alcimedontis.
> VIRGILE.

L'enfant ayant aperçu
    ( A l'insu
De sa mère, à peine absente)
Pendant au premier rameau
    De l'ormeau
Une grappe mûrissante ;

L'enfant, à trois ans venu,
    Fort et nu,
Qui jouait sur la belle herbe,
N'a pu, sans vite en vouloir,
    N'a pu voir
Briller le raisin superbe.

Il a couru ! ses dix doigts
    A la fois,
Comme autour d'une corbeille,
Tirent la grappe qui rit
    Dans son fruit.
Buvez, buvez, jeune abeille !

La grappe est un peu trop haut ;
    Donc il faut
Que l'enfant hausse sa lèvre.
Sa lèvre au fruit déjà prend,
    Il s'y pend,
Il y pend comme la chèvre.

Oh ! comme il pousse en dehors
    Tout son corps,
Petit ventre de Silène,
Reins cambrés, plus fléchissants
    En leur sens
Que la vigne qu'il ramène.


A deux mains le grain foulé
    A coulé ;
Douce liqueur étrangère !
Tel, plus jeune, il embrassait
    Et pressait
La mamelle de sa mère.


Age heureux et sans soupçon !
    Au gazon
Que vois-je ? un serpent se glisse,
Le même serpent qu'on dit
    Qui mordit,
Proche d'Orphée, Eurydice.


Pauvre enfant ! son pied levé
    L'a sauvé ;
Rien ne l'avertit encore. —
C'est la vie avec son dard
    Tôt ou tard !
C'est l'avenir ! qu'il l'ignore !

## SONNET

### A M. ROGER D'A.

> Contemplator enim, quùm solis lumina cumque
> Insertim fundunt radios per opaca domorum,
> Multa minuta, modis multis, per inane, videbis...
> LUCRÈCE.

— Un rayon, un rayon venant je ne sais d'où,
Rideaux, volets fermés, dans une chambre close,
Près du berceau vermeil d'un enfant qui repose,
Un oblique rayon trouvant jour au verrou;

Et passant comme au crible en l'absence du clou,
Un rayon au tapis dessinait quelque chose,
Et, bizarre, y semait des ronds d'or et de rose.
Un jeune chat les voit, — jeune chat, jeune fou !

Il y court, il s'y prend, il veut cette lumière;
Au pied de ce berceau, manque-t-il la première,
Il tente la seconde, et gronde tout fâché.

Je songeai : Pauvre enfant, ce jeu là c'est le nôtre !
Nous courons des rayons, un autre, puis un autre,
Tant que le soleil même, à la fin, soit couché.

## A MON CHER MARMIER.

(Imité du Minnesinger Hadloub, en style légèrement rajeuni
du seizième siècle.)

Vite me quittant pour Elle,
Le jeune enfant qu'elle appelle
Proche son sein se plaça.
Elle prit sa tête blonde,
Serra sa bouchette ronde,
O malheur! et l'embrassa.

Et lui, comme un ami tendre,
L'enlaçait, d'un air d'entendre
Ce bonheur qu'on me défend.
J'admirais avec envie,
Et j'aurais donné ma vie
Pour être l'heureux enfant.

Puis, elle aussitôt sortie,
Je pris l'enfant à partie,
Et me mis à lui poser,
Aux traces qu'elle avait faites,
Mes humbles lèvres sujettes :
Même lieu, même baiser.

Mais, quand j'y cherchais le bâme *
Et le nectar de son ame,
Une larme j'y trouvai.
Voilà donc ce que m'envoie,
Ce que nous promet de joie
Le meilleur jour achevé !

* *Basme*, baume.

## A MADAME LA D. DE R.

Partez, puisqu'un départ est nécessaire encore,
Puisque la guérison, que notre France ignore,
Vous rappelle en Bohême au murmure d'une eau ;
Partez, et qu'en chemin la poussière embrasée
Sur votre front pâli s'adoucisse en rosée !
    Que le jour ait moins de fardeau !

Que les feux du soleil, et son char qui fermente,
Rentrent sous le nuage à l'heure trop fumante !
Que votre char, à vous, n'ait secousses ni bruits ;
Qu'il glisse en de longs rangs de tilleuls et de saules,
Comme un doux palanquin porté sur des épaules,
    A la clarté des tièdes nuits !

Qu'au côté douloureux nul coup ne retentisse !
Et qu'à peine arrivée à cette onde propice,
A l'urne qui bouillonne au pied des rameaux verts,
Chaque flot double en vous ses vertus souveraines,
Ramène la fraîcheur et la paix dans les veines,
    Et fonde tous graviers amers !

Partez, et que les Dieux se mêlent au voyage,
Celui du bon sourire et du parfait langage,
Et celui de la grâce et du noble maintien !
Et celui des beaux noms, qui, jeune et séculaire,
Conserve si léger, aux mains faites pour plaire,
    Le sceptre qui ne blesse rien !

Non, — que le Dieu vivant, le seul qui vous connaisse,
Celui de la famille et des amis qu'on laisse,
Vous protége et vous garde, et vous rende aux souhaits !
Au Thil, dans votre allée où pleure le feuillage,
La porte close attend, par où, vers le village,
    Vous vous échappiez aux bienfaits !

Près de vous à la ville, et quand un soin fidèle
A, dès l'aube, aux devoirs partagé votre zèle,
Aux heures des loisirs et des riants discours,
On s'assied, et d'amis une élite choisie
Prolonge, recommence honneur et courtoisie,
  Et ce charme, parfum des jours.

Ceux qui, se rencontrant dans cet aimable empire,
Se sont, pour tout lien, vus à votre sourire,
Si plus tard dans la vie ils se croisent encor,
Soudain la bienveillance a rapproché leur ame,
Car leurs destins divers et d'inégale trame
  Ont touché le même anneau d'or.

---

## A M. DE SALVANDY.

> . . . L'oisiveté est de l'ancien régime.
> L'isolement est un anachronisme. Avec du
> talent personne n'en a le droit.
>      *Lettre.*

Assez d'autres suivront les routes où la foule
Marche et guide, à son tour, qui la voudrait guider;
Assez d'autres iront à la pente où tout roule,
A ce croissant concours qui va tout commander.

Assez d'autres suivront l'intérêt ou la gloire,
Le bien public aussi, fantôme des grands cœurs,
Idole si contraire aux Pénates d'ivoire,
Et le Forum rouvert, dévorant ses vainqueurs.

Laissez, laissez encor quelques-uns, à leur guise,
Tenir l'étroit sentier et cultiver l'oubli,
Et haut dans la colline où la source se puise,
S'abreuver de tristesse ou d'un rêve embelli.

Il faut aux souvenirs quelques ames voilées,
S'enchaînant au regret, ou bien au lent espoir.
Aux généreux amis tombés dans des mêlées,
Il faut, plus faible, au moins garder foi jusqu'au soir.

Peut-être à tous les vœux de la jeunesse enfuie
Il ne faut pas toujours dire qu'on a failli.
Pour l'avenir qui naît et pour sa jeune vie
On peut croire au fruit d'or qu'on n'aura pas cueilli.

Il serait bon d'ailleurs (et même pour l'exemple,
Dans les rôles divers, c'en serait un bien sûr),
Que quand tous à la fête, à la ville, à son temple,
Se hâtent, l'un restât, servant l'autel obscur.

Comme moi vous savez une Dame au bocage
(Las ! aujourd'hui luttant contre un mal inhumain !),
Qui ne veut qu'une allée en tout son vaste ombrage,
Et de qui l'on a dit : « Elle est dans son chemin ! »

Oh ! que je fasse ainsi sur ma maigre colline,
Vers les scabreux penchants où la chèvre me suit !
Qu'en mon caprice même un sentier se dessine,
Tournant, et non brisé, de l'aurore à la nuit !

Pourtant la solitude a ses heures amères ;
Des cités, je le sais, parfois un vent nous vient,
Une poussière, un cri, qui corrompt les chimères
Et relance au désir un cœur qui se retient.

Alors tout l'être souffre ! on aspire le monde,
On y voudrait aussi sa force et son emploi.
On dit *non* au désert, à la verdure, à l'onde ;
Et les zéphyrs troublés ne savent pas pourquoi.

Peut-être, hélas ! l'envie au pauvre cœur va naître,
Et cet amour haineux de l'éclat qu'on n'a pas ;
Mais si soudain alors, vous frappant sous le hêtre,
Un appel éloigné lève et suspend vos pas ;

Si, du prochain cortége où la foule se presse,
Une voix rompt ce cri tout-à-l'heure importun,
Si, de dessus la haie où l'épine se dresse,
La bienveillance en fleurs envoie un bon parfum,

Alors, tout refusant ce qui n'est point possible,
On est touché du moins, et, d'un cœur non jaloux,
On reprend son sentier et la pente insensible,
Et pour long-temps les bois et l'oubli sont plus doux.

---

## SONNET

### A MADAME G.

> Quæque gerit similes candida turris aves.
> MARTIAL.

« Non, je ne suis pas gaie en mes fuites volages,
Autant qu'on croirait bien, disait-elle en jouant ;
Je sens aussi ma peine, et pleurerais souvent ;
Mais c'est que dans l'esprit j'ai beaucoup de passages. »

Mot charmant qui la peint ! — Oui, de légers nuages
Comme en chasse en avril une haleine de vent ;
Des oiseaux de passage au toit d'un vieux couvent ;
Au front d'un blanc clocher, de blancs ramiers sauvages !

O jeune femme, oubli, joie, enfance et douceur,
Puisse du moins la Vie, ainsi qu'un dur chasseur,
Ne pas guetter sa proie à l'ombre où tu t'abrites,

Ne traverser que tard le chaume de tes blés,
Et, trouvant déjà haut les chantres envolés,
N'ensanglanter jamais tes belles marguerites !

(La charmante madame G..., âgée de dix-neuf ans et demi, exigeait que je
lui fisse des vers en épitaphe sur sa mort, et je lui ai fait ceux-ci qui
s'appliquaient plutôt à son départ.)

## POUR UNE MORT,...

#### POUR UN DÉPART.

Pleurez, oiseaux ! la jeune Tarentine, *
Une autre fois, a, pour l'algue marine,
Quitté nos prés.
Une dernière fois, la jeune Athénienne,
En se jouant, a vogué vers Cyrène ;
Pleurez !

Pleurez, oiseaux et colombes plaintives ;
Et vous gaiement, abeilles, sur nos rives
Ne murmurez !
Celle qui vous suivait, celle dont fut la vie
Joie et blancheur et murmure, est enfuie ;
Pleurez !

Pleurez, vous tous, que sa voix qui caresse,
Son œil qui rit, tenait avec adresse
Désespérés ;
Sa perte à tous les cœurs épris de sa morsure,
Sans plus de miel, va laisser la blessure ;
Pleurez !

Et vous, Chanson, qu'elle appelait près d'elle,
Et qui n'osiez qu'effleurer de votre aile
Ses fils dorés,
Sous le lilas désert, où sa place est laissée,
Soir et matin, fidèle à sa pensée,
Pleurez !

\* Se rappeler la jolie pièce d'André Chénier et la *Symétha* de M. de Vigny.

Quand, de la jeune amante, en son linceul couchée,
Accompagnant le corps, deux Amis d'autrefois,
Qui ne nous voyons plus qu'à de mornes convois,
A cet âge où déjà toute larme est séchée ;

Quand, l'office entendu, tous deux silencieux,
Suivant du corbillard la lenteur qui nous traîne,
Nous pûmes, dans le fiacre où six tenaient à peine,
L'un devant l'autre assis, ne pas mêler nos yeux,

Et ne pas nous sourire, ou ne pas sentir même
Une prompte rougeur colorer notre front,
Un reste de colère, un battement suprême
D'une amitié si grande, et dont tous parleront ;

Quand, par ce ciel funèbre et d'avare lumière,
Le pied sur cette fosse où l'on descend demain,
Nous pûmes jusqu'au bout, sans nous saisir la main,
Voir tomber de la pelle une terre dernière ;

Quand chacun, tout fini, s'en alla de son bord,
Oh ! dites ! du cercueil de cette jeune femme,
Ou du sentiment mort, abîmé dans notre ame,
    Lequel était plus mort ?

## SONNET

### A MADAME M.

Quoi ! vous voulez, par bonté, quelquefois,
Pour épargner ma paupière un peu tendre,
Un peu lassée, au soir, me faire entendre,
Lu par vous-même, un livre de mon choix !

Vous liriez tout, Fauriel et Gaulois * ;
Et le sujet, à fond, me viendrait prendre,
Dans le fauteuil où j'oserais m'étendre,
Indifférent à l'accent de la voix !

Mais votre voix, c'est la couleuvre vive ;
Insinuante et limpide et furtive,
Col gracieux et de gris nuancé !

La voir courir est chose trop peu sûre ;
Elle est sans dard, et je crains sa piqûre ;
Ou, tout au moins, je crains d'être enlacé.

---

* L'excellente *Histoire de la Gaule méridionale*, par M. Fauriel, avait paru vers ce temps, mais un peu importante et sérieuse pour être lue à deux en cette façon.

## A LA DAME

## DES SONNETS DE JOSEPH DELORME,

#### POUR QUI ON ME DEMANDAIT DES VERS, APRÈS DES ANNÉES.

Pourquoi, quand tout a fui, quand la fleur éphémère
A séché dès long-temps sur cette ronce amère,
Pourquoi la remuer, chaste souffle des bois?
Pourquoi, quand tout le cœur a sa fatigue obscure,
Pourquoi redemander, onde joyeuse et pure,
     Qu'on se mire encore une fois?

Ah! s'il repasse un soir à ces rives de Seine,
Celui dont l'œil cherchait quelque étoile incertaine,
Il se dit qu'autre part, aux bords qu'on souhaitait,
L'astre luit, que la brise est fraîche, l'onde heureuse,
Comme au mois des lilas la famille amoureuse...,
     Il le sait, et se tait!

---

## A M. VILLEMAIN.

> . . . . . Cui pauca relicti
> Jugera ruris erant...
>      VIRGILE.

Oh! que je puisse un jour, tout un été paisible,
Libre de long projet et de peine sensible,
Aux champs sous votre toit, ô bienveillant railleur,
Dans la maison d'un Pline au goût sûr et meilleur,
Causer et vous entendre, et de la fleur antique
Respirer le parfum où votre doigt l'indique,

Et dans ce voisinage et ce commerce aimé,
Me défaire en mes vers de ce qu'on a blâmé,
Sentir venir de vous et passer sur ma trace
Cette émanation de douceur et de grâce,
Et cette lumineuse et vive qualité,
Par où l'effort s'enfuie et toute obscurité !
Et puissé-je, en retour de ce bienfait de maître,
Tout pénétré de vous, vous pénétrer peut-être,
Vous convaincre une fois (car on a ses raisons),
Et vous les embellir, comme Horace aux Pisons !

En attendant, je veux sur mon petit poème,
Sur ce bon Magister un peu chétif et blême,
Vous dire mon regret de son sort, mon souci
Chaque fois que chez vous je n'ai pas réussi.
Si votre grâce aimable élude quelque chose,
Quand je vous parle vers, si vous louez ma prose,
Si, quand j'insiste, hélas ! sur le poème entier,
Votre fuite en jouant se jette en un sentier,
J'ai compris, j'ai senti que quelque point m'abuse,
Qu'il manque en plus d'un lieu le léger de la muse ;
Et bien que tout poète, en ce siècle, ait sa foi,
Son château-fort à lui, dont il est le seul roi,
J'hésite, et des raisons tant de fois parcourues
Je crie à moi l'élite et toutes les recrues.

La poésie en France allait dans la fadeur,
Dans la description sans vie et sans grandeur,
Comme un ruisseau chargé dont les ondes avares
Expirent en cristaux sous des grottes bizarres,
Quand soudain se rouvrit avec limpidité
Le rocher dans sa veine. André ressuscité
Parut : Hybla rendait à ce fils des abeilles
Le miel frais, dont la cire éclaira tant de veilles.
Aux pieds du vieil Homère il chantait à plaisir,
Montrant l'autre horizon, l'Atlantide à saisir.
Des rivaux, sans l'entendre, y couraient pleins de flamme ;
Lamartine ignorant, qui ne sait que son ame,
Hugo puissant et fort, Vigny soigneux et fin,
D'un destin inégal, mais aucun d'eux en vain,
Tentaient le grand succès et disputaient l'empire.

Lamartine régna ; chantre ailé qui soupire,
Il planait sans effort. Hugo, dur partisan,
Comme chez Dante on voit, Florentin ou Pisan,
Un baron féodal, combattit sous l'armure,
Et tint haut sa bannière au milieu du murmure :
Il la maintient encore ; et Vigny, plus secret,
Comme en sa tour d'ivoire, avant midi, rentrait.

Venu bien tard, déjà quand chacun avait place,
Que faire ? où mettre pied ? en quel étroit espace ?
Les vétérans tenaient tout ce champ des esprits.
Avant qu'il fût à moi, l'héritage était pris.

Les sentiments du cœur dans leur domaine immense,
Et la sphère étoilée où descend la clémence,
Tout ce vaste de l'ame et ce vaste des cieux,
Appartenaient à l'un, au plus harmonieux.
L'autre à de beaux élans vers la sphère sereine
Mêlait le goût du cirque et de l'humaine arène ;
Et pour témoins, au fond, les lutins familiers,
Le moyen-âge en chœur, heurtant ses chevaliers,
Émerveillaient l'écho ! Sous ma triste muraille,
Loin des nobles objets dont le mal me travaille,
Je ne vis qu'une fleur, un puits demi-creusé,
Et je partis de là pour le peu que j'osai.

On raconte qu'au sein d'une des Pyramides,
Aussi haut que la cime atteint aux cieux splendides,
Aussi profond s'enfonce et plonge dans les flancs,
Sous le roc de la base et les sables brûlants,
Un puits mystérieux, dont la pointe qui sonde,
A défaut de soleil, s'en va ressaisir l'onde.
En ce puits, s'il n'avait pour couvercle d'airain,
Pour sépulcre éternel, son granit souverain,
On verrait en plein jour, malgré l'heure étonnée,
La nuit dans sa fraîcheur se mirer couronnée.
Si les cieux défendus manquent à notre essor,
Perçons, perçons la terre, on les retrouve encor !

Mon jardin, comme ceux du vieillard d'Œbalie,
N'avait pas en beauté le cadre d'Italie,

Sous un ciel de Tarente épargné de l'autan
Le laurier toujours vert, les rosiers deux fois l'an,
Et l'acanthe en festons et le myrte au rivage.
A peine j'y greffai quelque mûre sauvage,
J'y semai quelques fleurs dont je sais mal les noms.
Mais les chers souvenirs, auxquels nous revenons,
Eurent place ; on entend l'heure de la prière ;
Mais, sans cacher le mur du voisin cimetière,
Ma haie en fait l'abord plus riant et plus frais,
Et mon banc dans l'allée est au pied d'un cyprès.
A l'autre bout, au coin de ce champ qui confine,
L'horizon est borné par la triste chaumine,
Demeure d'artisan dont s'entend le marteau.
La forge, avec le toit qui s'adosse au coteau,
Dès l'aurore, à travers la pensée embaumée,
Ne m'épargne son bruit, ni sa pauvre fumée.
Ainsi vont les tableaux dont je romps les couleurs,
Rachetant l'idéal par le vrai des douleurs.

 Plus est simple le vers et côtoyant la prose,
Plus pauvre de belle ombre et d'haleine de rose,
Et plus la forme étroite a lieu de le garder.
Si le sentier commun, où chacun peut rôder,
Longe par un long tour votre haie assez basse
Pour qu'on voie et bouvier et génisse qui passe,
Il faut doubler l'épine et le houx acéré
Et joindre exprès d'un jonc chaque pied du fourré.
Si le fleuve ou le lac, si l'onde avec la vase
Menace incessamment notre plaine trop rase,
Il faut, sans avoir l'air, faute d'altier rocher,
Revêtir un fossé qui semble se cacher,
Et qui pourtant suffit, et bien souvent arrête.
La Hollande autrement ne rompt pas la tempête,
Et ne défend qu'ainsi ses pâturages verts
Et ses brillants hameaux, que j'envie en mes vers.
Ce rebord du fossé, simple et qui fait merveille,
C'est la rime avant tout ; de grammaire et d'oreille
C'est maint secret encore, une coupe, un seul mot
Qui raffermit à temps le ton qui baissait trop,
Un son inattendu, quelque lettre pressée
Par où le vers poussé porte mieux la pensée.

A ce jeu délicat qui veut être senti
Bien aisément se heurte un pas inaverti.
Cet air de prose, au loin, sans que rien la rehausse,
Peut faire voir nos prés comme on verrait la Beauce ;
Mais soudain le pied manque, et l'on dit : *Faute d'art !*
Qui donc irait courir dans Venise au hasard ?

Virgile l'enchanteur, ce plus divin des maîtres,
Quand jeune il essayait ses églogues champêtres,
Quand, dans ce grand effort pour le laurier romain,
Se croyant tard venu, par un nouveau chemin
Il tâchait d'être simple en des vers pleins d'étude,
Dont l'art, souvent hardi, s'oublie en habitude,
Parut-il dès l'abord avoir tout remporté,
Et son *Cujum pecus* ne fut-il pas noté?
Despréaux l'éternel, que toujours on oppose,
Quand de son vers sensé, si voisin de la prose,
Il relevait pourtant la limite et le tour,
N'eut-il pas maint secret, tout neuf au premier jour,
Que Chapelain blâmait et que Brossette épèle,
Qu'au lieu de répéter, il faut qu'on renouvelle?
D'Huet ou de Segrais le vieux goût alarmé
Resta blessé d'un vers, aujourd'hui désarmé ;
Car, en y trop touchant, on usa la mémoire
De tant de traits heureux brisés dans leur victoire.

Je dis. — Mais la raison, et Vous, d'un air flatteur,
Tout bas me ramenez pourtant de ma hauteur,
Et de ces noms si beaux et vers qui je m'égare,
Au moment d'aujourd'hui, moins propice et moins rare.
Se peut-il en effet (sans nier les talents)
Que dans la même langue, en deux âges brillants,
Se forme tel ensemble et telle conjoncture,
Où l'art et le poli, naissant de la nature,
S'en souvenant toujours, et voulant déjà mieux,
Éclatent tout à point au fruit aimé des cieux?
Est-il vrai que deux fois l'enveloppe entr'ouverte
Nous montre le bouton dans sa fleur la plus verte,
Sitôt épanouie? et dans un an, deux fois,
La grappe brunit-elle au coteau de son choix ?

Des vers naissant trop tard, quand la science même,
Unie au sentiment, leur ferait un baptême;
Des vers à force d'art et de vouloir venus,
Que le ciel découvert n'aura jamais connus;
Que n'ont pas colorés le soleil et les pluies;
Que ne traversent pas les foules réjouies;
Que les maîtres d'un temps dans les genres divers
Ignorent volontiers; que ni Berryer, ni Thiers,
Ni Thierry, ne liront, qu'ils sentiraient à peine,
A cause des durs mots enchâssés dans la chaîne;
Des vers tout inquiets et de leur sort chagrins,
Et qui n'auront pas eu de vrais contemporains;
Qu'est-ce que de tels vers? j'en souffre et m'en irrite...
Mais la Muse fait signe et me dit *Théocrite*,
Théocrite qui sut dans l'arrière-saison,
Et quand Sophocle était le même à l'horizon
Que Racine pour nous, en si neuve peinture
Chez les Alexandrins ressaisir la nature.

Ainsi je vais, toujours reprenant an bel art,
Au rebours, je le crains, de notre bon Nisard,
Du critique Nisard, honnête et qu'on estime,
Mais qui trop harcela notre effort légitime.
Il se hâte, il prédit; il devance le soir;
Il frappe bruyamment le rameau qui doit choir;
Je voudrais l'étayer, et tâcher que la sève,
Demain comme aujourd'hui, sous le bourgeon qui lève
Ne cessât de courir en ce rameau chéri,
Et que l'endroit eût grâce où nous avons souri.

L'Art est cher à qui l'aime, et plus qu'on n'ose dire;
Il rappelle qui fuit, et, sitôt qu'il inspire,
Il console de tout : c'est la chimère enfin.
Pour les restes épars de son banquet divin,
Pour sa moindre ambroisie et l'une de ses miettes,
On verrait à la file arriver les poètes.
J'irais à Rome à pied pour un sonnet de lui,
Un sonnet comme ceux qu'en son fervent ennui
Pétrarque consacrait sur l'autel à sa sainte.
Pour un seul des plus beaux, j'irais plus loin sans plainte,

Plus joyeux du butin, plus chantant au retour,
Qu'abeille qui trois fois fit l'Hymette en un jour.

Mais, si croyant qu'on soit, plus on porte espérance
A l'art dans son choix même et dans sa transparence,
Et plus de soi l'on doute à de fréquents instants.
En cette urne si pleine où les noms éclatants,
Médailles de tout poids à nobles effigies,
Iliades en masse, oboles d'élégies,
Se dressent et nous font l'antique et vrai trésor ;
Dans ce vase où ne tient que l'argent pur ou l'or,
Il me paraît, hélas! que, vers le tabernacle,
Mon denier, chaque fois qu'il a tenté l'oracle,
D'abord a sonné juste et semblait accueilli,
Et pourtant a toujours à mes pieds rejailli!

Quand même il resterait, quand je pourrais le croire,
Quand tous autour de moi feraient foi de l'histoire
Et diraient qu'au trésor s'est mêlé le denier ;
Quand le Cénacle saint défendrait de nier,
Tout exprès pour cela réveillé de sa cendre ;
Quand Lamartine ému, qui viendrait de m'entendre,
De sa voix la plus mâle et de son ferme accent
Jurerait que c'est bien ; quand Hugo pâlissant,
De son front sérieux et sombre qu'il balance,
Mieux qu'en superbes mots répondrait en silence ;
Quand Chactas, déridant son cœur de vieux nocher,
A mon vers mieux sonnant se laisserait toucher ;
Si vous, charmant esprit et la fusion même,
Vous, le passé vivant et la langue qu'on aime,
La plus pure aujourd'hui, regrettable demain,
Vous le goût nuancé glanant sur tout chemin,
Vous le prompt mouvement et la nature encore,
Si vous restez surpris à l'écho que j'adore,
A cet art, mon orgueil, mes craintives amours,
Si vous n'y souriez, je douterai toujours!

M. Alfred de Musset, ayant lu un de mes articles à la *Revue des deux Mondes*, m'écrivit ces vers:

## A SAINTE-BEUVE.

Ami, tu l'as bien dit; en nous, tant que nous sommes,
Il existe souvent une certaine fleur
Qui s'en va dans la vie et s'effeuille du cœur.
Il se trouve en un mot, chez les trois quarts des hommes,
Un poète mort jeune, à qui l'homme survit. \*
Tu l'as bien dit, Ami, mais tu l'as trop bien dit.

Tu ne prenais pas garde, en traçant ta pensée,
Que ta plume en faisait un vers harmonieux,
Et que tu blasphémais dans la langue des Dieux.
Relis-toi; je te rends à ta Muse offensée.
Et souviens-toi qu'en nous il existe souvent
Un poète endormi, toujours jeune et vivant.

2 juin 1837.

## A ALFRED DE MUSSET.

### RÉPONSE.

Il n'est pas mort, Ami, ce poète en mon âme;
Il n'est pas mort, Ami, tu le dis, je le crois.
Il ne dort pas, il veille, étincelle sans flamme;
La flamme, je l'étouffe, et je retiens ma voix.

Que dire et que chanter quand la plage est déserte,
Quand les flots des jours pleins sont déjà retirés,
Quand l'écume flétrie et partout l'algue verte
Couvrent au loin ces bords, au matin si sacrés?

\* Article sur Millevoye, N°. du 1er juin 1837, page 646.

Que dire des soupirs que la jeunesse enfuie
Renfonce à tous instants à ce cœur non soumis?
Que dire des banquets où s'égaya la vie,
Et des premiers plaisirs, et des premiers amis?

L'Amour vint, sérieux pour moi dans son ivresse.
Sous les fleurs tu chantais, raillant ses dons jaloux.
Enfin, un jour, tu crus! moi, j'y croyais sans cesse;
Sept ans se sont passés!... Alfred, y croyons-nous?

L'une, ardente, vous prend dans sa soif, et vous jette
Comme un fruit qu'on méprise après l'avoir séché.
L'autre, tendre et croyante, un jour devient muette,
Et pleure, et dit que l'astre, en son ciel, s'est couché.

Le mal qu'on savait moins se révèle à toute heure,
Inhérent à la terre, irréparable et lent.
On croyait tout changer, il faut que tout demeure.
Railler, maudire alors, amer et violent,

A quoi bon? — Trop sentir, c'est bien souvent se taire,
C'est refuser du chant l'aimable guérison,
C'est vouloir dans son cœur tout son deuil volontaire,
C'est enchaîner sa lampe aux murs de sa prison!

Mais cependant, Ami, si ton luth qui me tente,
Si ta voix d'autrefois se remet à briller,
Si ton frais souvenir dans ta course bruyante,
Ton cor de gai chasseur me revient appeler,

Si de toi quelque accent léger, pourtant sensible,
Comme aujourd'hui, m'apporte un écho du passé,
S'il revient éveiller à ce cœur accessible
Ce qu'il cache dans l'ombre et qu'il n'a pas laissé,

Soudain ma voix renaît, mon soupir chante encore,
Mon pleur, comme au matin, s'échappe harmonieux,
Et, tout parlant d'ennuis qu'il vaut mieux qu'on dévore,
Le désir me reprend de les conter aux cieux.

## VOEU,

**EN VOYAGE SUR UNE IMPÉRIALE DE VOITURE, PENDANT QUE JE TRAVERSAIS LE PAYS.**

Nous ne passons qu'un instant sur la terre,
Et tout n'y passe avec nous qu'un seul jour.
Tâchons du moins, du fond de ce mystère,
Par œuvre vive et franche et salutaire,
De laisser trace en cet humain séjour !

Que la vie en nos chants éclate ou se reflète,
La vie en sa grandeur ou sa naïveté !
Que ce vieillard assis, dont la part est complète,
Qui vit d'un souvenir sans cesse raconté ;

Que la mère, et l'enfant qu'elle allaite ou qui joue,
Et celui, déjà grand, échappé de sa main,
Imprudent qui (bon Dieu !) sort de dessous la roue,
Comme un lièvre qui lève au milieu du chemin ;

Que ces femmes au seuil, coquettes du village,
Et celles de la ville au cœur plus enfermé,
Tous ces êtres d'un jour nous livrent quelque gage
De ce qu'ils ont souffert, de ce qu'ils ont aimé !

Que cet âne au poil fin, qui de son herbe douce
Se détourne pour voir nos tourbillons troublés ;
Ce petit mur vêtu de tuiles et de mousse ;
Ce grand noyer faisant oasis dans les blés ;

Que tous ces accidents de vie et de lumière,
Par quelque coin du moins, passent dans le tableau !
Que ( tant il y verra la ressemblance entière ! )
L'oiseau pique au raisin, ou veuille boire à l'eau !

Mais que l'homme surtout, que les hommes, nos frères,
Et ceux de ce temps-ci, malgré les soins contraires,
Et ceux plus tard venant, tous d'un même limon,
Qu'ils se sentent en nous aux heures non frivoles,
Qu'ils trouvent, un seul jour, leurs pleurs dans nos paroles,
    Et qu'ils y mêlent notre nom !

---

## SONNET

### A M. J. MAURICE.

*Dans le Jura.*

Nous gravissions de nuit une route sévère,
Une côte escarpée aux rochers les plus hauts ;
L'orage avait cessé ; chaque nue en lambeaux
Flottait, laissant des jours où brillait quelque sphère.

Une raie un peu blanche au loin parut se faire :
C'est l'aube, dit quelqu'un ; — et sur ces monts si beaux,
Si beaux de ligne sombre, et pour moi si nouveaux,
Je chantais en mon cœur : Voyons l'aube légère !

Mais, à peine à mon siége où j'étais remonté,
Le sommeil du matin, pesant, précipité,
Ferma de plomb mes yeux. — Quand déjà l'aube errante

Luit du bord éternel, ainsi l'autre sommeil,
Le sommeil de la mort saisit l'ame espérante,
Et nous nous réveillons au grand et plein soleil !

## SONNETS.

### I.

Je côtoyais ce lac, tant nommé dans mon rêve ;
Je le tenais enfin, et j'en voyais le tour.
Le rapide bateau l'embrassait d'un seul jour.
Joyeux, je commençais ce qui sitôt s'achève.

Chaque instant amenait quelque nom qui se lève :
Coppet venait de fuir ; Lausanne avait son tour ;
Vevay luisait déjà sous sa légère tour ;
Clarens... quoi ? c'est Clarens ! bosquet d'ardente sève !

J'admirais, mais sans pleurs, mais sans jeune transport ;
Rien en moi ne chantait ou ne faisait effort.
Je disais : Est-ce tout ? — Le peu de ce qu'on aime,

La fin des longs désirs, leur inégale part,
Me revenait alors ; je m'accusais moi-même,
Beaux monts, cadre immortel, et que je vois trop tard !

### II.

Mais, dans l'autre moitié du rapide passage,
Un mot dit sans dessein fit naître à mon côté,
Fit jaillir un regard d'esprit et de beauté,
Tout un jeune bonheur, tout un charmant langage.

Elle parlait du Beau dont Dieu peignit l'image,
Des grands livres, de l'art vu dans sa majesté,
Du coteau plus sévère et trop vite quitté,
Puis de sa chère enfant au retour du voyage !

Je la voyais au cœur, sur ce lac transparent,
Aimant tout ce qu'on aime en la vie en entrant,
Confiante jeunesse, admirante et sereine!

Mon regard aux coteaux glissait moins attaché;
Et, tous ces sentiments accompagnant la scène,
Les lieux furent plus beaux, — je revins plus touché.

## A L'ABBÉ EUSTACHE B...

A blessed lot hath he...
COLERIDGE, *Sybilline leaves*.

Il est trois fois béni, celui qui dans sa ville,
En province resté, comme au siècle tranquille,
Y grandit, y mûrit, intègre et conservé ;
Dans la même maison qui l'avait élevé
Devient maître, puis prêtre en cette église même
Où sa communion se fit, et son baptême.
Il n'a pas tour-à-tour de tout astre essayé;
Chaque vent ne l'a pas tour-à-tour balayé.
Non qu'il ignore au fond la vie et la tempête :
L'écume aussi peut-être a passé sur sa tête ;
Mais il est au rocher. A vouloir trop ramer
Sur ces flots inconstants que Christ seul peut calmer,
Il n'a pas défailli, ni bu, dans sa détresse,
A ces eaux où se perd le goût de sainte ivresse.
Il sait le mal, il sait maint funeste récit,
Mais de loin il les sait, la distance adoucit ;
Ailleurs ce qui foudroie, au rivage l'éclaire;
Chaque ombre à l'horizon rend gloire au sanctuaire ;
Et tout cela lui fait, dès ici-bas meilleur,
Un monde où, par delà, son œil voit l'autre en fleur.

Le sort, ou bien plutôt la Sagesse adorée,
M'a fait ma part plus rude et moins inaltérée.
Ami, j'ai bien ramé, lassé je rame encor,
Sans espoir et sans fin, depuis mon jeune essor,
Depuis ce prompt départ, d'où mes gaîtés naïves
Voyaient au ciel prochain jouer toutes les rives.
Ce que j'ai su d'amer, d'infidèle et de faux,
Et, pour l'avoir trop su, ce que de moins je vaux,
Ce qui me tache l'âme, Ami, tu le devines,
Rien qu'aux simples clartés des paroles divines.
Oh! combien différent de ces après-midis,
De ces jours où j'allais avec toi, les jeudis,
Où nous allions, tout près, au vallon du Denacre,
Y cherchant la Tempé que Virgile consacre,
Ou bien à Rupembert, aux récoltes des fruits,
Ou, vaguement au loin par nos discours conduits,
Aux falaises des mers, à l'Océan lui-même,
Immense, répondant à l'immense problème!
Nous le posions déjà ce problème lointain,
Comme au temps des Félix * et des saint Augustin,
D'une tendre pensée, à la leur assortie,
Recommençant tous deux les entretiens d'Ostie.
Oh! combien différent je repense à ces bords!
Moins différent pourtant qu'il ne semble; et dès lors
Plus d'un trait à l'avance eût prédit notre histoire,
Moi déjà choisissant dans tout ce qu'il faut croire,
Et toujours espérant concilier les flots;
Toi plus ferme à Saint-Pierre, y fondant ton repos.

Je vais donc et j'essaie, et le but me déjoue,
Et je reprends toujours, et toujours, je t'avoue,
Il me plaît de reprendre et de tenter ailleurs,
Et de sonder au fond, même au prix des douleurs;
D'errer et de muer en mes métamorphoses;
De savoir plus au long plus d'hommes et de choses,
Dussé-je au bout de tout, ne trouver presque rien :
C'est mon mal et ma peine, et mon charme aussi bien.
Pardonne, je m'en plains, souvent je m'en dévore,
Et j'en veux mal guérir,... plus tard, plus tard encore !

* Se rappeler l'*Octavius* de Minutius Félix.

Mais, quand je vais ainsi dans ce monde à plaisir,
Qu'une épreuve de plus fait faute à mon désir ;
Quand je crois avoir su quelque ombre plus obscure,
Par où se dérobait la maligne nature ;
Quand, cent fois, imprudent, à la flamme brûlé,
Je me retrouve encore à ma perte envolé,
Et qu'encore une fois, je reconnais coquettes
Nos grands hommes du jour, écrivains et poètes,
Qui, dès qu'ils ont tiré ce qu'ils veulent de vous,
La louange en tous sens sur les tons les plus doux,
Vous laissent, vous jugeant la plume trop usée ;
Quand j'ai souffert au cœur d'une amitié brisée ;
Aussi d'un pur plaisir quand parfois j'ai joui ;
Quand des pays nouveaux et grands, comme aujourd'hui,
M'entraînent à les voir ; que le Léman limpide
Se déroule en un jour sous la vapeur rapide ;
Que d'Altorf, ou du pied du Righi commencé,
Me retournant d'abord, et l'œil sur le passé,
Je revois de plus haut le vallon du jeune âge,
Le verger de douze ans, premier pélerinage ;
Quand un rare bonheur se revient révéler,
Et que tout bas on dit : « A qui donc en parler ? »
Alors je sens besoin d'un ami bien fidèle,
Bien ancien, bien sûr, qui sache et se rappelle ;
Un témoin du départ et des premiers souhaits,
A qui parler de soi sans le lasser jamais
(Car lui-même c'est nous, car nous sommes lui-même),
Avec qui s'épancher, de confiance extrême,
Jusque dans ces douleurs qu'au lévite prudent
L'intime ami blessé fait toucher cependant ;
Je cherche cet ami : les amitiés récentes,
Si vives sur un point, sur l'autre sont absentes ;
Et je cherche toujours, toujours plus loin en moi...,
Tout d'un coup je le nomme..., et cet ami, c'est toi !

Altorf.

## A BOULAY-PATY.

(A bord d'un bateau à vapeur.)

Nous partions sur le lac que le matin caresse ;
A ce soleil levé dans son plus frais souris,
Les durs sommets des monts, éclairés, attendris,
Faisaient un horizon d'Italie ou de Grèce.

Seule avec son enfant, d'un air de quakeresse,
La jeune Génevoise, aux beaux regards contrits,
Semblait voir ces grands lieux dans leur céleste prix.
Timidement, d'un mot, près d'elle je m'adresse.

Elle daigna répondre avec des yeux bien doux ;
Elle parlait de Dieu, qui, pour d'autres jaloux,
Est clément pour les uns, et m'indiquait la trace.

Et nous allions ainsi, par ce charmant matin,
Aux suaves blancheurs du plus vague lointain,
Sondant l'aube éternelle et causant de la Grâce.

## SONNET

### A M. P. DE LIMAYRAC.

Je montais, je montais ; un guide m'accompagne,
Choisit les durs sentiers, et m'y dirige exprès ;
Car je veux, Iung-Frau, toucher tes pieds de près !
Le soleil est ardent, d'aplomb sur la montagne.

Mon front nage, mon pas est lourd ; au plus je gagne
Une moitié du mont. Mais les flancs plus secrets
S'y découvrent soudain en pâturages frais,
Ménageant un vallon comme en douce campagne.

Ainsi, grand Dieu, tu fais, quand tu nous vois lassés.
Dans la vie, au milieu, quand nous disons : Assez !
Un vallon s'aperçoit, et tu nous renouvelles.

Si l'on monte toujours, à peine on s'en ressent ;
Et l'homme réparé reprend, obéissant,
Plus haut, vers les clartés des neiges éternelles !

Wengern-Alp.

## A M. PATIN.

(Après avoir suivi son cours de poésie latine.)

Quand Catulle par toi nous exprime Ariane,
La querelle des chœurs d'Hymen et de Diane,
Du délirant Atys le sexe ensanglanté,
Ou Lesbie et lui-même en ses feux raconté,
Sa joie et sa ruine, et, tout après l'injure,
La plainte si pieuse et la flamme encor pure ;
Quand, par tout son détail, en tes fines leçons
Nous suivons le poète, et que nous saisissons
Tant de génie inclus sous une forme brève
Et tant d'efforts certains d'où Virgile relève,
Quelquefois, au milieu du discours commencé,
Un auditeur de plus, un vieillard tout cassé,
Qui revient par fatigue, à ce bout de carrière,
Se bercer aux échos de la Muse première,
Un vieillard, du bâton aidant son pas tardif,
Descend et prend sa place à ce banc attentif ;
Et moi, du goût par toi méditant le mystère,

Je songe : Ce vieillard, supposons, c'est Voltaire!
C'est lui! (car bien souvent dans mon rêve jaloux
Je me demande d'eux : Que diraient-ils de nous?)
C'est lui donc : du tombeau réveillé par miracle,
Sans trop se rendre compte, il va cherchant oracle
Dans ce pays latin qu'à peine il reconnaît.
Il a vu la Sorbonne, et, maint grave bonnet
Lui passant en esprit : « Sachons ce qu'on y pense! »
Il a dit, et, suivant quelqu'un qui le devance,
Il est entré tout droit, et nous est arrivé.
Il s'assied, il écoute : « Oh! d'Atys énervé,
De Bérénice en astre, ou des pleurs d'Ariane,
Qu'est-ce donc, se dit-il? la thèse est bien profane! »
Mais il n'a pas plutôt ouï deux traits charmants :
« Peste! le Welche encore a du bon par moments! »
Il goûte, en souriant, cette pure parole,
Ce ton juste et senti, non pédant, non frivole,
Cette culture enfin d'un agréable esprit,
Qui du travail d'hier chaque jour se nourrit,
Comme une plate-bande, une couche exposée
Qu'ont pétrie à loisir soleil, pluie et rosée.

L'honnête liberté de cet enseignement,
Cette facilité de tourner décemment,
D'affronter sans effroi, sans lâche complaisance,
L'impureté latine et sa rude licence,
Le frappent : rien qu'à voir le maître ainsi placé,
Il sent qu'un changement sur le monde a passé.

Catulle, il l'a peu lu; mais, comme toutes choses,
Dans l'ensemble il le sent, d'après les moindres doses.
Il admire comment aux écrits anciens,
Que trop à la légère il traitait dans les siens,
On peut lire en détail et gloser avec grâce,
Et tirer maint secret pour un art qui s'efface.
Il se dit que lui-même et son vers si hâté
Supporteraient bien peu cette sévérité.
Il repense à Racine, à la forme sacrée,
Égale au sentiment, lui donnant la durée,
Par qui tous les vrais purs sont au même vallon,
Et qui faisait Catulle aimé de Fénelon.

Ainsi le grand témoin qu'à plaisir je te donne,
Le moqueur excellent se désarme, et s'étonne
Qu'on trouve au vieil auteur tant de nouveaux accès,
Et qu'on dise toujours aussi net en français.

Les Latins, les Latins, il n'en faut pas médire ;
C'est la chaîne, l'anneau, c'est le cachet de cire,
Odorant, et par où, bien que si tard venus,
A l'art savant et pur nous sommes retenus.
Quinet en vain s'irrite * et nous parle Ionie ;
Edgar, noble coursier échappé d'Hércynie,
Qui hennit, et qui chante, et bondit à tous crins,
Des sommets chevelus trop amoureux, je crains.
Il méprise, il maudit, dans sa chaude invective,
Tout ce qui n'atteint pas la Grèce primitive,
Ce qui droit à l'Ida ne va pas d'un vol sûr ;
Il ne daigne compter Parthénope ou Tibur.
Certes, la Grèce antique est une sainte mère,
L'Ionie est divine : heureux tout fils d'Homère !
Heureux qui, par Sophocle et son Roi gémissant,
S'égare au Cythéron, et tard en redescend !
Et pourtant des Latins la Muse modérée
De plain-pied dans nos mœurs a tout d'abord l'entrée.
Sans sortir de soi-même, on goûte ses accords ;
Presque entière on l'applique en ses plus beaux trésors ;
Et, sous tant de saisons qu'elle a déjà franchies,
Elle garde aisément ses beautés réfléchies.
Combien d'esprits bien nés, mais surchargés d'ailleurs
De soins lourds, accablants, et trop inférieurs,
Dans les rares moments de reprise facile,
D'Horace sous leur main ou du tendre Virgile
Lecteurs toujours épris, ne tiennent que par eux
Au cercle délicat des mortels généreux !
La Muse des Latins, c'est de la Grèce encore ;
Son miel est pris des fleurs que l'autre fit éclore.
N'ayant pas eu du ciel, par des dons aussi beaux,
Grappes en plein soleil, vendange à pleins coteaux,
Cette Muse moins prompte et plus industrieuse
Travailla le nectar dans sa fraude pieuse,

* *Revue des deux Mondes*, août 1836.

Le scella dans l'amphore, et là, sans plus l'ouvrir,
Jusque sous neuf consuls lui permit de mûrir.
Le nectar, condensant ses vertus enfermées,
A propos redoubla de douceurs consommées,
Prit une saveur propre, un goût délicieux,
Digne en tout du festin des pontifes des Dieux.
Et ceux qui, du Taygète absents et d'Érymanthe,
Ne peuvent, thyrse en main et couronnés d'acanthe,
En pas harmonieux, dès l'aube, y vendanger,
Se rabattent plus bas à ce prochain verger,
Où le maître leur sert la liqueur enrichie
Dans sa coupe facile et toujours rafraîchie.
Ne la rejetons point par de brusques dégoûts ;
Falerne qui se mêle au Chypre le plus doux,
Il rend la joie au cœur ! Ne brisons point d'Horace
Le calice fécond de sagesse et de grâce.
Pour plus d'un noble esprit, du travail accablé,
C'est l'antiquité même et son suc assemblé,
C'est la source du beau, des justes élégances,
La gaîté du dessert, des champs et des vacances.
Virgile, c'est l'accent qui revient émouvoir,
C'est l'attendrissement du dimanche et du soir !

 Mon père ainsi sentait. Si, né dans sa mort même,
Ma mémoire n'eut pas son image suprême,
Il m'a laissé du moins son ame et son esprit,
Et son goût tout entier à chaque marge écrit.
Après des mois d'ennuis et de fatigue ingrate,
Lui, d'étude amoureux et que la Muse flatte,
S'il a vu le moment qu'il peut enfin ravir,
Sans oublier jamais son Virgile-*elzévir*,
Il sortait ; il doublait la prochaine colline,
Côtoyant le sureau, respirant l'aubépine,
Rêvant aux jeux du sort, au toit qu'il a laissé,
Au doux nid si nombreux et sitôt dispersé ;
Et tout lui déroulait, de plus en plus écloses,
L'ame dans les objets, les larmes dans les choses.
Ascagne, Astyanax, hâtant leurs petits pas,
De loin lui peignaient-ils ce fils qui n'était pas ?...
Il allait, s'oubliant dans les douleurs d'Elyse.
Mais, si l'enfant au seuil, où quelque vieille assise,

Venait rompre d'un mot le songe qu'il songeait,
Avec intérêt vrai comme il interrogeait !
Il entrait sous ce chaume, et son humble présence
Mettait à chaque accent toute sa bienfaisance.
Ces pleurs que lui tirait l'humaine charité
Retombaient sur Didon en même piété.

---

# SONNET

### A MON AMI CH. LABITTE.

En voyant, jusqu'ici ce que j'ai vu si peu,
La nature et sa gloire, et sa simple harmonie ;
Au sombre fond des pins cette douceur unie
Des saules en cordon, feuillage pâle et bleu ;

En voyant ces épis, sous des rayons de feu,
Ou blonds, ou d'or ardent et la tête brunie,
Ou verts de tige encor, toute une onde infinie,
Et que demain la faux nivelle d'un seul jeu ;

En voyant, Emmenthal *, verdoyer ta vallée,
Et luire au grand soleil, épaissie, émaillée,
Cette herbe la plus tendre au regard qui s'y prend,

Je pensais : Que ne puis-je ainsi peindre en mon style !
Comme on dirait alors : Sa nuance est facile !
Comme on dirait de moi : Son art est transparent !

* L'*Emmenthal*, riche portion du canton de Berne.

## A J.-J. AMPÈRE.

— Les lieux sont beaux et grands ; ils parlent un langage
A d'abord étonner, à remplir sans partage,
A faire qu'on s'arrête à leur gloire soumis,
Et qu'Ithaque un instant s'oublie, et les amis.
Et pourtant, et bientôt, cette nature immense
Laisse un grand vide au cœur et le tient à distance,
Et tous ces monts glacés qu'à l'horizon je vois,
Pour m'y bercer de loin, n'ont pas même les bois.
Oh ! j'ai besoin toujours, quelque lieu qui m'appelle,
De l'homme et des amis, du souvenir fidèle,
De ressaisir au cœur l'écho du cœur sorti,
De chercher au sentier ce qu'un autre a senti !
De ce cadre si fier par les monts qu'il assemble,
Dans un détail chéri, l'on goûte mieux l'ensemble.
En y prenant pour guide un rayon préféré,
Le tout plus tendrement s'éclaire à notre gré.
Un banc au bord du lac, un ombrage, une allée
Où d'avance l'on sait qu'une ame, un jour voilée,
S'est assise en pleurant ; des rocs nus et déserts,
Mais qu'un chantre qu'on aime a nommés dans ses vers ;
Ces places, à nous seuls long-temps recommandées,
Mêlant au vaste aspect la douceur des idées,
Voilà, dans ces grands lieux, à l'écart et sans bruit,
Ce que ma fuite espère et tout d'abord poursuit.

Laissant les bords nombreux où le regard hésite,
Aussitôt arrivé, j'ai donc choisi mon site
Aux bosquets odorants d'une blanche villa,
Cherchant l'endroit, le banc, et me disant : C'est là !
Il était soir ; le jour, dans sa pénible trace,
Avait chargé le lac d'orage et de menace ;
Mais, comme dans la vie on voit souvent aussi,
Le couchant soulevait ce lourd voile éclairci.
Je m'assis solitaire, et là, pensant à celle
Qui m'avait dit d'aller et de m'asseoir comme elle,

Je méditais les flots et le ciel suspendu,
Le silence lui seul et le calme entendu,
La couleur des reflets. La nue un peu brisée
Jetait un gris de perle à la vague irisée,
Et le lac infini fuyait dans sa longueur.
Cette tranquillité me distillait au cœur
Un charme, qui d'abord aux larmes nous convie :
« Oh ! disais-je en mon vœu, rien qu'une telle vie,
Rien qu'un destin pareil au jour qu'on vient d'avoir,
Lourd, orageux aussi, mais avec un tel soir ! »

A Lausanne, aussitôt que la barque m'y jette,
Qu'ai-je fait ? tout d'un bond j'ai cherché *la Retraite*,
C'est le nom (près de là) de la douce maison,
Où des amis bien chers ont fait une saison.
Ils m'en parlaient toujours d'une secrète joie.
Le lac vu du jardin, ces grands monts de Savoie
Tout en face, si beaux au couchant enflammé...,
J'ai voulu prendre un peu de ce qu'ils ont aimé.
Je suis allé, courant comme à la découverte,
Demandant le chemin à chaque maison verte ;
Tant que, lisant le nom sur la barrière écrit,
Je m'y sois arrêté d'un regard qui sourit ;
Et, sans entrer plus loin (car si matin je n'ose),
J'ai tout vu du dehors, comme hélas ! toute chose.
Enfin j'ai côtoyé, j'ai compris ce doux lieu ;
A mes amis, un soir d'hiver, au coin du feu,
Je dirai : *Je l'ai vu* ; je pourrai leur répondre,
Et, sur un point de plus, l'ame ira se confondre.

A Thoun, miroir si pur, de granit encadré,
Je voguais, à la main tenant mon cher André,
Négligemment, sans but... Tout d'un coup, à la page
Où je lisais le moins, je saisis un passage :
*O Thoun, onde sacrée*[*] ! — Il a vu ces grands bords ;
Jeune, il a dénombré leurs sauvages trésors.
Il les voulait revoir, quand l'amour infidèle
Le délaissait en proie à sa flamme moins belle ;

---

[*] André Chénier, Élégie 40ᵉ.

Il s'y voulait guérir ! — L'eau, les monts et les cieux
Ont redoublé d'attrait. Le roc mystérieux
Qu'il m'indique en ses vers, et le creux qui s'enfonce,
Le voilà, plus présent quand c'est lui qui l'annonce.
Il y cherchait, blessé, comme un asile sûr.
Mon cœur, aux mêmes lieux traînons mon deuil obscur !

Ainsi, je vais en art, en amitié secrète
Observant les sentiers. Ainsi, fais, ô Poète,
Ainsi, fais de tes jours ! et quand l'homme bruyant,
Qu'on répute là-bas solide et patient,
Jusqu'à trois fois peut-être, en sa lourde carrière,
Change d'opinions et de vaine bannière,
Toi qui parais volage et souvent égaré,
Passe ta vie à suivre un vestige adoré !

---

## A MES AMIS

## M. ET MADAME OLIVIER[*].

Salut ! je crois encore ! Ainsi j'espérais dire
A ce lac immortel[**] que j'allais visiter ;
Il me semblait qu'au cœur que le spectacle inspire,
Ma défaillante foi renaîtrait pour chanter.

La grandeur héroïque à ces rochers gravée,
L'escarpement du lac à ce glorieux bord,
La liberté fidèle et sans bruit conservée,
Sincère comme au jour de son antique effort ;

[*] Auteurs du recueil de poésies intitulé : *les Deux Voix*. Lausanne, 1835.
[**] Le lac des quatre cantons.

Sur ces flots que l'histoire ou la Muse renomme,
Un beau ciel rayonnant ou l'orageux éclair;
Les lieux solennisant les souvenirs de l'homme,
Homme et lieux égalés par la voix de Schiller;

Tout, oui, tout, poésie, héroïsme et nature,
Me promettait de loin un sublime secours;
Peut-être il me prendrait une espérance pure,
Un magnanime essor comme en mes nobles jours.

Peut-être, à tous ces vœux d'humanité plus grande,
Dont le rêve, si cher, de près s'en est allé,
J'allais rouvrir enfin un cœur qui les demande,
Qui, jeune, les reçut, et que rien n'a souillé.

Peut-être, en ces beaux flots noyant toute tristesse,
Sur cet intègre autel écoutant l'avenir,
J'allais, au vent qui chasse intrigue et petitesse,
Aspirer le saint but qu'on ne pourra ternir.

Peut-être, aux fiers serments pour cette cause aimée,
J'allais redire encor : Ce n'était pas en vain !
Ce qui se joue ailleurs n'est que bruit et fumée,
N'est que boue et poussière : atteignons à la fin !

Et j'ai touché ces lieux de si sévère attente,
J'ai vu leur grandeur simple, et j'ai tout admiré;
Mais rien qu'eux n'a brillé dans mon ame éclatante,
Et mon passé plutôt, tout d'abord, a pleuré.

Il a pleuré de voir ce Rutli des vieux âges,
Perpétuelle source à de durables mœurs,
L'humble chapelle encore au bas des rocs sauvages,
Et le héros toujours salué des rameurs.

Amertume et dédain que les gloires taries,
Quand les mots ont tué toute vertu d'agir,
Quand l'astuce et la peur !... Heureuses les patries
Dont on peut repasser les grands jours sans rougir !

Tel donc, ô mes Amis, au lac, à la montagne
J'allais, cherchant en moi ce qui se retirait ;
Mais quand, las de chercher, au vallon qui me gagne
Je suis venu m'asseoir sous votre toit secret,

J'ai vu la paix du cœur, l'union assurée,
Le saint contentement des biens qu'on a trouvés,
Et les grâces au Ciel pour leur seule durée,
Et le renoncement des autres biens rêvés ;

J'ai vu l'intelligence en sa démarche à l'aise,
Sans s'user aux détours, suivant un but voulu ;
L'étude simple et haute où trop d'essor s'apaise ;
En face des grands monts, Dante parfois relu ;

Parfois, la poésie en prière élancée,
Du même heureux sillon laissant monter deux voix ;
Vos destins s'enfermant, mais non votre pensée,
Et le monde embrassé du rivage avec choix.

Des vrais dons naturels j'ai compris l'assemblage,
La force antique encore et l'antique douceur ;
Et causant d'aujourd'hui, de ce Paris volage,
A table je goûtais le chamois du chasseur.

Ce que je n'ai pas dit à la montagne austère,
A la chapelle, au lac qui m'a laissé mon deuil,
Mes Amis, je le dis à l'ombre salutaire,
Au foyer domestique, au cordial accueil,

Aux vertus du dedans, partout, toujours possibles,
Au bonheur résigné, sobre et prudent trésor,
Au devoir modérant les tendresses sensibles :
Amis, en vous quittant, — Salut ! je crois encor !

Aigle.

## A MADAME V.

Jamais je n'ai couru lacs, montagnes et plaines,
Ou les hameaux épars, ou les cités si pleines,
Tant d'échos où de nous nul bruit ne retentit,
Sans mieux sentir en moi, d'impression profonde,
    Combien grand est le monde,
    Combien l'homme petit!

Je n'ai jamais, de près, vu la ville où je passe,
Les secrets coins du monde où le hasard me chasse,
Sans admirer leur prix hors de nos vains débats,
De tant d'esprits divers sans saluer le nombre,
    Plus solides dans l'ombre
    Et qu'on ne saura pas.

Je n'ai jamais vécu d'hospitalière vie,
Pélerin de passage, au toit qui me convie,
Sans éprouver qu'il est encor de bonnes gens,
Des justes à sauver la vertu sur la terre,
    A consoler le Père
    Dans les cieux indulgents.

Non plus, je n'ai jamais, au retour d'une absence,
Revu Paris si cher, sans mieux voir sa puissance,
Sans y plus admirer tant de noms rattachés ;
Surtout sans raccourir, d'une amitié plus tendre,
    Vers qui veut bien m'attendre,
    Vers les amis cachés !

## A MADAME LA C. DE T.

A vous, Madame, j'ose adresser et comme retraduire ce que vous m'avez vous-même raconté. Heureux je m'estimerai dans ce récit, si vous daignez le reconnaître ; heureux si ceux qui le lisent ressentent quelque chose de l'intérêt dont j'ai été saisi en vous écoutant !

Saxea ut effigies bacchantis.
ARIANE DE CATULLE.

Nous causions d'un sujet qui n'est jamais passé,
Du mal que fait à l'ame un amour délaissé,
Un amour sans espoir, l'irrévocable absence,
La mort ; si l'homme aimant, en son cœur, a puissance
D'aimer comme la femme, et s'il peut en souffrir
Comme elle, bien souvent, jusqu'au point d'en mourir.
Vous doutiez ; j'affirmais ; je cherchais en mémoire
Quelque exemple évident auquel je voulais croire ;
Mais, à citer toujours, je n'avais rien de mieux
Que ces noms de roman, ou Paul, ou Des Grieux.
Et vous, esprit fécond, si pleine d'étincelles,
Belle Ame si clémente à vos douleurs cruelles,
Dont la gaîté souvent, en discours variés,
Fait oublier vos maux, tant vous les oubliez !
Cette fois rassemblant toute votre tendresse,
Ces larmes dans la voix que votre Ange caresse,
Que traversait encor l'enjoûment adouci,
Longuement, moi muet, vous parlâtes ainsi :

Je remontais le Rhin de Cologne à Mayence,
A Manheim ; sur le pont nous avions affluence
D'Anglais, d'Américains, tous peuples à la fois ;
Triste était la saison, en août trente-trois.
On allait, et déjà des deux rives voisines
Les bords se relevaient en naissantes collines,
Et préparaient de loin ces rochers et ces tours,
Qui renomment le fleuve et font gloire à son cours.

Nos passagers bientôt, amateurs de nature,
Pour la mieux admirer dans sa nomenclature,
Chacun tenant sa carte et l'œil collé devant,
Laissaient fuir, sans y voir, le spectacle vivant.
Une pluie alors vint et les fit tous descendre.
J'eus désir de rester, et j'avisai d'attendre,
Montant dans ma voiture à l'autre bout du pont,
Que le soleil chassât ce nuage qui fond.
Mais, dans mon gîte à peine au hasard installée,
Je m'y trouvai si bien, exhaussée, isolée,
Et, grâce aux quelques pieds qui passaient le niveau,
Dominant le rivage, égalant le coteau,
Ayant mon belvéder au-dessus des campagnes,
Tenant mon ermitage à mi-flanc des montagnes,
Et, comme d'un balcon, rasant ces bords flottants,
Que je n'en bougeai plus tout le reste du temps.
Les voitures tenaient dans les secondes places;
J'avais donc près de moi gens d'assez basses classes,
Domestiques d'Anglais, Allemands ouvriers,
Durant le choléra de ces mois meurtriers,
Revenus d'Angleterre ou sortant de Belgique;
Des soldats regagnant la partie helvétique,
Licenciés, et qui, dans leur désœuvrement,
Portaient la main à tout à bord du bâtiment,
Et faisaient comme émeute à la moindre soupape,
Touchant, vérifiant chaque objet qui les frappe;
Et c'étaient de grands cris pour les chasser de là.

Assez long-temps, sans rien remarquer de cela,
Entre ceux d'alentour sans distinguer personne,
J'avais été, l'œil fixe au ciel qui m'environne,
Tout entière aux coteaux, à la grandeur des lieux,
Et, sous les accidents pluvieux, radieux,
Admirant et suivant cette beauté ternie,
Par places renaissante, et toujours l'harmonie.
Puis, le soleil bientôt reparu dans son plein,
Je restai d'autant mieux, — au sourire malin,
Au sourire, et, je crois, un peu fort au scandale
Des Anglais dont la carte est rouverte et s'étale,
Qui cherchent de plus belle, et ne comprenaient pas
Qu'on pût, sur un bateau, s'aller percher là-bas

En voiture, et surtout (énormité profonde!)
Hors de la balustrade où se clôt le beau monde.

 Ma fille cependant, qui me laissait un peu,
Me revint en criant : « Maman, le comte de...
Est dans les passagers. » — « Impossible! » — « Il remonte,
» Le voici! » — J'aperçus, en effet, non le comte,
Mais, sous l'habit grossier d'homme des derniers rangs,
Une noble figure aux yeux bleus transparents,
Quelque chose du Nord, la ligne régulière,
Et de grands cheveux blonds portés d'une manière
Haute, aristocratique, et comme notre ami.
Mon œil, dès ce moment, le suivit, et, parmi
Les nombreux passagers de cette classe obscure,
Un intérêt croissant détachait sa figure;
Et plus je l'observai, plus il obtint sa part
Dans ce cadre où d'abord s'absorbait mon regard.

 Il était mis en simple ouvrier, et peut-être
Avec trop de dessein marqué de le paraître :
Un vieil habit flottant; quelque grand chapeau gris
Tombant sur sa coiffure en larges bords flétris;
Chemise rose et bleue et faisant qu'on la voie;
Surtout des gants en peau brodés d'argent, de soie,
Comme quelque ouvrier de Saxe endimanché;
Mais l'ongle blanc parfois s'allongeait mal caché.

 Je remarquai bientôt sa liaison suivie
Avec un groupe, auprès, qui d'abord m'avait fuie;
Une famille entière : un mari d'air grossier,
Ne montrant d'autre instinct qu'appétit carnassier,
La pipe et la viande, et, dans tout le voyage,
Faisant de l'une à l'autre un ignoble partage,
Et plaisantant encor là-dessus pesamment :
Je n'entendais que trop son rustique allemand.
Une femme à côté, de jeunesse incertaine,
Qu'avait peut-être usée ou le temps ou la peine,
Se dérobait pour moi sous son mince chapeau
Qu'une femme de chambre aurait porté plus beau.
A quelques pas de là, seule sur sa banquette,
Sa fille, qui semblait de quatorze ans, discrète

Et déjà fine, à part se tenait dans sa fleur,
Et mettait au tableau quelque fraîche couleur,
Fort à temps; car, non loin, ses deux plus jeunes frères,
Laids, sales et criards, tout-à-fait ses contraires,
Deux petits garnements grimpés à la hauteur
De la voiture même, et trouvant très-flatteur
Apparemment d'avoir notre beau voisinage,
Ne cessaient les regards droit à notre visage
Sur ma fille et sur moi : s'ils rencontraient nos yeux,
C'était vite un salut de tête, gracieux,
Qu'il leur fallait bien rendre; importune façade!
Et le grand paysage en devenait maussade.

Je soupçonnai d'abord quelque étincelle en jeu
Entre la jeune fille et le blond à l'œil bleu;
De là déguisement, amoureuse équipée...
Mais, au second aspect, je fus bien détrompée :
La belle enfant n'avait qu'un regard qui se tait,
Et lui n'y cherchait rien, ou même l'évitait.

Mais la mère, la mère hélas! la pauvre femme,
De ses secrets bientôt j'interceptai la flamme.
Tandis que le jeune homme, au spectacle attaché,
Trahissait, même ainsi, son noble essor caché,
Elle, qui le suivait dans l'oubli qui l'enlève,
Quand il était resté trop long-temps sous son rêve,
Lui dépêchait sans bruit un des sales marmots
Rappelé tout exprès, descendu des ballots,
Où leur faveur pour nous les tenait en vedette;
Et l'enfant s'approchait, et, comme une sonnette,
Tirant le pan d'habit, il allait brusquement
Sans pitié pour l'extase et pour l'enchantement.
Ainsi nous revenait le rêveur qui s'oublie.
Un geste, un froncement à la lèvre pâlie,
Aussitôt réprimés, passaient comme un éclair.
Il prenait le petit et l'appelait son cher,
Et le baisait tout sale au milieu du visage,
Et, pendant quelque temps laissant le paysage,
Il s'efforçait ailleurs, et marquait qu'il songeait
A celle qui de lui faisait l'unique objet.

Je ne m'en tenais plus sur un point au *peut-être;*
L'inconnu n'était pas ce qu'il voulait paraître.
Son grand air soutenu, son souris haut et lent,
En lui de notre ami tout ce portrait parlant,
Ce goût de pittoresque et de belle nature
Qui si souvent suppose en un cœur la culture,
Ces langues qu'il possède en familier accès
(Car ma fille assurait qu'il parlait bien français),
Que fallait-il? enfin, son entière apparence
Près de ces pauvres gens qui lui font déférence.

Une fois, le mari, par trop de libre humeur,
Lui présenta sa pipe, et le noble fumeur
Avec dégoût la prit, hâté de la lui rendre.
A manger, lorsqu'entre eux ils commençaient d'étendre
Le papier tout farci de leur grossier repas,
Ils s'y jetaient...; à lui, rien...; ils n'en offraient pas.

Le premier jour ainsi se passa, le jeune homme
Plus épris du grand fleuve, et des bords qu'on renomme,
Que de la pauvre femme, et celle-ci sans fin
Occupée à lui seul!... je m'intriguais en vain.

A Coblentz arrivés, le soir, d'assez bonne heure,
Quand la foule s'attable à l'auberge et demeure,
J'allai vers la Moselle, autre beau flot courant,
Voulant me reposer du Rhin sévère et grand.
Au retour, vers la nuit, dans la ville qui monte
Nous perdions le chemin, quand tout d'un coup *le Comte*
(Ma fille et moi toujours nous lui donnions ce nom)
Apparut devant nous, servant de compagnon
A cette même femme, en ce moment coquette,
Ayant refait depuis un reste de toilette,
Et semblant, à son bras, fière d'un honneur tel!
Je demandai tout droit en français notre hôtel:
Il repartit d'un ton piqué de violence
(Comme dans son secret un homme qu'on relance)
Qu'il ne comprenait pas; je lui refis mon dit
En allemand alors, auquel il répondit.
Mais je pus remarquer, même à la nuit obscure,
La femme intéressante et sa tendre figure,

Fatiguée, il est vrai, non plus jeune d'ailleurs,
Et tout usée aussi par de longues douleurs,
Mais surtout dans l'instant glorieuse, étonnée
De paraître à ce bras, et comme illuminée !

Le lendemain matin, la scène du bateau
Fut autre : le jeune homme eut un soin tout nouveau,
Un soin, s'il n'était pas celui de l'amour même,
Compatissant du moins pour l'être qui nous aime.
Vint la pluie ; il lui tint sa pauvre ombrelle au vent ;
Il serrait de ses mains le manteau voltigeant.
Entre ses deux genoux, leur disant des histoires,
Il gardait bien long-temps les enfants aux mains noires,
Et les grondait, si seuls ils approchaient du bord.
On offrit des raisins, mais fort chers, et d'abord
J'allais en refuser aux désirs de ma fille ;
Il en achetait, lui, pour la pauvre famille.

Durant une éclaircie, elle ôta son chapeau,
Déploya ses cheveux, son trésor le plus beau,
Releva sa paupière au rayon éblouie,
Et ce manteau, tombant tout chargé par la pluie,
Laissa voir une taille ; un élégant débris
De jeunesse et de grâce, et dès lors je compris.

Les vieux châteaux passaient sans qu'on les comptât guère ;
Mais, quand ce fut celui d'un puissant de la terre,
Quand le nom circula du beau Johannisberg *,
Tous regardaient en masse, et ce fut un concert.
Et moi, je regardais le jeune homme à la face :
J'y saisis le dédain qu'un faux sourire efface,
Ce qu'en anglais Byron eût appelé le *sneer*,
Cette douleur railleuse et qu'il faut retenir.

O Polonais, pensai-je, ô le plus noble Slave,
Te voilà donc ici pour ne pas être esclave !
Te voilà, toi, seigneur, hors du honteux péril,
Pauvre, en habit grossier, déguisant ton exil,
Trop heureux d'avoir pu, dans la cité lointaine,

* Appartenant au prince de Metternich.

Rencontrer au faubourg ces compagnons de peine,
La famille qui t'aime, et dont un cœur trop bien
Écouta ton malheur et te devra le sien !.

Et la femme pourtant, que ce fût aux collines
Ou le Reinstein brillant relevé des ruines,
Ou le Johannisberg dont la vitre a relui,
Ne savait, et n'avait de regards que pour lui.

A Mayence arrivant, au moment de descendre
Il se rapprocha d'eux, et tout me fit comprendre
Qu'il était sous l'abri du même passeport.

Le lendemain matin, en revenant au bord
Dès l'aube, pour pousser à Manheim le voyage,
Je les vis tous, mais eux cette fois sans bagage ;
Lui seul avait le sien, fort léger, qu'on portait.
Rien qu'au deuil de la femme un mystère éclatait.
Elle était là muette, immobile et frappée.
Je compris cette veille en soin tendre occupée ;
Cette veille, où pour elle il tâchait d'être mieux,
Était celle des longs, des éternels adieux !

Montant sur le bateau, je suivis la détresse,
Le départ jusqu'au bout ! — Il baise avec tendresse
Les deux petits garçons, embrasse le mari,
Prend la main à la fille (et l'enfant a souri,
Maligne, curieuse, Ève déjà dans l'ame) ;
Il prend, il serre aussi les deux mains à la femme,
Évitant son regard. — C'est le dernier signal
De la cloche ! — Il s'élance ! O le moment final !
Quand on ôte le pont et pendant qu'on démarre,
Quand le câble encor crie, ô minute barbare !
Au rivage mouvant, alors il fallait voir,
De ce groupe vers lui, gestes, coups de mouchoir ;
Et les petits enfants, chez qui tout devient joie,
Couraient le long du bord d'où leur cri se renvoie.
Mais la femme, oh ! la femme, immobile en son lieu,
Le bras levé, tenant un mouchoir rouge-bleu
Qu'elle n'agitait pas, je la vois là sans vie,
Digne que, par pitié, le Ciel la pétrifie !

Non, ni l'antique mère, au flanc sept fois navré,
Qui demeura debout marbre auguste et sacré,
Ni la femme de Loth, n'égalaient en statue
Ce fixe élancement d'une douleur qui tue!
Je pensai : Pauvre cœur, veuf d'insensés amours,
Que sera-ce demain, et ce soir, et toujours?
Mari commun, grossier, enfants sales, rebelles;
La misère; une fille aux couleurs déjà belles,
Et qui le sait tout bas, et dont l'œil peu clément
A, dans tout ce voyage, épié ton tourment :
Quel destin! — Lui pourtant, sur qui mon regard plonge,
Et qu'embarrasse aussi l'adieu qui se prolonge,
Descendit. — Nous voguions. En passant près de lui,
Une heure après : « Monsieur, vous êtes aujourd'hui
Bien seul, » dis-je; — « Oui, fit-il en paroles froissées,
Depuis Londres, voilà six semaines passées,
J'ai voyagé toujours avec *ces braves gens.* »
L'accent hautain notait les mots plus indulgents.
— « Et les reverrez-vous bientôt? » osai-je dire.
— « Jamais! répliqua-t-il d'un singulier sourire;
Je ne les reverrai certainement jamais;
Je vais en Suisse; après, plus loin encor, je vais! »

 Ce fut tout. Seulement, vers la même semaine,
Étant dans Heidelberg où midi me promène,
Passe une diligence, et je le vois en haut,
Lui, sur l'impériale. Il me voit, aussitôt
Me salue, et se lève, et du corps, de la tête
Il me salue encor, et me veut faire fête,
Tant qu'enfin la voiture ait détourné le coin :
« Allons! au moins, me dis-je, un souvenir de loin
Pour cette pauvre femme, une bonne pensée
Sortie à l'improviste, et vers elle élancée! »

FIN DES PENSÉES D'AOUT.

# NOTES ET SONNETS.

*Tous sont divers, et tous furent vrais un moment.*
ANDRÉ CHÉNIER.

## SONNETS.

### I.

DE BALLAIGUES A ORBE, JURA.

14 octobre.

Sur ce large versant, au dernier ciel d'automne,
Les arbres étagés mêlent à mes regards
Les couleurs du déclin dans leurs mille hasards,
Chacun différemment effeuillant sa couronne.

L'un, pâle et jaunissant, amplement s'abandonne;
L'autre, au bois nu, mais vert, semble au matin de mars;
D'autres, près de mourir, dorent leurs fronts épars
D'un rouge glorieux dont tout ce deuil s'étonne.

Les sapins cependant, les mélèzes, les pins,
D'un vert sombre, et groupés par places aux gradins,
Regardent fixement ces défaillants ombrages,

Ces pâleurs, ces rougeurs, avant de se quitter...
Et semblent des vieillards, qui, sachant les orages
Et voyant tout finir, sont tristes de rester.

* Ces quelques pièces de vers sont d'une date un peu postérieure aux *Pensées d'Août*, et forment un appendice naturel à ce recueil.

## II.

### DE BALLAIGUES A JOUGNE, AU RETOUR.

Le 2 juin.

J'ai revu ces grands bois dans leur feuille nouvelle,
J'ai monté le versant fraîchement tapissé.
A ces fronts rajeunis chaque vert nuancé
Peignait diversement la teinte universelle.

Près du fixe sapin à verdure éternelle
Le peuplier mouvant, le tremble balancé,
Et le frêne nerveux, tout d'un jet élancé,
De feuille tendre encor comme la fraxinelle.

Le mélèze lui-même, au fond du groupe noir,
Avait changé de robe et de frange flottante;
Autant qu'un clair cytise, il annonçait l'espoir.

O mon Ame, disais-je, ayons fidèle attente!
Ainsi dans le fond sûr de l'amitié constante
Ce qui passe et revient est plus tendre à revoir.

---

Lorsque j'arrivai à Lausanne pour y commencer un cours, MM. les étudiants de la société dite de *Zofingue* m'adressèrent un chant de bon accueil et d'hospitalité; j'y répondis la veille du 1<sup>er</sup> janvier par la pièce suivante, où il est fait allusion, vers la fin, à la perte récente d'un jeune et bien regrettable poète, qui aurait fait honneur au pays.

Pour répondre à vos vers, à vos chants, mes Amis,
Je voulais, plus rassis de ma prose, et remis,
  Attendre au moins les hirondelles;
Je voulais, mais voilà, de mon cœur excité,
Que le chant imprévu de lui-même a chanté
  Et vers vous a trouvé des ailes.

Il a chanté, croyant dès l'hiver au printemps,
Tant la neige à vos monts, à vos pics éclatants
    Rit en fraîcheurs souvent écloses ;
Tant chaque beau couchant, renouvelant ses jeux,
A tout ce blanc troupeau des hauts taureaux neigeux
    Va semant étoiles et roses !

Même aux plus sombres jours, et quand tout se confond,
Quand le lac, les cieux noirs et les monts bleus nous font
    Leurs triples lignes plus serrées,
Il est de prompts éclairs partis du divin seuil,
Et pour l'esprit conforme à ce grand cadre en deuil
    Il est des heures éclairées.

Tout ce que d'ici l'œil embrasse et va saisir,
Miroir du chaste rêve, horizon du désir,
    Autel à vos âmes sereines ;
Là bas aussi Montreux, si tiède aux plus souffrants,
Et fidèle à son nom ce doux nid de Clarens,
    Où l'hiver même a ses haleines ;

Oui, tout !... j'en comprends tout, je les aime ces lieux ;
J'en recueille en mon cœur l'écho religieux
    S'animant à vos voix chéries,
A vos mâles accords d'Helvétie et de ciel !
Car vous gardez en vous, fils de Tell, de Davel *,
    Le culte uni des deux patries.

Oh ! gardez-le toujours, gardez vos unions ;
Tenez l'œil au seul point où nous nous appuyons
    Si nous ne voulons que tout tombe.
La mortelle patrie a besoin, pour durer,
D'entrer par sa racine, et par son front d'entrer
    En celle que promet la tombe.

Fils au cœur chaste et fort, gardez tous vos saints nœuds,
Ce culte du passé, fécond en jeunes vœux,
    Cet amour du lac qui modère,
Cet amour des grands monts qui vous porte, au pied sûr,
Dès le printemps léger, dans la nue et l'azur
    D'où vous chantez la belle terre.

* Le major Davel, patriote et religieux, exécuté en 1723 pour avoir tenté d'affranchir le Pays de Vaud de la domination bernoise.

Et si quelqu'un de vous, poète au large espoir,
Hardi, l'éclair au front, insoucieux de choir,
    S'il tombe, hélas! au précipice,
Gardez dans votre cœur, au chantre disparu,
Plus sûr que l'autre marbre auquel on avait cru,
    Un tombeau qui veille et grandisse.

A ceux, aux nobles voix qu'encor vous possédez,
A ceux dont vous chantez les chants émus, gardez
    Amour constant et sans disgrace;
Toutes les piétés fidèles à mûrir;
Et même un souvenir, qui n'aille pas mourir,
    A celui qui s'asseoit et passe.

<small>31 décembre 1837.</small>

## SONNET.

#### TRADUIT D'UHLAND.

Deux jeunes filles, là, sur la colline, au soir,
Sous le soleil couchant deux tiges élancées,
Légères, le front nu, comme sœurs enlacées,
S'appuyaient l'une à l'autre, et venaient de s'asseoir.

L'une aux grands monts, au lac, éblouissant miroir,
Du bras droit faisait signe, et disait ses pensées;
L'autre, vers l'horizon aux splendeurs abaissées,
De sa main gauche au front se couvrait, pour mieux voir.

Et moi qui les voyais toutes deux... et chacune,
Un moment j'eus désir : « Oh! pourtant, près de l'une
Être assis! me disais-je; » et j'allais préférer.

Mais, regardant encor les deux sœurs sous le charme,
Mon désir se confond, tout mon cœur se désarme :
« Non, ce serait péché que de les séparer! »

## SONNETS.

### A DEUX SOEURS.

#### I.

##### A MADEMOISELLE FRÉDÉRIQUE....

Pour qu'en parole, en vers mélodieux,
De sa jeune ame à la forme si belle
Un chant s'exhale, il lui faut, nous dit-elle,
Tristesse au cœur et des pleurs dans ses yeux;

Il faut que celle à qui l'azur des cieux
Dès le berceau colora la prunelle,
Et qui répand le bonheur autour d'elle,
Ressente moins ce qu'on lui doit le mieux.

Oh! s'il est vrai, sur sa lèvre si pure,
O Poésie, arrête ton murmure;
Vers et soupirs, n'en soulève plus un.

Comme une abeille encore ensommeillée
Que la rosée odorante a mouillée,
Dors au calice, ou ne sois qu'un parfum!

#### II.

##### A MADEMOISELLE ÉLIZA - WILHELMINE....

Puisqu'à tout coup sa vive raillerie
S'échappe et brille en gai pétillement,
Puisqu'un lutin de grâce et de féerie
Toujours dérobe un coin de sentiment;

Puisqu'amusés par ce propos charmant,
D'elle on ne voit ce qui rêve ou qui prie,
Et qu'à tous yeux cette gaieté chérie
Soir et matin fait un déguisement,

O Poésie, ouvre-nous le mystère ;
Fais-lui trahir ce que son cœur veut taire,
Ses hauts instincts, cette fois non railleurs,

Quand vient la Nuit comme une sœur voilée,
Et qu'en silence à la voûte étoilée
Monte son rêve, et que tombent ses pleurs !

## A M....

Oh ! laissez-moi quand la verve affaiblie
Par les coteaux m'égare avec langueur,
   Quand pourtant la mélancolie
   Demande à s'épancher du cœur,

Oh ! laissez-moi du poète que j'aime
   Bégayer le vague et doux son,
   Glaner après lui ce qu'il sème,
Et de Collins, d'Uhland lui-même
   Émietter quelque chanson.

   Je vais, traduisant à ma guise
   Un vers que je détourne un peu ;
   C'est trop ma douceur et mon jeu
   Pour qu'autrement je le traduise.

   C'est proprement sur mon chemin
   Tenir quelque branche à la main
   Que j'agite quand je respire.
   C'est sous mes doigts faire crier,
   C'est mâcher un brin de laurier,
   Comme nos maîtres l'osaient dire.

   Quel mal d'avoir entrelacé,
   Même d'avoir un peu froissé
   Deux fleurs dans la même couronne ?
   La fleur se brise dans l'essai ;
   L'arbre abondant me le pardonne.

Et puis j'y mêle un peu de moi,
Et ce peu répare ma faute.
Souvent je rends plus que je n'ôte
Par un nouvel et cher emploi.

Ainsi, quand, après des journées
D'étude et d'hiver confinées,
Je quitte, un matin de beau ciel,
Mon Port-Royal habituel ;
Si devant mon cloître moins sombre,
Au bord extrême du préau,
M'avançant, je vois passer l'ombre,
Ombre ou blanc voile et fin chapeau
De jeune fille au renouveau
Courant au tournant du coteau,

Alors, pour peindre mon nuage,
M'appliquant tout-à-fait l'image
Du Brigand près du chemin creux,
Uhland, j'usurpe ton langage ;
Et, si je n'en rends le sauvage,
J'en sens, du moins, le douloureux.

## LE BRIGAND.

#### IMITÉ D'UHLAND.

Un jour (en mai) de fête et de lumière,
Au front du grand bois éclairci,
Sortit le Brigand ; et voici
Qu'au chemin creux, sous la lisière,
Jeune fille passait sans rien voir en arrière.

« Oh ! passe ainsi ! quand ton panier de mai,
Au lieu de fraîches violettes,
Tiendrait joyaux, riches toilettes,
Quel sentier te serait fermé ? »
Pensait le dur Brigand au front sombre allumé.

Et son regard aux fortes rêveries
   Suit long-temps et va protéger
   La jeune fille au pas léger
   Qui déjà gagne les prairies
Et glisse blanche au loin, le long des métairies;.

Tant qu'à la fin, une haie au détour
   Couvrant la blancheur de la robe,
   L'aimable forme se dérobe...
   Pourtant le Brigand, à son tour,
Rentre à pas lents au bois, sous ses sapins sans jour.

---

## SONNETS.

### I.

> Come la rena quando 'l turbo spira.
> DANTE, *Inferno*.

En mars quand vient la bise, et qu'après le rayon,
Après des jours d'haleine attiédie et gagnante,
Sur la terre encor nue et partout germinante,
Comme en derniers adieux, s'abat le tourbillon;

Quand du lac aux coteaux, des coteaux au vallon
J'erre, le front au vent, sous sa rage sonnante,
Qu'aux pics la neige luit plus dure, rayonnante,
Oh! qui n'est ressaisi du démon d'Aquilon?

Que devient le bon ange? Où Béatrix est-elle?
Et toi, toi que j'aimais, apathique et cruelle!
Tout vous balaie en moi, tout vous chasse dans l'air.

Mon cœur joyeux se rouvre à ses âpres furies :
Aux crins des flots dressés, accourez, Valkiries!
La nature est sauvage, et le lac est de fer.

## II.

> Agli occhi miei ricominciò diletto.
> DANTE, *Purgatorio.*

Mais la bise a passé. Revient la douce haleine,
Revient l'éclat céleste au bleuâtre horizon.
La violette rit dans son rare gazon ;
La neige brille aux monts sans insulter la plaine.

Que d'aspects assemblés ! Sur la hauteur prochaine
Ce massif de bois nu, dans sa sobre saison ;
En bas le lac limpide, où nagent sans frisson
Les blancs sommets tout peints d'un bleu de porcelaine.

Pauvre orage de l'ame, où donc est ta rigueur ?
Qu'as-tu fait de tes flots, orage de mon cœur ?
Je sens à peine en moi les rumeurs expirantes.

J'aime ce que j'aimais ; un souvenir pieux
Sur ces coteaux nouveaux me redit d'autres lieux,
Et je songe au passé le long des eaux courantes.

## III.

> . . . . Alle stelle!
> DANTE.

Et je songe au passé, peut-être à l'avenir,
Peut-être au bonheur même en sa vague promesse,
Au bonheur que promet un reste de jeunesse,
Et qu'un cœur pardonné peut encore obtenir.

Pardonne-lui, Seigneur, et le daigne bénir ;
Retiens sa force errante, ou force sa faiblesse,
Pour qu'en toute saison ton souffle égal ne laisse
Ni désir insensé, ni trop cher souvenir.

Qu'il se reprenne à vivre, en espoir de la vie ;
Que, sans plus s'enchaîner, il trouve qui l'appuie,
Qui lui rapprenne à voir ce qu'il s'est trop voilé ;

Pour que monte toujours, même dans la tourmente,
Même sous le soleil, dans la saison clémente,
Mon regard pur, fidèle au seul pôle étoilé !

## SONNET.

### A PHILOTHÉE.

Pourquoi, dans l'amitié, vouloir donc que l'ami
Se moule à notre esprit, en épouse l'idée,
La tienne en tout pareille et sur tout point gardée,
Sans que rien la dépasse et se joue à demi ?

Pourquoi, s'il doute encor, s'il est moins affermi
En tout ce qui n'est pas l'amitié décidée,
Pourquoi, sans vous asseoir, toujours plus loin guidée,
Le piquer dans son doute à l'endroit endormi ?

J'en sais qui, dès avril, sur l'arbre encor sauvage,
Non pas indifférents, mais sans presser le gage,
En respirent la fleur d'un cœur déjà content.

Et cette fleur, un jour peut-être, non hâtée,
Comblera tous vos vœux, ô belle Philothée !
Comme un fruit mûr qui tombe au gazon qui l'attend.

## A MADAME....

Il est doux, vers le soir, au printemps qui commence,
Au printemps retardé qui se déclare enfin,
Les premiers jours de mai, dans cet air tout divin
Où se respire en fleur la première semence ;

Il est doux, à pas lents, sous le couchant immense,
Devant ces pics rosés de neige et d'argent fin,
Devant ce lac qui luit comme un dos de dauphin,
Par ces tournants coteaux qui vont sans qu'on y pense,

Il est doux, Amitié, de marcher sans danger,
Tenant près de son cœur ton bras chaste et léger,
De se montrer chaque arbre et sa pointe première :

Le bois, sans feuille encor, mais d'un bourgeon doré,
Jette l'ombre à nos pas sur le sol éclairé,
Et d'un réseau qui tremble y berce la lumière.

---

## A LA MUSE.

Pauvre muse froissée, insultée, avilie,
Pauvre fille sans fard qu'en humble pélerin
Devant eux j'envoyais pour chanter sans refrain,
Oh ! reviens à mon cœur poser ton front qui plie.

Ils ne t'ont pas reçue, ô ma chère folie,
O ! plus que jamais chère ; apaise ton chagrin !
Ton parfum m'est plus doux par ce jour moins serein,
Et l'abeille aime encor ta fleur désembellie.

Un sourire immortel à la terre accorda
Hyacinthe, anénome et lys, et toutes celles
Qu'Homère fait pleuvoir aux pentes de l'Ida.

Même aux champs, sur la haie, il en est de bien belles ;
Blanche-épine au passant rit dans ses fleurs nouvelles ;
Mais la mieux odorante est l'obscur réséda.

# RÉPONSE

## A MON AMI F.-Z.

> « Toujours je m'entête, malgré le miel
> qui est au fond de vos vers, à me fâcher
> contre cet alexandrin brisé.... »
> *(Lettre.)*

Oui, cher Zénon, oui, ma lyre est bizarre,
Je le sais trop ; d'un étrange compas
Elle est taillée, et ne s'arrondit pas
D'un beau contour sous le bras du Pindare.

Le chant en sort à peine, et comme avare ;
Nul groupe heureux n'y marierait ses pas :
Mais écoutez, et dites-vous tout bas
Quel son y gagne en sa douceur plus rare.

Demandez-vous si ce bois inégal,
Ce fût * boiteux qu'un coup d'œil juge mal,
N'est pas voulu par la corde secrète,

Dernière corde, et que nul avant moi
N'avait serrée et réduite à sa loi,
Fibre arrachée au cœur seul du Poète !

---

# PORT-ROYAL DES CHAMPS.

## A M. SAINTE-BEUVE.

A Port-Royal désert je suis allé revoir
La place où, méditant la parole divine,
Nicole s'asseyait, où, tant de fois, le soir,
S'exhalèrent en pleurs les pensers de Racine.

---

* *Fût* ou, comme on disait au seizième siècle, *fust*, le bois de la lyre.

Et ces grands souvenirs sur une humble ruine
M'ont fait prendre en mépris et notre vain savoir,
Et les sentiers trompeurs où notre esprit s'obstine,
Et pour nos pauvres vers l'orgueil de notre espoir.

Toi qui les as connus ces graves solitaires,
Qui sous l'herbe as cherché leurs traces toujours chères,
Tu sais ce que leur vie eut d'austères douceurs.

Ah! dis-nous si ce monde aux volontés flottantes
Vaut leurs bois embaumés, leurs sources jaillissantes,
Et le bruit de nos pas le silence des leurs.

ANTOINE DE LATOUR.

Paris, 16 octobre.

---

# RÉPONSE

## A M. ANTOINE DE LATOUR.

Demande-moi plutôt, ô poète sincère,
Dans ta comparaison de notre vanité
Avec la vertu simple et la fidélité
De ces cœurs qui cherchaient le seul bien nécessaire,

Demande-moi plutôt, en touchant ma misère,
Si j'aurai rien pris d'eux pour l'avoir raconté,
Si le signe fatal, en ce siècle vanté,
N'est pas autour des saints cette étude trop chère,

Le plus stérile emploi s'il n'est le plus fécond,
Le plus mortel au cœur s'il né le change au fond :
Regarder dans la foi comme au plus vain mirage ;

Se prendre à la ruine, et toujours repasser,
Comme aux bords d'une Athène, à l'éternel rivage :
Toucher toujours l'autel sans jamais l'embrasser !

## SONNET.

#### A MARMIER.

Le vieux Slave est tout cœur, ouvert, hospitalier,
Accueillant l'étranger comme aux jours de la fable,
Lui servant l'abondance et le sourire affable,
Et même, s'il s'absente, il craint de l'oublier :

Il garnit, en partant, son bahut de noyer ;
La jatte de lait pur et le miel délectable,
Près du seuil sans verroux, attendent sur la table,
Et le pain reste cuit aux cendres du foyer.

Soin touchant ! doux génie ! ainsi fait le Poète :
Son beau fruit le plus mûr, sa fleur la plus discrète,
Il l'abandonne à tous ; il ouvre ses vergers.

Et souvent, lorsqu'ainsi vous savourez son ame,
Lorsqu'au foyer pieux vous retrouvez sa flamme,
Lui-même, il est parti vers les lieux étrangers !

---

## SONNET.

#### IMITÉ DE BOWLES.

Comme, après une nuit de veille bien cruelle,
Un malade en langueur, affaibli d'un long mal,
Que n'a pas réjoui le doux chant matinal
Et sa vitre égayée où frappe l'hirondelle,

Se lève enfin, et seul, où le rayon l'appelle,
Se traîne : il voit le ciel, l'éclat oriental,
Les gazons rafraîchis et d'un vert plus égal,
Les coteaux mi-voilés dans leur pente plus belle ;

Quelque blancheur de nue argente l'horizon ;
Tout près, distinctement, il écoute au buisson,
Ou suit nonchalamment les bruits de la fontaine ;

Et son front se ressuie, et son ame est sereine :
Ainsi, douce Espérance, après l'âpre saison
Tout mon cœur refleurit : j'ai senti ton haleine !

---

## SONNET.

#### IMITÉ DE JUSTIN KERNER.

Le matin, en été, tout joyeux tu t'éveilles ;
L'aurore a lui ; tu sors : te voilà par les prés ;
La rosée à plaisir les a désaltérés ;
Tu cours les papillons et tu suis les abeilles !

Et t'épanouissant aux faciles merveilles,
Tu t'inquiètes peu si les cieux déchirés
Ont versé, dès minuit, sur les champs dévorés
Des larmes que l'aurore a refaites vermeilles.

Calme, heureux au matin, ainsi se montre un cœur.
A ce front embelli, la flamme ou la langueur
Te charme : sais-tu bien quelles nuits l'ont payée,

Quelles nuits sous l'orage, en pleurant ou priant !
A ton regard léger le sien paraît brillant :
C'est qu'une larme amère est à peine essuyée !

---

## SONNET.

#### IMITÉ DE BOWLES.

###### Novembre.

Étrange est la musique aux derniers soirs d'automne
Quand vers Rovéréa, solitaire, j'entends
Craquer l'orme noueux, et mugir les autans
Dans le feuillage mort qui roule et tourbillonne.

Mais qu'est-ce si déjà, sous la même couronne
De ces bois alors verts, et sur ces mêmes bancs,
On eut, soir et matin, la douceur des printemps
Auprès d'un cœur ami de qui l'absence étonne ?

Reviens donc, ô Printemps ! renais, feuillage aimé !
Mois des zéphyrs, accours ! chante, chanson de mai :
Mais triste elle sera, mais presque désolée,

Si ne revient aussi, charme de ta saison,
Printemps de ton printemps, rayon de ton rayon,
Celle qui de ces bois bien loin s'en est allée !

---

## A MADAME P.

Calme tes pleurs, elle a vécu sa vie ;
O tendre mère, elle a rempli ses jours ;
Ta belle enfant avant dix ans ravie
Des ans nombreux anticipa le cours.
Aux plus grands maux ainsi fait la nature :
Un bien chez elle achemine aux douleurs ;
Même en hâtant, elle incline et mesure.
Ce vert bouton, cette fleur était mûre ;
   Calme tes pleurs, calme tes pleurs !

L'humain sentier s'échelonne en quatre âges :
Aux deux premiers tout enivre à sentir ;
L'été calmé peut plaire encore aux sages ;
L'hiver approche, il est mieux de partir.
De ces seuls lots où la vie est bornée,
Ta fille, ô mère, en eut trois, les meilleurs :
Rayons, parfums, la flamme de l'année,
Même des fruits la saveur devinée ;
   Calme tes pleurs, calme tes pleurs !

Joueuse enfant, qui donc connut plus qu'elle
Les longs ébats autour des gazons verts,
La matinée à durée éternelle,
Les coins chéris où finit l'univers ?

Qui mieux connut, sous l'œil sacré qui veille,
Quand tout lui fait joie et bruits et couleurs,
L'instant qui fuit et luit comme une abeille,
Et la minute à l'Océan pareille ?
    Calme tes pleurs, calme tes pleurs !

Maïs de ces jeux jusque-là tant éprise,
Comme lassée, elle sortit un soir ;
Et le matin la surprit seule assise
Un livre en main pour unique miroir.
Qu'y voyait-elle ? Est-ce l'image encore ?
Est-ce le sens ? L'esprit va-t-il ailleurs ?
Elle a pleuré sur des vers de Valmore :
Germe, étincelle, elle a ce qui dévore !
    Calme tes pleurs, calme tes pleurs !

Elle a la flamme, elle attend, elle rêve,
Pauvre enfant pâle et qui trop tôt comprend.
Du gai buisson déjà son vol s'enlève ;
Elle soupçonne un univers plus grand.
Si quelque ami fatigué de sa route
Venait vers toi..., le soir ouvre les cœurs,
On s'épanchait ; elle assiste, elle écoute :
A voir son front je pressens et redoute...
    Calme tes pleurs, calme tes pleurs !

Ainsi mûrit sa jeunesse secrète.
De ses douleurs elle enferme l'aveu ;
Quand le mal gagne, elle est plutôt muette,
Pense à sa mère et ne se plaint qu'à Dieu.
Dans son fauteuil, aux heures moins souffrantes,
Douce, au soleil ranimant ses pâleurs,
Quand fuit l'automne aux langueurs enivrantes,
Elle a joui des nuances mourantes ;
    Calme tes pleurs, calme tes pleurs !

Elle a joui des lenteurs refusées
A l'âge ardent qui foule le gazon ;
Elle a goûté les grâces reposées
Par où s'enchante une arrière-saison.
Quand toute enfance, égoïste en ses joies,

Au moindre choc exhale ses malheurs,
Elle sourit de peur que tu ne voies;
C'est déjà l'Ange en ses célestes voies!
    Calme tes pleurs, calme les pleurs!

Ou pour lui plaire, ô mère inconsolée,
Pleure à jamais, mais sans un pleur amer;
Pleure long-temps au fond de la vallée
Ta vie enfuie en un monde plus cher.
Dans un rayon vois l'Ange redescendre,
Bénir tes nuits et t'y jeter ses fleurs,
Et doucement te murmurer d'attendre,
Et te redire avec un deuil plus tendre :
    Verse tes pleurs, verse tes pleurs!

## SONNET.

### A MADAME DESBORDES-VALMORE.

Puisqu'aussi bien tout passe et que l'Amour a lui,
Puisqu'après le flambeau ce n'est plus que la cendre,
Que le rayon pâli n'est plus même à descendre,
Puisqu'en mon cœur désert habite un morne ennui,

Si le loisir du chant me revient aujourd'hui,
Qu'en faire, Muse aimée? et nous faut-il attendre
L'écho qu'hier encore il était doux d'entendre,
Dernier soupir du nom qui pour toujours m'a fui?

Oh! sortons de moi-même! et de mon ame errante
Suspendons loin de moi la corde murmurante!
Ailleurs, je sais ailleurs des endroits consacrés :

Et comme un timbre d'or, qui parfois chante ou pleure,
Mon vers harmonieux sonnerait les quarts d'heure
Heureux ou douloureux des amis préférés.

## A M. MOLÉ.

### LE TOMBEAU DE DELILLE.

Sur ce brillant tombeau qui connut de beaux jours,
Où pleuvait l'immortelle, où riait la verdure,
Que l'admiration berçait de son murmure,
Qu'un long soleil de gloire embrassa dans son cours,

Le temps vient ; tout succède, et les neveux sont sourds.
Seule, une vieille sœur, qui ne sait pas l'injure,
Croit au poète mort : pour offrande et parure
Plus de fleurs que le peu qu'elle apporte toujours !

Mais l'hiver..., mais si pauvre..., hélas ! reviendra-t-elle ?
Tu l'as su : dès demain, sur le marbre fidèle,
(Bienfait tout embelli qu'enchante un noble égard !)

Elle trouve, en changeant la couronne fanée,
La bûche du foyer, le pain de la journée,
La goutte d'un vin pur, cher au cœur du vieillard !

---

## SONNET.

La jeunesse est passée : un autre âge s'avance ;
J'en ai senti déjà les signes sérieux.
L'instant est solennel : fuyons loin de ces lieux !
L'Amour qui m'a laissé ne m'en fait plus défense.

Partons : dans le détroit où mon esquif se lance,
Il convient d'être seul pour de mornes adieux,
La main au gouvernail, l'œil au profond des cieux,
Le cœur ouvert et haut pour tout voir en silence.

Des rivages aimés les derniers sont venus ;
Ils passent ; c'est l'entrée aux grands flots inconnus.
A de tels horizons il est temps de se faire.

Naples, Rome, en passant à peine je vous vois ;
Mais, vous entrevoyant, que mes pleurs quelquefois
Coulent plus adoucis sur ma ride sévère !

## SUR LA SAONE,

#### EN VOYANT UNE JEUNE FEMME A SA FENÊTRE.

Au bord de ce balcon, quelle vie ennuyée
Demande au flot qui passe un bonheur qui n'est pas ?
Quelle tête charmante, à la vitre appuyée,
Semble au gai voyageur dire un aveu tout bas ?

Mais peut-être elle l'a, plus que je ne suppose,
Elle l'a, ce bonheur, sans tant de vœux subtils,
Et, ne désirant rien, elle dit : « Où vont-ils ?
N'ont-ils donc pas chez eux le jasmin et la rose ?... »

Et puis peut-être encor, ce que je lui donnais
En idéal bonheur, en idéal veuvage,
N'était rien qu'un coup-d'œil aux tonneaux du rivage,
Un *rêve* au bon rapport de son crû mâconnais.

---

## SONNET.

Avignon m'apparaît dans sa charmante enceinte
D'un joli, grave encor, d'un sérieux mignon ;
Si bien que l'on dirait, sans jouer sur le nom,
Que Mignard, d'après Rome, en copiant l'a peinte,

(Ce Mignard le Romain aimait fort Avignon) :
Jolis remparts sans louve, un Vatican sans crainte,
Pour Tibre le grand Rhône, orageux compagnon,
Mais aussi la Durance ; et puis Laure pour sainte.

C'est du romain plus tendre, en Provence il est né ;
C'est du romain venu près du bon roi René.
Des papes sommeillants le tombeau rit encore ;

Et mon sonnet léger et pourtant attendri
N'est qu'un feston de plus sur leur marbre fleuri,
Une perle de plus dans ta couronne, ô Laure !

## SONNET.

### A M. ALPHONSE DULONG.

Ne montez Albano qu'au déclin d'un beau jour ;
Descendez-le surtout aux heures inclinées :
Si tendrement, de loin, ses lignes dessinées,
Une heure avant l'*Ave*, peindront mieux leur contour.

Pour que l'œil aux objets glisse avec plus d'amour,
Le bon moment n'est pas le midi des journées.
Ces pentes, de leur cloître au sommet couronnées,
Ont besoin d'un soleil qui les prenne au retour.

Quand baisse le rayon, c'est alors qu'on commence
A bien voir, à tout voir dans la nature immense :
Midi superbe éteint les lieux tout blancs voilés.

De même dans la vie, on voit mieux lorsque l'âge
Trop ardent a fait place à cette heure plus sage,
Aux obliques rayons, hélas ! d'ombre mêlés.

## SONNET.

Saint-Laurent-hors-des-murs d'un sens profond m'explique
Les Pères primitifs et leur ton vénéré ;
En entrant là, d'abord en eux je suis entré :
Rien du beau simple, aisé, ni du parfait antique ;

Un composite un peu barbare, au moins rustique ;
Colonnes de tout bord, même au socle enterré,
Mais pur jaspe ou lapis ! mais ce parfum sacré
Qui surtout te remplit, ô vieille Basilique !

Qu'importe où fut ce marbre avant de t'arriver ?
En lisant saint Justin, souvent un mot se lève,
Un mot d'or qu'en Platon l'on eût pu retrouver ;

Mais le mot, sans Platon, se couronne et s'achève !
Même harmonie en toi, Basilique où je rêve,
Et prier y pénètre encor mieux que rêver.

## LA VILLA ADRIANA.

### A LISZT.

Vers la fin d'un beau jour par vous-même embelli,
Ami, nous descendions du divin Tivoli,
Emportant dans nos cœurs la voix des cascatelles,
La fraîcheur et l'écho, ces nymphes immortelles.
Un peu las nous allions : le soleil trop ardent
S'était tantôt voilé du côté d'Occident,
Et larges sur les fleurs quelques gouttes de pluie
En faisaient mieux monter l'odeur épanouie.
Avec ses verts massifs, avec ses hauts cyprès
La villa d'Adrien nous conviait tout près :
Nous la voulûmes voir un moment, — mais à peine,
Disions-nous ; la journée avait été si pleine
Et semblait ne pouvoir en nous se surpasser :
Nous la croyions finie, elle allait commencer.

On dit que dans ces lieux, au retour des voyages,
L'empereur Adrien, comme en vivantes pages,
En pierre, en marbre, en or, se plut à retenir,
A rebâtir égal chaque grand souvenir,
Alexandrie, Athène avec choix rassemblées,
Lacs, canaux merveilleux, Pœcile et Propylées,
Et tout ce qu'en cent lieux il avait admiré
Et qu'il revoyait là sous sa main enserré.

Mais, nous, ce n'était pas cette Grèce factice
Ni tous ces grands efforts de pompe et d'artifice
Qu'écroulés à leur tour et sous l'herbe gisants,
Nous allions ressaisir et refaire présents.
Nous les laissions dormir ces doctes funérailles ;
A peine nous nommions ces grands pans de murailles ;
Mais sous leur flanc rougeâtre et du lierre couru,
Et qu'encor rougissait le soleil reparu,
Parmi ces hauts cyprès, ces pins à sombres cônes
Que le couchant coupait d'éblouissantes zônes,
Devant ces fiers débris de l'art humain trompé
Devenus les rochers d'une verte Tempé

Que la seule nature avait recomposée,
Errant, silencieux, comme en un Élysée,
Du passé d'Adrien sans trop nous souvenir,
Nous repassions le nôtre, et tout venait s'unir.

A quoi donc pensions-nous ? dans leurs mélancolies
A quoi pensaient, Ami, nos ames recueillies,
Vous, celle qu'enchaînait à votre bras aimé
La haute émotion de ce soir enflammé,
Et dont j'entrevoyais par instants la prunelle
Levée au ciel en pleurs et rendant l'étincelle ?
A quoi pensais-je moi, discret, qui vous suivais
Et qui sur vous et moi, tout ce soir-là, rêvais ?

Nous pensions à la vie, à son heure rapide,
A sa fin ; vous peut-être à je ne sais quel vide
Qui dans le bonheur même avertit du néant ;
Au grand terme immobile où va tout flot changeant,
Et que nous figuraient, comme plages dernières,
Tous ces cirques sans voix et ces dormantes pierres.
Vous pensiez à quel prix, en s'aimant, on l'a pu ;
A l'esquif hasardeux dont le câble a rompu,
Et qui, par la tempête ouvrant encor sa voile,
Emporta les deux cœurs et ne vit qu'une étoile ;
A l'immortalité de cette étoile au moins,
Et, quand la terre est sombre, aux cieux seuls pour témoins.
Rome que vous deviez quitter, à cette veille
Redoublait en adieux sa profonde merveille.
Devant elle, à pas lents, ne causant qu'à demi,
Vous en preniez congé comme d'un grave ami.
Écloses là pour vous tant de chères idées,
D'art et de sentiment tant d'heures fécondées,
Ce bonheur attristé, mais surtout ennobli,
Qu'ont goûté dans son ombre et sur son sein d'oubli
Deux cœurs ensemble épris de la muse sévère,
Et conviés au Beau dans sa plus calme sphère,
Tout cela vous parlait ; mystère soupçonné !
J'ai peur, en y touchant, de l'avoir profané.
— Et dans ma rêverie à la vôtre soumise
Je suivais, plein d'abord de l'amitié reprise,
Heureux de vous revoir, triste aussi, vous voyant,
Du contraste d'un cœur qui va se dénuant,

Me disant qu'en nos jours de rencontre première
Pour moi la vie encore avait joie et lumière,
Et de là retombant au présent qui n'a rien,
Aux ans qui resteront, et sans un bras au mien !

Misère et vérité, merveille et poésie,
Que la douleur ainsi tout exprès ressaisie,
Que les lointains regrets lentement rappelés,
Les plus anciens des pleurs au nectar remêlés,
L'avenir et son doute et sa nuée obscure,
Tous effrois, tous attraits de l'humaine nature,
En de certains reflets venant en nous s'unir,
Composent le plus grand, le plus cher souvenir !

Pourtant l'on se montrait quelque auguste décombre,
Quelque jeu du soleil échauffant un pin sombre,
Par places le rayon comme un poudreux essaim,
Lumière du Lorrain et cadre de Poussin.
Et la voix que j'entends, entre nos longues pauses
Disait : « Adrien donc n'a fait toutes ces choses
Et fourni tant de marbre à ces débris si nus
Que pour qu'un soir ainsi nous y fussions émus ! »

Et le soleil rasant de plus en plus l'arène
Y versait à pleins flots sa course souveraine ;
L'horizon n'était plus qu'un océan sans fond
Qu'au loin Saint-Pierre en noir rompait seul de son front.
Près de nous votre Hermann, si fier de vous, ô Maître,
Le *Puzzi* d'autrefois et de ce soir peut-être [*],
S'égayait, bondissait, et d'un zèle charmant
Mêlait aux questions fleur, médaille, ossement.
A deux pas en sortant, une rixe imprudente
D'enfants, nu-tête au ciel, se détachait ardente,
Les cheveux voltigeant comme d'anges en feu ;
Des rameaux d'un cyprès un chant disait adieu ;
Et toutes ces beautés qu'arrivant et novice
Amplement j'aspirais dans mon ame propice,
Mais où vous me guidiez, où vous m'aidiez encor,
Vous du si petit nombre à qui sied l'archet d'or,
Souvenirs que par vous il vaut mieux qu'on entende,
Du premier jour au cœur m'ont fait Rome plus grande !

[*] Hermann, l'élève de Liszt, désigné enfant sous le nom de Puzzi dans les *Lettres d'un Voyageur*.

## A J.-B. SOULIÉ.

Pour de lointains pays (quand je devrais m'asseoir)
Je vais, je pars encor : que veux-je donc y voir?
Est-ce des nations la pompe ou les ruines?
Est-ce la majesté des antiques collines
Qui me tente à la fin et me dit de monter?
Est-ce l'Art, l'Art divin, qui, pour mieux m'enchanter,
Pour remplir à lui seul mon ame tout entière,
Veut que je l'aille aimer sous sa belle lumière?
Est-ce aussi la nature et ses calmes attraits
Qu'il m'est doux une fois de posséder plus près,
Aux lieux même chantés sur les lyres humaines,
Dans le temple des bois, des monts et des fontaines?
Oui, certes tout cela, nature, art et passé :
J'aime ces grands objets; mon cœur souvent lassé
Se sent repris vers eux de tristesse secrète.
Mais est-ce bien là tout? Est-ce ton vœu, poète?
Autrefois, sur la terre, à chaque lieu nouveau,
Comme un trésor promis, comme un fruit au rameau,
Je cherchais le bonheur. A toute ombre fleurie,
Au moindre seuil riant de blanche métairie,
Je disais : Il est là! Les châteaux, les palais,
Me paraissaient l'offrir autant que les châlets;
Les parcs me le montraient au travers de leurs grilles;
Je perçais, pour le voir, l'épaisseur des charmilles,
Et, dans l'illusion de mon rêve obstiné,
Je me disais le seul, le seul infortuné.
Aujourd'hui, qu'est-ce encor? quand ce bonheur suprême,
L'Amour (car c'était lui), m'ayant atteint moi-même,
S'est enfui, quand déjà le souvenir glacé
Parcourt d'un long regard le rapide passé,
Quand l'avenir n'est plus, plus même le prestige,
Le doux semblant au cœur d'un piége qui l'oblige,
Je vais comme autrefois, et dans des lieux plus grands,
Et plus hauts en beautés, perdant mes pas errants,
Je cherche... quoi? ces lieux? leur calme qui pénètre?
L'art qui console?... oh! non... moins que jamais peut-être;
Mais au fond, mais encor ce bonheur défendu,
Et le rêve toujours quand l'espoir est perdu!

## A GEORGE SAND.

J'avais au plus petit, au plus gai mendiant,
Au plus gentil de tous, chantant et sautillant,
Vrai lutin gracieux qui s'attache et se moque,
J'avais lâché, le soir en rentrant, un baïoque :
Et voilà, qu'au matin, dès le premier soleil,
Quand Pestum espéré hâte notre réveil,
Voilà que dans la cour de l'auberge rustique,
Pareils à ces clients de l'opulence antique,
De petits mendiants, en foule, assis, couchés,
Veillaient, épiant l'heure et d'espoir alléchés.
Et quand le fouet claqua, lorsque trembla la roue,
Du seuil au marche-pied quand notre adieu se joue,
Que de cris ! tous debout, grimpés, faisant tableau,
Demi-nus, fourmillant, gloire de Murillo !
Et nous courions déjà qu'il en venait encore,
Les cheveux blondissant dans un rayon d'aurore ;
Ils sortaient de partout, des plaines, des coteaux,
Allègres, voltigeant, et de plus loin plus beaux,
Rattachés d'un haillon à la Grèce leur mère,
Purs chevriers d'Ida, vrais petits-fils d'Homère,
Tous au son du baïoque accourus en essaim,
Comme l'abeille en grappe à la voix de l'airain.

Salerne.

---

## SONNET.

J'ai vu le Pausilype et sa pente divine ;
Sorrente m'a rendu mon doux rêve infini ;
Salerne, sur son golfe et de son flot uni,
M'a promené dès l'aube à sa belle marine.

J'ai rasé ces rochers que la grâce domine,
Et la rame est tombée aux blancheurs d'Atrani :
C'est assez pour sentir ce rivage béni ;
Ce que je n'en ai vu, par là je le devine.

Mais, ô Léman, vers toi j'en reviens plus heureux ;
Ta clarté me suffit ; apaisé, je sens mieux
Que tu tiens en douceurs tout ce qu'un cœur demande ;

Et Blanduse et ses flots en mes songes bruiraient,
Si j'avais un plantage, où, le soir, s'entendraient
Les rainettes en chœur de l'étang de Champblande !

---

## SONNET.

Pardon, cher Olivier, si votre alpestre audace
Jusqu'aux hardis sommets ne me décide pas ;
Si quelque chose en moi résiste et pèse en bas ;
Si, pour un seul ravin, tantôt j'ai crié grâce !

Tous oiseaux à l'envi ne fendent tout l'espace,
Toutes fleurs n'ont séjour, passé de certains pas ;
Si quelqu'une, plus fière, a doublé ses appas,
Il en est du vallon qui n'ont que là leur grâce.

N'en ayez trop dédain, quand vous les respirez.
Tout mon être est ainsi : pas d'haleine trop haute ;
Promenade aux coteaux, poésie à mi-côte,

C'est le plus, et de là j'ouïs les bruits sacrés.
Pourtant, pourtant j'ai vu, traîné par vous, cher hôte,
Sur Aï les cieux bleus que vous m'avez montrés * !

Lioson.

※

. . . . . . Lasciva capella.<br>
VIRGILE.<br>
C'est où ces dames vont promener leur caprice.<br>
LA FONTAINE.

La chèvre m'avait vu, couché sous le sapin,
Faire honneur à ma gourde et trancher à mon pain ;
Je repars, elle suit, folle et capricieuse,

---

* Les *Tours d'Aï*, hautes cimes des Alpes Vaudoises.

Friande, je le crois, mais surtout curieuse :
A la montagne on est curieux aisément,
Et l'étranger qui passe y fait événement.
J'allais à travers clos, entre monts et vallées,
Me frayant le sentier aux herbes non foulées,
Broyant et gentiane et menthe et serpolet,
Enjambant les treillis de châlet en châlet :
Elle suivait toujours. Que faire ? A chaque claie,
A chaque croisement et clôture de haie
Je passais, et du cri, du geste la chassant,
Je refermais l'endroit d'un triple osier puissant ;
Mais, à moitié du pré, regardais-je en arrière ?
A huit pas lestement suivait l'aventurière,
D'un air de brouter l'herbe et les rhododendrons :
Mes pierres n'y faisaient et ne semblaient affronts.
J'enrageais. Autrefois, la bête opiniâtre
N'eût semblé que déesse et que nymphe folâtre ;
J'y voyais, vers Paris malgré moi reporté,
Le malheur d'être aimé de certaine beauté.
Elle ne quittait pas ! Après mainte montagne,
Pour couper court enfin à ma vive compagne,
Et par l'idée aussi du pâtre au désespoir,
Quand il la chercherait vainement sur le soir,
J'avisai dans un pré la rencontre prochaine
D'une vieille faneuse à qui je dis ma peine,
Et qui, prenant en main la corne rudement,
Cria : *Bête mauvaise !* et finit mon tourment.

A la montagne ainsi, quand vous gagnez le faîte,
Tout vous suit, tout du moins vous regarde et s'arrête.
L'esprit lutin des monts s'en mêle, je le veux,
Mais aussi l'esprit bon, naïf et curieux.
Le montagnard d'abord vous questionne et cause ;
Le papillon sur vous, comme à la fleur, se pose,
Loin du doigt meurtrier et de l'enfant malin ;
L'abeille, à votre front, cherche un calice plein ;
L'insecte vous obsède, et la vache étonnée
Interrompt sa pâture à demi ruminée,
Lève un naseau béant, et, tant qu'on soit monté,
Suit long-temps et de l'œil dans l'immobilité.

Lousanne.

De ces monts tout est beau, chaque heure en a ses charmes,
Chaque climat y passe et s'y peint tour à tour ;
Et l'étranger lui-même, y vivant plus d'un jour,
A les trop regarder, se sent naître des larmes :

### I.

Soit que, par le soleil de l'été radieux,
A l'heure où la clarté déjà penche inégale,
Le rayon, embrassant leur crête colossale,
Les détache d'ensemble au vaste azur des cieux,

Tête nue et sans neige, et non plus sourcilleux,
Mais d'antique beauté, sereine et sculpturale,
Dressés pour couronner la Tempé pastorale,
Taillés par Phidias pour un balcon des Dieux !

Délicats et légers, et d'élégance pure,
Enlevant le regard à chaque découpure,
Et, pour le fin détail, d'un vrai ciseau toscan !

Et leur teinte dorée, et leur blonde lumière,
Au front d'un Parthénon caresserait la pierre,
Serait une harmonie aux murs du Vatican !

### II.

Soit lorsqu'au jour tombant, sous un large nuage,
Du couchant à la nuit tout le ciel s'est voilé ;
Que par delà Chillon, surtout amoncelé,
Le bleu sombre et dormant de monts en monts s'étage ;

Quand tous ces grands géants, resserrés au passage,
Figurent les confins d'un monde reculé,
Les derniers murs d'acier d'une antique Thulé,
Ou les gardiens muets d'un éternel orage !

Attrait immense et sourd ! pas une ride aux flots,
Pas un souffle à la nue, au front pas une haleine !
Quel plus grand fond de rêve à la douleur humaine ?

O Byron, Beethoven, retenez vos sanglots !
— Et du prochain buisson, tandis qu'au loin je pense,
L'aigre chant du grillon emplit seul le silence....

### III.

Ou soit même en hiver, sous les frimas durcis,
Même aux plus mornes jours, sans qu'un rayon s'y voie,
Sans que du ciel au lac un reflet se renvoie
Pour les vulgaires yeux du seul éclat saisis,

Oh ! pour le cœur amer aux pensers obscurcis
Et pour tout exilé qui resonge à sa joie,
Oh ! qu'ils sont beaux encor, ces grands monts de Savoie,
Vus des bords où, rêveur, tant de fois je m'assis !

Leur neige avec sa ride est fixe en ma mémoire,
Sombre dans sa blancheur, vaste gravure noire,
Comme d'un front creusé qui dans l'ombre a souffert !

Plus je les contemplais et plus j'y pouvais lire
De ces traits infinis qui toujours me font dire
Que l'aspect le plus vrai, c'est le plus recouvert !

De ces monts tout est beau, chaque heure en a ses charmes,
Chaque climat y passe et s'y peint tour à tour ;
Et même l'étranger, s'il y vit plus d'un jour,
A les trop regarder, se sent naître des larmes !

## SONNET.

Paix et douceur des champs ! simplicité sacrée !
Je ne suis que d'hier dans ce repos d'Eysins,
Et déjà des pensers plus salubres et sains
M'ont pris l'ame au réveil et me l'ont pénétrée.

Point de merveille ici ni de haute contrée,
Point de monts, de rochers, si ce n'est aux confins ;
Mais des vergers, des prés, l'un de l'autre voisins,
Le cimetière seul, colline séparée.

O doux chemins tournants ! ô verte haie en fleur !
Blonde *Reine des prés*, leur plus tendre couleur !
Promenade insensible, avec oubli suivie,

Qui, comme un ami sûr, nous ramenez au banc
Devant le seuil, au soir, où la famille attend,
Soyez tout mon sentier et ramenez ma vie !

On sort ; le soir avance et le soleil descend ;
Le Jura déjà monte avec son front puissant ;
On traverse vergers, plantages sans clôture,
Négligence des prés qu'enlace la culture.
On arrive au grand pont que projeta l'aïeul,
— Vainement, — que, syndic, le père acheva seul.
On s'enfonce au grand bois, chênes aux larges voûtes ;
On admire au rond-point où s'égarent huit routes.
Tout au sortir de là, l'ancien toit apparaît,
Dont l'ami si souvent nous toucha le secret,
Manoir rural, pourtant à tourelle avancée ;
Et l'ami nous redit son enfance passée,
Ses jeux, l'école aussi, la fuite, le pardon ;
Les jours dans le ravin à lire *Corydon* ;

Les immenses noyers aux branches sans défense,
Plus immenses encor quand les voyait l'enfance.
On s'assied, on soupire, avec lui l'on renaît,
On revole aux matins que la fleur couronnait,
Et, tandis que le cœur distille sa rosée,
L'œil en face se joue à la cime embrasée
Du Mont-Blanc, dernier feu, si grand à voir mourir !
Mais il faut s'arracher, de peur de s'attendrir.
On revient ; côtoyant l'autre pan de colline,
Non plus par le grand pont, mais bien par la ravine :
Le bois superbe à gauche en lisière est laissé.
Plus d'un air pastoral en marchant commencé,
Des murmures de vers, de romances vieillies,
Exhalent l'âge d'or de nos mélancolies.
Et plus nous avançons et plus le jour nous fuit.
Sur le *nant* * desséché ce pont brisé conduit :
On s'effraie, on s'essaie, on a passé la fente ;
On remonte, légers, la gazonneuse pente ;
Et le sommet gagné nous remet de nouveau
A la plaine facile où fleurit le hameau.
En avant, le Jura, dans sa chaîne tendue,
Des grands cieux qu'il soutient rehausse l'étendue ;
Une étoile se pose au toit de la maison ;
Il est nuit : et, si l'œil replonge à l'horizon,
Ce n'est plus que vapeurs vaguement dessinées
Et les Alpes là-bas dans l'ombre soupçonnées !

Eysins.

* Nom du pays pour ruisseau.

# ROMANCES.

## STANCES.

*(Il y faudrait de la musique de Gluck).*

Laissez-moi ! tout a fui. Le printemps recommence ;
    L'été s'anime, et le désir a lui ;
Les sillons et les cœurs agitent leur semence.
    Laissez-moi ! tout a fui.

Laissez-moi ! dans nos champs les roches solitaires,
    Les bois épais appellent mon ennui.
Je veux, au bord des lacs, méditer leurs mystères,
    Et comment tout m'a fui.

Laissez-moi m'égarer aux foules de la ville ;
    J'aime ce peuple et son bruit réjoui ;
Il double la tristesse à ce cœur qui s'exile,
    Et pour qui tout a fui.

Laissez-moi ! midi règne, et le soleil sans voiles
    Fait un désert à mon œil ébloui.
Laissez-moi ! c'est le soir, et l'heure des étoiles :
    Qu'espérer ? tout a fui.

Oh ! laissez moi, sans trêve, écouter ma blessure,
    Aimer mon mal, et ne vouloir que lui.
Celle en qui je croyais, celle qui m'était sûre...
    Laissez-moi ! tout a fui.

(Madame Menessier-Nodier a honoré et embelli les stances qui suivent
d'une musique charmante).

Oh! que son jeune cœur soit paisible et reposé,
Que rien n'attriste plus ses yeux bleus obscurcis !
Pour elle le sourire et les larmes sans cause !
    Pour moi les vrais soucis !

Pour moi le sacrifice et sa brûlante veille,
Le silence et l'ennui de ne rien exprimer,
Comme au novice amant qui croit que c'est merveille
    Qu'on puisse un jour l'aimer !

Pour moi, lorsqu'en passant son frais regard m'attire
Et dit avec bonheur : *Ami, ne viens-tu pas ?*
Pour moi, comme un fardeau, d'hésiter à lui dire
    Mon cœur et ses combats ;

De moins souvent mêler mon haleine à la sienne,
Et le soir, à l'abri du monde et des rivaux,
De n'oser éclairer sa tendresse ancienne
    A des rayons nouveaux !

Pour moi de ne plus lire à sa face pâlie
Les signes orageux d'un céleste avenir !
Pour elle les trésors de la mélancolie,
    La paix du souvenir ;

Le bonheur souverain de gouverner une ame,
De la sentir à soi, muette, à son côté ;
Des gazons sous ses pas, et son pur front de femme
    Dans la sérénité ;

Un sommeil sans remords avec l'essaim fidèle
Et les songes légers d'un amour sans effroi !
Amour ! abeille d'or ! oh ! tout le miel pour elle,
    Et l'aiguillon pour moi !

Désert du cœur, en ces longues soirées
Qu'Automne amène à notre hiver sans fleur,
Que vous avez de peines ignorées,
De sourds appels, de plaintes égarées,
      Désert du cœur !


Dans la jeunesse, alors que tout commence,
Avant d'aimer, l'impatiente ardeur
S'en prend au sort et parle d'inclémence ;
Alors aussi vous paraissez immense,
      Désert du cœur !


On veut l'amour ; on croit le Ciel barbare ;
Tout l'avenir n'est qu'orage et rigueur ;
Et l'on demande à l'horizon avare
Quel infini du bonheur vous sépare,
      Désert du cœur !


Illusion ! Courez, Jeunesse franche ;
Rien qu'à deux pas, c'est le buisson en fleur ;
Plus de désert ! — Mais à l'âge où tout penche,
Est-il encor buisson ou rose blanche,
      Désert du cœur ?


Lenteur amère ! attente inconsolée !
Oh ! par-delà ce sable au pli trompeur,
N'est-il donc plus de secrète vallée,
Quelque Vaucluse amoureuse et voilée,
      Désert du cœur ?

# SONNET-ÉPILOGUE.

J'ai fait le tour des choses de la vie ;
J'ai bien erré dans le monde de l'art ;
Cherchant le beau, j'ai poussé le hasard :
Dans mes efforts la grâce s'est enfuie !

A bien des cœurs où la joie est ravie,
J'ai demandé du bonheur, mais trop tard !
A maint orage, éclos sous un regard,
J'ai dit : Renais, ô flamme évanouie !

Et j'ai trouvé, bien las enfin et mûr,
Que pour l'art même et sa beauté plus vive,
Il n'est rien tel qu'une grâce naïve ;

Et qu'en bonheur il n'est charme plus sûr,
Fleur plus divine aux gazons de la rive,
Qu'un jeune cœur embelli d'un front pur !

# TABLE
## DES MATIÈRES.

Préface......................................... 1

### Vie, Poésies et Pensées de Joseph Delorme.

| | | | |
|---|---|---|---|
| Vie de Joseph Delorme..... | 5 | Le Calme................ | 75 |
| Poésies. — Premier Amour... | 23 | Le Rendez-vous.......... | 76 |
| A la Rime............... | 25 | Ma Muse................ | 77 |
| Au Loisir................ | 27 | A M****................ | 79 |
| Sonnet. Quand l'Avenir..... | 29 | Le plus long Jour de l'année. | 80 |
| Sonnet. Pauvre Enfant..... | 30 | La Veillée.............. | 84 |
| Rêverie.................. | 30 | Dévouement............. | 85 |
| Le Suicide............... | 32 | Toujours je la connus..... | 87 |
| Le Songe................ | 35 | L'Enfant rêveur.......... | 89 |
| Le dernier Vœu.......... | 37 | A M. A. de L........... | 92 |
| Adieux à la Poésie........ | 40 | Le Creux de la vallée..... | 94 |
| A mon ami V. H........ | 44 | En m'en revenant un soir d'été. | 96 |
| Sonnet. Enfant, je m'étais dit. | 46 | La Gronderie............ | 97 |
| Retour à la Poésie........ | 46 | A Alfred de M......... | 99 |
| Sonnet. Sur un front de quinze ans................. | 50 | L'Attente............... | 101 |
| | | Après une lecture d'*Adolphe*.. | 103 |
| Bonheur champêtre........ | 51 | Pensée d'Automne....... | 105 |
| Sonnet. O laissez-vous aimer ! | 51 | Rose................... | 106 |
| Sonnet. Madame, il est donc vrai.................. | 54 | Italie.................. | 108 |
| | | A David, statuaire....... | 110 |
| Causerie au Bal.......... | 55 | Sonnet. Que de fois près d'Oxford................. | 111 |
| Le Cénacle.............. | 56 | |  |
| Pour un Ami............ | 59 | Sonnet. Chacun en sa beauté.. | 112 |
| Sonnet. A Ronsard....... | 61 | Sonnet. En ces heures souvent. | 112 |
| Les Rayons jaunes........ | 62 | Sonnet. Je ne suis pas de ceux. | 113 |
| Le Soir de la Jeunesse.... | 65 | Sonnet. Ne ris point des sonnets. | 113 |
| La Contredanse.......... | 68 | La Plaine.............. | 114 |
| Vœu.................... | 70 | Stances................ | 115 |
| Promenade.............. | 70 | Espérance.............. | 116 |
| Mes Livres............. | 72 | Pensées................ | 119 |

### Poésies diverses.

| | | | |
|---|---|---|---|
| A Madame qui avait lu avec attendrissement........... | 143 | Sonnet. Une soirée encore.... | 148 |
| | | Otez, ôtez bien loin...... | 149 |
| Sonnet. Des laves du Vésuve.. | 145 | Pour Ulric G..., cinq pièces. | 149-157 |
| Sous les derniers soleils..... | 145 | Pour Marmier........... | 158 |
| La Suivante d'Emma...... | 146 | Au Sommeil............ | 159 |
| Amie, il faut aimer....... | 147 | A madame F........... | 160 |
| Rondeau à une Chasseresse.. | 148 | Élégie................. | 163 |

## Les Consolations.

| | |
|---|---|
| A Victor H. . . . . . . . . . . . . 167 | XVI. A. V. H. . . . . . . . . 208 |
| I. A madame V. H. . . . 177 | XVII. A mon ami Leroux. . 209 |
| II. A M. Viguier. . . . . . 179 | XVIII. A mon ami Antony Deschamps. . . . . . 213 |
| III. A M. Auguste Le Prévost. . . . . . . . . 183 | XIX. A mon ami Boulanger. . . . . . . . . . 218 |
| IV. A mon ami Ulric Guttinguer. . . . . . . . 186 | XX. A Boulanger. . . . . . . 221 |
| V. A madame V. H. . . . 189 | XXI, XXII, XXIII, XXIV. Sonnets. . . . . 222-225 |
| VI. A M. A. de L. . . . . . 190 | XXV. A mademoiselle . . . . . 226 |
| VII. Sonnet. . . . . . . . . 193 | XXVI. A Alfred de Vigny. . . 228 |
| VIII. A Ernest Fouinet. . . 194 | XXVII. A Victor Pavie, la Harpe éolienne. . . . . 231 |
| IX. A Fontaney. . . . . . . 197 | XXVIII. A Paul Lacroix, les larmes de Racine. . . . 234 |
| X. A mon ami Emile Deschamps. . . . . . . . 200 | XXIX. A mon ami M. P. Mérimée. . . . . . . . 238 |
| XI. Sonnet. . . . . . . . . . 203 | |
| XII. A deux Absents. . . . 204 | |
| XIII, XIV, XV. Sonnets. 206-207 | |

---

## Poésies diverses.

| | |
|---|---|
| I. A M. de Lamartine. . 243 | II. Vers tirés de *Volupté*. 247 |

---

## Pensées d'Août.

| | |
|---|---|
| Avertissement. . . . . . . . . . 251 | A madame la D. de R. . . . . . 323 |
| Pensée d'août. . . . . . . . . . 253 | A M. de Salvandy. . . . . . . . 324 |
| Monsieur Jean. . . . . . . . . . 265 | Sonnet à madame G. . . . . . . 326 |
| A madame Tastu. . . . . . . . . 285 | Pour une mort, pour un départ. . . . . . . . . . . . . 327 |
| A M. A. Du Clésieux. . . . . . 288 | Quand de la jeune amante. . . 328 |
| Sonnets à madame la D. de R. . 292 | Sonnet à madame M. . . . . . . 329 |
| A MM. Grégoire et Collombet. 293 | A la Dame des sonnets de J. Delorme. . . . . . . . . . . . 330 |
| A Victor Pavie. . . . . . . . . 296 | A M. Villemain. . . . . . . . . 330 |
| Sonnet de l'*Ave*. . . . . . . . 299 | Vers d'Alfred de Musset. . . . 337 |
| Sonnet de sainte Thérèse. . . . 300 | A Alfred de Musset, réponse. . 337 |
| Tu te révoltes, tu t'irrites. . . 300 | Vœu en voyage. . . . . . . . . 339 |
| Dans ce cabriolet de place. . . 301 | Sonnet à Justin Maurice. . . . 340 |
| A Ulr. . . . . . . . . . . . . . 302 | SONNETS. Je côtoyais ce lac. . . 341 |
| Trois sonnets imités de Wordsworth. . . . . . . . . . . . . 304 | A l'abbé Eustache B. . . . . . . 342 |
| La voilà, pauvre mère. . . . . . 306 | Sonnet à Boulay-Paty. . . . . . 345 |
| J'ai reçu, j'ai reçu. . . . . . . . 307 | Sonnet à P. de Limayrac. . . . 345 |
| Sonnet à madame la M. de C. . 311 | A M. Patin. . . . . . . . . . . 346 |
| Sur un portrait de Gérard. . . 312 | Sonnet à Ch. Labitte. . . . . . 350 |
| Rome, imité de Wil. de Schlegel. . . . . . . . . . . . . . 316 | A J.-J. Ampère. . . . . . . . . 351 |
| A David, statuaire. . . . . . . 319 | A. M. et madame Olivier. . . . 353 |
| Sonnet à M. Roger d'A. . . . . 321 | A madame V. . . . . . . . . . 356 |
| Vite me quittant pour elle. . . 322 | A madame la C. de T. . . . . . 357 |

## Notes et Sonnets.

| | |
|---|---|
| De Ballaigues à Orbe. . . . . . . 365 | Sonnet de Bowles. . . . . . . . . 379 |
| De Ballaigues à Jougne. . . . . 366 | A madame P. . . . . . . . . . . 380 |
| Aux étudiants de *Zofingue*. . 366 | Puisqu'aussi bien tout passe. . 382 |
| Sonnet d'Uhland. . . . . . . . . 368 | A M. Molé. . . . . . . . . . . . 383 |
| A deux Sœurs. . . . . . . . . . . 369 | La jeunesse est passée. . . . . 383 |
| A M..... . . . . . . . . . . . . . . 370 | Sur la Saône. . . . . . . . . . . 384 |
| Le Brigand d'Uhland. . . . . . 371 | Avignon m'apparaît. . . . . . 384 |
| En mars quand vient la bise. . 372 | A M. Alphonse Dulong. . . . . 385 |
| Mais la bise a passé. . . . . . . 373 | Saint-Laurent-hors-des-Murs. 385 |
| Et je songe au passé. . . . . . . 373 | La Villa Adriana. . . . . . . . 386 |
| A Philothée. . . . . . . . . . . . 374 | A J.-B. Soulié. . . . . . . . . 389 |
| Il est doux vers le soir. . . . . 375 | A George Sand. . . . . . . . . 390 |
| A la Muse. . . . . . . . . . . . . 375 | J'ai vu le Pausilype. . . . . . 390 |
| A Zénon. . . . . . . . . . . . . . 376 | Pardon, cher Olivier. . . . . . 391 |
| Sonnet de M. de Latour. . . . 376 | La chèvre m'avait vu. . . . . 391 |
| Réponse. . . . . . . . . . . . . . 377 | De ces monts tout est beau. . 393 |
| Le vieux Slave est tout cœur. . 378 | Sonnet d'Eysins. . . . . . . . 395 |
| Sonnet de Bowles. . . . . . . . 378 | On sort, le soir avance. . . . . 395 |
| Sonnet de J. Kerner. . . . . . 379 | |

---

## Romances.

| | |
|---|---|
| Laissez-moi! tout a fui. . . . 397 | Désert du cœur. . . . . . . . 399 |
| Oh! que son jeune cœur! . . . 398 | SONNET-ÉPILOGUE. . . . . . . 400 |

## FIN DE LA TABLE.

## Mai 1841. — *Bibliothèque-Charpentier.*

### Ouvrages publiés.

| | |
|---|---|
| Œuvres du comte Xavier de Maistre, 1 vol. | 3 50 |
| Eugénie Grandet, par Balzac, 1 vol. | 3 50 |
| De l'Allemagne, par Mme de Staël, 1 vol. | 3 50 |
| Adolphe, etc., etc., par Benjamin Constant,1 vol. | 3 50 |
| Scènes de la Vie privée, par Balzac, 2 séries, à | 3 50 |
| Delphine, par Mme de Staël, 1 vol. | 3 50 |
| Œuvres de la comtesse de Souza, 1 vol. | 3 50 |
| Le Lys dans la Vallée, par Balzac, 1 vol. | 3 50 |
| Le Vicaire de Wakefield, tr. par Mme Belloc. | 3 50 |
| La Recherche de l'Absolu, par Balzac, 1 vol. | 3 50 |
| Œuvres de Jean Racine, 1 vol. | 3 50 |
| Scènes de la Vie parisienne, par Balzac, 2 v., à | 3 50 |
| Volupté, par Sainte-Beuve, 1 vol. | 3 50 |
| Physiologie du Goût, par Brillat-Savarin, 1 vol. | 3 50 |
| Corinne, par Mme de Staël, 1 vol. | 3 50 |
| Le Médecin de Campagne, par Balzac, 1 vol. | 3 50 |
| Obermann, par de Sénancour, 1 vol. | 3 50 |
| Le Père Goriot, par Balzac, 1 vol. | 3 50 |
| Théâtre de Gœthe, trad. en français, 1 vol. | 3 50 |
| Scènes de la Vie de Province, par Balzac, 2 v., à | 3 50 |
| Manon Lescaut, par l'abbé Prévost, 1 vol. | 3 50 |
| Histoire des Treize, par Balzac, 1 vol. | 3 50 |
| Poésies complètes d'André Chénier, 1 vol. | 3 50 |
| César Birotteau, par Balzac, 1 vol. | 3 50 |
| Valérie, par Mme de Krudner, 1 vol. | 3 50 |
| La Peau de Chagrin, par Balzac, 1 vol. | 3 50 |
| Les Fiancés, par Manzoni, trad. en franç., 1 vol. | 3 50 |
| Physiologie du Mariage, par Balzac, 1 vol. | 3 50 |
| La Messiade de Klopstock, trad. en franç., 1 vol. | 3 50 |
| Mémoires d'Alfieri, tr. par M. de Latour, 1 vol. | 3 50 |
| Poésies complètes de Sainte-Beuve, 1 vol. | 3 50 |
| Romans de Charles Nodier, 1 vol. | 3 50 |
| Nouvelles de Charles Nodier, 1 vol. | 3 50 |
| Poésies complètes d'Alfred de Musset, 1 vol. | 3 50 |
| Poésies de Millevoye, 1 vol. | 3 50 |
| Comédies et Proverbes, par A. de Musset, 1 vol. | 3 50 |
| Siècle de Louis XIV, par Voltaire, 1 vol. | 3 50 |
| Werther, suivi de Hermann, par Gœthe, t.,1 v. | 3 50 |
| Messéniennes de Casimir Delavigne, 1 vol. | 3 50 |
| Le Koran, trad. nouvelle, par Kasimirski, 1 vol. | 3 50 |
| Contes de Charles Nodier, 1 vol. | 3 50 |
| Œuvres de Silvio Pellico, tr. par de Latour,1 v. | 3 50 |
| Théâtre de Casimir Delavigne, 3 séries, à. | 3 50 |
| Confession d'un Enfant du Siècle, de Musset. | 3 50 |
| Œuvres de Rabelais, nouv. édition, 1 vol. | 3 50 |
| Le Faust de Gœthe, trad. par H. Blaze, 1 vol. | 3 50 |
| De l'Éducation des Mères de Famille, 1 vol. | 3 50 |
| Moralistes anciens, trad. en français, 1 vol. | 3 50 |
| Œuvres complètes de lord Byron, 4 séries, à | 3 50 |
| Histoire générale des Voyages, 3 séries, à. | 3 50 |
| Histoire de Thucydide, tr. par Lévesque, 1 vol. | 3 50 |
| Morale de Jésus-Christ et des Apôtres, 1 vol. | 3 50 |
| Diogène Laërce (Vies des Philosophes), 1 vol. | 3 50 |
| La Jérusalem délivrée, tr. A. Desplaces, 1 vol. | 3 50 |
| Théâtre de Schiller, trad. nouv., 2 séries, à. | 3 50 |
| Nouvelles d'Alfred de Musset, 1 vol. | 3 50 |
| Gil Blas, par Le Sage, nouv. édit., 1 vol. | 3 50 |
| Le Paradis Perdu, par Milton, trad. nouv., 1 v. | 3 50 |
| La Divine Comédie, trad. par A. Brizeux, 1 vol. | 3 50 |

### Ouvrages publiés.

| | |
|---|---|
| Caractères de La Bruyère, 1 vol. | 3 50 |
| République de Platon, trad. nouv., 1 vol. | 3 50 |
| Romans grecs traduits en français, 1 vol. | 3 50 |
| Tom Jones, par Fielding, tr. nouv., 2 séries, à | 3 50 |
| Histoire d'Hérodote, trad. en français, 2 vol., à | 3 50 |
| Théâtre de Sophocle, trad. par M. Artaud, 1 vol. | 3 50 |
| Du Pape, par Joseph de Maistre, 1 vol. | 3 50 |
| Nouvelles genevoises, par Topffer, 1 vol. | 3 50 |
| Les Lusiades de Camoëns, trad. par Millié, 1 vol. | 3 50 |
| Voyage sentimental de Sterne, tr. en fr., 1 vol. | 3 50 |
| Poésies complètes d'Antoine de Latour, 1 vol. | 3 50 |
| Fables de La Fontaine, 1 vol. | 3 50 |
| Pensées de Pascal, 1 vol. | 3 50 |
| Discours sur l'Histoire univ. de Bossuet, 1 v. | 3 50 |

### Pour paraître en mai, juin et juillet 1841.

#### Œuvres de Victor Hugo.

| | |
|---|---|
| Notre-Dame, 2 vol., à | 3 50 |
| Dernier jour d'un Condamné. | |
| Bug-Jargal. | 1 vol. 3 50 |
| Han d'Islande, 1 vol. | 3 50 |
| Odes et Ballades, 1 vol. | 3 50 |
| Orientales, 1 vol. | 3 50 |
| Feuilles d'Automne. | |
| Chants du Crépuscule. | 1 vol. 3 50 |
| Voix intérieures. | |
| Les Rayons et les Ombres. | 1 vol. 3 50 |
| Théâtre, 2 séries, à. | 3 50 |
| Cromwell, 1 vol. | 3 50 |
| Littérature et Philosophie mêlées, 1 vol. | 3 50 |

### Pour paraître successivement.

| | |
|---|---|
| Satyre Ménippée, 1 vol. | 3 50 |
| Essais sur l'histoire de France, par Guizot,1 v. | 3 50 |
| Confucius, trad. de M. Pauthier, 1 vol. | 3 50 |
| Confessions de J.-J. Rousseau, 1 vol. | 3 50 |
| Aristophane, trad. de M. Artaud, 1 vol. | 3 50 |
| Descartes, par M. Jouffroy, 1 vol. | 3 50 |
| Mallebranche, par M. Jules Simon, 2 vol., à. | 3 50 |
| Spinosa, traduit par M. Saisset, 2 vol., à. | 3 50 |
| Leibnitz, par M. Jacques, 2 vol., à. | 3 50 |
| Bacon, par M. Francis Riaux, 1 vol. | 3 50 |
| Tristram Shandy, trad. par L. de Wailly, 1 vol. | 3 50 |
| Romancero espagnol, tr. par F. Denis, 2 vol., à | 3 50 |
| Théâtre et Poésies de Manzoni, trad., 1 vol. | 3 50 |
| Aristote (Morale et Politique), trad., 1 vol. | 3 50 |
| Démosthènes, trad. en français, 1 vol. | 3 50 |
| Diodore de Sicile, trad. en français, 3 vol., à. | 3 50 |
| Eschyle, trad. par Alexis Pierron, 1 vol. | 3 50 |
| Euripide, trad. en français, 1 vol. | 3 50 |
| Hippocrate, trad. en français, 1 vol. | 3 50 |
| Homère, trad. nouvelle en français, 1 vol. | 3 50 |
| Lyriques, trad. en français, 1 vol. | 3 50 |
| Maxime de Tyr, ses Discours, 1 vol. | 3 50 |
| Petits Poèmes, 1 vol. | 3 50 |
| Plutarque, plusieurs volumes, à. | 3 50 |
| Xénophon, 1 vol. | 3 50 |
| Saints Pères grecs, 1 vol. | 3 50 |

*Chaque volume ou série, 3 fr. 50 c.*

Imprimé par Béthune et Plon, à Paris.